Poder Judiciário

Poder Judiciário

ORÇAMENTO, GESTÃO E POLÍTICAS PÚBLICAS

Volume 1

2017

Coordenador:
José Maurício Conti

PODER JUDICIÁRIO
ORÇAMENTO, GESTÃO E POLÍTICAS PÚBLICAS
© Almedina, 2017

Coordenador: José Maurício Conti
DIAGRAMAÇÃO: Almedina
DESIGN DE CAPA: FBA
ISBN: 978-858-49-3199-6

Dados Internacionais de Catalogação na Publicação (CIP)
(Câmara Brasileira do Livro, SP, Brasil)

Poder judiciário : orçamento, gestão e políticas públicas / coordenador José Maurício Conti. – São Paulo : Almedina, 2017. Vários autores. Bibliografia. ISBN: 978-85-8493-199-6 1. Administração pública 2. Orçamento 3. Poder Judiciário 4. Políticas públicas I. Conti, José Maurício.	
17-06755	CDU35

Índices para catálogo sistemático:
1. Poder judiciário : Administração pública : Direito administrativo 35

Este livro segue as regras do novo Acordo Ortográfico da Língua Portuguesa (1990).

Todos os direitos reservados. Nenhuma parte deste livro, protegido por copyright, pode ser reproduzida, armazenada ou transmitida de alguma forma ou por algum meio, seja eletrônico ou mecânico, inclusive fotocópia, gravação ou qualquer sistema de armazenagem de informações, sem a permissão expressa e por escrito da editora.

Setembro, 2017

EDITORA: Almedina Brasil
Rua José Maria Lisboa, 860, Conj.131 e 132, Jardim Paulista | 01423-001 São Paulo | Brasil
editora@almedina.com.br
www.almedina.com.br

NOTA DO COORDENADOR

O Poder Judiciário no Brasil, especialmente após a Constituição de 1988, passou a ter uma importância que cresceu a cada dia, em todos os sentidos. E de um Poder que sempre teve por característica manter-se mais isolado e discreto, passou a se mostrar muito mais atuante e presente em vários aspectos da vida da Nação.

O acesso à Justiça ampliou-se significativamente, a sociedade passou a ter cada vez mais consciência da relevância do Poder Judiciário na garantia dos seus direitos, e a demanda por seus serviços aumentou exponencialmente.

Com isto, passou a ter outra dimensão, agigantou-se, e ocupa hoje um espaço na administração pública nunca antes visto. A interferência nas políticas públicas se intensificou, tornando-o um dos protagonistas da ação do Estado.

A crescente judicialização decorrente da busca incessante por fazer valer os direitos assegurados pela Constituição, em um País que passou a ter suas finanças mais bem organizadas, com moeda estável e legislação sistematizada e rigorosa, gerou conflitos entre os direitos que precisam ser respeitados e os recursos que são escassos, pois os direitos têm custos, e não são pequenos. Com isto, o Poder Judiciário foi chamado cada vez mais a decidir sobre questões extremamente complexas, que antes eram raras e pouco significavam.

Esse novo Poder Judiciário passa por transformações, precisa se modernizar para se adaptar a esses novos tempos, e com isto conseguir cumprir a missão que lhe compete em nosso Estado Democrático de Direito.

Esta evolução enfrenta desafios em duas frentes. A primeira é essencialmente jurídica, dada a necessidade de se aprofundar nas questões que envolvem sua atuação nas políticas públicas, por meio de suas decisões, tendo que definir seu papel, os limites de sua atuação, e a forma adequada de atender as demandas que recebe e ao mesmo tempo respeitar o âmbito de atuação dos demais Poderes. Uma tarefa árdua, que o mundo jurídico debate intensamente e não parece estar próximo de um consenso. Outra frente volta-se à sua posição como órgão da administração pública, prestador de um serviço essencial ao Estado Democrático de Direito e que, em face de seu crescimento rápido e intenso, exige que se modernize e possa atuar de forma eficiente, fazendo uso racional dos recursos públicos.

Razões que justificam um aprofundamento dos estudos sobre o Poder Judiciário, sob as perspectivas administrativa e jurídica, que é a proposta dos autores desse livro.

A partir de debates, aulas, palestras e eventos que se intensificaram por ocasião da instituição do Grupo de Pesquisa USP-CNPq "Poder Judiciário: orçamento, gestão e políticas públicas" em 2014, muitos interessados se mostraram dispostos a compartilhar e divulgar suas ideias, o que motivou a produzir esta obra, com quarenta textos ricos em informações e reflexões sobre estes temas tão atuais e relevantes.

Há necessidade de se estabelecer com maior nitidez as relações entre o Poder Judiciário, seu orçamento, a gestão governamental e as políticas públicas. A cada vez mais intensa atuação do Poder Judiciário nas políticas públicas, bem como sua participação crescente nas diversas questões sociais, aliado ao aumento da demanda por seus serviços, estão a exigir maior eficiência administrativa. Torna-se necessário analisar essas questões, com vistas a buscar formas de melhorar e aperfeiçoar a atuação deste Poder, para o que os estudos ora desenvolvidos esperam dar valiosa contribuição, conferindo maior clareza a esse tema constantemente presente na agenda política e econômica.

No primeiro volume, os estudos focam-se na análise do Poder Judiciário como órgão da administração pública, e os autores se debruçam sobre as questões voltadas às receitas, despesas, orçamento, gestão, eficiência e qualidade do gasto público, analisando-as de forma a torná-las compreensíveis, permitindo ao leitor conhecer melhor este ângulo ainda pouco explorado pela doutrina, e que cada vez se torna mais relevante para o aperfeiçoamento de nossas instituições.

No segundo volume, os estudos analisam a participação do Poder Judiciário nas várias políticas públicas, evidenciando a importância que tem representado em áreas como educação, saúde, previdência social, infância, violência doméstica e administração penitenciária, e como a judicialização tem sido tratada pelo ordenamento jurídico.

Questões fundamentais para um novo Estado que está construindo um novo Poder Judiciário.

APRESENTAÇÃO

A construção do Estado Democrático de Direito, anunciado pelo art. 1º da Constituição Federal de 1988, passa por custos e estratégias que vão além da declaração de direitos. Não há Estado Social sem que haja também Estado fiscal, são como duas faces da mesma moeda. Se todos os Direitos Fundamentais têm, em alguma medida, uma dimensão positiva, todos implicam custos. Conforme salientam Holmes e Sunstein, nenhum direito é apenas o direito de ser deixado só pelo poder público. Todos os direitos reivindicam uma postura positiva do governo.[1] Logo, levar direitos a sério exige que seus custos também sejam levados a sério.

Há sempre uma decisão financeira detrás de cada atuação estatal que demande recursos. Esta é, por sua vez, precedida de uma atividade de arrecadação, que torna a decisão de gastar possível. Por esse motivo, as finanças públicas, bem como as normas que as regulam, além de sua função instrumental, são um saber ético: *"forçam a levar em conta, de modo público, os sacrifícios que nós, como comunidade, decidimos fazer, a explicar do que pretendemos abrir mão em favor de objetivos mais importantes"*.[2] Orientam escolhas, portanto.

Especialmente em períodos de recessão, não há como negar que a função do Estado de assegurar direitos, mesmo os mais basilares, poderá estar limitada por restrições de cunho orçamentário. Em tais casos, a interpretação do texto constitucional não poderá se desenvolver alheia aos óbices econômicos postos.[3]

---

[1] Stephen Holmes, Cass R. Sunstein, *The cost of rights: why liberty depends on taxes*. New York: W. W. Norton & Company, 1999, p. 44.

[2] Gustavo Amaral, *Direito, escassez & escolha*: critérios jurídicos para lidar com a escassez de recursos e as decisões trágicas. 2. ed. Rio de Janeiro: Lumen Juris, 2010, p. 42.

[3] Carlos Blanco de Morais. De novo a querela da "unidade dogmática" entre direitos de liberdade e direitos sociais em tempos de "exceção financeira". *e-Pública, Revista Eletrônica de Direito Público*, n. 3, Dezembro de 2014, p. 22.

O planejamento de receitas e despesas públicas torna-se tarefa ainda mais complexa quando o bom funcionamento de estruturas administrativas afigura-se imprescindível para a concretização de princípios estruturantes da ordem constitucional. É o que ocorre com o princípio da proteção judicial efetiva (art. 5º, inciso XXXV), pedra angular do sistema de proteção de direitos, cuja efetivação depende fundamentalmente da existência de um Poder Judiciário com real independência institucional, administrativa e financeira.

Embora inequívoca a relevância de se examinarem as possibilidades de autonomia judicial a partir dos pressupostos materiais de sua realização, a maioria dos círculos acadêmicos ainda se vê confinada ao estudo do Poder Judiciário a partir de uma perspectiva puramente normativa-conceitual do Direito. A liderança do prof. Dr. José Maurício Conti na condução das atividades do Grupo de Pesquisa *Poder Judiciário:* orçamento, gestão e políticas públicas", na Faculdade de Direito da Universidade de São Paulo (FD-USP) é uma iniciativa única no cenário nacional que rompe com esse paradigma.

Desde 2014, o grupo tem se dedicado a explorar, com profundidade teórica e relevância prática, os desafios da gestão do Poder Judiciário e da garantia do seu equilíbrio financeiro-orçamentário. Os trabalhos desenvolvidos são marcados por uma sofisticada abordagem interdisciplinar do Direito Financeiro, que conjuga elementos da dogmática constitucional e da Teoria de Políticas Públicas, possibilitando novas janelas de compreensão da nossa realidade federativa.

Reconhecendo o primor da produção intelectual dos pesquisadores, professores, mestrandos e doutorandos vinculados ao Grupo de Pesquisa, o ilustre professor Dr. José Maurício Conti congregou na presente publicação 40 textos que expandem a nossa compreensão sobre temas encantadores e ainda pouco abordados pela literatura especializada, como *governança democrática no Poder Judiciário, judicialização de políticas públicas e realização de direitos sociais, controles de despesas e fiscalização financeira e orçamentária dos órgãos judiciais,* entre outros.

Além da agregação de material científico da mais alta qualidade técnica, a presente obra representa contribuição de valor singular para a reconstrução crítica do Direito Financeiro brasileiro. Espera-se que as reflexões aqui veiculadas sirvam ao desiderato – difundido com tamanho afinco na trajetória acadêmica do prof. Dr. José Maurício Conti – de reconhecimento das regras financeiras como mandados de racionalização e estruturação da nossa democracia constitucional.

Boa leitura a todos.

Gilmar Ferreira Mendes

SUMÁRIO

A noção constitucional de "administração pública" aplicada ao Poder Judiciário 17

Fernando Menezes de Almeida

1. Apresentação 17
2. Poder Judiciário, Poder Executivo, jurisdição e administração na Constituição de 1988. 18
3. As pessoas integrantes do estado federal brasileiro e suas autonomias 20
4. Sentido constitucional de "administração pública". 24
5. Conclusão 27

Receitas públicas e o Sistema de Justiça. Custas e emolumentos. Vinculações de receita aos serviços afetos às atividades da justiça. Fundos de despesa respectivos 29

Wallace Paiva Martins Junior

1. Autonomia financeira 29
2. O financiamento do Sistema de Justiça. 31
3. Custas e emolumentos e sua natureza jurídica. 35
4. Financiamento dos atos processuais gratuitos 39
5. Fundos de despesa respectivos. 44
Referências 47

O sistema constitucional de planejamento e o Poder Judiciário 49

Francisco Sergio Silva Rocha
Fernando Facury Scaff

O planejamento da atuação do Estado na Constituição 50
O planejamento da atuação do Poder Judiciário 59
Conclusão 65

Planejamento estratégico do Poder Judiciário..67

José Mauricio Conti

1. Considerações introdutórias...67
2. Noções gerais sobre o planejamento do setor público..........................69
3. O Poder Judiciário e a administração pública.......................................72
4. O CNJ e o planejamento no Poder Judiciário..73
5. O planejamento do Poder Judiciário no contexto da administração pública..........78
6. Poder Judiciário e o planejamento estratégico......................................80
   6.1. A implantação do planejamento estratégico do Poder Judiciário nos Tribunais .83
      6.1.1. Planejamento estratégico do Tribunal de Justiça de São Paulo – período 2010-2014..............83
      6.1.2 Planejamento estratégico do Tribunal de Justiça de São Paulo – período 2015-2020...............86
      6.1.3. Planejamento e coordenação intragovernamental....................87
7. Síntese conclusiva...89
8. Referências..91

Os caminhos para uma governança democrática no Poder Judiciário..............95

Luciana Ortiz Tavares Costa Zanoni

1. Introdução..95
2. A nova gestão pública e o Poder Judiciário..96
3. A coordenação do planejamento e gestão estratégica do Poder Judiciário pelo Conselho Nacional De Justiça..........97
4. Rede de governança do Poder Judiciário..98
5. Adoção de metodologia participativa 101
6. Da reforma gerencial à era da inovação e do conhecimento..................107
7. Apontamentos acerca do juiz gestor 109
8. Estudo de caso: revisão da meta 6 da Justiça Federal 111
Considerações finais..113
Referências 113

Orçamento e Autonomia financeira do poder judiciário....................................115

Kiyoshi Harada

1. Introdução..115
2. O que é orçamento anual, sua natureza jurídica e o processo legislativo..........116
   2.1. Natureza Jurídica do Orçamento..118
   2.2. Processo legislativo...119
3. Poder Judiciário e o orçamento..121

3.1. Distinção entre autonomia financeira e autonomia orçamentária 122

3.2. Corte de verbas constantes da proposta orçamentária apresentada
pelo Judiciário 123

3.3. A intocabilidade dos recursos financeiros correspondentes às verbas
consignadas ao Poder Judiciário 124

4. A execução orçamentária em desacordo com a Lei Orçamentária Anual e
suas consequências 125

5. Conclusão 126

Análise das despesas com pessoal do Poder Judiciário 127

Moacir Marques da Silva

1. Introdução 127

2. Limite de gastos com pessoal do Poder Judiciário 131

3. Orçamento do Poder Judiciário 132

4. Análise dos gastos com pessoal 135

5. Síntese conclusiva 139

6. Referências 140

Da possibilidade de controle de constitucionalidade das leis orçamentárias pelo STF com a finalidade de dar cumprimento ao artigo 20 da LRF 143

Andressa Guimarães Torquato Fernandes

1. Introdução 143

2. Limites para gasto com pessoal na Lei de Resposabilidade Fiscal 143

3. Julgamentos no Supremo Tribunal Federal sobre limites específicos para
gasto com pessoal 147

4. Análise dos argumentos defendidos nos julgamentos com base nos princípios
da legalidade e da separação dos poderes 153

5. Do controle de constitucionalidade de lei orçamentária 155

6. Conclusão 157

7. Referências 158

Desafios na gestão judicial 161

José Renato Nalini

1. Gigantismo 162

2. Cultura do *mais do mesmo* 163

3. Discurso da falta de orçamento 163

4. Resistência à inovação 165

5. Frustrações 173

6. Concluindo com alegrias 176

PODER JUDICIÁRIO

Administração Pública e Poder Judiciário: eficiência do gasto público e modernização da gestão 177

Fabrício Motta
Heloísa Helena Antonacio M. Godinho

Introdução 177
1. Organização Político-administrativa do Estado: Poderes e Administração Pública 179
2. Autonomia financeira do Poder Judiciário 181
3. Eficiência, gestão financeira e gasto público 182
4. A avaliação do desempenho da gestão judiciária 186
5. O Poder Judiciário e as dificuldades de gestão 189
6. *Venturis ventis* 193
Referências 194

Qualidade do gasto público, indicadores e gestão do Poder Judiciário 197

Ludmila de Melo Souza

1. Introdução 197
2. Informação Contábil e Value Relevance da Contabilidade 198
3. O Conselho Nacional da Justiça, Indicadores e a Qualidade do Gasto Público no Poder Judiciário 205
4. Uma aplicação dos indicadores contábeis e extra contábeis na análise da Justiça Estadual 207
5. Considerações Finais 213
Referências 214

A relação entre o princípio da eficiência e o da proporcionalidade pela ótica juseconômica e as suas consequências 219

Lucival Lage Lobato Neto
Benjamin Miranda Tabak

1. Introdução 219
2. Princípio da eficiência 220
  2.1. Conceito e características 220
  2.2. A diferença entre eficiência e economicidade 221
  2.3. A diferença entre eficiência, eficácia e efetividade 222
3. O critério econômico de eficiência de Kaldor-Hicks 223
  3.1. Conceito 223
  3.2. A aplicação das metodologias para avaliação da eficiência das normas 224
  3.3. Tipos de metodologias para análise da eficiência na elaboração de normas 226
    3.3.1. Análise custo-benefício 227

SUMÁRIO

3.3.2. Análise multi-critério..228
3.3.3. Análise parcial 228
3.3.4. A Análise Custo-Efetividade 229
3.4. As críticas quanto à utilização do critério econômico de eficiência de Kaldor-Hicks 230
3.5 Críticas relacionadas à análise custo-benefício 232
3.6 A defesa da utilização do critério econômico de Kaldor-Hicks e da Análise Custo-Benefício pelo direito 233
4. Princípio da proporcionalidade 234
4.1. Conceito 234
4.2. Subprincípios constitutivos...235
4.3. A aplicação do princípio da proporcionalidade no Direito Administrativo .. 237
4.4. O princípio da proporcionalidade como instrumento de controle dos atos administrativos discricionários 238
4.5. A "fórmula do peso" de Robert Alexy para o subprincípio da proporcionalidade em sentido estrito 240
5. A relação entre o princípio da proporcionalidade e o da eficiência.................... 242
6. A utilização do critério de kaldor-hicks resulta no fim da subjetividade na aplicação do princípio da proporcionalidade? 245
7. Considerações finais 246
8. Referências 247

Eficiência e Poder Judiciário: resolução de casos e recursos financeiros no Brasil e nos Estados Unidos 251

Rodrigo Luís Kanayama
Fabrício Ricardo de Limas Tomio

Introdução..251
1. A independência e a autonomia financeira do Poder Judiciário: imprescindíveis à manutenção do Estado de Direito no Brasil e nos Estados Unidos..................... 253
2. Autonomia financeira e eficiência do Poder Judiciário brasileiro e norte-americano: sistemas diversos, mesmos objetivos 256
3. *Empirical Legal* e eficiência do Judiciário: dados comparados sobre recursos financeiros, humanos, litigiosidade e resolutividade na Justiça Estadual Brasileira e nas *State Courts* Norte-americanas 259
Conclusão..269
Referências 270

PODER JUDICIÁRIO

Parcerias público-privadas no poder judiciário: uma necessária revisão da atual orientação do Conselho Nacional de Justiça.............................273

André Castro Carvalho

Introdução...273
1. Complexo material: gestão e criação de *benchmarkings*.................................275
    1.1. O que é parceria público-privada – PPP?..275
    1.2. O que é complexo material?..277
    1.3. Por que há a criação de um processo de *benchmarking*?..........................278
2. Análise dos argumentos expostos no voto da consulta
nº 002583-36.2010.2.00.0000 AO CNJ...280
    2.1. Origem e o resultado da consulta..280
    2.2. A análise de cada um dos pontos aventados no voto.................................282
        2.2.1. A expressão "administração pública" em maiúscula.......................282
        2.2.2. A inviabilidade de enquadramento como concessão administrativa.... 284
        2.2.3. a submissão do poder judiciário aos órgãos gestores de PPPs.............. 286
Conclusão..288
Referências..290

Precatórios e requisitórios no Brasil..291

Paulo Cezar Neves Junior

1. Introdução...291
2. Precatórios..291
3. Requisitórios...294
4. Histórico dos requisitórios no Brasil...295
5. Quadro atual dos precatórios e requisitórios...302
    5.1. Espécies..302
    5.2. Procedimento..304
6. Vantagens e desvantagens do regime de precatórios.....................................306
7. Regimes estrangeiros de execução contra a fazenda pública.........................308
8. Conclusões...310
Referências..311

Precatórios, Também um Problema de Gestão do Judiciário.........................315

Glaura Cristina Garcia De Souza de Carvalho e Silva

1. Introdução...315
2. Gestão do Poder Judiciário: perfil do congestionamento..............................318
    2.1. A forma como o Poder Público litiga e o congestionamento do
    judiciário como fator de contribuição à inadimplência desta dívida pública
    – os precatórios..320

2.2. Alguns apontamentos sobre parte da trajetória das emendas constitucionais na tentativa de resolver o problema da inadimplência e do volume de demandas na fase executiva 324

3. O sistema de gestão dos precatórios ditado pelas resoluções do Conselho Nacional de Justiça – CNJ 328

4. Conclusões 329

5. Referências 332

Precatórios alimentícios: intervenção judicial em prol do planejamento orçamentário e da efetivação dos direitos fundamentais 335

Sérgio Assoni Filho

1. Bens públicos e seu regime jurídico 335

2. Impenhorabilidade e sistemática dos precatórios 341

3. Decisões alocativas e planejamento orçamentário 346

4. Planejamento orçamentário e efetividade dos direitos fundamentais 348

5. Intervenção judicial e pagamento dos precatórios alimentícios 351

6. Conclusão 358

Referências 360

Notas sobre a fiscalização financeira e orçamentária e o Poder Judiciário; controle interno, controle externo, controle social e a atuação do Conselho Nacional de Justiça 363

Wanderley José Federighi

Introdução 363

1. A fiscalização; seu conceito. As várias formas de controle da Administração Pública 365

2. O poder judiciário; objeto do controle de suas finanças 367

3. O controle interno 368

4. O controle externo. Os diferentes sistemas de tal tipo de controle 371

5. O controle social ou privado 376

6. O controle interno do poder judiciário 380

7. O controle externo do Poder Judiciário 382

8. O CNJ e a fiscalização das finanças do Poder Judiciário 384

9. As atribuições do CNJ na área financeira 387

10. A autonomia financeira do Poder Judiciário 390

Conclusões 393

Referências 393

Fiscalização financeira e orçamentária do poder judiciário na era da sociedade da informação:controle interno, externo e social e a atuação do Conselho Nacional de Justiça 395

Marcelo Guerra Martins

1. Introdução 395
2. Fiscalização das finanças públicas e os tipos de controle 397
    2.1. Parâmetros da fiscalização das finanças públicas 398
    2.2. Legalidade, legitimidade e economicidade das despesas públicas 400
    2.3. Tipos de controle (interno, externo e social) 401
3. Princípio constitucional da transparência no contexto da Sociedade da Informação 404
4. As prestações de contas em formato eletrônico 408
5. Atuação do CNJ no controle financeiro do Poder Judiciário 411
6. Notas finais 417
Referências 419

A noção constitucional de "administração pública" aplicada ao Poder Judiciário

Fernando Menezes de Almeida
Professor titular da Faculdade de Direito da USP

1. Apresentação

Meu prezado amigo e organizador deste livro, José Maurício Conti, em recente convite para que eu participasse de um de seus cursos de pós-graduação na Faculdade de Direito da USP, pediu-me que desenvolvesse, do ponto de vista de um professor de direito administrativo, o tema que agora aplico ao presente ensaio.

Na ocasião, Conti chamara-me a atenção para uma recorrente questão prática, envolvendo o Poder Judiciário, a qual diz respeito ao seu enquadramento (ou não) na noção constitucional de "administração pública", com diversos desdobramentos em termos da autonomia daquele Poder para a prática de atos de administração instrumentalmente inerentes ao desempenho de sua função.

A questão, aliás, já fora levantada e desenvolvida, de modo original, pelo próprio Conti em sua tese de livre-docência, defendida em nossa Faculdade em 2005, da qual resultou o livro *A autonomia financeira do Poder Judiciário* (São Paulo: MP, 2006).

Volto agora ao tema para sugerir algumas reflexões.

2. Poder Judiciário, Poder Executivo, jurisdição e administração na Constituição de 1988.

Não pretendo aqui desenvolver, em abstrato, o clássico ponto da repartição do poder estatal, comumente dita "separação dos poderes".

Em lugar disso, chamo atenção para o fato de que a Constituição brasileira de 1988 preferiu cuidar da matéria por um critério antes orgânico do que funcional.

Explico melhor. Tradicionalmente – e para falar de modo simplificado – as abordagens teóricas da separação dos poderes enfocam ora o seu aspecto orgânico, ora o seu aspecto funcional.

Pelo aspecto orgânico, a tese da separação dos poderes postula a virtude de que o poder estatal seja exercido por diversos de seus órgãos, de modo a estabelecer-se o sistema, celebrizado pelo enunciado de Montesquieu, pelo qual o poder estatal é o instrumento para frear a si próprio – evitando-se, assim, o abuso de um poder que, no contexto histórico da idade moderna, passa a encontrar-se concentrado em uma pessoa: o estado soberano.

Pelo aspecto funcional, a separação dos poderes vislumbra a distinção entre as principais vertentes nas quais podem ser agrupadas as *funções* a serem exercidas pelo estado, resultando, em linhas gerais na distinção entre a função de tomar as decisões político-jurídicas fundamentais (legislação), a função de aplicar essas decisões no que toca à iniciativa estatal (administração) e a função de solucionar conflitos que surjam concretamente na aplicação dessas decisões, dando, sobre isso, a palavra final (jurisdição).

As abordagens orgânica e funcional da separação de poderes não são excludentes; pelo contrário, complementam-se, cruzando-se matricialmente.

Desse modo, nos diversos sistemas constitucionais que adotam a separação dos poderes, tende a haver uma concentração de cada uma das funções em cada uma das divisões orgânicas do poder (isto é, na nomenclatura vigente no Brasil: o Poder Legislativo concentra a legislação; o Poder Executivo concentra a administração; e o Poder Judiciário concentra a jurisdição). No entanto, residualmente, a cada uma das divisões orgânicas pode ser atribuído o exercício das outras funções.

Como é notório, Constituição brasileira de 1988 adota expressamente a separação de poderes:

> Art. 2º São Poderes da União, independentes e harmônicos entre si, o Legislativo, o Executivo e o Judiciário.

E reforça essa opção ao torná-la um limite material à revisão da Constituição:

> Art. 60. A Constituição poderá ser emendada mediante proposta: [...]
> § 4º Não será objeto de deliberação a proposta de emenda tendente a abolir: [...]
> III – a separação dos Poderes;

Note-se, *en passant*, que a referência do art. 2° aos "Poderes da União" não exclui que Estados e Municípios também comportem a separação de poderes, sendo certo que os Municípios não possuem Poder Judiciário. Isso decorre de diversos dispositivos da própria Constituição que se refere aos Poderes dos demais entes da federação (p. ex.: art. 34, IV; ou art. 37, *caput*).

Voltando à afirmação que fiz mais acima de que a Constituição brasileira ordena preferencialmente suas normas por um critério *orgânico* de separação dos poderes, a Constituição adota como designação dos "capítulos" que integram seu "Título IV – Da organização dos poderes": "Do Poder Legislativo" (Capítulo I, arts. 44 a 75); "Do Poder Executivo" (Capítulo II, arts. 76 a 91); e "Do Poder Judiciário" (Capítulo III, arts. 92 a 126 – sem contar o Capítulo IV, "Das funções essenciais à justiça", que trata de órgãos, alguns até mesmo não estatais, que não se enquadram nos Poderes anteriormente enunciados).

E, ao normatizar cada um dos Poderes, opera numa lógica de fixar sua estruturação orgânica e, subsequentemente, fixar as competências de tais órgãos.

Ou seja, a Constituição **não** optou por normatizar as funções estatais – explicitando o que entenderia por legislação, administração e jurisdição – para depois fixar quem as exercesse. Insisto: diversamente disso, a ênfase é na *organização* dos Poderes.

No caso do Poder Judiciário, é simbólico dessa ênfase no critério orgânico que a tradicional cláusula da *inafastabilidade do controle jurisdicional* – ou seja, o reconhecimento da independência da função jurisdicional em dar a última palavra sobre o que é o direito, em caso de conflito –, amplamente reconhecida na teoria como sendo essencial ao estado de direito, esteja, na Constituição brasileira, verbalizada como *inafastabilidade do controle pelo Poder Judiciário*:

> Art. 5º Todos são iguais perante a lei, sem distinção de qualquer natureza, garantindo-se aos brasileiros e aos estrangeiros residentes no País a inviolabilidade do direito à vida, à liberdade, à igualdade, à segurança e à propriedade, nos termos seguintes: [...]

XXXV – a lei não excluirá da apreciação do Poder Judiciário lesão ou ameaça a direito;

Ora, é certo que o Poder Judiciário, no sistema constitucional vigente, concentra o exercício da jurisdição, com muito poucas exceções, como é o caso do julgamento do presidente da república por crime de responsabilidade.

De qualquer modo, uma regra como essa acima transcrita, do art. 5°, XXXV, seria um impedimento a que o Brasil voltasse a ter, como teve em seu tempo de Império, um sistema de jurisdição dúplice, no qual as decisões dos órgãos da jurisdição administrativa, órgãos esses não integrantes do Poder Judiciário, não pudessem ser apreciadas por este último.

Entretanto, como dito logo acima, a concentração da função jurisdicional nos órgãos do Poder Judiciário não significa que estes órgãos não exerçam também as outras funções estatais.

Assim, diversas normas constitucionais apontam para o exercício, pelo Poder Judiciário, de atividades que materialmente podem ser consideradas legislação (p. ex.: art. 103-A) ou administração (p. ex.: art. 96, I).

A seu turno, o Poder Executivo – ainda que não se encontre exemplo, no sistema constitucional vigente no Brasil, de situação em que exerça jurisdição (note-se que processo administrativo é sempre suscetível de controle jurisdicional pelo Poder Judiciário; e que a impropriamente dita "coisa julgada administrativa" não é coisa julgada) – não tem a exclusividade do exercício da função administrativa.

Enfim, encerrando-se o presente item, resta claro que no sistema constitucional brasileiro Poder Judiciário e jurisdição não são noções coincidentes; bem como Poder Executivo e administração não o são. (Deixo aqui de lado o Poder Legislativo e a legislação, eis que não pertinentes ao tema deste ensaio).

Poder Judiciário e Poder Executivo expressam o aspecto orgânico da separação dos poderes. Já jurisdição e administração expressam o aspecto funcional da separação dos poderes.

E ainda: nem toda função exercida pelo Poder Judiciário é jurisdição; ele também exerce administração.

3. As pessoas integrantes do estado federal brasileiro e suas autonomias

Paralelamente ao que se vem de dizer sobre a separação de poderes, a compreensão do tema deste ensaio importa que se tenha clareza sobre o sistema adotado constitucionalmente no Brasil para a configuração das pessoas jurídicas estatais.

Em breve síntese, o Brasil, acolhendo uma concepção jurídica da federação clara em certa linha de pensamento – destaque-se, a propósito, em especial a liderança intelectual de Hans Kelsen –, admite a coexistência de diversos níveis de pessoas jurídicas estatais:

a) uma pessoa jurídica que consiste no estado soberano: a "República Federativa do Brasil" – a qual, internacionalmente, é reconhecida como sujeito de direito, assumindo relações jurídicas de direito internacional;

b) a pessoa jurídica autônoma "União Federal" – cuja abrangência territorial coincide com a da República Federativa do Brasil, mas que consiste numa pessoa jurídica de direito interno e que se relaciona com diversas outras pessoas estatais autônomas;

c) as pessoas jurídicas autônomas "Estados" – cuja abrangência territorial é mais restrita, sendo contida pelo território da União, mas que são pessoas jurídicas independentes da União e a ela não subordinadas hierarquicamente;

d) as pessoas jurídicas autônomas "Municípios" – cuja abrangência territorial é mais restrita, sendo contida pelos territórios da União e dos Estados, mas que são pessoas jurídicas independentes da União e dos Estados e a eles não subordinadas hierarquicamente;

e) a pessoa jurídica autônoma "Distrito Federal" – que equivale a um Estado, no entanto, não se subdividindo em Municípios.

Isso tudo decorre dos artigos 1° e 18 da Constituição brasileira e encontra eco na definição dada pelo Código Civil às pessoas jurídicas (art. 41).

Destaque-se o texto do art. 18 da Constituição, por sua clareza:

> Art. 18. A organização político-administrativa da República Federativa do Brasil compreende a União, os Estados, o Distrito Federal e os Municípios, todos autônomos, nos termos desta Constituição.

Como é tradicional na linguagem constitucional brasileira, *soberania* implica um poder jurídico incondicionado. Já *autonomia* expressa um poder jurídico que assegura independência e insubordinação hierárquica em relação a outros poderes autônomos, porém dependência e subordinação hierárquica ao poder jurídico soberano.

Nesse sentido, para usar uma terminologia kelseniana, o poder jurídico soberano – no caso, a República Federativa do Brasil – resulta num "ordenamento jurídico total", enquanto os poderes jurídicos autônomos – no caso, União, Estados, Distrito Federal e Municípios – resultam em "ordenamentos jurídicos parciais".

Cruzando essas ideias sobre as pessoas estatais integrantes da federação brasileira, com a separação de poderes no Brasil, tem-se que:

a) a República Federativa do Brasil possui um Poder Legislativo (Congresso Nacional), um Poder Executivo (Presidência da República e órgãos auxiliares) e um Poder Judiciário (Supremo Tribunal Federal, Superior Tribunal de Justiça, Conselho Nacional de Justiça, Justiça Federal – esta naquilo que diga respeito à República enquanto sujeito de direito internacional, v.g., Constituição, art. 109, II, III e X – e as justiças nacionais especializadas: Justiça do Trabalho, Justiça Eleitoral e Justiça Militar);

b) a União Federal possui um Poder Legislativo (Congresso Nacional), um Poder Executivo (Presidência da República e órgãos auxiliares) e um Poder Judiciário (Justiça Federal – esta, no tocante ao direito próprio da União – e Tribunal de Justiça do Distrito Federal e dos Territórios – quanto a este, cf. Constituição, art. 21, XIII);

c) os Estados possuem, cada qual, um Poder Legislativo (Assembleia Legislativa), um Poder Executivo (Governo do Estado e órgãos auxiliares) e um Poder Judiciário (Justiça Estadual e Justiça Militar Estadual);

d) o Distrito Federal possui um Poder Legislativo (Câmara Legislativa) e um Poder Executivo (Governo do Distrito Federal e órgãos auxiliares);

e) os Municípios possuem, cada qual, um Poder Legislativo (Câmara Municipal) e um Poder Executivo (Prefeitura Municipal e órgãos auxiliares).

Observe-se que, por opção política constitucional, há uma coincidência parcial entre certos órgãos dos Poderes da República Federativa do Brasil e dos Poderes da União Federal. Até caberia que fossem órgãos distintos; mas tal não é o caso do Brasil.

Porém, isso não impede que se vislumbrem as distintas situações em que tais órgãos, ao atuarem, estejam agindo em nome de uma ou de outra pessoa.

Desse modo, por exemplo, o Presidente da República, ao celebrar um tratado internacional, age em nome da República Federativa do Brasil e vincula todas as pessoas estatais (e não-estatais) do País; enquanto, ao expedir um decreto de organização administrativa, age em nome da União Federal e não tem competência para vincular Estados e Municípios. Idem quanto ao Congresso Nacional editando leis como, p. ex., de um lado, o Código Civil[1] e, de outro, o Estatuto dos Servidores Públicos da União.

Entretanto, parece-me caber ainda uma precisão específica quanto ao Poder Judiciário, ao cruzarem-se as pessoas estatais integrantes da federação brasileira, com a separação de poderes no Brasil.

Trata-se de reconhecer que os órgãos de cúpula do Poder Judiciário da República Federativa do Brasil, ainda que não integrem o Poder Judiciário da União Federal ou dos Estados, têm ingerência, no que diz respeito à função jurisdicional, sobre decisões jurisdicionais tomadas no âmbito das justiças da União ou dos Estados.

Isso se deve à peculiaridade de a Constituição brasileira haver adotado uma organização nacionalmente unificada da *função jurisdicional*, numa lógica que *não* se aplica à *função administrativa* – nem mesmo, diga-se de passagem, à função administrativa exercida pelo Poder Judiciário (com a exceção, a ser interpretada restritivamente, de certas competências do CNJ).

É, pois, algo diferente do que se passa com o Poder Executivo no exercício de função administrativa, eis que em nenhuma situação o Presidente da República – nem como chefe do Poder Executivo da República Federativa do Brasil, nem como chefe do Poder Executivo da União Federal – terá ingerência sobre decisões administrativas tomadas no âmbito dos Poderes Executivos dos Estados.

Mas para terminar o presente item, importa ainda restar claro que os "Poderes" estatais não são pessoas jurídicas, mas sim são órgãos despersonificados que integram alguma das pessoas jurídicas estatais.

O Poder Judiciário da União, ou de um Estado, não tem personalidade jurídica. A pessoa jurídica em questão será a União, ou o Estado.

---

[1] Este ponto do argumento comportaria muitos aprofundamentos, os quais, no entanto, estariam fora do foco deste ensaio. Ilustrativamente, aponte-se a dificuldade hermenêutica de ter a Constituição Federal invocado a "União" para se referir à pessoa competente para legislar privativamente sobre as matérias arroladas no art. 22 (quando caberia bem invocar a República Federativa do Brasil), ou legislar concorrentemente sobre as matérias arroladas no art. 24 (quando seria mais lógico atribuir a legislação sobre normas gerais à República Federativa do Brasil, cabendo à União e aos Estados estabelecerem as normas específicas naquilo que diga respeito aos seus respectivos ordenamentos jurídicos parciais). Aliás, a compreensão da distinção entre competência legislativa da República e da União, *vis à vis* os Estados, é particularmente sensível em matéria de administração pública.

PODER JUDICIÁRIO

Em consequência, exemplificando-se, tanto o Governador de São Paulo como os órgãos dirigentes da Assembleia Legislativa do Estado ou do Tribunal de Justiça do Estado, ao agirem, estão agindo em nome de uma só pessoa jurídica: o Estado de São Paulo.

Saber quem pode, em cada caso, legitimamente agir em nome da pessoa estatal implica saber a regra, constitucional ou legal, que estabelece competência para cada qual.

De todo modo – mantido o exemplo –, perante a outra pessoa, estatal ou não, com a qual o Estado de São Paulo se relacione o que importa é que a parte vinculada pela relação jurídica é o Estado de São Paulo, independentemente da discussão (interna ao Estado de São Paulo) de quem é seu agente competente em cada caso.

Aliás, nos limites da competência de cada Poder, é cabível dizê-lo "autônomo" em relação aos demais. Todavia, o conceito de autonomia aqui aplicado tem um alcance jurídico diferente da autonomia dos entes da federação.

Afirmar que um órgão – p. ex., o Poder Judiciário de um Estado – é autônomo nada diz sobre tal órgão ter ou não personalidade jurídica própria. O Estado do Rio de Janeiro, p. ex., é autônomo enquanto pessoa jurídica integrante da federação brasileira; porém o Poder Judiciário fluminense pode-se dizer "autônomo" em relação ao Poder Executivo fluminense, sem contudo ser pessoa jurídica.

4. Sentido constitucional de "administração pública"

Outro elemento do direito constitucional positivo brasileiro a ser considerado neste ensaio, em adição ao quanto já visto acima, é o tratamento dado à "administração pública".

A noção constitucional de "administração pública" não se confunde nem com "administração" (função estatal), nem com Poder Executivo (órgão estatal). **Com a noção de administração pública, a Constituição designa os órgãos estatais que exercem função administrativa, independentemente do Poder em que se situem**.

Administração pública, portanto, não é nome próprio de um órgão; e sim o nome empregado para designar uma generalidade de órgãos.

Melhor esclarecendo: órgãos públicos podem conter subdivisões internas que, por sua vez, sejam também consideradas órgãos públicos. O Poder Executivo da União, p. ex., é um órgão (despersonificado) da pessoa jurídica

União; um ministério, por sua vez, é um órgão dentro do Poder Executivo; uma secretaria, dentro desse ministério, também pode ser considerado um órgão; bem como um departamento dentro dessa secretaria.

Porém, ao usar a expressão "administração pública", a Constituição está-se referindo a uma generalidade de órgãos e criando regras aplicáveis a todos eles.

Eis a principal norma constitucional a respeito:

> Art. 37. A administração pública direta e indireta de qualquer dos Poderes da União, dos Estados, do Distrito Federal e dos Municípios obedecerá aos princípios de legalidade, impessoalidade, moralidade, publicidade e eficiência e, também, ao seguinte: [... *e seguem-se inúmeros incisos*]

As regras constantes desse art. 37, assim como outras regras esparsas na Constituição atinentes à administração pública, aplicam-se, pois, aos órgãos dos Poderes Legislativo, Executivo e Judiciário, da União, dos Estados, do Distrito Federal e dos Municípios (lembrando que Distrito Federal e Municípios não têm Poder Judiciário) naquilo que importe exercício de função administrativa, por exemplo: nomeação de servidores ou contratação de empregados públicos; remuneração de pessoal; celebração de contratos em geral; controle do uso de recursos públicos; prática do processo administrativo; estabelecimento de normas regulamentares do funcionamento do Poder; estabelecimento de sua estrutura orgânica interna; gestão orçamentária e financeira.

O citado art. 37 emprega ainda, quanto à administração pública, os qualificativos "direta" e "indireta".

Os conceitos de administração pública "direta" e "indireta" foram inseridos no direito brasileiro pelo Decreto-Lei federal n. 200/67.

Mas esse Decreto-Lei, ainda em vigor nos artigos que interessam para o ponto ora discutido, vale para a União Federal. É uma lei que veio estabelecer modos de descentralização administrativa no plano federal.

Nesse sentido, além dos órgãos que centralizadamente integram a pessoa jurídica União Federal: Presidência da República e seus órgãos auxiliares (Ministérios, etc.) – ditos "administração direta" –, há outros órgãos que, por decisão da própria União Federal, se descentralizam, o que importa dizer, ganham personalidade jurídica própria e, portanto, ganham relativa autonomia, mantendo certo vínculo de tutela pela pessoa da União: são as autarquias, as fundações públicas, as associações públicas, as empresas públicas e as sociedades de economia mista – ditos "administração indireta".

Entretanto, a matéria de organização administrativa acompanha a autonomia dos entes federativos, sendo de competência de Estados, Distrito Federal e Municípios adotar suas próprias medidas, naquilo que não for conflitante com a Constituição brasileira.

No caso do Estado de São Paulo, p. ex., a norma correspondente é o Decreto-Lei Complementar n. 7/69, que usa conceitos diversos (com sentido análogo): "administração centralizada" e "descentralizada", esta integrada por "autarquias", "empresas públicas e empresas em cujo capital o Estado tenha participação majoritária, pela sua Administração centralizada ou descentralizada" e "fundações".

Ocorre que a Constituição brasileira de 1988 de certo modo acolheu a nomenclatura do Decreto-Lei n. 200/67, ao referir-se à administração "direta" e "indireta".

Parece-me, contudo, que a melhor interpretação da Constituição não é a que imporia a Estados e Municípios a adoção dos mesmos conceitos federais nessa matéria. Mas sim a interpretação que leva à aplicação, analógica, das regras sobre administração direta e indireta aos órgãos e pessoas que os direitos estaduais e municipais – independentemente dos nomes – caracterizassem como integrantes da pessoa estatal centralizada (Estado ou Município) ou como pessoas distintas porém vinculadas à pessoa estatal centralizada.

Assim, por exemplo, a Constituição paulista de 1989 acolheu a designação administração direta e indireta, mas, ao lado disso, manteve ênfase na noção de "administração fundacional" –algo que a Emenda Constitucional n. 19/98 quase suprimiu na Constituição brasileira, lá restando apenas três menções esparsas –, estabelecendo ainda importante regramento para as "fundações instituídas ou mantidas pelo poder público", ainda que privadas (não integrantes da administração pública direta, nem indireta).

De todo modo, o ponto a que eu gostaria de chegar com essa discussão sobre administração direta e indireta é o de que, segundo o citado art. 37 da Constituição brasileira, qualquer dos Poderes pode tomar a iniciativa de propor a criação – o que sempre depende de lei formal (art. 37, XIX e XX) – de pessoas da administração indireta, as quais serão, consequentemente, vinculadas ao Poder que as quis criar.

Nada impede, portanto, que haja, p. ex., uma autarquia, ou uma fundação, ou (ainda que pouco plausível na prática) uma empresa estatal vinculada ao Poder Legislativo ou ao Poder Judiciário de um ente da federação.

Tal autarquia, ou fundação, ou empresa, será vinculada, de rigor, ao ente da federação em questão, que é, como visto, quem tem personalidade jurídica (em se tratando da administração direta). Dizer que seja também "vinculada" ao Poder Legislativo ou Judiciário é apenas a indicação de que são autoridades de um daqueles poderes que irão gerir esse vínculo.

5. Conclusão

A conclusão deste breve ensaio, portanto, é a de que a noção constitucional de "administração pública" inclui o Poder Judiciário.

Trata-se da faceta do Poder Judiciário que, com toda normalidade no contexto da separação dos poderes, exerce função administrativa.

Não há um limite conceitual em tese que exclua o Poder Judiciário da administração pública.

Ou seja: não há elemento a priori, extraído em abstrato do conceito de administração pública, que indique se o órgão dirigente do Poder Judiciário de um ente da federação pode ou não pode praticar um ato de administração em nome de tal ente da federação. O elemento que define esse poder decorre do tratamento legal que, concretamente, for dado a cada situação, em termos de competência dos agentes e órgãos públicos.

Há casos em que essa competência é mais claramente atribuída aos órgãos do Poder Judiciário. Veja-se, por exemplo, o disposto no já citado art. 96, I, da Constituição brasileira, cuidando de hipóteses de organização administrativa interna e gestão de pessoal.

Admite-se, sem maior hesitação, que as autoridades do Poder Judiciário, sem necessidade de recorrer ao Poder Executivo, conduzam licitações e celebrem contratos instrumentais para o desempenho de sua função, p. ex.: comprando materiais de escritório, alugando imóveis, contratando a construção de prédios.

Nesse caso, a pessoa jurídica a figurar nos contratos será a pessoa estatal na qual se inclua o Poder Judiciário em questão (p. ex., um Estado). A obrigação assim contraída será, nesse exemplo, do Estado. Quem eventualmente defenderá o Estado em juízo em caso de conflito pode tanto ser a Procuradoria Geral desse Estado (vinculada ao Poder Executivo), ou, onde houver, uma Procuradoria própria do Poder Judiciário desse Estado.

Em outros casos, essa competência pode não ser tão evidente.

Verifique-se o que passa com a Lei n. 11.079/04, que cuida dos contratos de concessão no regime de parcerias público-privadas (PPP).

O *caput* do art. 1º da Lei das PPP, ainda em vigor, é o seguinte:

Art. 1°. Esta Lei institui normas gerais para licitação e contratação de parceria público-privada no âmbito dos Poderes da União, dos Estados, do Distrito Federal e dos Municípios.

De sua leitura, seria natural compreender incluído o Poder Judiciário como órgão competente para propor e celebrar uma PPP.

Ocorre que, por alteração legislativa em meados de 2015, a redação do parágrafo único desse art. 1° – que originalmente referia-se "aos órgãos da administração pública direta" – ganhou a seguinte redação, restritiva do *caput* (restrição essa de constitucionalidade duvidosa, diga-se de passagem, por excluir sem critério justificável um dos Poderes, em aparente violação de sua harmonia recíproca):

> Parágrafo único. Esta Lei aplica-se aos órgãos da administração pública direta dos Poderes Executivo e Legislativo, aos fundos especiais, às autarquias, às fundações públicas, às empresas públicas, às sociedades de economia mista e às demais entidades controladas direta ou indiretamente pela União, Estados, Distrito Federal e Municípios.

Enfim, o que se quis afirmar com este ensaio é que o Poder Judiciário é também "administração pública", e submete-se às regras constitucionais a ela aplicáveis.

O limite para que o Poder Judiciário possa exercer função administrativa – atuando como administração pública e personificando, em dada relação jurídica, a pessoa estatal em que se insira (República Federativa do Brasil, União Federal ou um dos Estados federados) – é o limite específico da competência de cada órgão ou agente estatal, dada pela Constituição brasileira, pelas Constituições estaduais ou pelas leis.

Receitas públicas e o Sistema de Justiça. Custas e emolumentos. Vinculações de receita aos serviços afetos às atividades da justiça. Fundos de despesa respectivos

Wallace Paiva Martins Junior
Procurador de Justiça (MPSP), Doutor em Direito do Estado (USP) e Professor de Direito Administrativo (UNISANTOS)

1. Autonomia financeira

Dentre as várias inovações que a Constituição de 1988 ofereceu ao direito brasileiro realce merece a ênfase que dispensou à conformação do Poder Judiciário, aquinhoando-o de autonomia assim como a estendeu às funções estatais essenciais à Justiça do Ministério Público e da Defensoria Pública. Autonomia é capacidade de autogoverno, como direção daquilo que lhe é próprio dentro de um círculo pré-estabelecido por uma ordem superior, não tendo caráter absoluto porque é derivada e, portanto, vinculada ao espaço e ao modo de atuação fixados pela Constituição.

A Constituição vigente assegura ao Poder Judiciário, ao Ministério Público e à Defensoria Pública autonomia, inclusive no aspecto financeiro nos arts. 99, § 1º, 127, § 3º e 134, §§ 2º e 3º, o que compreende a elaboração de proposta orçamentária e a sua execução com dotações próprias (sendo corolário elementar a capacidade de gestão e aplicação de recursos para suas atividades), sem interferência alheia, respeitando-se o esquema de equilíbrio resultante da divisão funcional do poder. A prerrogativa exclusiva de elaboração de sua própria proposta orçamentária exige sua proposição dentro dos limites da lei de diretrizes orçamentárias, pois, ela é encaminhada ao Chefe do Poder Executivo como peça componente da proposta orçamentária global.

No direito brasileiro, as potenciais intervenções do Poder Executivo à fração da proposta orçamentária são aquelas explicitamente articuladas na Constituição Federal. Elas merecem interpretação restritiva, e se resumem (a) à falta de apresentação da proposta no prazo fixado na lei de diretrizes orçamentárias ou (b) à apresentação em desacordo com os limites estabelecidos na lei de diretrizes orçamentárias. No primeiro caso, é consentido ao Poder Executivo considerar os valores aprovados na lei orçamentária vigente, ajustados de acordo com os limites da lei de diretrizes orçamentárias; no segundo caso, o Poder Executivo procederá aos ajustes necessários. Não é possível a imposição de limites de despesa com pessoal por lei de iniciativa do Poder Executivo na execução orçamentária: a autonomia financeira não se exaure na simples elaboração da proposta orçamentária, sendo consagrada, inclusive, na execução concreta do orçamento e na utilização das dotações postas em favor[1] porque os arts. 99, § 5º, e 127, § 6º, ao proibirem, no Poder Judiciário e no Ministério Público, a realização ou a assunção de despesas extrapolando os limites da lei de diretrizes orçamentárias, salvo as previamente autorizadas pela abertura de créditos suplementares ou especiais, não legitima essa interferência e, por essa razão, nem a Lei de Responsabilidade Fiscal poderia fazê-lo.

A elaboração da proposta orçamentária conjunta, a ser apreciada pelo Poder Legislativo, não pode desobedecer as demais disposições da Constituição, especialmente as que estabelecem (ou mandam a lei estabelecer) restrições aos gastos públicos em prol do equilíbrio e da responsabilidade fiscal e a compatibilidade com a lei de diretrizes orçamentárias (arts. 163, I, 165, II e III, §§ 2º, 5º, 166 e §§ 3º, I e III, 9º, 168, 169). O Poder Legislativo tem a competência constitucional de preservação da conformidade da proposta com as normas constitucionais e infraconstitucionais, sem prejuízo do controle de constitucionalidade da lei orçamentária pelo Poder Judiciário. Não é lícito ao Poder Executivo adequar a proposta do Poder Judiciário ou do Ministério Público[2].

Reforça o arsenal da autonomia financeira a obrigação contida no art. 168 da Constituição, determinando ao Poder Executivo, até o dia 20 (vinte) de cada mês e nos termos de lei complementar, a entrega dos duodécimos dos

---

[1] STF, ADI 4.356-CE, Tribunal Pleno, Rel. Min. Dias Toffoli, 09-02-2011, v.u., DJe 12-05-2011; STF, ADI 4.426-CE, Tribunal Pleno, Rel. Min. Dias Toffoli, 09-02-2011, v.u., DJe 18-05-2011.

[2] STF, MS 31.618-DF, Rel. Min. Joaquim Barbosa, 13-11-2012, DJe 19-11-2012.

recursos correspondentes às dotações orçamentárias destinadas ao Poder Judiciário, ao Ministério Público e à Defensoria Pública, inclusive os decorrentes de créditos suplementares e especiais. O Supremo Tribunal Federal já decidiu que o Poder Executivo não tem a prerrogativa de reduzir, limitar ou bloquear a entrega ou o repasse dos duodécimos orçamentários a que fazem jus os Poderes Legislativo e Judiciário e o Ministério Público, por infringência à autonomia financeira constitucionalmente assegurada[3]. Esse repasse duodecimal é uma "garantia de independência, que não está sujeito à programação financeira e ao fluxo de arrecadação" porquanto configura ordem de distribuição prioritária de satisfação das dotações orçamentárias consignadas, como julgado[4].

2. O financiamento do Sistema de Justiça

A Constituição da República de 1988 estabelece no § 2º do art. 98 acrescentado pela Emenda n. 45 de 2004 que "as custas e emolumentos serão destinados exclusivamente ao custeio dos serviços afetos às atividades específicas da Justiça".

O dispositivo prevê que os serviços (*lato sensu*) nele referidos (atividades específicas da Justiça) serão financiados pelas custas e pelos emolumentos. Não está a mencionar que apenas esses recursos servem ao custeio dos serviços afetos às atividades da Justiça, mas, que eles (recursos oriundos de custas e emolumentos) só podem ser empregados a tanto. A fórmula normativa contida no advérbio "exclusivamente" significa que a destinação desses recursos é específica e determinada a essa finalidade (custeio dos serviços afetos às atividades da Justiça), impedindo qualquer outra. Por isso, não podem ser revertidos ou destinados a pessoas jurídicas de direito privado, como associações profissionais etc.[5].

Segundo a interpretação do Supremo Tribunal Federal ao art. 98, § 2º, da Constituição de 1988, essas receitas compreendem custas e emolumentos decorrentes da prestação da atividade jurisdicional e da extrajudicial,

---

[3] STF, ADI-MC 37-DF, Tribunal Pleno, Rel. Min. Francisco Rezek, 12-04-1989, v.u., DJ 23-06--1989; STF, MS 22.384-7-GO, Pleno, Tribunal Pleno, Rel. Min. Sydney Sanches, 14-08-1997, v.u., DJ 26-09-1997.
[4] RTJ 140/818.
[5] RTJ 220/253, 191/421, 172/778, 112/34.

PODER JUDICIÁRIO

incluindo as notariais e de registro[6], devendo ser destinados ao Poder Judiciário e também ao Ministério Público[7] e **à Defensoria Pública**[8]. **Não se** cuida de fomento exclusivo ao Poder Judiciário, mas, e numa concepção lata, aos organismos públicos do Sistema de Justiça, composto pelo Poder Judiciário,

---

[6] "(...) 5. Não configurada violação ao art. 98, § 2o da Constituição Federal (com a redação dada pela Emenda Constitucional no 45/2004), uma vez que o referido dispositivo constitucional inclui tanto as custas e emolumentos oriundos de atividade notarial e de registro (art. 236, § 2o, CF/88), quanto os emolumentos judiciais propriamente ditos. (...)" (STF, ADI 3.401-SP, Tribunal Pleno, Rel. Min. Gilmar Mendes, 26-04-2006, v.u., DJ 23-02-2007, p. 16).

[7] "AÇÃO DIRETA DE INCONSTITUCIONALIDADE. INCISO V DO ART. 28 DA LEI COMPLEMENTAR 166/99 DO ESTADO DO RIO GRANDE DO NORTE. TAXA INSTITUÍDA SOBRE AS ATIVIDADES NOTARIAIS E DE REGISTRO. PRODUTO DA ARRECADAÇÃO DESTINADO AO FUNDO DE REAPARELHAMENTO DO MINISTÉRIO PÚBLICO. 1. O Supremo Tribunal Federal vem admitindo a incidência de taxa sobre as atividades notariais e de registro, tendo por base de cálculo os emolumentos que são cobrados pelos titulares das serventias como pagamento do trabalho que eles prestam aos tomadores dos serviços cartorários. Tributo gerado em razão do exercício do poder de polícia que assiste aos Estados-membros, notadamente no plano da vigilância, orientação e correição da atividade em causa, nos termos do § 1º do art. 236 da Constituição Federal. 2. O inciso V do art. 28 da Lei Complementar 166/99 do Estado do Rio Grande do Norte criou taxa em razão do poder de polícia. Pelo que não incide a vedação do inciso IV do art. 167 da Carta Magna, que recai apenas sobre os impostos. 3. O produto da arrecadação de taxa de polícia sobre as atividades notariais e de registro não está restrito ao reaparelhamento do Poder Judiciário, mas ao aperfeiçoamento da jurisdição. E o Ministério Público é aparelho genuinamente estatal ou de existência necessária, unidade de serviço que se inscreve no rol daquelas que desempenham função essencial à jurisdição (art. 127, caput, da CF/88). Logo, bem aparelhar o Ministério Público é servir ao desígnio constitucional de aperfeiçoar a própria jurisdição como atividade básica do Estado e função específica do Poder Judiciário. 4. Ação direta que se julga improcedente" (STF, ADI 3.028-RN, Tribunal Pleno, Rel. Min. Ayres Britto, 26-05-2010, m.v., DJe 01-07-2010).

[8] "EMENTA: CONSTITUCIONAL. AÇÃO DIRETA DE INCONSTITUCIONALIDADE. INCISO III DO ART. 4º DA LEI Nº 4.664, DE 14 DE DEZEMBRO DE 2005, DO ESTADO DO RIO DE JANEIRO. TAXA INSTITUÍDA SOBRE AS ATIVIDADES NOTARIAIS E DE REGISTRO. PRODUTO DA ARRECADAÇÃO DESTINADO AO FUNDO ESPECIAL DA DEFENSORIA PÚBLICA DO ESTADO DO RIO DE JANEIRO. É constitucional a destinação do produto da arrecadação da taxa de polícia sobre as atividades notariais e de registro, ora para tonificar a musculatura econômica desse ou daquele órgão do Poder Judiciário, ora para aportar recursos financeiros para a jurisdição em si mesma. O inciso IV do art. 167 da Constituição passa ao largo do instituto da taxa, recaindo, isto sim, sobre qualquer modalidade de imposto. O dispositivo legal impugnado não invade a competência da União para editar normais gerais sobre a fixação de emolumentos. Isto porque esse tipo de competência legiferante é para dispor sobre relações jurídicas entre o delegatário da serventia e o público usuário dos serviços cartorários. Relação que antecede, logicamente, a que se dá no âmbito tributário da taxa de polícia, tendo por base de cálculo os emolumentos já legalmente disciplinados e administrativamente arrecadados. Ação direta improcedente" (STF, ADI 3.643-RJ, Tribunal Pleno, Rel. Min. Carlos Britto, 08-11-2006, m.v., DJ 16-02-2007, p. 19, RTJ 202/108).

pelo Ministério Público e pela Defensoria Pública, pois, a menção à Justiça é como bem jurídico, e que se materializa pela atuação desses vários atores.

Trata-se de vinculação de receita pública expressamente consignada na Constituição, não bastasse em acréscimo a própria dicção do art. 167, IV, da Carta Magna, que faz incidir a proibição de vinculação de receitas somente sobre impostos, e não taxas, dado que esta espécie tributária é ontologicamente definida como vinculada. O Supremo Tribunal Federal pronunciou a inaplicabilidade do princípio da não afetação a percentual dos emolumentos cobrados pelas serventias extrajudiciais e não oficializadas a fundo de reaparelhamento e modernização do Poder Judiciário[9], assim como do Ministério Público[10], gizando que o art. 167, IV, da Constituição Federal, veda a vinculação das receitas dos impostos, não existindo preceito análogo pertinente às taxas a órgãos ou fundos. Como decidido, "custas judiciais são taxas, do que resulta – ao contrário do que sucede aos impostos (CF, art. 167, IV) – a alocação do produto de sua arrecadação ao Poder Judiciário, cuja atividade remunera; e nada impede a afetação dos recursos correspondentes a determinado tipo de despesas – no caso, as de capital, investimento e treinamento de pessoal da Justiça – cuja finalidade tem inequívoco liame instrumental com o serviço judiciário"[11].

Embora o Poder Judiciário[12] e o Ministério Público[13] exerçam o controle dos serviços notariais ou registrais, trata-se de uma vinculação de *status* constitucional como opção política fundamental que aponta no sentido da autonomia financeira, sem prejuízo das dotações próprias consignadas na lei orçamentária.

---

[9] . STF, AgR-RE 570.513-GO, 2ª Turma, Rel. Min. Eros Grau, 16-12-2008, v.u., DJe 27-02-2009.

[10] "O produto da arrecadação de taxa de polícia sobre as atividades notariais e de registro não está restrito ao reaparelhamento do Poder Judiciário, mas ao aperfeiçoamento da jurisdição. E o Ministério Público é aparelho genuinamente estatal ou de existência necessária, unidade de serviço que se inscreve no rol daquelas que desempenham função essencial à jurisdição (art. 127, caput, da CF/88). Logo, bem aparelhar o Ministério Público é servir ao desígnio constitucional de aperfeiçoar a própria jurisdição como atividade básica do Estado e função específica do Poder Judiciário" (STF, ADI 3.028-RN, Tribunal Pleno, Rel. Min. Ayres Britto, 26-05-2010, m.v., DJe 01-07-2010).

[11] STF, ADI-MC 1.926-PE, Tribunal Pleno, Rel. Min. Sepúlveda Pertence, 19-04-1999, v.u., DJ 10-09-1999, p. 02.

[12] Art. 236, § 1º, Constituição de 1988.

[13] Veja-se, por exemplo, que a fiscalização ordinária dos serviços de registro foi transferida do Poder Judiciário ao Ministério Público, preservado o controle extraordinário daquele, no Código Civil (art. 1.526) e na Lei de Registros Públicos no tocante à habilitação de casamento e à retificação do registro (art. 110).

É induvidoso que a União, os Estados e o Distrito Federal devem dar efetividade à norma que é de eficácia limitada, isto é, a aplicabilidade do preceito constitucional depende de lei. Há o dever de legislar e eventual mora legislativa é sanável mediante ação direta de inconstitucionalidade por omissão.

Somente normas constitucionais de eficácia limitada se expõem ao controle de constitucionalidade por omissão, e não as normas constitucionais autoaplicáveis, permissivas, abstracionistas, nem as situações de dever geral de legislar[14], e desde que haja específico dever de legislar e inércia normativa injustificável. Não é possível olvidar que "como regra geral, o legislador tem a faculdade discricionária de legislar, e não um dever jurídico de fazê-lo. Todavia, há casos em que a Constituição impõe ao órgão legislativo uma atuação positiva, mediante a edição de norma necessária à efetivação de um mandamento constitucional. Nesta hipótese, sua inércia será ilegítima e configurará caso de inconstitucionalidade por omissão. Adotando-se a tríplice divisão das normas constitucionais quanto a seu conteúdo, a omissão, como regra, ocorrerá em relação a uma norma de organização ou em relação a uma norma definidora de direito. As normas programáticas, normalmente, não especificam a conduta a ser adotada, ensejando margem mais ampla de discricionariedade aos poderes públicos"[15].

A omissão normativa reclama intervenção excepcional do Judiciário para a realização da vontade constitucional, o que é plenamente admissível como já decidiu o Supremo Tribunal Federal ao gizar que "se o Estado deixar de adotar as medidas necessárias à realização concreta dos preceitos da Constituição, em ordem a torná-los efetivos, operantes e exequíveis, abstendo-se, em consequência, de cumprir o dever de prestação que a Constituição lhe impôs, incidirá em violação negativa do texto constitucional. Desse *non facere* ou *non praestare*, resultará a inconstitucionalidade por omissão, que pode ser total, quando é nenhuma a providência adotada, ou parcial, quando é insuficiente a medida efetivada pelo Poder Público"[16].

A omissão normativa inconstitucional se revela tanto pela ausência de norma infraconstitucional quanto por sua insuficiência para dar concretude às diretrizes estabelecidas na Constituição Federal[17], e seu enfrentamento pela ação direta de inconstitucionalidade por omissão tem como resultado

---

[14] Carlos Henrique Maciel. *Curso Objetivo de Direito Constitucional*, São Paulo: Malheiros, 2014, p. 786.

[15] Luís Roberto Barroso. *O controle de constitucionalidade no Direito Brasileiro*, São Paulo: Saraiva, 2014, 6ª ed., p. 280.

[16] STF, ADI 1.439-DF, Rel. Min. Celso de Mello, DJ 30-05-2003.

[17] STF, ADI 1.458, Rel. Min. Celso de Mello, 23-05-1996, DJ 29-09-1996.

além da ciência da mora legislativa, a fixação de prazo para seu suprimento e a colmatação da lacuna, sob pena de inutilidade do instituto e desprezo à evolução experimentada à superação da omissão constitucional no mandado de injunção, na esteira do alvitre da literatura especializada[18] acolhido pela jurisprudência[19].

3. Custas e emolumentos e sua natureza jurídica

Custas e emolumentos são taxas[20]. Custas judiciais são taxas devidas pela prestação da atividade jurisdicional (serviço público de distribuição de justiça)[21], abrangendo as despesas processuais, e servem como contraprestação à atuação dos órgãos da Justiça; emolumentos são devidos aos serviços notariais e de registro. Em razão de sua natureza tributária[22] (que afasta a ideia de preço público)[23] valores recolhidos a título de custas e emolumentos não podem ser destinados a pessoas jurídicas de direito privado, como já anotado[24].

[18] Eros Roberto Grau. *A ordem econômica na Constituição de 1988*, São Paulo: Malheiros, 2010, 14ª ed., pp. 328-331; Ives Gandra da Silva Martins e Gilmar Ferreira Mendes. *Controle concentrado de constitucionalidade*, São Paulo: Saraiva, 2007, 2ª ed., pp. 497-498; Flávia Piovesan. *Proteção judicial contra omissões legislativas*, São Paulo: Revista dos Tribunais, 2003, 2ª ed., pp. 121-128; José Afonso da Silva. *Comentário contextual à Constituição de 1988*, São Paulo: Malheiros, 2006, 2ª ed., p. 558.

[19] STF, ADI 3.682-MT, Tribunal Pleno, Rel. Min. Gilmar Mendes, 09-05-2007, m.v., DJe 05-09--2007, RTJ 202/583.

[20] RTJ 112/34, RTJ 172/778.

[21] "(...) 2. A Taxa Judiciária cobrada, com natureza tributária, pela prestação do serviço jurisdicional, enquadra-se no conceito de Custas Judiciais, em sentido amplo. (...)" (STJ, REsp 1.288.997-RJ, 3ª Turma, Rel. Min. Nancy Andrighi, 16-10-2012, v.u., DJe 25-10-2012). "(...) Ora, custas são o preço decorrente da prestação da atividade jurisdicional, desenvolvida pelo Estado-juiz por meio de suas serventias e cartórios, no que se insere o dispêndio com a publicação de edital de citação na imprensa local. (...)" (STJ, REsp 1.176.460-MT, 2ª Turma, Rel. Min. Mauro Campbell Marques, 19-10-2010, v.u., DJe 28-10-2010).

[22] RTJ 201/942.

[23] RTJ 141/430.

[24] "Qualificando-se as custas judiciais e os emolumentos extrajudiciais como taxas (RTJ 141/430), nada pode justificar seja o produto de sua arrecadação afetado ao custeio de serviços públicos diversos daqueles a cuja remuneração tais valores se destinam especificamente (pois, nessa hipótese, a função constitucional da taxa – que é tributo vinculado – restaria descaracterizada) ou, então, à satisfação das necessidades financeiras ou à realização dos objetivos sociais de entidades meramente privadas. É que, em tal situação, subverter-se-ia a própria finalidade institucional do tributo, sem se mencionar o fato de que esse privilegiado (e inaceitável) tratamento dispensado a simples instituições particulares (Associação de Magistrados e Caixa de Assistência dos Advogados) importaria em evidente transgressão estatal ao postulado constitucional da igualdade" (STF,

PODER JUDICIÁRIO

Seu valor "deve ser proporcional ao custo da atividade do Estado a que está vinculada, devendo ter um limite, sob pena de inviabilizar o acesso de muitos à Justiça", de maneira a evitar "ofensa ao princípio da inafastabilidade do controle judicial de lesão ou ameaça a direito"[25]. Consubstanciando taxa, "ela resulta da prestação de serviço público específico e divisível, cuja base de cálculo é o valor da atividade estatal deferida diretamente ao contribuinte"[26].

Constituindo tributos, é indispensável a observância da reserva de lei absoluta[27], não sendo admissível o trato do assunto por resolução de tribunal[28]. A lei

ADI-MC 1.378-ES, Tribunal Pleno, Rel. Min. Celso de Mello, 30-11-1995, v.u., DJ 30-05-1997, p. 23.175).

[25] STF, ADI-MC 1.772-MG, Tribunal Pleno, Rel. Min. Carlos Velloso, 15-04-1998, v.u., DJ 08-09-2000, p. 04.

[26] RTJ 172/778.

[27] "DIREITO CONSTITUCIONAL E TRIBUTÁRIO. CUSTAS E EMOLUMENTOS: SERVENTIAS JUDICIAIS E EXTRAJUDICIAIS. AÇÃO DIRETA DE INCONSTITUCIONALIDADE DA RESOLUÇÃO Nº 7, DE 30 DE JUNHO DE 1995, DO TRIBUNAL DE JUSTIÇA DO ESTADO DO PARANÁ: ATO NORMATIVO. 1. Já ao tempo da Emenda Constitucional nº 1/69, julgando a Representação nº 1.094-SP, o Plenário do Supremo Tribunal Federal firmou entendimento no sentido de que 'as custas e os emolumentos judiciais ou extrajudiciais', por não serem preços públicos, 'mas, sim, taxas, não podem ter seus valores fixados por decreto, sujeitos que estão ao princípio constitucional da legalidade (parágrafo 29 do artigo 153 da Emenda Constitucional nº 1/69), garantia essa que não pode ser ladeada mediante delegação legislativa' (RTJ 141/430, julgamento ocorrido a 08/08/1984). 2. Orientação que reiterou, a 20/04/1990, no julgamento do RE nº 116.208-MG. 3. Esse entendimento persiste, sob a vigência da Constituição atual (de 1988), cujo art. 24 estabelece a competência concorrente da União, dos Estados e do Distrito Federal, para legislar sobre custas dos serviços forenses (inciso IV) e cujo art. 150, no inciso I, veda à União, aos Estados, ao Distrito Federal e aos municípios, a exigência ou aumento de tributo, sem lei que o estabeleça. 4. O art. 145 admite a cobrança de 'taxas, em razão do exercício do poder de polícia ou pela utilização, efetiva ou potencial, de serviços públicos específicos e divisíveis, prestados ao contribuinte ou postos a sua disposição'. Tal conceito abrange não só as custas judiciais, mas, também, as extrajudiciais (emolumentos), pois estas resultam, igualmente, de serviço público, ainda que prestado em caráter particular (art. 236). Mas sempre fixadas por lei. No caso presente, a majoração de custas judiciais e extrajudiciais resultou de Resolução – do Tribunal de Justiça – e não de Lei formal, como exigido pela Constituição Federal. 5. Aqui não se trata de 'simples correção monetária dos valores anteriormente fixados', mas de aumento do valor de custas judiciais e extrajudiciais, sem lei a respeito. 6. Ação Direta julgada procedente, para declaração de inconstitucionalidade da Resolução nº 07, de 30 de junho de 1995, do Tribunal de Justiça do Estado do Paraná" (STF, ADI 1.444-PR, Tribunal Pleno, Rel. Min. Sydney Sanches, 12-02-2003, v.u., DJ 11-04-2003, p. 25).

[28] "AÇÃO DIRETA DE INCONSTITUCIONALIDADE. CABIMENTO. PROVIMENTO Nº 09/97 DA CORREGEDORIA GERAL DA JUSTIÇA DO ESTADO DE MATO GROSSO. EMOLUMENTOS: PRESTAÇÃO DOS SERVIÇOS NOTARIAIS E DE REGISTRO. 1. Provimento nº 9/97, da Corregedoria Geral da Justiça do Estado de Mato Grosso. Caráter normativo. Controle concentrado de constitucionalidade. Cabimento. 2. Hipótese em que o controle normativo abstrato

que os disciplina é de iniciativa comum ou concorrente porque a Constituição não cunha reserva de iniciativa legislativa. Idênticas premissas valem para a destinação ou partilha desses recursos, ressalvada a instituição de fundos.

Com efeito, o art. 61, § 1º, II, *b*, da Constituição da República é inaplicável por ser norma específica destinada exclusivamente à organização administrativa, serviços públicos e matéria tributária e orçamentária dos Territórios[29]. E matéria tributária não se inclui entre as reservadas à iniciativa legislativa do Chefe do Poder Executivo[30], até porque não se tratando de lei orçamentária, e sim de lei tributária, é descabida a arguição de ofensa às disposições constitucionais orçamentárias ou financeiras[31]. Regra é a iniciativa legislativa pertencente ao Poder Legislativo; exceção é a atribuição de reserva a certa categoria de agentes, entidades e órgãos públicos, e que, por isso, não se presume, impondo-se interpretação restritiva às hipóteses de iniciativa legislativa reservada, como alvitra a doutrina[32] secundada pela jurisprudência[33], tendo em vista que, ao transferirem a ignição do processo legislativo, operam reduções a funções típicas do Parlamento.

Nem mesmo o art. 96 da Carta Magna contraria estas conclusões. O preceito da alínea *a* de seu inciso lhe confere competência privativa para organização de suas secretarias e serviços auxiliares e os dos juízos vinculados, enquanto a alínea *b* de seu inciso II fornece iniciativa legislativa privativa ao Supremo Tribunal Federal, aos Tribunais Superiores e aos Tribunais de Justiça para propor ao Poder Legislativo "a criação e a extinção de cargos e a remuneração dos seus serviços auxiliares e dos juízos que lhes forem vinculados, bem como

---

não se situa no âmbito da legalidade do ato, mas no exame da competência constitucional da autoridade que instituiu a exação. 3. A instituição dos emolumentos cartorários pelo Tribunal de Justiça afronta o princípio da reserva legal. Somente a lei pode criar, majorar ou reduzir os valores das taxas judiciárias. Precedentes. 4. Inércia da União Federal em editar normas gerais sobre emolumentos. Vedação aos Estados para legislarem sobre a matéria com fundamento em sua competência suplementar. Inexistência . Ação direta de inconstitucionalidade julgada procedente" (STF, ADI 1.709-MT, Tribunal Pleno, Rel. Min. Maurício Corrêa, 10-02-2000, v.u., DJ 31-03-2000, p. 38)..

[29] STF, ADI 2.447-MG, Tribunal Pleno, Rel. Min. Joaquim Barbosa, 04-03-2009, v.u., *DJe* 04-12-2009.

[30] STF, ARE-RG 743.480-MG, Tribunal Pleno, Rel. Min. Gilmar Mendes, 10-10-2013, m.v., DJe 20-11-2013.

[31] STF, ED-RE 590.697-MG, 2ª Turma, Rel. Min. Ricardo Lewandowski, 23-08-2011, v.u., DJe 06-09-2011.

[32] J. H. Meirelles Teixeira. *Curso de Direito Constitucional*, Rio de Janeiro: Forense Universitária, 1991, pp. 581, 585, 592-593.

[33] RT 866/112.

PODER JUDICIÁRIO

a fixação do subsídio de seus membros e dos juízes, inclusive dos tribunais inferiores, onde houver". A referência à "remuneração dos seus serviços auxiliares" deve ser compreendida como o estipêndio devido aos servidores públicos que desempenham as atividades-meio dos órgãos judiciários, que se conjuga à "fixação do subsídio de seus membros e dos juízes", exatamente como cunha a Constituição ao Ministério Público no § 2º do art. 127 com a locução "propor ao Poder Legislativo a criação e extinção de seus cargos e serviços auxiliares (...) a política remuneratória e os planos de carreira". O Supremo Tribunal Federal, por exemplo, refutou a constitucionalidade de resolução de tribunal estadual que alterou os percentuais de destinação de emolumentos, suprimindo parcela destinada ao Poder Executivo e remanejando-a ao Poder Judiciário à míngua de autorização legislativa[34].

É situada na competência normativa concorrente entre União, Estados e Distrito Federal a disciplina das custas dos serviços forenses (art. 24, IV, Constituição Federal). O campo da normatização nacional é a respeito das diretrizes gerais, pertencendo à legislação estadual tudo aquilo que diga respeito à sua autonomia em nível de especificidades. Compete à lei federal estabelecer normas gerais para fixação de emolumentos relativos aos atos praticados pelos serviços notariais e de registro (art. 236, § 2º, Constituição Federal). Seu objeto consiste nas relações jurídicas entre o delegatário da serventia e o público usuário dos serviços cartorários, remanescendo aos Estados dispor aquilo que é de seu interesse. Decidiu a Suprema Corte que "à União, ao Estado-membro e ao Distrito Federal é conferida competência para legislar concorrentemente sobre custas dos serviços forenses, restringindo-se a competência da União, no âmbito dessa legislação concorrente, ao estabelecimento de normas gerais,

---

[34] "Ação direta de inconstitucionalidade. 2. Resolução editada pelo Órgão Especial do Tribunal de Justiça do Estado de São Paulo que alterou os percentuais de destinação de emolumentos relativos aos atos praticados pelos serviços notariais e de registros (Resolução no 196/2005). 3. Ato administrativo com caráter genérico e abstrato. Possibilidade de controle concentrado de constitucionalidade. Precedentes. 4. Supressão de parcela destinada ao Poder Executivo, que passaria a ser destinada ao Poder Judiciário. 5. Não configurada violação ao art. 98, § 2o da Constituição Federal (com a redação dada pela Emenda Constitucional no 45/2004), uma vez que o referido dispositivo constitucional inclui tanto as custas e emolumentos oriundos de atividade notarial e de registro (art. 236, § 2o, CF/88), quanto os emolumentos judiciais propriamente ditos. 6. Caracterizada a violação dos arts. 167, VI, e 168 da Constituição Federal, pois a norma impugnada autoriza o remanejamento do Poder Executivo para o Poder Judiciário sem prévia autorização legislativa. Inconstitucionalidade formal. 7. Ação direta de inconstitucionalidade julgada procedente" (STF, ADI 3.401-SP, Tribunal Pleno, Rel. Min. Gilmar Mendes, 26-04-2006, v.u., DJ 23-02-2007, p. 16).

certo que, inexistindo tais normas gerais, os Estados exercerão a competência legislativa plena, para atender a suas peculiaridades (C.F., art. 24, IV, §§ 1º e 3º)"[35].

4. Financiamento dos atos processuais gratuitos

Um dos grandes entraves da experiência forense são os atos processuais gratuitos – e que caberiam, *grosso modo*, na compreensão de atividades-meio do sistema de justiça. Embora sintonizados à primeira onda processual (acesso à justiça aos hipossuficientes), eles também incidem sobre a tutela dos interesses difusos e coletivos (segunda onda) em razão da isenção ou diferimento de custas judiciais e despesas processuais que é franqueada aos protagonistas da ação civil pública[36]. Seu enfrentamento não pode nulificar as regras normativas construtoras desse benefício, mas, em contrapartida, não pode ignorar que mesmo gratuita uma atividade ela tem custo e o trabalho deve ser remunerado.

A Lei n. 1.060/50 representou significativo marco no acesso à justiça facilitado aos hipossuficientes, assim como a criação de organismos como a Defensoria Pública (art. 134, Constituição), instituição essencial à função jurisdicional do Estado (*a latere* da Advocacia e do Ministério Público), e cuja função é a orientação jurídica e a defesa, em todos os graus, dos necessitados. Além disso, a Constituição de 1988 arrola no catálogo de direitos fundamentais a assistência jurídica integral e gratuita a ser prestada pelo Estado aos hipossuficientes (art. 5º, LXXIV) e a gratuidade do registro civil de nascimento e da certidão de óbito em prol dos reconhecidamente pobres (art. 5º, LXXVI), concretizando os princípios da dignidade da pessoa humana e da isonomia. E numa visão mais amplificada de tutela de direitos e interesses legítimos, a gratuidade é inerente aos atos necessários ao exercício da cidadania, como os direitos de petição e de certidão e as garantias do *habeas corpus*, do *habeas data* e da ação popular (art. 5º, XXXIII, LXXVII e LXXIII, Constituição).

São inúmeros os atos normativos infraconstitucionais que disciplinam essa via de acesso à justiça.

---

[35] STF, ADI 1.624-MG, Tribunal Pleno, Rel. Min. Carlos Velloso, 08-05-2003, DJ 13-06-2003, v.u., p. 08.

[36] O protagonismo aqui referido é sinônimo de legitimidade ativa, pois, só estes gozam dos benefícios tratados e não a parte contrária (antagonista).

Como acima referido, a Lei n. 1.060/50 – que cuida apenas da assistência judiciária, uma das espécies da assistência jurídica – confere ao nacional ou ao estrangeiro residente, no âmbito jurisdicional civil, penal, militar e laboral isenção (a) das taxas judiciárias e dos selos, (b) dos emolumentos e custas devidos aos Juízes, órgãos do Ministério Público e serventuários da justiça, (c) das despesas com as publicações indispensáveis no jornal encarregado da divulgação dos atos oficiais, (d) das indenizações devidas às testemunhas que, quando empregados, receberão do empregador salário integral, como se em serviço estivessem, ressalvado o direito regressivo contra o poder público federal, no Distrito Federal e nos Territórios; ou contra o poder público estadual, nos Estados, (e) dos honorários de advogado e peritos, (f) das despesas com a realização do exame de código genético – DNA que for requisitado pela autoridade judiciária nas ações de investigação de paternidade ou maternidade, e (g) dos depósitos previstos em lei para interposição de recurso, ajuizamento de ação e demais atos processuais inerentes ao exercício da ampla defesa e do contraditório (art. 3º, I a VII). A lei estabelece no art. 9º que "os benefícios da assistência judiciária compreendem todos os atos do processo até decisão final do litígio, em todas as instâncias", assim como regras sobre a responsabilidade pelos ônus da sucumbência e os efeitos da cessação de hipossuficiência (arts. 11 a 13).

Embora seja parcialmente anacrônico o texto legal à vista, por exemplo, da proibição de percepção de custas processuais pelos magistrados e membros do Ministério Público (arts. 95, parágrafo único, II, e 128, § 5º, II, *a*, Constituição), ele favorece, prenhe do princípio da igualdade, o acesso ao Poder Judiciário àqueles que não têm condições de arcar com seus ônus sem prejudicar seu próprio sustento – não obstante esse conceito do parágrafo único de seu art. 2º tenha merecido amiúde ampla valoração.

Dos instrumentos de cidadania, a Lei n. 7.347/85 (Lei da Ação Civil Pública), que regula o processo civil de tutela de interesses difusos e coletivos, tem dispositivos que instituem (a) isenção dos ônus da sucumbência (salvo litigância de má-fé) e (b) diferimento de custas judiciais e despesas processuais (arts. 17 e 18) em favor de seus protagonistas[37]. Essa sistemática guarda afinidade com a dispensada à ação popular constitucional. Não bastasse o

---

[37] "(...) 2. 'Na linha da jurisprudência desta Corte, a norma do art. 18 da Lei n. 7.347/1985, que dispensa o adiantamento de custas, emolumentos, honorários periciais e quaisquer outras despesas, dirige-se, apenas, ao autor da ação civil pública' (AgRg no EAg 1.173.621/SP, Rel. Min. CESAR ASFOR ROCHA, Corte Especial, DJe de 22/6/11). (...)" (STJ, AgRg-EREsp 1.221.576-RJ, Corte Especial, Rel. Min. Arnaldo Esteves de Lima, 29-08-2012, v.u., DJe 13-09-2012).

art. 5º, LXXIII, da Lei Maior, estabelecer a isenção de custas judiciais e dos ônus da sucumbência a seu autor (salvo comprovada má-fé), a Lei n. 4.717/65 (Lei da Ação Popular) enuncia o diferimento das custas e do preparo (art. 10), perfilhada à norma constitucional superveniente.

Contudo, afinidade não significa identidade. Enquanto na ação civil pública se vencedor o Ministério Público (que é um dos colegitimados ativos), a instituição não fará jus ao recebimento de verba honorária em virtude da vedação do art. 128, § 5º, II, *a*, da Constituição Federal (até porque a verba honorária é privilégio da advocacia)[38], da mesma maneira que se vencido não está compelido a arcar com os ônus da sucumbência, como decidido[39], na

---

[38] "(...) V. O Ministério Público tem por finalidade institucional a defesa dos interesses coletivos e individuais indisponíveis (CF, art. 127). A Lei 8.906/94, a seu turno, dispõe que os honorários sucumbenciais pertencem aos advogados, constituindo-se direito autônomo (art. 23), determinação que está na base da Súmula STJ/306. Nessa linha, não há título jurídico que justifique a condenação da parte sucumbente à remessa dos honorários para o Estado quando não se verifica a atuação de advogados no pólo vencedor. A par de não exercer advocacia, o Ministério Público é financiado com recursos provenientes dos cofres públicos, os quais são custeados, por entre outras receitas, por tributos que a coletividade já suporta. (...)" (STJ, REsp 1.034.012-DF, 3ª Turma, Rel. Min. Sidnei Beneti, 22-09-2009, v.u., DJe 07-10-2009).

[39] "(...) 4. A Primeira Seção, ao julgar os EREsp 895.530/PR, de relatoria da Ministra Eliana Calmon, por maioria, firmou que, em ação civil pública movida pelo Parquet, devem ser seguidas as seguintes balizas: I) o Ministério Público não pode auferir honorários por vedação constitucional, consoante o art. 128, § 5º, II, letra 'a', da Constituição da República; II) aplicam-se estritamente os critérios previstos nas regras específicas da Lei 7.347/85, quanto à verba honorária; III) o STJ entende que o Ministério público somente pode ser condenado ao pagamento de honorários advocatícios apenas nos casos de prova irrefutável de sua má-fé e; IV) dentro de critério de absoluta simetria, se o Ministério Público não paga os honorários, também não deve recebê-los. (Precedente: REsp 1099573/RJ, Rel. Min. Castro Meira, Segunda Turma, julgado em 27/04/2010, DJe 19/05/2010). (...)" (STJ, REsp 1.264.364-PR, 2ª Turma, Rel. Min. Humberto Martins, 06-03-2012, v.u., DJe 14-03-2012).
"HONORÁRIOS ADVOCATÍCIOS – AÇÃO CIVIL PÚBLICA – MINISTÉRIO PÚBLICO. Longe fica de vulnerar o inciso II do § 5º do artigo 128 da Constituição Federal pronunciamento judicial no sentido de não se mostrarem devidos honorários advocatícios em ação civil pública ajuizada pelo Ministério Público e julgada procedente considerada a articulação de a verba ser recolhida à Fazenda Pública" (STF, RE 428.324-DF, 1ª Turma, Rel. Min. Marco Aurélio, 15-09-2009, v.u., DJe 06-11-2009).
"AÇÃO CIVIL PÚBLICA AJUIZADA PELO MINISTÉRIO PÚBLICO. DEFESA E PROTEÇÃO, EM JUÍZO, DE DIREITOS E INTERESSES METAINDIVIDUAIS. IMPROCEDÊNCIA DA AÇÃO CIVIL. IMPOSIÇÃO, AO MINISTÉRIO PÚBLICO, DOS ÔNUS DA SUCUMBÊNCIA (VERBA HONORÁRIA, CUSTAS E DESPESAS PROCESSUAIS). INADMISSIBILIDADE, 'SALVO COMPROVADA MÁ-FÉ' (LEI Nº 7.347/85, ART. 18). AUSÊNCIA DE COMPROVAÇÃO, NO CASO, DE CONDUTA ABUSIVA OU MALICIOSA POR PARTE DO REPRESENTANTE DO MINISTÉRIO PÚBLICO. DOUTRINA. PRECEDENTES. – O Ministério Público, quando vencido

ação popular a procedência importa a condenação dos réus ao pagamento, ao autor, dos ônus da sucumbência [custas e despesas judiciais e extrajudiciais e honorários de advogado (art. 12, Lei n. 4.717/65)].

Enquanto isenção é a dispensa do pagamento, o diferimento é a vedação ao ônus da antecipação do pagamento de despesa processual *lato sensu*, cujo ônus será atribuído ao final à parte contrária àquela que goza de um ou outro se a primeira for derrotada, sendo apenas exigível da beneficiária no caso de ação popular e ação civil pública se houver má-fé.

Essas premissas ficam mais visíveis se cotejadas ao processo civil intersubjetivo tradicional. O Código de Processo Civil adota sentido extremamente oposto, em que a regra é (a) a onerosidade (pagamento) e a isenção (gratuidade) ou o diferimento exceções, e (b) a responsabilidade pela sucumbência pelo ônus objetivo da derrota.

Há atos processuais como perícias, intimações e coleta de provas etc. que têm naturalmente custo e se impõe o exame de alternativas razoáveis para conciliar a gratuidade com o seu custeio sem espaço ao enriquecimento sem causa. Não raro diligências ou não são realizados ou têm execução morosa ou complexa, e soluções que refutem a gratuidade não são juridicamente admissíveis. É chegada a hora de o Estado prover a gratuidade (e o diferimento) processual de modo racional, abdicando o anseio por iniciativas *pro bono* e assumindo uma postura que dê efetividade ao acesso à justiça e à tutela dos direitos metaindividuais e aos benefícios instituídos em razão do interesse público consubstanciado nessas duas metas.

Algumas opções pretorianas figuram como protótipos ao obrigar o Estado à assunção dos custos, mantendo a isenção ou o diferimento. Análise do assunto mostra decisões em sentido diferente emitidas pelo Superior Tribunal de Justiça. Enquanto havia julgados assegurando o quanto disposto no art. 18 da Lei da Ação Civil Pública em relação aos honorários da perícia[40], outros denegaram o benefício[41], passando a prevalecer o segundo entendimento[42] – "diante da dificuldade gerada pela adoção da tese", conforme expressão

---

na ação civil pública 'instrumento de que se utiliza para viabilizar a defesa e proteção, em juízo, de direitos e interesses metaindividuais –, não se sujeita aos ônus da sucumbência (verba honorária, custas e despesas processuais), exceto se resultar comprovado que o representante do 'Parquet' incidiu em comportamento malicioso ou abusivo. Doutrina. Precedentes" (RTJ 212/653).

[40] STJ, REsp 900-283-RS, 2ª Turma, Rel. Castro Meira, 25-03-2008, m.v., DJe 06-02-2009.
[41] STJ, REsp 981.949-RS, 1ª Turma, Rel. Min. José Delgado, 08-04-2008, v.u., DJe 24-04-2008.
[42] STJ, AgRg-REsp 1.091.843-RJ, 2ª Turma, Rel. Min. Humberto Martins, 12-05-2009, v.u., DJe 27-05-2009.

utilizada[43]. Essa tendência foi revertida no julgamento de embargos de divergência pela adoção da denominada "terceira tese" consubstanciada na impossibilidade de negar-se o benefício ao *Parquet* e de impor o ônus à parte contrária[44]. Contudo, posteriormente, "considerou-se aplicável, por analogia, a Súmula n. 232 desta Corte Superior, a determinar que a Fazenda Pública à qual se acha vinculada o *Parquet* arque com tais despesas"[45], tendo sublinhado que "a isenção ao adiantamento dos honorários periciais conferida ao Ministério Público (art. 18 da Lei nº 7.347/85) não pode obrigar à realização do trabalho gratuitamente, tampouco transferir ao réu o encargo de financiar ações contra ele movidas (arts. 19 e 20 do CPC)"[46]. Esse entendimento é inaplicável quando o Estado for o próprio réu no processo, como decidido em face de ação movida por beneficiário da assistência judiciária gratuita[47].

Para além de situações casuísticas impõe repensar mais profundamente a questão, dando um tom impregnado de sistematicidade, planejamento e organicidade. Enfim, o Estado deverá prover fundo específico para atendimento dessas despesas, baseado na repartição igualitária do ônus.

Tradicional literatura processualística indica a amplitude do conceito de despesas judiciais (ou processuais), elas "abrangem não só as custas propriamente ditas (...), mas também os honorários de peritos, assistentes técnicos e intérpretes, e a indenização às testemunhas, porque a expressão 'despesas', usada na lei, é genérica, incluindo todos aqueles gastos"[48]. Em outras palavras, ela é abrangente de "todo o custo do processo", pois, segundo se explica, o Estado para prover o serviço de justiça tem além dos gastos gerais de administração custos específicos em cada processo, de tal maneira que a despesa processual corresponde não só ao seu custo específico, mas, também à parcela correspondente, de acordo com o regimento de custas, aos gastos gerais[49]. Como já visto, custas e emolumentos são taxas e as despesas judiciais englobam essas expressões.

---

[43] STJ, REsp 891.743-SP, 2ª Turma, Rel. Min. Eliana Calmon, 13-10-2009, v.u., DJe 04-11-2009.

[44] STJ, EREsp 981.949-RS, 1ª Seção, Rel. Min. Herman Benjamin, 24-02-2010, v.u., DJe 15-08-2011.

[45] STJ, AgRg-REsp 1.083.170-MA, 2ª Turma, Rel. Min. Mauro Campbell Marques, 13-04-2010, v.u., DJe 29-04-2010.

[46] STJ, REsp 1.188.803-RN, 2ª Turma, Rel. Min. Eliana Calmon, 11-05-2010, v.u., DJe 21-05-2010.

[47] STJ, REsp 935.470-MG, 2ª Turma, Rel. Min. Mauro Campbell Marques, 24-08-2010, v.u., DJe 30-09-2010.

[48] Celso Agrícola Barbi. *Comentários ao Código de Processo Civil*, Rio de Janeiro: Forense, 1991, 6 ed., vol. I, p. 108, n. 173.

[49] Cândido Rangel Dinamarco. *Fundamentos do processo civil moderno*, São Paulo: Revista dos Tribunais, 1987, 2 ed., pp. 131-132, n. 76.

PODER JUDICIÁRIO

Inclui-se na expressão "serviços afetos às atividades específicas da Justiça" (art. 98, § 2º, Constituição Federal) o custeio dos atos processuais gratuitos (ou cujo ônus é diferido). A instituição de fundo especial de despesa, por lei, é sugestiva para o poder público direcionar os recursos daí oriundos para financiamento de atos processuais, dentre eles diligências, publicações, perícias, cartas rogatórias, pedidos de assistência internacional, repatriação de ativos ou pessoas etc. em processos em que haja isenção ou diferimento das despesas processuais. Notadamente quando o ato processual empenhe a execução de alguma tarefa por terceiro (auxiliar da justiça como o perito, o intérprete) que deve ser remunerado. A previsão de um fundo para atendimento dessas despesas, com recursos hauridos de parcela da arrecadação oriunda do art. 98, § 2º, da Carta Magna, é salutar para afastar a imprevisibilidade no manejo orçamentário. Se, como visto, a Fazenda Pública deve atender tais ônus à luz da Súmula 232 do Superior Tribunal de Justiça[50], afigura-se melhor que o faça de maneira organizada, programada, centralizada e planejada.

5. Fundos de despesa respectivos

Fundos são "reservas de certas receitas públicas para a realização de determinados objetivos ou serviços de interesse público"[51]. De acordo com o art. 71 da Lei n. 4.320/64, "constitui fundo especial o produto de receitas especificadas que por lei se vinculam à realização de determinados objetivos ou serviços, facultada a adoção de normas peculiares de aplicação". Daí a doutrina resumir que "caracterizam-se os fundos especiais por reunirem receitas com destinação específica a determinadas despesas orçamentárias"[52]. Por essa contextura, é inexorável concluir que os fundos são instrumentos vinculados de gestão de recursos no sentido de que consistem na reserva de sua aplicação a um prévio fim específico. Destarte, a execução de despesas deve obediência à especialidade, não admitindo seu emprego para outros fins que não os legalmente assinalados.

Sem prejuízo das dotações orçamentárias próprias consignadas na lei de meios, é possível a instituição de fundos de despesa para o custeio das

---

[50] "A Fazenda Pública, quando parte no processo, fica sujeita à exigência do depósito prévio dos honorários do perito".

[51] Kiyoshi Harada. *Direito Financeiro e Tributário*, São Paulo: Atlas, 1998, 4 ed., p. 81.

[52] Cléucio Santos Nunes. "Dos fundos especiais", *in Orçamentos públicos: a Lei 4.320/1964 comentada*, São Paulo: Revista dos Tribunais, 2009, p. 207, coordenação José Maurício Conti.

atividades dos organismos integrantes do Sistema de Justiça (Poder Judiciário, Ministério Público, Defensoria Pública), por lei específica prevendo a canalização dos recursos referidos no § 2º do art. 98 da Constituição, que não receia a proibição do art. 167, IV, da Carta Magna, já que, como explicado, custas e emolumentos são taxas, e não impostos – estes referidos na vedação constitucional.

Conquanto o art. 165, § 9º, II, da Constituição de 1988, tenha assinalado competir à lei complementar estabelecer condições para instituição e funcionamento de fundos, o Supremo Tribunal Federal entendeu que a exigência "está suprida pela Lei nº 4.320, de 17.03.64, recepcionada pela Constituição com status de lei complementar; embora a Constituição não se refira aos fundos especiais, estão eles disciplinados nos arts. 71 a 74 desta Lei, que se aplica à espécie"[53].

A reserva de lei é impositiva, pois, é expressamente proibida a instituição de fundos de qualquer natureza à margem de prévia autorização legislativa (art. 167, IX, Constituição Federal).

A iniciativa legislativa para instituição de fundos obedece a reserva instituída em prol do Chefe do Poder Executivo para a lei orçamentária, tendo em vista que os fundos são seus componentes (art. 165, III, e § 5º, I, Constituição de 1988), observados os limites às emendas parlamentares (art. 166, §§ 2º a 8º, Constituição Federal). De qualquer modo, "o art. 165, § 5º, I, da Constituição, ao determinar que o orçamento deve prever os fundos, só pode referir-se aos fundos existentes, seja porque a Mensagem presidencial é precedida de dados concretos da Administração Pública, seja porque a criação legal de um fundo deve ocorrer antes da sua consignação no orçamento"[54].

Considerando que a instituição de fundos depende de autorização legislativa, e que estes devem ser compreendidos na lei orçamentária anual, cuja iniciativa legislativa pertence ao Chefe do Poder Executivo, resulta incontestável interpretação sistemática conclusiva de que essa reserva de iniciativa legislativa do Chefe do Poder Executivo se estende à instituição de fundos, como concluiu o Tribunal de Justiça do Estado de São Paulo por seu Órgão Especial[55].

---

[53] RTJ 191/822.

[54] RTJ 191/822.

[55] "Ação Direta de Inconstitucionalidade – Lei do Município de Santa Barbara d'Oeste nº 3294, de 13 de junho de 2011, de iniciativa parlamentar, que dispôs sobre a criação de Fundo Municipal de Defesa Civil – Veto do prefeito rejeitado – Lei autorizativa que tem comando determinativo – Ato de organização do Município, de competência exclusiva do Prefeito – Ofensa ao princípio

PODER JUDICIÁRIO

No mesmo sentido, o Supremo Tribunal Federal concluiu "serem inconstitucionais normas que estabelecem vinculação de parcelas das receitas tributárias a órgãos, fundos ou despesas, por desrespeitarem a vedação do art. 167, inc. IV, da Constituição da República, e restringirem a competência constitucional do Poder Executivo para a elaboração das propostas de leis orçamentárias" porque "as restrições impostas ao exercício das competências constitucionais conferidas ao Poder Executivo, incluída a definição de políticas públicas, importam em contrariedade ao princípio da independência e harmonia entre os Poderes"[56].

Autorização legislativa não se confunde com lei autorizativa, devendo aquela primar pela observância da reserva de iniciativa. Se ambas transmitem uma norma permissiva, é de bom grado destacar que "insistente na prática legislativa brasileira, a 'lei' autorizativa constitui um expediente, usado por parlamentares, para granjear o crédito político pela realização de obras ou serviços em campos materiais nos quais não têm iniciativa das leis, em geral matérias administrativas. Mediante esse tipo de 'leis', passam eles, de autores do projeto de lei, a coautores da obra ou serviço autorizado. Os constituintes consideraram tais obras e serviços como estranhos aos legisladores e, por isso, os subtraíram da iniciativa parlamentar das leis. Para compensar essa perda, realmente exagerada, surgiu 'lei' autorizativa, praticada cada vez mais exageradamente autorizativa é a 'lei' que – por não poder determinar – limita-se a autorizar o Poder Executivo a executar atos que já lhe estão autorizados pela Constituição, pois estão dentro da competência constitucional desse Poder. O texto da 'lei' começa por uma expressão que se tornou padrão: 'Fica o Poder Executivo autorizado a...' O objeto da autorização – por já ser de competência constitucional do Executivo – não poderia ser 'determinado', mas é apenas 'autorizado' pelo Legislativo, tais 'leis', óbvio, são sempre de iniciativa parlamentar, pois jamais teria cabimento o Executivo se autorizar a si próprio, muito menos onde já o autoriza a própria Constituição. Elas constituem um vício patente"[57]. Trata-se de mero eufemismo de determinações e que usurpa

---

da separação de poderes – Instituição de fundos que depende de autorização legislativa (art. 176, IX, da CE) e que devem ser compreendidos na lei orçamentária anual (art. 174, § 4o, 1, da CE) de iniciativa legislativa do chefe do Poder Executivo – Violação aos arts. 5º, 25, 47, inciso II, 174, § 4º, 1, e 176, IX, da Constituição Estadual – Procedência da ação" (TJSP, ADI 0153008-17.2011.8.26.0000, Rel. Des. David Haddad, v.u., 14-12-2011).

[56] STF, ADI 4.102-RJ, Tribunal Pleno, Rel. Min. Cármen Lúcia, 30-10-2014, v.u., DJe 10-02-2015.

[57] Sérgio Resende de Barros. "Leis Autorizativas", *in* Revista da Instituição Toledo de Ensino, Bauru, ago./nov. 2000, p. 262.

a competência do Chefe do Poder Executivo que fica "à mercê das veleidades legislativas (...) com as consequências de ordem política daí derivadas"[58].

Referências

BARBI, Celso Agrícola. *Comentários ao Código de Processo Civil*, Rio de Janeiro: Forense, 1991, 6 ed., vol. I.

BARROS, Sérgio Resende de. "Leis Autorizativas", *in* Revista da Instituição Toledo de Ensino, Bauru, ago./nov. 2000.

BARROSO, Luís Roberto. *O controle de constitucionalidade no Direito Brasileiro*, São Paulo: Saraiva, 2014, 6ª ed.

DINAMARCO, Cândido Rangel. *Fundamentos do processo civil moderno*, São Paulo: Revista dos Tribunais, 1987, 2 ed.

GRAU, Eros Roberto. *A ordem econômica na Constituição de 1988*, São Paulo: Malheiros, 2010, 14ª ed.

HARADA, Kiyoshi. *Direito Financeiro e Tributário*, São Paulo: Atlas, 1998, 4 ed.

MACIEL, Carlos Henrique. *Curso Objetivo de Direito Constitucional*, São Paulo: Malheiros, 2014.

MARTINS, Ives Gandra da Silva e MENDES, Gilmar Ferreira. *Controle concentrado de constitucionalidade*, São Paulo: Saraiva, 2007, 2ª ed.

NUNES, Cléucio Santos. "Dos fundos especiais", *in Orçamentos públicos: a Lei 4.320/1964 comentada*, São Paulo: Revista dos Tribunais, 2009, p. 207, coordenação José Maurício Conti.

PIOVESAN, Flávia. *Proteção judicial contra omissões legislativas*, São Paulo: Revista dos Tribunais, 2003, 2ª ed.

SILVA, José Afonso da. *Comentário contextual à Constituição de 1988*, São Paulo: Malheiros, 2006, 2ª ed.

TEIXEIRA, J. H. Meirelles. *Curso de Direito Constitucional*, Rio de Janeiro: Forense Universitária, 1991.

---

[58] STF, ADI-MC 2.367-SP, Tribunal Pleno, Rel. Min. Maurício Corrêa, 05-04-2001, v.u., DJ 05--03-2004, p. 13.

O sistema constitucional de planejamento e o Poder Judiciário

Francisco Sergio Silva Rocha
Docente da Universidade Federal do Pará – UFPA, doutor em Direito pela mesma Universidade e Desembargador Federal do Trabalho

Fernando Facury Scaff
Docente da Universidade de São Paulo – USP e da Universidade Federal do Pará – UFPA, doutor e livre docente em Direito pela USP e advogado, sócio de *Silveira, Athias, Soriano de Mello, Guimarães, Pinheiro e Scaff – Advogados*

É impossível desconsiderar o crescimento da atuação do Poder Judiciário na sociedade brasileira contemporânea. Concebido originalmente como o mais fraco dos Poderes do Estado, desprovido de força e de vontade, dependente do Poder Executivo para a eficácia de suas decisões[1], vemos uma significativa mudança na sua capacidade de atuação.

Esta alteração ocorre sob duplo aspecto. Sob o ponto de vista qualitativo, temos a ampliação da atuação interventiva sobre políticas públicas, com impacto nos orçamentos dos entes federados e significativa participação na própria formulação destas políticas, especialmente nas áreas de: saúde, educação e proteção à criança, adolescente, idosos e deficientes, além da marcante atuação do Supremo Tribunal Federal na realização de importantes definições

---

[1] Estruturação a partir da obra "O Federalista", especialmente os Capítulos LXXVIII e LXXXI, por Alexander Hamilton (Os Artigos Federalistas 1787-1788, James Madison, Alexander Hamilton, John Jay – Rio de Janeiro: Nova Fronteira, 1993).

para a sociedade brasileira, como se vê na apreciação de questões como: ficha limpa, fidelidade partidária, união homoafetiva, dentre outras[2].

Sob o ponto de vista quantitativo vemos igualmente uma expansão, pois o ano de 2016 se inicia com um estoque de 74 milhões de processos, com uma projeção que, ao final do ano, tenhamos 76,4 milhões de processos pendentes, como o crescimento na quantidade de processos novos na ordem de 1,6%, em relação ao ano de 2015, atingindo 27,8 milhões de processos novos no último ano. A participação dos órgãos do Poder Judiciário nos orçamentos dos entes também segue esta tendência. No ano de 2015, as despesas totais do Poder Judiciário somaram aproximadamente R$ 79,2 bilhões, o que representou um crescimento de 4,7% em relação ao ano de 2014, e de 3,8% ao ano em relação à serie história de 2009/2014. Levantamento realizado pelo Conselho Nacional de Justiça demonstra que essa despesa equivale a 1,3% do Produto Interno Bruto (PIB) nacional e a 2,6% dos gastos totais da União, dos Estados, do Distrito Federal e dos Municípios[3].

A relevância da alteração do paradigma de atuação e destes números demonstra a necessidade do estabelecimento de mecanismos, de modo a propiciar à população, que amplia a busca por uma solução para seus problemas reais do cotidiano, uma resposta eficaz as suas demandas. Por outra banda, a ampliação da participação do Poder Judiciário no orçamento público possui um limite, em função da necessidade de prover recursos para atendimento de outras carências da sociedade, sendo um dever do gestor público a realização de uma gestão eficiente sob o ponto de vista da prestação do serviço público e dos gastos necessários à sua consecução.

O planejamento da atuação do Estado na Constituição

A previsão constitucional do planejamento se detalha a partir da Constituição de 1946[4]. A existência de mecanismos de planejamento foi uma característica marcante desta Constituição, consoante se pode verificar pela adoção

---

[2] Não é escopo do presente trabalho discutir o mérito desta atuação, mas sim observar que é esta a realidade do Poder Judiciário brasileiro nos dias de hoje.

[3] Relatório Justiça em Números 2016 (ano base 2015) elaborado pelo Conselho Nacional de Justiça: Brasília, CNJ, 201

[4] Existem previsões pontuais a elaboração de planos na Constituição de 1934, especificamente no que concerne as vias férreas, a obras contra a seca e educação, porém sem sua integração a um sistema.

de planos setoriais e regionais, com reflexos no orçamento, ao estabelecer vinculações com a receita[5]. Neste sentido, o indicador mais significativo de planejamento estatal foi a elaboração do Plano de Metas (1956-1961), no Governo Kubitschek.

O Plano de Metas foi estruturado como o principal instrumento de política econômica do governo. A formulação de Celso Furtado, designado Ministro Extraordinário responsável pelo planejamento, é considerada como o primeiro instrumento de orientação da política econômica, com sua proposta de reforma econômica e de reformas de base, com a finalidade de converter a economia colonial em economia nacional, com a assunção dos centros de decisões essenciais ao progresso autônomo pelo Estado brasileiro[6].

O golpe militar de 1964 procedeu a uma revisão autoritária do processo de elaboração do orçamento, mantendo a orientação que subordina a atuação do Estado ao princípio do planejamento, harmonizando-a com o Plano Nacional de Desenvolvimento Econômico[7] e mesmo aprofundando-a, sendo prevista uma planificação plurianual[8] e uma reordenação das normas do orçamento, com a vinculação entre normas para além do orçamento anual. A sistemática de planejamento consistia na previsão das seguintes normas: Plano Nacional de Desenvolvimento (PND); Programa Geral de Aplicação (PGA); Orçamento Plurianual de Investimento (OPI) e Orçamento Anual da União.

Este sistema guarda harmonia com a concepção do orçamento como instrumento de ação governamental, com a finalidade de propiciar a operacionalização do conjunto de atividades que vão atuar no desenvolvimento econômico-social de uma específica coletividade. Sua função é permitir a execução do estabelecido pela planificação da atividade estatal, como bem destaca Silva[9]:

---

[5] Especificamente quanto à vinculação da receita, veja-se os artigos 198 e 199 da Constituição de 1946

[6] BERCOVICI, Gilberto. A constituição econômica e desenvolvimento. São Paulo: Malheiros, 2005.

[7] No regime da Constituição de 1967/69 foi editado o Ato Complementar nº 43/69, que concebia o planejamento como equivalente ao programa de determinado governo, limitando-o temporalmente ao mandato presidencial. Foram elaborados dois planos: I PND para o período de 1972/74 e o II PND para o período de 1975/79.

[8] Denominado orçamento plurianual de investimento (art. 63, § único e art. 65, § 4º), ao qual ficavam submetidas as despesas de capital e os projetos e programas que se prolongassem para mais de um exercício financeiro.

[9] SILVA, José Afonso da. Orçamento-Programa no Brasil. São Paulo: Revista dos Tribunais, 1973.

"As exigências do planejamento das atividades do poder público determinaram a necessidade de adoção de novas técnicas orçamentárias. Se a administração deve desenvolver-se segundo as regras do planejamento, tendo em vista a satisfação das necessidades da coletividade, era imprescindível que os orçamentos públicos se adequassem a esse novo tipo de administração, para tornar-se num instrumento de ação governamental, voltada para a realização de obras e serviços, em função do desenvolvimento sócio-econômico da comunidade. Daí surgir a técnica do orçamento por programa ou orçamento-programa, que é um tipo de orçamento vinculado ao planejamento das atividades governamentais. Na verdade, o orçamento-programa não é apenas uma peça financeira, é, antes de tudo, um instrumento de execução de planos e projetos de realização de obras e serviços, visando ao desenvolvimento da comunidade. É um documento em que se designam os recursos de trabalho e financeiros destinados à execução dos programas, subprogramas e projetos de execução da ação governamental, classificados por categorias econômicas, por função e por unidades orçamentárias."

Ao término do Regime Militar tivemos a elaboração de nova Carta Constitucional que tem por preocupação a necessidade de dotar o País de instrumento capaz de operar, eficientemente, um modelo de desenvolvimento genuinamente brasileiro, como decorrência natural de uma estrutura orçamentária rigorosamente filiada ao planejamento de curto, médio e longo prazos, dentro dos quais fossem balizadas as prioridades nacionais e regionais e definida a periodicidade para execução dos planos. Os planos e orçamentos deveriam ser regionalizados, com a manifesta intenção de proceder à política de desenvolvimento com a finalidade de reduzir a desigualdade regional, submetendo ao exame e à deliberação do Congresso Nacional um plano e orçamento do setor público (art. 48, II e IV da CF) que inclua todo o universo das ações a serem desenvolvidas no âmbito dos poderes e suas entidades, de sorte a dotar o Legislativo de todos os mecanismos que lhe permitam não só deliberar, previamente, sobre os planos nacionais e regionais de desenvolvimento, como acompanhar seu implemento e promover as alterações que julgar necessárias na fase do exame das propostas de lei enviadas ao Congresso pelo Executivo.

Assim é a previsão da competência da União para elaborar e executar planos nacionais e regionais de ordenação do território e de desenvolvimento econômico e social, aprovados conjuntamente (art. 21, IX, 43, II e 165, § 4º da CF), vinculantes para o poder público e indicativo ao setor privado (art. 174, § 1º da CF). Note-se a necessária harmonia entre a criação dos planos nacional e regionais e sua execução, materializada pela previsão nas normas do orçamento (PPA, LDO e LOA).

Desta forma, vemos que, em nosso ordenamento jurídico, o orçamento é muito mais do que uma previsão de receita e estimativa de despesa em um contexto de controle político, surgindo como um mecanismo de planejamento, aplicação e controle sobre o recurso público, procedendo a uma interação entre Executivo e Legislativo na efetivação das políticas públicas em observância ao comando da Constituição. Destaca-se a afirmativa de Eros Grau a respeito do estabelecimento de um "ordenamento jurídico do planejamento", constante de uma série de atos normativos que disciplinam a ação estatal, que deve sempre definir previamente as metas e os meios de sua intervenção[10].

É certo que o orçamento não é o equivalente numérico ao planejamento. O orçamento é um instrumento do planejamento, mas não é o planejamento em si. Consoante leciona Bercovici (2005), existe uma tendência de reduzir o plano ao orçamento. Neste sentido, considera que a experiência recente, materializada pelo plano "Brasil em Ação" do Governo Fernando Henrique Cardoso, assemelha-se às primeiras experiências de planificação dos gastos estatais no Brasil desenvolvidas pelo DASP durante o Estado-Novo (Plano Especial de Obras Públicas e Aparelhamento da Defesa Nacional – 1939 e Plano de Obras e Equipamentos – 1943) e durante o Governo Dutra (Plano SALTE). A redução do planejamento ao orçamento implica a impossibilidade da fixação de diretrizes para a atuação do Estado, que servirá, inclusive, de orientação para a atividade privada[11], significando apenas uma forma de incrementar o controle racional dos gastos públicos, olvidando a verdadeira tarefa que é a transformação das estruturas socioeconômicas[12].

---

[10] Contudo, o autor considera que o planejamento não permite ao setor privado demandar o Poder Público em face do comportamento omissivo ao não implementar determinada ação prevista no plano. A possibilidade de obrigar o Poder Público estaria restrita ao comportamento comissivo ao realizar despesa fora das previsões contidas no orçamento plurianual de investimentos (GRAU, 1978, p. 239). É claro que esta obra é anterior à vigência da atual Constituição, que considera o planejamento como obrigatório ao Poder Público (Constituição Federal artigo 174), não se sabendo se o autor mantém o posicionamento em face da nova realidade constitucional. Em sentido contrário, considerando a possibilidade da exigibilidade da demanda em face ao Poder Público no sentido comissivo e omissivo, ver Fernando Scaff na obra: Responsabilidade do estado intervencionista. São Paulo: Saraiva, 1990.

[11] Constituição Federal. Art. 174. Como agente normativo e regulador da atividade econômica, o Estado exercerá, na forma da lei, as funções de fiscalização, incentivo e planejamento, sendo este determinante para o setor público e indicativo para o setor privado.

[12] A crítica da redução do planejamento ao orçamento também é realidade em função do viés de considerar o plano plurianual mera previsão de gasto, que poderá ocorrer ou não, sem qualquer

Na verdade, o orçamento, ao explicitar os recursos financeiros a serem aplicados em um exercício, constitui um excepcional instrumento de planejamento, porém é apenas isto. Torna-se necessário que sua formulação, apresentação e execução sejam realizadas de modo tal que permitam o dimensionamento, a identificação e o seguimento de objetivos coerentes e coordenados, compatíveis com a política de governo, neste sentido, constituindo-se no elemento de ligação entre o planejamento de médio ou longo prazo e as ações cotidianas[13].

Consoante doutrina de Ricardo Lobo Torres, a proposta referendada pela Assembleia Nacional Constituinte, relativamente ao sistema orçamentário, tem por pressuposto a aprovação do sistema parlamentarista de governo, baseado no modelo alemão e francês[14], com a inserção de dispositivos constitucionais de índole parlamentarista, exemplificando com a lei de diretrizes orçamentárias e a Comissão Mista do Congresso. Não se pode negar que havia uma forte discussão na Comissão de Sistematização da Assembleia Constituinte em relação ao sistema parlamentarista[15] e, por este motivo, foi incluída, nas disposições transitórias de nossa Constituição, a previsão de um plebiscito para que a população pudesse deliberar sobre a forma e o sistema de governo[16]. Todavia, parece um exagero considerar a incompatibilidade entre o sistema presidencialista e o modelo aprovado pela Assembleia Constituinte. Claro que a visão do Executivo e do Legislativo não se parece com o modelo imperial vigente no regime da Constituição de 1967/69, havendo um equilíbrio maior entre os poderes e as atribuições do Congresso Nacional e do Presidente da República, sendo isto uma grande fonte de preocupação dos constituintes, seja na fase de subcomissão, seja na sistematização, seja no plenário.

O modelo de sistema orçamentário atualmente em vigor, elaborado pelo Constituinte Originário de 1988, está baseado no equilíbrio e na coparticipação do Legislativo e do Executivo, bem como na existência de um sistema de planejamento econômico que irá orientar a criação e a execução da norma

---

órgão de controle de sua execução ou garantia de efetividade, no dizer de Bercovici (2005, p. 81). Crítica esta com a qual não concordamos, pois é possível verificar uma vinculação entre o plano plurianual e a lei do orçamento anual de modo a estabelecer padrão de impositividade.

[13] TOMBINI, Tildo Noelmo. Orçamento-programa, seu papel no planejamento. Revista Associação Brasileira do Orçamento Público, p 15, 1976.

[14] Torres, R. L. (2008). Tratado de Direito Constitucional, Financeiro e Tributário (Vols. V – O Orçamento na Constituição). Rio de Janeiro: Renovar, p 68

[15] O relator na Comissão do Sistema Tributário, Orçamento e Finanças – Constituinte José Serra era declaradamente parlamentarista. Ver entrevista transcrita em http://www.tvcultura.com.br/rodaviva/programa/PGM0060

[16] Constituição Federal. Ato das Disposições Constitucionais Transitórias.

do orçamento[17]. O sistema orçamentário federal passou a ser regulado por três leis: – a Lei do Plano Plurianual (PPA); – a Lei de Diretrizes Orçamentárias (LDO) e a – a Lei Orçamentária Anual (LOA), o que representou uma mudança de paradigma em relação ao modelo tradicional de orçamento, introduzindo a concepção que passa a cumprir também a função de mecanismo de planejamento e não apenas de controle dos recursos públicos.

Desta feita, destaca-se uma posição consensual em relação à necessidade de priorizar o sistema de planejamento apto a conduzir os rumos de atuação do Estado e reforço à atuação do Parlamento, enquanto órgão que aprova e efetivamente fiscaliza a aplicação do orçamento, como resgate da participação da sociedade civil na condução dos destinos do Estado. A preocupação pela aprovação de normas relativas a estes dois específicos pontos é nítida desde os trabalhos ocorridos no período anterior à constituinte, passando pelas comissões até o plenário. Isto se evidencia na matéria de discussão orçamentária onde tais fundamentos emergem como razões de deliberação da Assembleia Constituinte.

É importante considerar que as mudanças introduzidas pela Constituição, no campo da sistemática orçamentária, redundam em expressivas alterações no modo de elaboração do orçamento e da legislação correlata, tendo em vista as disposições constitucionais pertinentes, especialmente as contidas no art. 166, § 3º, I e § 4º. Assim sendo, o sistema orçamental se desdobra em oito fases, quais sejam: a) formulação do Planejamento Plurianual, pelo Executivo; b) apreciação e adequação do Plano, pelo Legislativo; c) proposição de metas e prioridades para a administração e a política de alocação de recursos, pelo Executivo; d) apreciação e adequação da LDO, pelo Legislativo; e) elaboração da proposta de orçamentos, pelo Executivo; f) apreciação, adequação e autorização legislativa; g) execução dos orçamentos aprovados e h) avaliação da execução e apreciação das contas[18].

Cada uma das normas constantes do sistema do orçamento tem uma função a cumprir e possuem uma articulação em níveis sucessivos de vinculação. O plano plurianual constitui o instrumento de planejamento da atuação governamental de médio prazo, definindo prioridades e atuando como ordenador

---

[17] Isto era uma tendência mesmo antes do início dos trabalhos da Assembleia Nacional Constituinte. Veja os trabalhos produzidos pela Comissão Afonso Arinos, acima referidos.

[18] Constituição Federal. Art. 49. É da competência exclusiva do Congresso Nacional: ...IX – julgar anualmente as contas prestadas pelo Presidente da República e apreciar os relatórios sobre a execução dos planos de governo;

da elaboração do orçamento[19]. A Lei de Diretrizes Orçamentárias possui um caráter articulador[20] entre o PPA, que tem a função de planejamento do período de quatro anos[21], e a LOA, com prazo de execução relativamente curto, correspondendo a um exercício financeiro, estabelecendo regras e condições para a elaboração da norma orçamentária anual, fixando as prioridades para o gasto público que, ao final, serão especificados na Lei Orçamentária Anual – LOA[22].

Não existe, em termos formais, uma hierarquia entre o PPA, a LDO e a LOA, de sorte que o conteúdo da primeira implicar na segunda norma e, em seguida, na terceira. A previsão constitucional está na necessidade de compatibilização destas normas, conforme redação do artigo 166 § 3º, inciso I da Constituição Federal, que claramente explicita esta interação, o que repercute na legislação infraconstitucional, conforme a disciplina do artigo 5º da Lei Complementar nº 101/2000.

Em sede doutrinária temos a posição de José Maurício Conti [23] (2010, p. 51) que sustenta a possibilidade de interpretação do texto constitucional no sentido da existência de um vínculo de subordinação hierárquica entre as

---

[19] Constituição Federal. Art. 167. São vedados: ... § 1º – Nenhum investimento cuja execução ultrapasse um exercício financeiro poderá ser iniciado sem prévia inclusão no plano plurianual, ou sem lei que autorize a inclusão, sob pena de crime de responsabilidade

[20] Constituição Federal. Art. 166. Os projetos de lei relativos ao plano plurianual, às diretrizes orçamentárias, ao orçamento anual e aos créditos adicionais serão apreciados pelas duas Casas do Congresso Nacional, na forma do regimento comum. § 3º – As emendas ao projeto de lei do orçamento anual ou aos projetos que o modifiquem somente podem ser aprovadas caso: I – sejam compatíveis com o plano plurianual e com a lei de diretrizes orçamentárias; § 4º – As emendas ao projeto de lei de diretrizes orçamentárias não poderão ser aprovadas quando incompatíveis com o plano plurianual.

[21] Constituição Federal. ADCT. Art. 35, § 2º, I – o projeto do plano plurianual, para vigência até o final do primeiro exercício financeiro do mandato presidencial subsequente, será encaminhado até quatro meses antes do encerramento do primeiro exercício financeiro e devolvido para sanção até o encerramento da sessão legislativa;

[22] Na lição de Canotilho, trata-se de "leis reforçadas", ou seja, leis ordinárias que impõem ou pressupõem a sua não derrogabilidade por leis ordinárias posteriores. Se as leis do plano têm por objetivo a racionalização global da política econômica, dado a coerência e certeza à utilização dos recursos econômicos, então elas postulariam exigências de continuidade e estabilidade superiores às leis ordinárias normais. Canotilho defende sua posição de "fonte atípica", situada entre a norma constitucional e a lei ordinária (CANOTILHO, J. J Gomes. A Lei do orçamento na teoria da lei. Separata de: Boletim Especial da Faculdade de Direito de Coimbra. Coimbra, 1979, p. 19-20).

[23] CONTI, José Maurício. Planejamento e responsabilidade fiscal. In: SCAFF, Fernando Facury; CONTI, José Maurício. Lei de Responsabilidade Fiscal 10 anos de vigência : questões atuais. Florianópolis: Conceito, 2010. p. 51.

normas do PPA, da LDO e da LOA, não obstante sejam da mesma espécie legislativa, de modo que:

> "as previsões do plano plurianual condicionem a elaboração da lei de diretrizes orçamentárias que, por sua vez, delimita os parâmetros a serem seguidos pela lei orçamentária anual".

Em igual sentido, vemos a posição de Canotilho (1979, p. 19-20), quando considera a existência de uma rigidez diferenciada, denominando-as "leis reforçadas", ou seja, leis ordinárias que impõem ou pressupõem a sua não derrogabilidade por leis ordinárias posteriores. Neste sentido, seria uma "fonte atípica", situada entre a norma constitucional e a lei ordinária. Observe-se o seguinte trecho da doutrina:

> "Relativamente às leis de plano, cedo a doutrina salientou que, se com estas leis se pretende uma racionalização global da política econômica, dando coerência e certeza à utilização dos recursos econômicos, então elas postulariam exigências de continuidade e estabilidade superiores às das leis ordinárias normais. Justificar-se-ia, pois, a atribuição a estas leis de uma força particular e de uma "capacidade de resistência" do modo a tornar impossível a sua modificação ou ab-rogação a não ser por outro ato típico de igual eficácia formal em que expressamente se declarem (e não apenas de forma implícita) a ab-rogação ou alteração da lei de plano anterior. Este desiderato subjacente à idéia de lei de plano como lei reforçada só se conseguiria, segundo alguns, estabelecendo a obrigatoriedade das lei de plano assumirem forma constitucional. Para outros, não seria necessária a constitucionalização destas leis: a capacidade de resistência das lei de plano obter-se-ia, reconhecendo-lhes o caráter de "leis reforçadas", embora ordinárias, e alçando-as para a posição de *fonte atípica*, situada entre a lei constitucional e a lei ordinária. Se a lei de plano, além de uma lei reforçada for uma lei imperativa para o sector público, como dispõem alguns ordenamentos, ela oferecerá um dos vínculos jurídicos mais importantes para a lei de aprovação do orçamento. A solução é inequívoca quando é a própria constituição de um país a reconhecer as imperatividade do plano no sector público e a impor que o orçamento do Estado seja elaborado de acordo com o plano (cfr., por exemplo, arts. 92º e 108º, nº 2 da Constituição Portuguesa de 1976). Aqui o vínculo da lei ordinária de plano é um vínculo constitucional."

Desta forma, a elaboração da LDO e LOA possui limite material nas disposições do PPA, não podendo ser admitida disposição que não seja harmônica

PODER JUDICIÁRIO

com a forma prevista na norma que aprova o Plano Plurianual. O mesmo raciocínio se aplica à LOA em relação à LDO. Estes limites são aplicáveis à elaboração destas normas[24] e, consequentemente, à sua eventual modificação.

É possível e necessário que o entendimento do STF avance no sentido da existência de uma rigidez especial para as normas do PPA em relação à LDO (artigo 166, § 4º da CF) e desta em face da LOA, de modo que as alterações posteriores na LDO e na LOA devam guardar compatibilidade com o PPA e com a LDO, respectivamente, preservando o caráter de sistema do orçamento. Ora, se nosso texto constitucional disciplina a necessidade de uma norma posterior (LDO em relação ao PPA e a LOA em relação ao PPA e à LDO) guardar compatibilidade com a anterior, considera existir uma dependência entre elas de modo que o conteúdo de uma signifique o resultado das que lhe sucedem em caráter decrescente de generalidade. Admitir que uma alteração da LOA fosse válida em face da LDO pelo simples argumento de que estão no mesmo plano hierárquico como normas (leis ordinárias) é desconhecer o caráter de sistema que a Constituição pretendeu ao integrar estas três normas. Desta forma, a modificação das normas do orçamento deve manter a compreensão sistêmica deste, com a possibilidade da realização de controle de legalidade, pela existência de disposição incompatível e, inconstitucionalidade pela violação dos artigos 166, § 3º, inciso I e § 4º do mesmo dispositivo. Assim, a violação das normas do plano cria uma situação de inconstitucionalidade, permitindo o controle concentrado da norma violadora[25].

O argumento de possibilidade de revogação automática pela pura aplicação das disposições da Lei de Introdução às Normas do Direito Brasileiro não considera a previsão constitucional da construção das normas do sistema orçamentário com grau de dependência, de sorte que a antecedente

---

[24] Veja-se a posição de José Serra (As vicissitudes do orçamento. Revista de Economia Política, 1993, p. 149) quando considera necessária a fixação de um processo legislativo diferenciado para a modificação da LDO e da LOA após sua aprovação, de sorte que qualquer mudança de seu texto apenas poderia ser feita pelo quórum da maioria absoluta e que a eficácia da alteração da LDO sobre o orçamento apenas poderia ocorrer depois da aprovação e sanção da legislação que as promoveu.

[25] A posição do STF não é esta. A jurisprudência dominante considera a existência de uma situação de possível ilegalidade e não admite a violação direta à Constituição Federal. Em sentido contrário a esta visão do STF e harmônica com nosso entendimento a respeito da existência da inconstitucionalidade veja-se a doutrina de Sandoval Alves dos Santos em Direitos Sociais – Leis Orçamentárias como instrumento de implementação. Juruá Editora. 2007. À rigor a disposição normativa ordinária que conflite com o PPA ou LDO não se resolve no plano da legalidade, pois a similitude hierárquica implica na revogação da norma antecedente, mas sim no plano da inconstitucionalidade, pelo conflito com a norma da Constituição que impõe a compatibilidade.

fixe o conteúdo possível da subsequente. De fato, admitir, por exemplo, que a disposição em sentido contrário da LOA em relação a LDO implique na revogação automática desta é considerar letra morta a norma constitucional que determina a compatibilidade entre estas espécies normativas, pois todo preceito alterador será compatível, na medida em que revoga a antecedente. Este raciocínio que utilizamos em relação a LDO e LOA, aplica-se igualmente ao plano plurianual, de modo que a possibilidade de conformação do legislador da LOA e da LDO não resta absoluto, mas restrito em relação às disposições do PPA e da LDO, consoante dicção constitucional.

Esta compreensão da Constituição persiste em aberto, aguardando um pronunciamento do STF, com respeito à eficácia normativa do artigo 166 da Constituição Federal, como limite objetivo ao poder de conformação do legislador ordinário, afirmando o planejamento normativo como integrante de um sistema de normas apto a orientar a atuação do Estado, preservando a ampla participação da sociedade civil em relação à sua formação e gestão. Todavia, parece inegável, a despeito desta omissão, a existência de um sistema que fixa e limita a atuação do Estado gestor, sistema este que está fundado na existência de um planejamento vinculante, como instrumento normativo que se desenvolve em outras normas jurídicas, durante seu período de vigência, procedendo a uma interação entre Executivo e Legislativo na efetivação de políticas públicas, em observância ao comando da Constituição[26].

O planejamento da atuação do Poder Judiciário

O Poder Judiciário brasileiro está organizado em um modelo que, mercê de pontuais alterações, tem se mantido ao longo de nossa história republicana. Formado basicamente por órgãos encarregados de dizer a jurisdição em duas órbitas distintas: os juízos e tribunais vinculados aos Estados-Membros e os integrantes da União Federal. Desta forma, os Tribunais de Justiça e os Juízes de Direito são pertencentes à esfera administrativa dos Estados, enquanto que os Tribunais Superiores e os órgãos da: Justiça do Trabalho, Federal, Militar da União e Eleitoral estão inseridos na estrutura legal e orçamentária da

---

[26] Consoante a doutrina de Grau, Eros a respeito do estabelecimento de um "ordenamento jurídico do planejamento", constante de uma série de atos normativos que disciplinam a ação estatal, que deve sempre definir previamente as metas e os meios de sua intervenção. Eros Grau Planejamento econômico e regra jurídica. São Paulo: Revista dos Tribunais, 1978.

União. Malgrado esta disparidade organizacional, o Poder Judiciário possui uma vinculação interna que o distingue do Poder Executivo e do Legislativo, conformando-o como um Poder Nacional.

Diferentemente dos demais, o Poder Judiciário é regido por uma única norma que regula sua organização e disciplina o regime jurídico dos seus membros. Esta norma, de competência da União e iniciativa privativa do Supremo Tribunal Federal[27] data de 1979 (Lei Complementar nº 35), porém persiste regulando, ao lado da Constituição Federal, a estrutura deste Poder, prevendo direitos e deveres de seus membros e conferindo aos órgãos federais e estaduais constantes do artigo 92 da CF uma unidade de organização.

Além desta única disciplina, a vinculação vertical entre os órgãos do Poder Judiciário é demonstrada pela possibilidade da revisão de atos típicos de jurisdição dos juízos e tribunais inferiores, a despeito de serem órgãos estaduais ou federais, pelos tribunais superiores, todos vinculados à União. A dualidade federal/estadual dentre os órgãos integrantes do Judiciário não impede seu caráter nacional, diverso dos demais Poderes.[28]

Importante reforço nesta concepção ocorreu com a criação do Conselho Nacional de Justiça.[29] A este órgão foi atribuído o controle da atuação administrativa e financeira do Poder Judiciário e do cumprimento dos deveres funcionais dos juízes, com ampla possibilidade de editar, rever ou modificar atos administrativos, inclusive regulamentares, sejam emanados de órgãos estaduais ou da União. Foi-lhe atribuído o levantamento de dados estatísticos relativos à jurisdição, além da possibilidade de elaborar relatório anual,

---

[27] Artigo 93 da Constituição Federal. O caráter nacional da magistratura e a competência da União para a disciplina de sua regras e a necessidade da iniciativa do STF foi reafirmada no julgamento da ADI 5316 MC / DF – Distrito Federal. Relator: Min. Luiz Fux. 21/05/2015. Tribunal Pleno.

[28] Veja-se trecho da ementa constante do julgamento da ADI 3367/DF.Relator: Min. CEZAR PELUSO. Julgamento: 13/04/2005. Órgão Julgador: Tribunal Pleno: "PODER JUDICIÁRIO. Caráter nacional. Regime orgânico unitário. Controle administrativo, financeiro e disciplinar. Órgão interno ou externo. Conselho de Justiça. Criação por Estado membro. Inadmissibilidade. Falta de competência constitucional. Os Estados membros carecem de competência constitucional para instituir, como órgão interno ou externo do Judiciário, conselho destinado ao controle da atividade administrativa, financeira ou disciplinar da respectiva Justiça. 4. PODER JUDICIÁRIO. Conselho Nacional de Justiça. Órgão de natureza exclusivamente administrativa. Atribuições de controle da atividade administrativa, financeira e disciplinar da magistratura. Competência relativa apenas aos órgãos e juízes situados, hierarquicamente, abaixo do Supremo Tribunal Federal. Preeminência deste, como órgão máximo do Poder Judiciário, sobre o Conselho, cujos atos e decisões estão sujeitos a seu controle jurisdicional. Inteligência dos art. 102, caput, inc. I, letra "r", e § 4º, da CF."

[29] EC nº 24/2004.

propondo as providências que julgar necessárias, sobre a situação do Poder Judiciário no país e as atividades do Conselho, criando uma instância de controle que não existia para o Judiciário Nacional.[30]

A criação do Conselho Nacional de Justiça se insere em um processo que busca dar uma solução à crescente demanda por Justiça e a incapacidade dos órgãos judiciais em absorver e responder, de forma rápida e eficiente. Já vimos os números que espelham este crescimento, motivado pelo surgimento de novos direitos e de instrumentos processuais que ampliam o acesso do cidadão aos serviços da Justiça. Soma-se a estes fatores a alteração na estrutura pela criação de cinco Tribunais Regionais Federais, em substituição ao Tribunal Federal de Recursos como segunda instância da Justiça Federal; a criação dos Juizados Especiais e o processo de interiorização dos órgãos judiciais ampliou o acesso do cidadão que passou também a contar com o direito a uma resposta judicial rápida à sua demanda.[31]

De fato, existia uma incapacidade estrutural do Poder Judiciário de dar cabo ao anseio da sociedade brasileira por uma prestação de serviços de Justiça, tendo-se, no geral, uma prestação de serviços judiciários caros e morosos. Na busca de uma solução, foi normatizada a noção da profissionalização da administração do Poder Judiciário, como uma possibilidade de empregar métodos de gestão mais modernos a um serviço público essencial e que permanecia, em larga medida, aferrado a soluções e práticas incompatíveis com o volume processual.

A Emenda Constitucional nº 45/2004 é um marco importante na busca desta solução, representando uma tentativa de dotar o Poder Judiciário de um instrumento de alteração estrutural e ordenar as práticas dos organismos judiciais na busca de uma atuação eficiente e harmônica com os demais princípios da Administração Pública[32]. Assim, o Conselho Nacional de Justiça assume a missão de ser o órgão de coordenação e de planejamento estratégico do Poder Judiciário.

---

[30] Não é possível deixar de fazer referência ao pioneiro Conselho da Justiça Federal, criado pela Lei nº 5010/66 e inicialmente vinculado ao extinto Tribunal Federal de Recursos. Estrutura-se efetivamente como um Conselho, distinto dos Tribunais Regionais Federais e com capacidade de supervisão administrativa aos órgãos da Justiça Federal a partir da EC nº 45/2004, que alterou o paragrafo único do artigo 105 da CF.

[31] Ver direito à celeridade e à razoável duração do processo, como previstos no artigo 5º, LXXVIII da CF.

[32] Art. 37, "caput" da CF.

Pelos termos da Constituição[33], a função essencial do Conselho Nacional de Justiça é o controle da atuação administrativa e financeira do Poder Judiciário e do cumprimento dos deveres funcionais dos juízes. A estas funções básicas somam-se outras, dentre as quais está a de elaborar semestralmente relatório estatístico sobre processos e sentenças prolatadas, por unidade da Federação, nos diferentes órgãos do Poder Judiciário e elaborar relatório anual, propondo as providências que julgar necessárias, sobre a situação do Poder Judiciário no país e as atividades do Conselho, o qual deve integrar mensagem do Presidente do Supremo Tribunal Federal a ser remetida ao Congresso Nacional, por ocasião da abertura da sessão legislativa.

Esta atribuição do CNJ é assumidamente o fundamento básico para a implementação de uma política de planejamento estratégico para o Poder Judiciário. A partir da determinação constitucional para que o CNJ passe a apurar os processos em tramitação em todos os órgãos judiciais é erigido um sistema de controle e avaliação que abrange todo o Judiciário. Veja-se o fundamento contido nas Resoluções nº 4/2005 e 15/2006 do CNJ, que cria e modifica o sistema de estatística, que passa a apurar não apenas a quantidade de processos, mas também outros dados[34] o que permite uma visão mais ampla da atuação dos órgãos judiciais.

O acesso a informações deste jaez permitiu a evolução do sistema que passa a prever e incentivar a criação de mecanismos de planejamento. Neste sentido é a Resolução nº 49/2007 que assume ser função do CNJ o planejamento estratégico do Poder Judiciário e determina aos tribunais que criem estrutura administrativa para elaboração da estatística e plano de gestão estratégica do Tribunal.

Este conjunto normativo cria uma base de dados estatísticos confiáveis que possibilita o uso do planejamento estratégico e o monitoramento de ações voltadas à melhoria da prestação jurisdicional. A efetiva adoção do planejamento estratégico ocorre com a edição da Resolução nº 70/2009, que passa a determinar a elaboração do planejamento estratégico nos tribunais e vincula seu alinhamento com o Plano Estratégico Nacional.

Nesta norma destaca-se a determinação de alinhamento da proposta orçamentária de cada tribunal com o plano, de sorte que o orçamento garanta sua implementação. Assim sendo, o planejamento, com duração mínima de

---

[33] Art. 103-B, § 4º da CF.
[34] Quantidade de servidores, de magistrados, total das despesas por elemento, número de pessoas atendidas, taxa de congestionamento, quantidade de computadores, etc..

cinco anos, passa a vincular a elaboração da proposta orçamentária no seu período de vigência, permitindo uma estabilidade na implementação da política estratégica de cada tribunal, alongada para além dos limites de cada mandato presidencial.

A norma do CNJ também criou uma vinculação para cada tribunal na forma da adoção de sistema de metas, elaboradas a partir de encontros anuais e com o cumprimento controlado pelo órgão de estatística do Conselho. Os índices e seus critérios definidores, que representam o cumprimento destas metas, passam a ser nacionalmente unificados e definidos por um Comitê Nacional[35], como órgão integrante do CNJ. Este processo permite a adoção de dados comparativos confiáveis e identificáveis, sem embargo da diversidade de cada tribunal, facilitando a gestão do sistema de controle pelo organismo central, que passa a demandar a implementação das diretrizes nacionais de modo a nortear a atuação dos órgãos do Poder Judiciário de primeiro e segundo grau.

O sistema de planejamento é alterado para incentivar e permitir o alinhamento de todos os segmentos da Justiça com o Planejamento Estratégico do Poder Judiciário, com a criação de comitê gestor nacional e comitês por segmento e por região geográfica, como integrante de uma Rede de Governança Colaborativa[36], no âmbito do CNJ. Este organismo é criado para proceder ao alinhamento dos tribunais com o plano nacional, definindo padrões e elaborando diretrizes para o monitoramento do planejamento estratégico.

Parece claro que a adoção deste sistema de planejamento conduz à possibilidade da edição, pelo Conselho Nacional de Justiça, de normas genéricas para disciplinar atividade que esteja alinhada com o planejamento. Exemplos desta atuação podem ser encontrados na Resoluções nº 194 e 195, ambas de 2014 e que pretendem instituir uma política nacional de atenção prioritária ao primeiro grau de jurisdição e elaborar regra para distribuição do orçamento entre os órgãos de primeiro e segundo grau, prevendo a forma de elaboração da proposta orçamentária e o modo como deverá ser executada. A criação deste tipo de norma implica na imposição dos critérios e objetivos identificados no planejamento nacional aos tribunais, que devem adaptar suas normas regulamentares ao contido nas resoluções.

Ainda como exemplo desta possibilidade de edição de norma genérica, foi editada a Resolução CNJ nº 201 de 03 de março de 2015 que determina a

---

[35] Ver Portaria nº 615 de 10 de setembro de 2009 da Presidência do CNJ.
[36] Portaria nº 138 de 23 de agosto de 2013.

criação, em cada tribunal, de unidades ou núcleos socioambientais e o implemento, nestes órgãos, de plano de logística sustentável, com a definição de indicadores mínimos para avaliação do desempenho e criação de requisitos para aquisição de bens e contratação de serviços, orientados por critério de sustentabilidade.

Observa-se a criação de uma identidade entre os objetivos nacionais e o contido no planejamento estratégico de cada tribunal, de modo a orientar o proceder de cada órgão judicial em políticas consideradas pelo Conselho Nacional de Justiça. Esta identidade é reforçada pela edição da Resolução nº 198, que revisa o planejamento estratégico nacional para 2015/2020 e determina o alinhamento do planejamento de cada tribunal, fixando prazo de implementação até 31 de março de 2015. Desta forma, ficam uniformizados critérios, metas e definições entre todos os tribunais e nos diversos segmentos de Justiça e afirmada a aplicação obrigatória da estratégia nacional a todos os segmentos de justiça[37].

Percebe-se a evolução do sistema de planejamento do Poder Judiciário no âmbito do Conselho Nacional de Justiça, partindo de um sistema baseado na compilação de dados estatísticos para elaboração de relatórios até a formulação de políticas gerais que influenciam desde a aquisição de bens até a elaboração da proposta e execução do orçamento de cada tribunal.

Neste ponto existe uma diferença sensível entre o planejamento previsto na Constituição Federal[38] e o planejamento que surge a partir da atuação do CNJ. O primeiro é norma jurídica em sentido estrito, elaborada a partir da iniciativa do Poder Executivo e aprovada pelo Congresso Nacional[39]. O segundo é ato administrativo, editado a partir de competência regulamentar, porém sem o alcance e peso da lei em sentido formal com a pretensão de definir critérios e metas de conteúdo obrigatório para órgãos federais e estaduais dotados de autonomia.

Contudo, o planejamento no âmbito do Poder Judiciário decorre do sistema nacional, que foi estabelecido a partir da Emenda Constitucional nº 45/2004, surgindo como uma consequência natural do estabelecimento de organismo de controle administrativo. A aplicação do conjunto de princípios contidos no artigo 37 da CF, especialmente o princípio da eficiência, com vista ao

---

[37] Ver artigo 3º da Resolução CNJ nº 198/2014 que prevê o desdobramento da estratégia 2020 em três níveis: nacional e por órgão do Judiciário, ambas de implementação obrigatória; e por segmento de justiça, esta de caráter facultativo.

[38] Artigo 174, § 1º da CF

[39] Artigo 48, II e IV da CF.

estabelecimento de um serviço público de qualidade e que atenda ao pretendido pelo cidadão legitima o procedimento e permite o desenvolvimento do sistema que parece destinado a superar as dificuldades de implantação dentro de um Poder Judiciário constituído por realidades diferentes, porém marcado por um caráter nacional.

Conclusão

O Planejamento Governamental como expressamente previsto na Constituição Federal é criado e implementado de modo diverso do modo como a figura do planejamento se insere na realidade cotidiana dos órgãos do Poder Judiciário. Já vimos que o primeiro decorre de expressa previsão constitucional e é implementado por lei em sentido material e formal, com a participação conjunta do Executivo e Legislativo na sua concepção e criação. O planejamento no âmbito do Poder Judiciário está sendo paulatinamente introduzido nas questões relevantes para os tribunais pela atuação do Conselho Nacional de Justiça, que vem montando um sistema integrado, e modo a dar suporte à formulação de políticas nacionais de atuação, envolvendo os órgãos de jurisdição estaduais e federais.

A constatação desta diferença nada tem a dizer quanto à legitimidade da implementação e muito menos quanto à necessidade dela. O planejamento é a melhor forma de gerir a prestação de serviços públicos e envolve a atuação ordenada e pautada ao longo do tempo para a realização do interesse público pelos organismos do Estado. Assim, é imprescindível a realização do planejamento para que os finitos recursos disponíveis sejam utilizados da melhor maneira possível com vistas, novamente, à satisfação do interesse público.

A concepção constitucional do planejamento envolveu apenas os Poderes Executivo e Legislativo, deixando de fora da formulação e criação do plano o Poder Judiciário[40]. Este foi deixado ao autogoverno dos tribunais, como decorrente do princípio da autonomia deste ramo do Poder.

Todavia, é impossível negar a realidade que demandou, a partir da criação de um organismo central de controle, o desenvolvimento de mecanismos de coleta de dados e alinhamento na sua interpretação, de modo a propiciar a

---

[40] O que se assemelharia a este procedimento é a previsão da remessa pelo Conselho Nacional de Justiça de mensagem ao Congresso Nacional, anualmente, com as proposições que entender convenientes, conforme artigo 103-B, § 4º, VII da CF.

criação de políticas mensuráveis dentre os tribunais existentes. É absolutamente vital, para uma real afirmação do Poder Judiciário como um poder nacional, que sua atuação seja ordenada e voltada para a consecução de políticas que necessariamente devem ser desenvolvidas para o enfrentamento dos gigantescos problemas a serem resolvidos.

A diversidade regional apenas reforça a necessidade de um planejamento cuidadoso e estruturado, decorrente de discussões que reflitam esta diversidade, porém assentando uma unidade na atuação pela definição do plano estratégico. É claro que a definição do plano estratégico não significa seu engessamento, pois existe a possibilidade de modificação do plano em curso para adequá-lo a novas necessidades, ou mesmo para correção de rumo.

De qualquer sorte, o planejamento estratégico que vem sendo implementado pelo Conselho Nacional de Justiça decorre de uma necessidade e representa uma esperança de que posamos superar, mercê de uma atuação coletiva e coordenada, os graves problemas que impedem a entrega do objeto de nossos sonhos – uma prestação jurisdicional rápida e de qualidade, voltada para a consecução dos objetivos fundamentais da República Federativa do Brasil.

Planejamento estratégico do Poder Judiciário

José Mauricio Conti
Juiz de Direito em São Paulo. Professor Associado III de Direito Financeiro na Faculdade de Direito da USP. Mestre, Doutor e Livre-docente pela USP. Bacharel em Direito e em Economia pela USP

1. Considerações introdutórias

O Poder Judiciário é um dos pilares de sustentação do Estado Democrático de Direito, poder independente da nossa República, responsável por exercer a jurisdição, compondo os conflitos de interesse havidos na sociedade.

Presta um serviço público da mais elevada relevância, cuja demanda tem sido crescente, levando o Poder Judiciário a agigantar-se como órgão da administração pública, assumindo dimensões que o colocam, nesse aspecto, no mesmo patamar de muitos entes da federação.

Tribunais de grandes dimensões, como é o caso do Tribunal de Justiça de São Paulo, tem orçamento[1] e número de servidores que se equiparam a estados como os de Alagoas[2], Sergipe[3] e Piauí[4]; superam Estados como Rondônia[5] e Roraima[6]. Superam, ainda, a quase totalidade das cidades brasileiras, como se

---

[1] R$ 10 bilhões, conforme orçamento de 2016 (Lei 16.083/2015).
[2] R$ 8,4 bilhões para 2016.
[3] R$ 8,3 bilhões para 2016.
[4] R$ 11,3 bilhões – orçamento de 2016 (Lei 6.752/2015).
[5] R$ 6,6 bilhões para 2016.
[6] R$ 3,3 bilhões para 2016.

vê em exemplos tais como Curitiba[7], Fortaleza[8] e Recife[9]. São maiores ainda que órgãos como a Câmara dos Deputados[10], o Senado Federal[11] e o Ministério Público da União[12], além de muitos outros.

O que há décadas era um órgão cuja principal função era exercer o poder que lhe cabe no Estado brasileiro, hoje passou a assumir uma importância ainda maior como prestador de um serviço público absolutamente essencial, e que precisa ser entregue à sociedade de forma rápida e eficiente, sob pena de perder sua razão de ser até como Poder da República.

Em face disso, vê-lo como um importante órgão da administração pública, com a necessidade de que seja submetido aos princípios e diretrizes próprios de gestão do setor público, passou a ser fundamental.

Gestão de recursos humanos e materiais, formas e sistemas de contratação, técnicas e metodologias de gestão tornaram-se parte integrante de um órgão que precisa ser administrado de modo profissional, e os conhecimentos jurídicos tornam-se insuficientes para promover a adequada prestação jurisdicional.

A gestão pública eficiente exige planejamento, administração competente e controle de seus atos.

Após algumas reformas importantes, como a ocorrida na década de 1930, com a criação do DASP – Departamento Administrativo do Serviço Público, e na década de 1960, em que se destaca o Decreto-lei 200, até hoje vigente, a modernização da gestão pública teve um forte impulso a partir de meados da década de 1990, com a criação do MARE – Ministério da Administração Federal e Reforma do Estado, e a implantação de técnicas gerenciais mais profissionais no setor público. Destaque deve ser dado também à Emenda Constitucional 19, de 1998, que inseriu a eficiência como um princípio de administração pública, dando nova redação ao *caput* do art. 37 da Constituição. Intensificou-se com o final da inflação e a aprovação da Lei de Responsabilidade Fiscal, em 2000, quando as contas públicas passaram a ter um tratamento mais sério, e levou à necessidade de que a administração pública tivesse maior rigor no trato do dinheiro público, cujo uso tornou-se mais transparente.

Neste texto, dar-se-á destaque ao exercício da função planejadora no âmbito do Poder Judiciário, que experimentou recentemente, com mais intensidade

---

[7] R$ 8,3 bilhões – orçamento de 2016 (Lei 14.781/2015).
[8] R$ 7,2 bilhões – orçamento de 2016 (Lei 10.435/2015).
[9] R$ 5,9 bilhões – orçamento de 2016.
[10] R$ 5,3 bilhões – orçamento de 2016 (Lei 13.255/2016).
[11] R$ 3,9 bilhões – orçamento de 2016 (Lei 13.255/2016).
[12] R$ 5,6 bilhões – orçamento de 2016 (Lei 13.255/2016).

a partir de 2009, uma evolução que, se contínua, poderá levar o Poder Judiciário a uma verdadeira revolução em matéria de gestão pública, em uma oportunidade que não pode ser perdida.

E com especial relevo para os aspectos orçamentários, evidenciando-se a importância da adequada alocação dos recursos para atingir as finalidades almejadas, com a definição dos rumos que se pretende seguir a partir de um planejamento sólido, que seja respeitado e se torne responsável por fixar os rumos a serem seguidos pelo Poder Judiciário enquanto órgão da administração pública.

2. Noções gerais sobre o planejamento do setor público

O planejamento do setor público é fundamental para que o Estado brasileiro possa cumprir sua missão, alcançando os objetivos fundamentais previstos no art. 3º da Constituição[13]. Nesse sentido bem se ajustam as palavras de Gilberto Bercovici:

> "O planejamento é absolutamente necessário para a promoção do desenvolvimento. As atividades do Estado devem ser coordenadas para o desenvolvimento econômico e social e esta coordenação se dá por meio do planejamento, que não se limita a definir diretrizes e metas, mas determina, também, os meios para a realização destes objetivos"[14]

O Brasil adota um sistema de planejamento fundado na Constituição, essencialmente nos arts. 174 e 165.

O art. 174 prevê que "a lei estabelecerá as diretrizes e bases do planejamento do desenvolvimento nacional equilibrado, o qual incorporará e compatibilizará os planos nacionais e regionais de desenvolvimento", um planejamento do Estado de caráter nacional, abrangendo a atividade de indução do comportamento de todos os agentes econômicos. Nas palavras do professor Eros Grau, uma "forma de ação estatal, caracterizada pela previsão de comportamentos econômicos e sociais futuros, pela formulação explícita de objetivos e pela definição de meios de ação coordenadamente dispostos, mediante a qual se

[13] Como já mencionei em *Planejamento e responsabilidade fiscal*, p. 40-41.
[14] *Desigualdades...*, p. 191.

procura ordenar, sob o ângulo macroeconômico, o processo econômico, para melhor funcionamento da ordem social, em condições de mercado"[15].

Trata-se de um planejamento de caráter nacional, abrangente, macroeconômico, envolvendo o país como um todo, fundamental para a definição dos rumos da nação, e que lamentavelmente tem sido negligenciado, dada a inexistência, há décadas, de planos que venham a exercer esta função.

Já o art. 165 cuida basicamente do planejamento da administração pública propriamente dita, de caráter eminentemente financeiro, por meio de seus principais instrumentos, que são as três leis de natureza orçamentária nele previstos: o plano plurianual (PPA), a lei de diretrizes orçamentárias (LDO) e o orçamento – a lei orçamentária anual (LOA).

O PPA estabelece as diretrizes e metas da administração pública para o período de um mandato, estabelecendo um planejamento orçamentário da administração pública do ente federado para o médio prazo, que se completa com a lei de diretrizes orçamentárias, responsável por estabelecer anualmente as diretrizes e metas a serem contempladas na lei orçamentária, e as metas fiscais para três anos, institucionalizando o sistema de planejamento deslizante; e, por fim, a lei orçamentária anual, que estabelece as receitas e despesas para o exercício financeiro.

O *plano plurianual* é lei de iniciativa do chefe do Poder Executivo, cuja finalidade é estabelecer, de forma regionalizada, as diretrizes, os objetivos e as metas da Administração Pública Federal para as despesas de capital e outras delas decorrentes, bem como para as relativas aos programas de duração continuada (CF, art. 165, § 1º). Direciona-se às despesas que têm relevância no longo prazo, e são importantes para definir os rumos da administração pública no futuro. Baliza, também, os planos e programas nacionais, regionais e setoriais (CF, art. 165, § 4º), exercendo papel fundamental no planejamento das políticas públicas.

A *lei de diretrizes orçamentárias*, tal como prevista na legislação brasileira, também é lei de iniciativa do chefe do Poder Executivo, tendo a finalidade de prever as metas e as prioridades da Administração Pública, incluindo as despesas de capital para o exercício financeiro subsequente, orientar a elaboração da lei orçamentária anual e dispor sobre as alterações na legislação tributária, bem como estabelecer a política de aplicação das agências financeiras oficiais de fomento (CF, art. 165, § 2º).

A *lei orçamentária anual*, como as duas anteriores, é de iniciativa do chefe do Poder Executivo e tem a finalidade de discriminar a receita e despesa de

---

[15] *Planejamento...*, p. 65.

forma a evidenciar a política econômico-financeira e o programa de trabalho do Governo (Lei 4320, de 1964, art. 2º)

Na esfera federal, a lei orçamentária anual compreende três orçamentos (CF, art. 165, § 5º):

a) o orçamento fiscal, referente aos poderes da União, seus fundos, órgãos e entidades da Administração direta e indireta, inclusive fundações instituídas e mantidas pelo Poder Público;

b) o orçamento de investimento das empresas em que a União, direta ou indiretamente, detenha a maioria do capital social com direito a voto;

c) o orçamento da seguridade social, abrangendo todas as entidades e órgãos a ela vinculados, da administração direta ou indireta, bem como os fundos e fundações instituídos e mantidos pelo Poder Público.

O Brasil adota a forma federativa de organização do Estado e conta com três esferas de governo: a federal, a estadual e a municipal. Todas elas ficam sujeitas às normas orçamentárias previstas na Constituição e nas leis que veiculam normas gerais de direito financeiro e orçamentário, como é o caso da Lei 4.320, de 1964, e da Lei Complementar 101, de 4 de maio de 2000 (Lei de Responsabilidade Fiscal), devendo, por conseguinte, cada uma das esferas de governo editar as três leis de natureza orçamentária anteriormente referidas.

Neste sistema, é importante ressaltar, para os fins que se pretende analisar, que as três leis se vinculam de modo a estabelecer uma política de programação da atividade financeira do Estado, sendo utilizados critérios de classificação orçamentária que procuram ligar as despesas aos resultados, em atenção às diretrizes fixadas pela técnica do orçamento-programa.

A Lei de Responsabilidade Fiscal, em seu art. 1º, § 1º, deu especial destaque à função planejadora, tornando-a um de seus pilares de sustentação, ao estabelecer que "a responsabilidade na gestão fiscal pressupõe a ação planejada e transparente, em que se previnem riscos e corrigem desvios capazes de afetar o equilíbrio das contas públicas, mediante o cumprimento de metas de resultados entre receitas e despesas e a obediência a limites e condições no que tange a renúncia de receita, geração de despesas com pessoal, de seguridade social e outras, dívidas consolidada e mobiliária, operações de crédito, inclusive por antecipação de receita, concessão de garantia e inscrição em Restos a Pagar".

O ordenamento jurídico em matéria de planejamento ressente-se da plena eficácia de suas normas, um desafio a ser vencido pelo Direito Financeiro.

Sendo normas voltadas para o futuro, fundadas em previsões que podem não se concretizar da exata forma como foram positivadas, ficam sujeitas a uma necessária flexibilidade, que deve ser capaz tão somente de adaptá-las às inevitáveis intercorrências, mas não pode ser justificativa para que se afaste dos objetivos inicialmente traçados.

3. O Poder Judiciário e a administração pública

A Constituição brasileira prevê a tripartição de Poderes, conforme expressa o art. 2º ("São Poderes da União, independentes e harmônicos entre si, o Legislativo, o Executivo e o Judiciário"). Há, ainda, os órgãos e instituições independentes, como o Ministério Público, a Defensoria Pública e os Tribunais de Contas.

A tripartição dos poderes, no aspecto funcional, assegurada a independência dos órgãos que os representam, é fundamental para a existência e solidez do Estado Democrático de Direito, decorre de longa evolução na organização dos Estados modernos e foi consagrada na Declaração dos Direitos do Homem e do Cidadão, elaborada pela Assembleia Nacional francesa em 1789, que estabeleceu em seu Enunciado 16 que "toda sociedade na qual não se assegura a garantia dos direitos, nem determina a separação de poderes, considera-se desprovida de Constituição". Não obstante as variações na formação dos vários Estados atualmente existentes, e o grau de independência dos poderes, a existência de poderes independentes estão presentes para cumprir essas funções essenciais ao Estado. E exercerem essas funções com harmonia e cooperação, havendo interpenetração que leve ao equilíbrio entre eles, assegurando-se também o sistema de freios e contrapesos, evitando, assim, a concentração de poderes, razão que justifica esta forma de organização do Estado.

Sob o ponto de vista administrativo e financeiro, o Poder Judiciário constitui-se em um órgão da administração pública, entendida esta como "o conjunto de pessoas, órgãos agentes e demais instrumentos por meio dos quais o Estado exerce suas funções, realizando as ações para cumprir suas finalidades"[16]. Em matéria orçamentária, o Poder Judiciário não tem orçamento próprio, uma vez que os orçamentos são leis que preveem as receitas

---

[16] Conforme escrito sobre o tema, pelo autor deste ensaio, destacando a simplificação da conceituação, apenas para os fins de contextualizar o Poder Judiciário na Administração Pública (CONTI, José Mauricio, *A autonomia financeira do Poder Judiciário...*, p. 32).

e despesas do ente federado, do qual o Poder Judiciário é parte integrante, no caso da União e dos Estados. O Poder Judiciário, no mais das vezes, é uma unidade orçamentária, recebendo, portanto, dotações e gerenciando programas próprios. Em geral, os programas são bastante amplos, o que aumenta o grau de discricionariedade do gestor, e, por consequência, a autonomia financeira, o que é coerente com o disposto no art. 99 da Constituição. O Poder Judiciário, no entanto, não tem personalidade jurídica, que é do ente federado; são dotados de personalidade judiciária, o que lhe confere legitimidade processual para defender seus interesses em Juízo[17], permitindo que, como ocorre com alguma frequência, integre o polo ativo ou passivo de ações envolvendo questões de natureza orçamentária.

Com a dimensão que assumiram os tribunais na administração pública, o que já foi ressaltado anteriormente, modernizar a gestão é imperativo, e não se pode deixá-los à margem desse processo de profissionalização no âmbito da administração pública.

Conforme já destacado[18], a sociedade moderna tornou-se mais dinâmica, exigindo uma administração pública cada vez mais eficiente e competente, e isto não se consegue sem uma ação planejada, em um planejamento que deve abranger cada um dos órgãos que a compõem, especialmente aqueles que assumiram grandes dimensões, como é o caso do Poder Judiciário, com seus vários tribunais, alguns de grande porte. Mais ainda se torna necessário, no caso do Poder Judiciário, uma gestão planejada, em face do elevado grau de autonomia, por força do princípio da separação de poderes.

Absolutamente imprescindível, portanto, que os órgãos do Poder Judiciário sigam e se ajustem às mais modernas técnicas de gestão pública, das quais as relacionadas ao planejamento são o primeiro passo, para que possam exercer suas funções e cumprir a missão que lhes é confiada pela sociedade brasileira, e expressas na Constituição.

4. O CNJ e o planejamento no Poder Judiciário

O Conselho Nacional de Justiça surgiu a partir da Emenda Constitucional 45, de 30 de dezembro de 2004, que o introduziu no inciso I-A ao art. 92 da Constituição, tendo sido suas funções e composição previstas no artigo 103-B,

[17] CONTI, José Mauricio, *A autonomia financeira...*, p. 36.
[18] *Planejamento e responsabilidade fiscal...*, p. 52.

também introduzido pela mesma emenda. Destaca-se, para os propósitos deste texto, a função de "o controle da atuação administrativa e financeira do Poder Judiciário", na qual se insere a competência para fomentar a atividade planejadora, fundamental para o aperfeiçoamento da gestão nos aspectos administrativos e financeiros, e a consequente possibilidade de controle, tanto administrativo quanto social, das atividades do Poder.

Os primeiros avanços da atividade planejadora do Poder Judiciário, por ação do CNJ, que merecem destaque, iniciam-se com a Resolução CNJ 49, de 18 de dezembro de 2007. Esta resolução determinou aos tribunais a criação dos núcleos de estatística e gestão estratégica, primeiro passo para a institucionalização de um sistema de planejamento, que depende, para sua elaboração e acompanhamento, de informações úteis, precisas e atualizadas, com as quais serão fixadas e implementadas as diretrizes para o avanço na gestão dos tribunais. A existência de dados confiáveis, em quantidade e qualidade adequadas, é a base sobre a qual se sustenta todo o sistema de gestão e, por consequência, o planejamento, já que não se é possível administrar o que não se conhece. Daí por que relevante haver, inicialmente, um bem montado sistema que permita o gerenciamento das informações sobre o órgão, de modo a permitir que se produzam dados confiáveis e úteis para subsidiar as decisões do gestor e construir um planejamento seguro e voltado a alcançar os objetivos do órgão. Ressalte-se que cada vez mais a fixação dos objetivos não é tarefa simples, e é, ao mesmo tempo, fundamental para que se possa promover uma gestão eficiente. A escolha de indicadores adequados, o estabelecimento de metas, formam etapas necessárias na construção de cada projeto que viabilizará o atingimento dos objetivos, sendo todas elas permeadas de dificuldades que exigem conhecimento especializado e técnicas modernas de gestão, das quais não se pode prescindir para que o planejamento produza os efeitos almejados.

Mas o principal instrumento surge com a Resolução CNJ 70, de 18 de março de 2009, que dispôs sobre o planejamento e gestão estratégica do Poder Judiciário.

Elaborado a partir de deliberação tomada no I Encontro Nacional do Judiciário (Brasília, 25 de agosto de 2008), o Planejamento Estratégico Nacional do Poder Judiciário se consolidou e foi validado no II Encontro Nacional do Judiciário, realizado em fevereiro de 2009, na cidade de Belo Horizonte – MG, após ouvidos 86 tribunais nos Encontros Regionais do Judiciário, realizados no segundo semestre de 2008. Procurou-se fazer um diagnóstico do Poder Judiciário nos aspectos de gestão dos recursos humanos, financeiros e de informática, de modo a canalizá-los em ações estratégicas, focadas nos "princípios da gestão por resultados, da gestão do conhecimento e de projetos, da simplificação e da otimização dos processos de trabalho", aperfeiçoando-se a comunicação e interação entre os tribunais e intercâmbio de boas práticas[19].

Elaborado com base nas mais avançadas técnicas de administração à época, com destaque para a metodologia do Balanced Scorecard (BSC)[20], o documento prevê a Missão – razão de ser da organização –, a Visão – principal objetivo de longo prazo –, e os Atributos de Valor Judiciário para a Sociedade.

Releva destacar como importante marco no fomento à introdução do planejamento estratégico de forma institucionalizada e sistemática no Poder Judiciário o acórdão do Tribunal de Contas da União 1.603/2008. Nele, após levantamento de auditoria voltada a analisar a situação de governança de tecnologia de informação na administração pública federal, constatou-se a necessidade de institucionalização de planejamento estratégico, especialmente, mas não somente, na área de tecnologia de informação. Verificou-se, no levantamento realizado, que quase metade dos órgãos e entidades pesquisados não dispunham de sistemas de planejamento[21], o que dificultava a implementação de planejamento das ações de tecnologia da informação (TI), objetivo primeiro da investigação do TCU.

O acórdão evidencia a importância do planejamento estratégico como ferramenta importante para as organizações públicas alcançarem seus objetivos: "17. O contexto atual de intensas mudanças faz com que as organizações tenham que se adaptar rapidamente às alterações do ambiente em que atuam. No entanto, há organizações que ainda atuam de maneira reativa, apenas respondendo às demandas geradas por essas mudanças. Há gestores que ainda acreditam ser impossível definir estratégias de ação devido à rapidez e à constância dessas mudanças. 18. Dentro desse cenário de instabilidade, o planejamento tem se tornado cada vez mais importante e vital e deve ser construído de maneira flexível, com o engajamento e comprometimento de todos os colaboradores da organização. As organizações que não planejam correm riscos de não alcançarem os objetivos desejados. Com uma visão de futuro estabelecida, as organizações poderão se adaptar às constantes mudanças que ocorrem na sua área de atuação e agilizar seu processo de tomada de decisões. 19. O planejamento estratégico torna-se uma importante ferramenta

---

[19] CHAER et al. *Projeto de gestão estratégica...*

[20] Ferramenta de gestão voltada a estabelecer uma orientação da gestão das organizações orientada à estratégia, criada por Robert Kaplan e David Norton, da Harvard Business School. Veja-se SILVA e GONÇALVES, *O processo de formulação...*, p. 467-469.

[21] TCU, Acórdão 1.603/2008, rel. Min. Aroldo Cedraz, Plenária, sessão de 13.8.2008, p. 4, § 25.

PODER JUDICIÁRIO

para a tomada de decisão e faz com que os gestores estejam aptos a agir com iniciativa, de forma pró-ativa, contra as ameaças e a favor das oportunidades identificadas nas constantes mudanças que ocorrem" (p. 4).

Resultou, entre outras, a recomendação para que o Conselho Nacional de Justiça e o Conselho Nacional do Ministério Público "promovam ações com o objetivo de disseminar a importância do planejamento estratégico, procedendo, inclusive mediante orientação normativa, ações voltadas à implantação e/ou aperfeiçoamento de planejamento estratégico institucional, planejamento estratégico de TI e comitê diretivo de TI, com vistas a propiciar a alocação dos recursos públicos conforme as necessidades e prioridades da organização"[22].

Com a publicação da Resolução 70, os tribunais foram compelidos a instituir o planejamento estratégico, conforme determinado pelo art. 2º da referida Resolução[23], alinhados ao Plano Estratégico Nacional, fixado pelo mesmo diploma normativo.

A Resolução 70/2009, como já tive oportunidade de destacar, representa um verdadeiro divisor de águas em matéria de administração do Poder Judiciário, sendo a norma mais relevante para a modernização na gestão dos Tribunais. A partir dela, o Poder Judiciário passa a integrar-se a uma evolução pela qual vem passando a administração pública desde a década de 1990. Representou "o início de uma nova e importante fase no planejamento da ação governamental, que é a transposição das técnicas de planejamento orçamentário, financeiro e administrativo para órgãos da administração pública", compatíveis com uma sociedade moderna que se torna cada vez mais dinâmica e exige uma administração competente, com ações eficientes, eficazes e efetivas[24].

Este primeiro planejamento estratégico nacional do Poder Judiciário fixou como missão "realizar justiça", com a visão "ser reconhecido pela Sociedade como instrumento efetivo de justiça, equidade e paz social", e reconheceu, como atributos de valor do Judiciário para a sociedade, "credibilidade, acessibilidade, celeridade, ética, imparcialidade, modernidade, probidade,

---

[22] TCU, Acórdão 1.603/2008, rel. Min. Aroldo Cedraz, Plenária, sessão de 13.8.2008, item 9.1.1, p. 47.

[23] "O Conselho Nacional de Justiça e os tribunais indicados nos incisos II a VII do art. 92 da Constituição Federal elaborarão os seus respectivos planejamentos estratégicos, alinhados ao Plano Estratégico Nacional, com abrangência mínima de 5 (cinco) anos, bem como os aprovarão nos seus órgãos plenários ou especiais até 31 de dezembro de 2009".

[24] CONTI, J. M. *Planejamento e responsabilidade fiscal. In* SCAFF; CONTI (orgs.). "Lei de Responsabilidade Fiscal – 10 anos de vigência". Florianópolis: Conceito Editorial, 2010, p. 52-53.

responsabilidade social e ambiental e transparência", estabelecendo quinze objetivos estratégicos, distribuídos em oito temas.[25]

Os tribunais que seguiram a orientação do CNJ e elaboraram pelo prazo de cinco anos tiveram seus planejamentos estratégicos válidos para o período de 2010 a 2014, o que exigiu um novo planejamento a partir de 2015.

Em 1º de julho de 2014, é publicada a Resolução CNJ 198, que estabelece as novas diretrizes para os planejamentos estratégicos dos tribunais, e com novo prazo mínimo, agora por pelo menos seis anos (art. 4º § 1º, I).

A Resolução CNJ 198/2014 instituiu a "Estratégia Nacional do Poder Judiciário" para o sexênio 2015-2020, denominada de "Estratégia Judiciário 2020", estabelecendo como Missão "realizar Justiça" ("Fortalecer o Estado Democrático e fomentar a construção de uma sociedade livre, justa e solidária, por meio de uma efetiva prestação jurisdicional"), sendo a Visão "ser reconhecido pela sociedade como instrumento efetivo de justiça, equidade e paz social" ("Ter credibilidade e ser reconhecido como um Poder célere, acessível, responsável, imparcial, efetivo e justo, que busca o ideal democrático e promove a paz social, garantindo o exercício pleno dos direitos de cidadania"), e tendo como atributos de valor para a sociedade a "credibilidade, acessibilidade, celeridade, ética, imparcialidade, modernidade, probidade, responsabilidade socioambiental e transparência e controle social"[26], observando-se, neste ponto, não ter havido alterações de relevo ante o que havia sido estabelecido na resolução anterior.

Inovou ao implantar os macrodesafios, deixando claras as grandes questões a serem enfrentadas pelo Poder Judiciário no período de vigência do

---

[25] São eles: a) Eficiência operacional, com dois objetivos: 1 (garantir a agilidade nos trâmites judiciais e administrativos) e 2 (buscar a excelência na gestão dos custos operacionais); b) Acesso ao Sistema de Justiça, com dois objetivos: 3 (facilitar o acesso à Justiça) e 4 (promover a efetividade no cumprimento das decisões); c) Responsabilidade Social, com o objetivo 5 (promover a cidadania); d) Alinhamento e Integração, com dois objetivos: 6 (garantir o alinhamento estratégico em todas as unidades do Judiciário) e 7 (fomentar a interação e a troca de experiências entre Tribunais nos planos nacional e internacional); e) Atuação Institucional, com três objetivos: 8 (fortalecer e harmonizar as relações entre os Poderes, setores e instituições), 9 (disseminar valores éticos e morais por meio da atuação institucional efetiva) e 10 (aprimorar a comunicação com públicos externos); f) Gestão de Pessoas, com dois objetivos: 11 (desenvolver conhecimentos, habilidades e atitudes dos magistrados e servidores) e 12 (motivar e comprometer magistrados e servidores com a execução da estratégia); g) Infraestrutura e Tecnologia, com dois objetivos: 13 (garantir a infraestrutura apropriada às atividades administrativas e judiciais) e 14 (garantir a disponibilidade de sistemas essenciais de tecnologia de informação); e h) Orçamento, com o objetivo 15 (assegurar recursos orçamentários necessários à execução da estratégia).

[26] Resolução CNJ 198/2014, anexo.

planejamento estratégico, merecendo, também, destaque vários pontos que mostram avanços importantes.

É o caso do desdobramento e alinhamento da estratégia em três níveis de abrangência: o nível nacional, descrito no anexo, obrigatório para todos os segmentos de Justiça; por segmento de Justiça, de caráter facultativo; e por órgão do Judiciário, de natureza obrigatória. Com isso, permite-se aperfeiçoar a difícil compatibilização entre a unidade do Poder Judiciário no âmbito nacional, que é necessária, especialmente no que tange ao planejamento, a fim de manter uma uniformidade de propósitos do Poder Judiciário como um todo; e, de outro lado, o respeito à autonomia e independência dos tribunais, necessária para fazer valer não só o principio da separação de poderes, como também a autonomia dos entes federados, já que há muitos – a maior parte –tribunais estaduais, integrando entes autônomos, por força do princípio federativo.

E ainda das Metas Nacionais, a serem observadas por todos os planos estratégicos, a serem estabelecidas nos Encontros Nacionais do Judiciário, que compreendem as Metas de Medição Continuada (MMC) e as Metas de Medição Periódica (MMP). Com isso, os órgãos do Poder Judiciário tem a oportunidade de discutirem seus principais problemas e formular políticas para alcançar soluções, fixando metas periódicas a serem perseguidas, com monitoramento, transparência e controle, de modo a que possam se conduzir de forma planejada, harmoniosa e alinhada.

5. O planejamento do Poder Judiciário no contexto da administração pública

O Poder Judiciário, sob a ótica da administração pública, é órgão que a integra, como já referido anteriormente, razão pela qual, embora preservada sua independência pelas garantias e instrumentos constitucionalmente previstos, não tem como dela se dissociar, o que exige esforços de interpretação das normas para que seja possível compatibilizar e coordenar seu planejamento próprio – atualmente materializado nos planejamentos estratégicos –, com as normas de planejamento do setor público, especialmente no âmbito financeiro, consubstanciadas no PPA, LDO e LOA.

Apenas para que se tenha como exemplo, sendo os tribunais órgãos que integram as administrações públicas federal e estaduais, há que se compatibilizar os respectivos planejamentos estratégicos com as normas de planejamento financeiros dos entes federados no qual estão inseridos.

Por ocasião da aprovação dos planejamentos estratégicos nos termos da Resolução CNJ 70, que vigoraram pelo período de 2010 a 2014, estavam vigentes os planos plurianuais da União e dos Estados para o período de 2008 a 2011. Em outros termos, os planejamentos estratégicos tiveram de ser aprovados de forma a estarem compatíveis, nos dois primeiros anos – 2010 e 2011 – com os PPAs. A partir de 2012, estando ainda vigentes os planejamentos estratégicos dos tribunais, sobrevieram os planos plurianuais para o período 2012-2015; sendo assim, nos exercícios financeiros de 2012, 2013 e 2014 os planejamentos estratégicos, embora vigentes, não haviam sido elaborados em consonância com os PPAs, que surgiram posteriormente. Devem, no entanto, com ele guardar compatibilidade, uma vez que o PPA é lei que compreende toda a administração pública do ente federado, sendo o Poder Judiciário parte dela integrante. E os planejamentos estratégicos são aprovados por norma interna dos tribunais, submetidos, portanto, à lei que aprovou o PPA.

Vê-se, do quadro exemplificativo exposto, ser necessário um esforço interpretativo que permita coordenar a interação dessas normas, de modo que se tornem plena e permanentemente compatíveis, uma vez que a segurança jurídica do sistema de planejamento é fundamental para que seja dotado de plena eficácia e credibilidade, sem o que se torna de pouca ou nenhuma utilidade.

Mas não é só. A coerência sistêmica do sistema de planejamento do setor público como um todo e do Poder Judiciário especificamente tem outros desafios a serem superados.

A uniformização da técnica e linguagem das normas que veiculam o planejamento é fundamental para permitir que se estabeleça uma relação de coerência entre elas, e que viabilize a necessária ação coordenada entre os órgãos nos quais se materializam os poderes do Estado na administração pública, bem como entre os vários entes federados e também os diversos tribunais que o integram e vão compor o Poder Judiciário nacional.

Não é tarefa simples, e a análise das normas vigentes permite vislumbrar as dificuldades a serem enfrentadas e superadas.

De início, importa ressaltar que os planos plurianuais não têm forma prevista na legislação, por ausência de norma que os regulamente. Foram instituídos pela Constituição de 1988, por previsão do art. 165, I e § 1º, cuja dicção prevê que "a lei que instituir o plano plurianual estabelecerá, de forma regionalizada, as diretrizes, objetivos e metas da administração pública federal para as despesas de capital e outras delas decorrentes e para as relativas aos programas de duração continuada", não diferindo do que estabelecem os demais entes federados, que, em geral reproduzem a redação

PODER JUDICIÁRIO

do dispositivo[27]. A Lei de Responsabilidade Fiscal (Lei Complementar 101, de 2000), teve vetado o art. 3º, que disporia sobre o plano plurianual. O acompanhamento da evolução dos planos plurianuais federais permite observar que as técnicas e a linguagem utilizadas variam, evoluindo ao longo do tempo, com inovações e alterações que se sucedem a cada nova edição. Observa-se, contudo, assumirem um forte viés orçamentário, com a previsão de programas governamentais e respectivas previsões orçamentárias.

Já os planejamentos estratégicos dos tribunais, desde a Resolução CNJ 70/2009, tem dado maior enfoque no aspecto gerencial, focado em uma visão estratégica, ainda que sem descuidar do aspecto orçamentário, reconhecido expressamente como fundamental para viabilizar as ações, o que se constata pela previsão, não só nesta como também na Resolução CNJ 198, da necessidade de se destinarem recursos para as ações nele previstas[28].

E o Conselho Nacional de Justiça, como órgão voltado a estabelecer diretrizes para o Poder Judiciário em âmbito nacional, deve compatibilizar o exercício de suas funções com o respeito à independência dos poderes e ao pacto federativo, uma vez que os órgãos do Poder Judiciário encontram-se alocados nas diversas unidades da federação, dotadas de independência e autonomia.

Torna-se, portanto, relevante que se democratizem as medidas a serem tomadas, ouvindo-se os tribunais pro ocasião das decisões que venham a afetá-los, como é o caso da fixação em âmbito nacional do planejamento estratégico, para que não se criem conflitos que possam afetar o equilíbrio federativo e de poderes.

6. Poder Judiciário e o planejamento estratégico

O Poder Judiciário atualmente integra a administração pública com uma relevância e dimensão nunca antes experimentada, não só como Poder da República, mas também pela prestação de um serviço público que é, ao mesmo

---

[27] Apenas para ilustrar, com o caso do Estado de São Paulo, cuja Constituição, em seu artigo 174, § 1º, dispõe: "A lei que instituir o plano plurianual estabelecerá as diretrizes, objetivos e metas da administração pública estadual para as despesas de capital e outras delas decorrentes e para as relativas aos programas de duração continuada".

[28] A Resolução CNJ 70/2009 prevê, em seu art. 2º, § 3º: "as propostas orçamentárias dos tribunais devem ser alinhadas aos seus respectivos planejamentos estratégicos, de forma a garantir os recursos necessários à sua execução"; e a Resolução CNJ 198/2014, em seu art. 4º, § 4º, que tem a mesma redação.

tempo, fundamental para o Estado Democrático de Direito e essencial para a vida das pessoas. E, especialmente no Brasil, tem sua dimensão quantitativa cada vez mais expressiva, em decorrência de uma litigiosidade que pode ser vista até como exagerada. E que resulta em uma demanda crescente, exigindo um aumento na participação do Poder Judiciário como órgão da administração pública, com cada vez mais servidores, infraestrutura física e elevadas despesas de custeio.

Torna-se fundamental que, como qualquer órgão da administração, quer seja pública, quer privada, dependa, para que possa cumprir sua missão e conseguir alcançar os resultados esperados, de um planejamento sério e bem elaborado, como já expus anteriormente, pois é nele que constam as diretrizes, objetivos e metas a seguir, orientando a condução da gestão. Sem planejamento, e, por consequência, ausentes prioridades fixadas com critério, o gestor fica sem parâmetros para tomar suas decisões; é a partir do plano traçado que se elaboram os projetos, que passam a ter coerência, coesão e integração. Governar sem um bom planejamento "é como comandar um transatlântico no meio do oceano sem mapa, instrumentos de navegação e, principalmente, sem saber o porto de destino. Pouco importa cuidar da adequada limpeza, funcionamento da cozinha, da casa de máquinas e tudo o mais que é necessário, se o navio está verdadeiramente à deriva, pois o comandante sequer sabe para onde vai", como também já expresso anteriormente[29].

O planejamento, como se pode constatar, é imprescindível para o bom uso dos recursos públicos, essencial para evitar o desperdício de recursos financeiros, materiais e humanos que são inevitáveis em uma gestão descoordenada e sem objetivos claros e bem definidos.

O Poder Judiciário, nesse contexto, merece especial destaque, por ser o órgão central de toda a administração da Justiça. "Decisões e ações do Poder Judiciário afetam e conduzem os demais órgãos, pessoas e instituições essenciais à Justiça", como ressaltei, sendo ele o responsável pela definição da instalação de novos fóruns e comarcas, bem como pela condução dos processos e uma série de atos que vinculam os demais órgãos, pessoas e instituições relacionados à distribuição da Justiça. Veja-se o caso da implantação de sistemas de processo eletrônico, aos quais terão de se adaptar o Ministério Público, a Defensoria, a Advocacia, auxiliares da Justiça e os cidadãos. Razões que enfatizam a relevância de que tenha um claro planejamento de seu futuro

---

[29] CONTI, José Mauricio, *Planejamento municipal....*

e de suas ações, tornando-os transparentes e previsíveis, a fim de que todos que dele dependam e com ele se relacionam possam também se planejar.[30]

Novamente, ressaltam-se aspectos que não podem ser deixados de lado no que tange às especificidades do Poder Judiciário e que fortalecem a necessidade de uma ação planejada e transparente: "No Poder Judiciário, o planejamento, ao menos de médio prazo, tem relevância maior do que em outros órgãos da administração. Isso se deve, especialmente, ao curto mandato de seus presidentes, fixados em dois anos pela Lei Orgânica da Magistratura Nacional, insuficiente para que tomem adequado conhecimento da máquina administrativa e possam, neste espaço de tempo, elaborar, implementar e gerir projetos novos. Essa frequente alternância dos gestores pela exiguidade no tempo do mandato torna ainda mais importante um planejamento dotado de segurança jurídica, dada a necessidade de continuidade administrativa, e de um sistema eficiente de gerenciamento de projetos"[31]. A Resolução CNJ 70/2009 identificou com precisão esses fatos, ao justificar a edição da referida norma, reconhecendo que a unicidade do Poder Judiciário exige "a implementação de diretrizes nacionais para nortear a atuação institucional de todos os seus órgãos", bem como "a necessidade de se conferir maior continuidade administrativa aos tribunais, independentemente da alternância de seus gestores"[32].

E mais. Nos Tribunais, tendo em vista que a Presidência é ocupada necessariamente por um magistrado, do qual não se exige formação nem prática em administração pública, e por períodos curtos, não há como se deixar de lado um planejamento estabelecido institucionalmente e que permita dar um rumo à administração, para que esta possa, de forma profissionalizada e com segurança, ter um rumo a seguir que lhe permita avançar de forma menos dependente de cada um dos governantes, que são temporários.

E não pode ser outro o caminho a seguir, pois o Poder Judiciário atualmente "está cada vez menos isolado, interage com os demais, interfere no orçamento público impulsionando políticas públicas em um ativismo judicial que é crescente, e participa de forma intensa nas áreas da saúde, educação, proteção à criança e adolescente, idosos e deficientes, em programas que envolvem todos os entes da federação". Transformou-se no "grande protagonista

---

[30] CONTI, José Mauricio, *Poder Judiciário: 2014 é o ano do planejamento...*

[31] CONTI, José Mauricio, *Poder Judiciário: 2014 é o ano do planejamento...*

[32] Resolução 70/2009, "considerandos".

da cena estatal neste início do século 21", como bem observou o Desembargador Renato Nalini, quando Presidente do Tribunal de Justiça de São Paulo[33].

6.1. A implantação do planejamento estratégico do Poder Judiciário nos Tribunais

Desde que o Conselho Nacional de Justiça institucionalizou e regulou o planejamento estratégico, em 2009, tornando-o obrigatório para os Tribunais de todo o País, estes passaram a adotá-lo, havendo dezenas de documentos de planejamento estratégico vigentes, em que cada Tribunal, segundo suas peculiaridades, definiu os rumos que pretende seguir.

É interessante, a título ilustrativo, mostrar como isso se materializou, o que permite ter uma demonstração de como está evoluindo e se concretizando a implantação do planejamento estratégico no âmbito do Poder Judiciário em todo o País, especialmente naqueles de maior dimensão, nos quais a importância e necessidade do planejamento estratégico se mostra imprescindível.

Por essa razão, faz-se a seguir uma breve descrição do planejamento estratégico adotado pelo maior tribunal do País, o Tribunal de Justiça do Estado de São Paulo.

6.1.1. Planejamento estratégico do Tribunal de Justiça de São Paulo – período 2010-2014

O primeiro planejamento estratégico do Tribunal de Justiça do Estado de São Paulo[34], seguindo as orientações da Resolução 70/2009, definiu como sua Missão "distribuir Justiça", estabeleceu como Visão "ser reconhecido pela sociedade como instrumento efetivo de Justiça, Equidade e Paz Social", tendo como Valores "credibilidade, acessibilidade, celeridade, ética, imparcialidade, modernidade, probidade, responsabilidade social e ambiental e transparência" e, para isso, orientou-se por 22 objetivos estratégicos para o período de 2010 a 2014. Voltados ao aperfeiçoamento da prestação jurisdicional, esses objetivos podem ser divididos em algumas categorias, conforme o setor em que pretenderam interferir.

Assim, na classificação dos objetivos estratégicos se destacam quatro grandes grupos, distintos mas interdependentes, referentes à: *gestão de pessoas,*

[33] "O que esperar da Justiça?", in *O Estado de São Paulo*, 2 de janeiro de 2014, p. A2.
[34] Resolução 504, de 8.1.2010.

destinados a aprimorar os recursos humanos do Tribunal para atingir suas atividades-fim; *infraestrutura e tecnologia*, com o propósito de prover as instalações e os recursos tecnológicos do Tribunal dos meios necessários para melhor prestação de seus serviços; *atuação institucional* e *eficiência do serviço*, com medidas voltadas à maior eficácia, eficiência e efetividade das atividades- -fim do Poder Judiciário e melhor aproveitamento dos recursos financeiros à disposição; e *transparência e responsabilidade social*, para melhor relacionamento do Poder Judiciário com a sociedade, para a promoção de ações especiais de interesse social e para o controle social de suas atividades. Há, ainda, o grupo específico para a questão orçamentária. Os objetivos podem ser vistos a seguir, conforme descrito no mapa estratégico, posteriormente especificados com seus respectivos desdobramentos.

No que se refere à *gestão de pessoas*, têm-se os objetivos 1 (adequar o número de servidores às necessidades de serviços de cada unidade, considerando a utilização de novos recursos tecnológicos) e 15 (criar e instalar Escola de Servidores, como forma de investir de maneira contínua nos recursos humanos, visando qualificação dos servidores e gestores para melhorar o desempenho de suas atribuições).

A *eficiência do serviço* prevê como objetivos: 2 (ampliar e aprimorar o gerenciamento de processos em 2º Grau, incluindo-se os Gabinetes dos Senhores Desembargadores e Juízes Substitutos em 2º Grau), 3 (aumentar o número de cargos de Assessores nos Gabinetes dos Senhores Desembargadores e de Juízes em 2º Grau), 4 (criar e implantar cargos de Assessores para os Juízes de 1º Grau), 5 (ampliar o número de Varas Digitais), 6 (otimizar as rotinas e procedimentos, buscando agilizar os tramites judiciais e administrativos, melhorando a produtividade e qualidade dos serviços prestados), 8 (criar e instalar Câmaras Digitais em 2º Grau) e 12 (implantar sistema informatizado de controle de precatórios).

Como objetivos da *atuação institucional* têm-se os de número 9 (aprimorar o sistema de comunicação social do Tribunal de Justiça de São Paulo, com observância da Resolução 85/2009 do Conselho Nacional de Justiça – CNJ), 10 (aprimorar a Ouvidoria para recebimento de críticas e sugestões de forma a se dar rápido retorno aos envolvidos), 11 (Utilizar os portais da Internet como canal de comunicação e de transparência, inclusive para publicação de informações administrativas de interesse público), 16 (utilizar linguagem clara e acessível em todas as divulgações), 17 (aperfeiçoar o sistema de divulgação, em tempo real, de andamento dos processos e de outros serviços via internet), 21 (fazer convênios visando meios para possibilitar a concretização de objetivos estabelecidos) e 22 (motivar e comprometer magistrados e servidores com a execução da Estratégia).

A *responsabilidade social e ambiental* desdobrou-se em dois objetivos: 13 (fazer adaptações necessárias nos prédios existentes e cuidar para que os novos sejam dotados de facilidades para acesso de pessoas com deficiência física) e 14 (promover ações de responsabilidade social e ambiental, atuando de forma a garantir a sustentabilidade por meio de ações educativas, de inclusão social e de práticas ecoeficientes).

A *infraestrutura e tecnologia* detalhou como objetivos: 7 (implantar um sistema único informatizado de gerenciamento de processos), 18 (prover as unidades judiciais e administrativas de infraestrutura física adequada, visando melhoria das condições de atendimento aos usuários e de trabalho dos magistrados e servidores) e 19 (disponibilizar recursos de tecnologia de informação, nas formas e quantidades adequadas ao cumprimento dos objetivos e metas estabelecidos no planejamento).

Em 2013, procedeu-se a uma revisão do referido planejamento estratégico[35], com a manutenção da Missão, Visão e Valores, readequando-se os objetivos e metas, e agrupando-se-os em quatro temas, nos quais os objetivos se inserem e subdividem-se nas metas correspondentes para os dois anos restantes (2013 e 2014), em que se constata um aperfeiçoamento no sistema de indicadores e quantificação das metas.

O tema *eficiência dos serviços* desdobra-se nos objetivos estratégicos 1 (desconcentrar as unidades administrativas e judiciais para as 10 regiões), 2 (agilizar a prestação jurisdicional), 3 (implementar metodologia de gerenciamento de rotinas) e 4 (aprimorar a comunicação institucional).

O tema *responsabilidade social e ambiental* prevê os objetivos estratégicos 5 (promover programas de responsabilidade social e ambiental) e 6 (implementar programas de economia de recursos).

Em *gestão de pessoas*, constam os objetivos estratégicos 7 (efetivar mecanismos de valorização profissional), 8 (adequar os agentes públicos ao quadro funcional) e 9 (capacitar e treinar os agentes públicos).

A área de infraestrutura e tecnologia definiu como objetivos estratégicos: 10 (prover adequada infraestrutura física), 11 (aprimorar a informatização) e 12 (promover a segurança).

---

[35] Resolução 604, de 3.7.2013.

6.1.2 Planejamento estratégico do Tribunal de Justiça de São Paulo – período 2015-2020

No planejamento estratégico seguinte, válido para o período de 2015 a 2020, a Missão é "resolver conflitos da Sociedade, no âmbito de sua competência, para preservação dos direitos, por meio do julgamento de processos ou de métodos adequados", a Visão "ser reconhecido nacionalmente como um Tribunal moderno, célere e tecnicamente diferenciado, tornando-se um instrumento efetivo de Justiça, Equidade e Paz Social", e os valores da "legalidade, impessoalidade, moralidade, publicidade e eficiência".

Nota-se uma elaboração mais extensa das propostas e também um maior grau de sistematização e objetividade. De forma próxima às categorias propostas acima, estabeleceram-se 18 objetivos estratégicos, que se desdobram em 36 metas, organizados em cinco temas estratégicos: *gestão de pessoas, eficiência dos serviços, infraestrutura e tecnologia, orçamento* e *responsabilidade social e ambiental,* que são especificados a seguir, conforme estabelecido pelo mapa estratégico, minudenciado posteriormente na descrição de cada uma das metas. Ressalte--se a preocupação em estabelecer indicadores e quantificar as metas, o que é relevante tanto para torná-las mais claras e facilitar seu acompanhamento, como também para o controle posterior.

O primeiro objetivo é *orçamentário,* descrito como "estruturar o orçamento anual com base nas metas priorizadas do Planejamento Estratégico". Vê-se presente uma preocupação a que já se fez referência anteriormente quanto à dificuldade, apesar da necessidade, de adequação e coordenação entre o planejamento orçamentário do ente federado, no qual se insere o Poder Judiciário, e é representado pelas normas que o veiculam, com destaque para o plano plurianual e a lei orçamentária, e o planejamento estratégico, que depende, para sua fiel execução, de recursos financeiros.

No que tange à *Gestão de pessoas,* encontram-se os objetivos 2 (adequar a força de trabalho), 3 (elevar o Clima Organizacional), 4 (capacitar os agentes públicos) e 5 (expandir os serviços de saúde para as regiões administrativas do interior).

Em matéria de *Infraestrutura e tecnologia,* os objetivos 6 (aprimorar e expandir os recursos de tecnologia da informação), 7 (aprimorar a governança de tecnologia da informação), 8 (integrar os sistemas informatizados com órgãos do Governo e unidades extrajudiciais) e 9 (adequar a infraestrutura física).

No âmbito da *Eficiência do serviço,* encontram-se os objetivos 10 (aprimorar a gestão judicial), 11 (aprimorar a Justiça Criminal), 12 (aprimorar os fluxos de trabalho administrativos), 13 (cumprir as metas anuais do Poder Judiciário Nacional), 14 (adotar métodos adequados de soluções de conflitos), 15 (aprimorar a Justiça da Infância e Juventude), 16 (aprimorar e integrar os sistemas informatizados da área de recursos humanos) e 17 (aprimorar a gestão documental).

No que tange à *Responsabilidade social e ambiental,* o objetivo 18: "estabelecer programas de sustentabilidade".

Pela comparação das informações descritas acima, nota-se, no atual plano estratégico, um maior grau de concreção dos objetivos e metas, que foram propostos em termos mais específicos e mensuráveis. Isso aponta para um aprendizado institucional do Tribunal de Justiça e para o incremento da capacidade de formulação de metas estratégicas, nos termos da Resolução 70 do CNJ. A partir da exposição acima é possível perceber, ainda, que foi conferida maior ênfase a este grupo, relativo à eficiência dos serviços. Isso é compreensível, dado que são ali que se encontram as metas de aperfeiçoamento da atividade-fim do Poder Judiciário (a prestação jurisdicional), bem como outros serviços instrumentais. Observa-se que muitos desses objetivos tendem, se concretizados, a contribuir para maior legitimação do Poder Judiciário mediante a melhor prestação dos serviços jurisdicionais e, por conseguinte, a melhorar a avaliação destes serviços pela sociedade. São objetivos que, dessa forma, se relacionam também com a responsabilidade social do Poder Judiciário. Seria necessário, no entanto, que se aprofundassem as metas relativas à *transparência e responsabilidade social,* as quais, ainda que possam ser atendidas pelos objetivos de *eficiência dos serviços,* merecem maior aprofundamento na elaboração dos próximos planos estratégicos.

6.1.3. Planejamento e coordenação intragovernamental

Nos itens anteriores, ao se observar a institucionalização de um planejamento estratégico de um tribunal estadual – no caso, do Estado de São Paulo –, é possível deparar-se com uma das dificuldades enfrentadas pelo planejamento do Poder Judiciário: a sua necessidade de coordenação em nível intragovernamental, como já referido no item 5.

O ente da federação Estado de São Paulo dispõe de um planejamento de médio prazo de natureza orçamentária materializado no PPA, que, para fins de ilustração no caso ora mencionado, tem maior interesse o que vigora para o período de 2012 a 2015 (no caso, a lei estadual 14.676, de 28.12.2011), que abrange o Poder Judiciário, no qual está o Tribunal de Justiça do Estado de São Paulo, seu principal órgão, que se constitui em uma unidade orçamentária (número 3000), responsável pelo programa 303 (Processo Judiciário no Tribunal de Justiça), cujo objetivo é "implementar a prestação jurisdicional e serviços auxiliares nos trâmites dos processos de 1ª e 2ª instâncias, estabelecer programas de modernidade, ampliar a estrutura do Poder Judiciário visando agilizar o atendimento aos jurisdicionados, expandir a informatização em toda a Justiça, bem como construir, reformar e equipar prédios forenses", com a justificativa da "crescente e constante demanda pelos serviços judiciários e a dificuldade de acesso à Justiça pela população carente, bem como a limitação de recursos orçamentários geram uma prestação jurisdicional que demanda aprimoramentos", tendo como público-alvo o "cidadão, operadores do Direito e recursos humanos internos", utilizando como indicador "ações julgadas". O programa é composto por dez ações, a saber: "comunicação institucional", "desenvolvimento e implementação de sistemas de informação", "diligências judiciais", "distribuição da Justiça", "funcionamento da Escola Paulista da Magistratura", "infraestrutura de prédios judiciais", "instalação de varas e câmaras digitais", "juizados especiais", "Justiça da infância e juventude" e "postos judiciais de autoatendimento e Justiça itinerante".

O Tribunal de Justiça do Estado de São Paulo tem, portanto, um planejamento de natureza orçamentária definido institucionalmente, na condição de órgão do ente federado a que pertence, e, ao mesmo tempo, um planejamento estratégico próprio formulado para o período de 2010 a 2014 e outro para o período de 2015 a 2020, evidenciando ser necessária uma compatibilização entre todos eles, uma vez que o planejamento estratégico é estreitamente ligado ao orçamento, pois dele depende para seu adequado funcionamento e sucesso, como previsto em seu próprio texto, que exige o alinhamento com as propostas orçamentárias.

Para citar um exemplo ilustrativo, veja-se o caso da ação governamental "Comunicação Institucional". Está prevista no PPA 2012-2015 do Estado de São Paulo, integrando o programa 303 ("Processo Judiciário no Tribunal de Justiça"), tendo como produto "matérias veiculadas", estabelecida a meta de 268 unidades para este período quadrienal. No orçamento do Estado de São Paulo para 2013, referida ação é uma das ações do programa "Processo Judiciário no Tribunal de Justiça (número 0303), e recebe o número 02.131.0303.6020. Trata-se de ação cuja descrição é o "aprimoramento da comunicação do Judiciário com a sociedade brasileira", sendo o produto "matérias veiculadas" mensurado em unidades, tendo previsão para o exercício de 2013 de sessenta e sete (67) unidades, a ser financiada por recursos do Tesouro do Estado, prevendo-se a dotação de R$ 40.000,00.

O planejamento estratégico do Tribunal de Justiça, em sua versão revista (Resolução 604/2013), prevê o objetivo estratégico 4, que consiste em "aprimorar a comunicação institucional", cuja descrição é "aprimorar a comunicação com públicos externos e internos, com transparência, fornecendo informações em tempo hábil, de forma clara e acessível", sendo a meta "aprimorar ao sistema de comunicação social do Tribunal de Justiça do Estado de São Paulo até 31/12/2014, com observância da Resolução 85/2009 do Conselho Nacional de Justiça (CNJ)". O indicador é o "percentual de melhorias implementadas em relação aos objetivos principais da Resolução CNJ 85/2009", e a meta física é o percentual de 100% até 2014[36].

Nota-se uma grande similaridade entre a ação governamental prevista no PPA e o objetivo que consta do planejamento estratégico, mas não há uma identidade nos produtos, indicadores e metas, o que evidentemente só tende a gerar uma descoordenação, uma vez que não há uma segurança em relação à condução da administração do órgão.

A análise das respectivas peças mostra bem o desafio que se tem a vencer, o que não difere significativamente dos demais órgãos do Poder Judiciário e entes da federação, em vários aspectos. Diversidade de linguagens e metodologia, além de objetivos, indicadores e metas não necessariamente alinhados e compatíveis entre si, compõem um quadro que evidencia uma falta de uniformidade prejudicial à organização e sistematização das ações governamentais. São vários os ajustes que se mostram necessários a fim de que seja possível haver uma coordenação e coerência fundamentais para o bom funcionamento do sistema de planejamento, tornando-o factível e capaz de gerar segurança e credibilidade.

7. Síntese conclusiva

A modernização da administração pública tem no planejamento seu pilar de sustentação.

Não se concebe que a administração pública moderna continue a agir de forma a se deixar levar pelos acontecimentos, resolvendo problemas com os

---

[36] BRASIL. ESTADO DE SÃO PAULO. TRIBUNAL DE JUSTIÇA. SEPLAN – Secretaria de Planejamento Estratégico. Revisão do Planejamento Estratégico do Tribunal de Justiça de São Paulo – Biênio 2013-2014 (Anexo), p. 35.

olhos voltados para trás, sem um rumo definido que permita coordenar suas ações de modo a alcançar objetivos predefinidos, claros e transparentes.

E o Poder Judiciário insere-se nesse contexto, como órgão da administração pública que hoje tem dimensões gigantescas, com atribuições que vão além de um Poder da República, sendo responsável pela prestação de um serviço cada vez mais essencial à vida das pessoas.

Planejar suas ações é um dever fundamental para exercer sua missão, e fazê-lo de forma moderna e profissionalizada mostrou-se um caminho sem volta, cabendo a seus dirigentes implantar sistemas de planejamento abrangentes, seguros e eficientes, sem o que não se avançará na melhoria da prestação dos serviços e fortalecimento institucional.

Como bem expressou Marga Tessler, a "adoção do Planejamento Estratégico sem dúvida contribuiu para o fortalecimento institucional do Judiciário enquanto organização e conduzirá a instituição ao cumprimento efetivo de sua missão, qual seja: a distribuição da Justiça"[37].

Mais do que apresentar soluções, este ensaio trouxe questões que representam desafios a serem superados, cujas respostas não parecem simples, mas são necessárias para permitir que seja possível que se tenha um Poder Judiciário uno, com diretrizes e ações coesas, sem o que a prestação jurisdicional vê--se prejudicada, e, ao mesmo tempo, respeite as peculiaridades próprias de cada tribunal, em consonância com dois pilares que sustentam nosso Estado Democrático de Direito, que são a separação de poderes e a forma federativa.

Para isso, o planejamento é fundamental, sendo impensável a ação governamental eficiente sem a observância de rumos claros, transparentes e democraticamente estabelecidos, sustentáculo da coordenação entre os órgãos da administração pública em busca de seus objetivos.

---

[37] TESSLER, *O planejamento estratégico...*, p. 31.

8. Referências

ALEXANDRE, Edivan R. *Plano Plurianual para a Administração do Poder Judiciário.* Disponível em: <http://www.ampb.org.br/artigos/ver/16>. Acesso em: 3 mar. 2009.

ANDRADE, Maria Aparecida Menezes de. *Impactos da Lei de Responsabilidade Fiscal sobre o sistema de planejamento governamental.* Disponível em: <http://www.tce.ba.gov.br>. Acesso em: out. 2009.

BERCOVICI, Gilberto. *Desigualdades regionais, Estado e Constituição.* São Paulo: Max Limonad, 2003.

BERCOVICI, Gilberto. O planejamento do Estado não pode ser reduzido ao orçamento. *Revista Consultor Jurídico,* <http://www.conjur.com.br>, disponível desde 31 de janeiro de 2016.

BERCOVICI, Gilberto. O planejamento e a Constituição de 1988. In: SCAFF, Fernando F. (Org.). *Constitucionalizando direitos.* 15 anos da Constituição brasileira de 1988. Rio de Janeiro: Renovar, 2003.

BRASIL. CONSELHO DA JUSTIÇA FEDERAL. *A estratégia da Justiça Federal 2015/2020.* Anexo da Resolução CJF 313/2014. Brasília: Conselho da Justiça Federal, outubro de 2014.

BRASIL. CONSELHO NACIONAL DE JUSTIÇA. *Alocação de recursos orçamentários.* Projeto de diagnóstico e fortalecimento dos judiciários estaduais. Brasília: CNJ, novembro de 2014.

BRASIL. CONSELHO NACIONAL DE JUSTIÇA. *Justiça em números 2015*, ano-base 2014. Brasília: CNJ, 2015

BRASIL. CONSELHO NACIONAL DE JUSTIÇA. *Resolução 198*, de 1º de julho de 2014.

BRASIL. CONSELHO NACIONAL DE JUSTIÇA. *Resolução 49*, de 18 de dezembro de 2007.

BRASIL. CONSELHO NACIONAL DE JUSTIÇA. *Resolução 70*, de 18 de março de 2009.

BRASIL. Presidência da República. *Plano diretor da reforma do aparelho do Estado.* Brasília, 1995.

BRESSER-PEREIRA, Luiz Carlos. Da administração pública burocrática à gerencial. *Revista do Serviço Público* 47(1), jan. 1996. Disponível em: <http://www.bresserpereira. org.br>.

CABRAL, Nazaré da Costa. Orçamentação pública e programação tendências internacionais e implicações sobre o caso português. In: CONTI, José Mauricio; SCAFF, Fernando Facury (Org.). *Orçamentos públicos e direito financeiro.* São Paulo: Revista dos Tribunais, 2011. p. 619-660.

CAVALHEIRO, Jader Branco; FLORES, Paulo César. *O planejamento governamental na LRF como forma da aplicação do gerenciamento por resultados e o equilíbrio das contas públicas.* O planejamento estratégico público. Gramado: Conselho Regional de Contabilidade do Rio Grande do Sul, ago. 2001. Disponível em: <http://www.dco.uem.br>.

CHAER, Ana Carolina L.; AZEVEDO, Joel S. F.; BONIFÁCIO, Ivan G. *Projeto de gestão estratégica do Poder Judiciário do Brasil.* II Congresso Consad de Gestão Pública – painel 24. Disponível em: <http://www.seplag.rs.gov.br>.

CONTI, José Mauricio (Coord.). *Orçamentos públicos.* A Lei 4.320/1964 comentada. 3. ed. São Paulo: Revista dos Tribunais, 2014.

CONTI, José Mauricio. *A autonomia financeira do Poder Judiciário*. São Paulo: MP Editora, 2006.

CONTI, José Mauricio. Aspectos jurídicos do planejamento pelo setor público. In: COSTA, José A. F.; ANDRADE, José Maria A.; MATSUO, Alexandra M. H. (Org.). *Direito: teoria e experiência. Estudos em homenagem a Eros Roberto Grau*. São Paulo: Malheiros, 2013. p. 494-511.

CONTI, José Mauricio. O plano plurianual – PPA. In: MARTINS, Ives G. S.; MENDES, Gilmar F.; NASCIMENTO, Carlos V. (Coord.). *Tratado de direito financeiro*. São Paulo: Saraiva, 2013. v. 1, p. 322-339.

CONTI, José Mauricio. Planejamento e responsabilidade fiscal. In: SCAFF, Fernando F.; CONTI, José Mauricio (Coord.). *Lei de Responsabilidade Fiscal* – 10 anos de vigência – questões atuais. Florianópolis: Conceito Editorial – IBDF, 2010. p. 39-56.

CONTI, José Mauricio. Planejamento municipal precisa ser levado a sério. *Revista Consultor Jurídico*, <http://www.conjur.com.br>, disponível desde 29 de abril de 2013. In: CONTI, José Mauricio. *Levando o direito financeiro a sério*. São Paulo: Blucher-Conjur, 2016. p. 73-76.

CONTI, José Mauricio. Poder Judiciário: 2014 é o ano do planejamento estratégico. *Revista Consultor Jurídico*, <http://www.conjur.com.br>, disponível desde 4 de fevereiro de 2014. In: CONTI, José Mauricio. *Levando o direito financeiro a sério*. São Paulo: Blucher-Conjur, 2016. p. 83-88.

CUNHA, José Ricardo. *Poder Judiciário*: novos olhares sobre gestão e jurisdição. Rio de Janeiro: FGV, 2010.

ESTADO DE SÃO PAULO. TRIBUNAL DE JUSTIÇA. Secretaria de Planejamento Estratégico – SEPLAN. *Planejamento Estratégico do Tribunal de Justiça de São Paulo 2015-2020*. Resolução 706/2015. São Paulo: Tribunal de Justiça, 2015.

GIACOMONI, James; PAGNUSSAT, José L (Org.). *Planejamento e orçamento governamental*. Brasília: ENAP, 2006.

GRAU, Eros Roberto. *Planejamento econômico e regra jurídica*. São Paulo: Revista dos Tribunais, 1978.

KOHAMA, Heilio. *Contabilidade pública*. São Paulo: Atlas, 1998.

LETERIELLO, Rômulo. O orçamento e a administração dos tribunais. *Revista CEJ*, Brasília, n. 13, p. 108-115, jan./abr. 2001.

LEWANDOWSKI, Enrique R. Planejamento estratégico do Poder Judiciário. *Revista "Justiça & Cidadania"*, p. 17-18, nov. 2011.

MARTINS, Ives G. S.; NASCIMENTO, Carlos V. (Org.). *Comentários à Lei de Responsabilidade Fiscal*. 3. ed. São Paulo: Saraiva, 2008.

MENDES, Gilmar Ferreira. Lei de Responsabilidade Fiscal, correlação entre metas e riscos fiscais e impacto dos déficits públicos para as gerações futuras. *Revista Diálogo Jurídico*, Salvador, n. 14, jul./ago. 2002. Disponível em: <http://www.direitopublico.com.br>.

PINHEIRO, Luís Felipe Valerim. Controle orçamentário e eficácia do planejamento estatal. *Revista Eletrônica sobre a Reforma do Estado*, Salvador, n. 3, set./nov. 2005. Disponível em: <http://www.direitodoestado.com.br>.

PREMCHAND. A. *Government budgeting and expenditure controls*. Theory and Practice. Washington: International Monetary Fund, 1983.

ROCHA, Valdir de O. (Coord.). *Aspectos relevantes da Lei de Responsabilidade Fiscal*. São Paulo: Dialética, 2001.

SABBAG, César. *Orçamento e desenvolvimento*. Campinas: Millenium, 2007.

SHAH, Anwar (Ed.). *Budgeting and budgetary institutions*. Washington: The World Bank, 2007.

SILVA, Flávia de Araújo e; GONÇALVES, Carlos A. O processo de formulação e implementação de planejamento estratégico em instituições do setor público. *Revista de Administração da UFSM*, Santa Maria, v. 4, n. 3, p. 458-476, set./dez. 2011.

STOCO, Rui; PENALVA, Janaína (Org.). *Dez anos de reforma do Judiciário e o nascimento do Conselho Nacional de Justiça*. São Paulo: Revista dos Tribunais, 2015.

TESSLER, Marga B. O planejamento estratégico e sua implantação no Judiciário. *Revista do Tribunal Regional Federal da 4ª Região*, Porto Alegre, ano 17, n. 62, p. 17-31, 2006.

Os caminhos para uma governança democrática no Poder Judiciário

Luciana Ortiz Tavares Costa Zanoni
Juíza Federal. Vice-Diretora da Justiça Federal - Seção Judiciária de São Paulo.
Mestre em Direito pela Pontifícia Universidade Católica de São Paulo. Mestre em
Gestão e Políticas Públicas – Fundação Getúlio Vargas – FGV/SP
Diretora da Associação dos Juízes Federais de São Paulo e Mato Grosso do Sul –
AJUFESP (2002/2004) e Diretora Associação dos Juízes Federais do Brasil –
AJUFE (2014/2016)

1. Introdução

Desde a implementação da Reforma da Gestão Pública no Judiciário, atores importantes e essenciais para a promoção das fundamentais mudanças para o aprimoramento do serviço público ficaram à margem do processo decisório das políticas públicas. A opção pela adoção de metodologia que desenhou o planejamento estratégico de cima para baixo permitiu naquele momento de forma célere a eleição das prioridades e desafios a serem enfrentados, com o desenho dos objetivos estratégicos, fixação de metas e indicadores, a fim de propiciar o alinhamento de atuação institucional e desdobramento da estratégia nacional pelos Tribunais.

Embora o Conselho Nacional de Justiça (CNJ) tenha recomendado e promovido ações para a inclusão dos magistrados e servidores na rede de governança, procuraremos demonstrar que a ausência de metodologia que permita a inclusão sistemática dos gestores no processo de definição das políticas públicas, promove um distanciamento profundo entre os problemas vivenciados pelos juízes e as ações adotadas no planejamento estratégico. As metas são revistas, em regra, sem diagnóstico dos problemas, impondo novos desafios sem ações que solucionem os obstáculos, o que leva à ausência de engajamento no cumprimento das estratégias adotadas pelo Poder Judiciário.

Neste sentido, não podemos olvidar que a participação e o engajamento dos juízes e servidores constitui o grande desafio para o Judiciário que, a despeito de previsão normativa, não consegue implementar uma rede de governança democrática que os inclua dentro do processo de decisão das políticas públicas a serem adotadas (*policy-making process*). Propomos no presente trabalho que seja agregado ao método Balanced Scorecard (BSC), adotado pelo CNJ, outras metodologias de planejamento que auxiliem a participação efetiva desses importantes atores na gestão estratégica do Judiciário.

2. A nova gestão pública e o Poder Judiciário

A ampliação dos direitos sociais assegurados pela Constituição Federal de 1988 impôs à Administração Pública a necessidade de se buscar alternativas gerenciais que permitissem imprimir eficiência ao serviço público. Esse novo pensar, independentemente das raízes ideológicas, veio ao encontro dos anseios sociais que clamavam por melhor qualidade da prestação jurisdicional, expectativas não alcançadas com o modelo burocrático centrado na legalidade do ato administrativo. De outro lado, os recursos orçamentários escassos, sobretudo em países em desenvolvimento como o Brasil, impunham a potencialização por meios gerenciais das possibilidades de produção do serviço público com efetividade.

Esse cenário também se vislumbrava no Poder Judiciário que, com a complexidade das relações sociais e a ampliação dos direitos individuais e sociais, somadas à ausência de formas alternativas de solução de litígios, resultou em ampliação exponencial do acervo de processos ao longos dos anos, imprimindo morosidade e fortes críticas do cidadão.[1]

Dentro da perspectiva de necessidade de mudança, a Emenda Constitucional n. 19, de 04 de junho de 1998, promoveu uma ampla reforma gerencial da Administração Pública, introduzindo o princípio da eficiência e gestão

---

[1] Relatório da OCDE de 2008 aponta que a opção de se recorrer ao Judiciário era repleta de dificuldades, destacando-se a imprevisibilidade e a lentidão do Judiciário. Destacou o estudo que a lentidão da Justiça estava no centro do debate sobre a reforma do Poder Judiciário. O excesso de litígios e a lentidão da justiça resultou em um sistema judicial caro (trabalho com 36 países mostrou que o Brasil com o custo mais elevado para a manutenção do sistema judicial (3,66% do seu orçamento enquanto a média de todos os países era de 0,97%).

por resultados (artigo 37, *caput*), controle social, controle interno e externo, transparência (parág. 3o. do artigo 37), capacitação dos servidores públicos (parág 7o. do artigo 39) e gestão por desempenho (artigo 39 c.c. artigo 41). O serviço público voltado para o resultado, ponto central da reforma gerencial, imprimiu uma profunda reestruturação da Administração Pública, mudança sistêmica que exigiu envolvimento e engajamento de todos os atores envolvidos com o ciclo das políticas públicas.

Em que pese tais medidas atingirem também o Poder Judiciário, fazia-se premente instituir um órgão que promovesse de forma unificada a reforma gerencial dentro do Poder Judiciário, com força para vencer as barreiras da tradição burocrática nos diversos segmentos de justiça que, depois de seis anos de positivação da reforma, não tinham ainda avançado na implementação de medidas gerenciais inovadoras.

Dentro desse cenário foi constituído o Conselho Nacional de Justiça pela Emenda Constitucional n. 45, de 30 de dezembro de 2004, com atribuições, dentre outras, de controle da atuação administrativa e financeira dos tribunais, o que compreende a coordenação do planejamento e gestão estratégica do Poder Judiciário. [2]Essa centralização permitiu dar os primeiros passos para implementação da reforma gerencial do Poder Judiciário.[3]

3. A coordenação do planejamento e gestão estratégica do Poder Judiciário pelo Conselho Nacional de Justiça

A digressão histórica da implantação da governança do Poder Judiciário pelo Conselho Nacional de Justiça nos permite compreender as dificuldades atuais para inclusão da participação de importantes atores no ciclo de políticas públicas desse poder.

Com a Resolução n. 49, de 18 de dezembro de 2007, o Conselho Nacional de Justiça cria o Núcleo de Estatística e Gestão Estratégica, unidade administrativa competente para elaborar, implementar e gerir o planejamento estratégico de cada órgão da Justiça. A institucionalização do Planejamento Estratégico do Poder Judiciário ocorre com a edição da Resolução n. 70, de

---

[2] Importante o registro do Pacto de Estado em favor de um Judiciário mais Rápido e Republicano firmado em 15/12/2004 pelos chefes dos três Poderes.
[3] A instalação formal do CNJ ocorreu em 14/06/2005.

18 de março de 2009[4], que desenha os pontos principais do planejamento estratégico nacional, voltados à eficiência operacionais, o acesso ao sistema de justiça, a responsabilidade social, o alinhamento e a integração, atuação institucional, gestão de pessoas, infraestrutura e tecnologia. Com o fim de disseminar a reforma a Resolução n. 70/2009 conferiu prazo para que os Tribunais elaborassem seus planos estratégicos e criassem o Núcleo de Gestão Estratégica, disseminando para todo o sistema de justiça o novo olhar gerencial.

Por ocasião da Resolução n. 70/2009 foram fixadas as primeiras metas do Poder Judiciário. Embora resultantes de levantamento de dados[5] e de validação no 2o. Encontro Nacional do Judiciário pelos presidentes dos Tribunais dos diversos segmentos de Justiça, as metas foram impostas aos magistrados e servidores que não tiveram participação no diagnóstico e comunicação da estratégia.[6] As metas iniciais voltaram-se para a produtividade, com foco no julgamento dos processos mais antigos, e na implementação de estrutura gerencial no Judiciário, tendência que se manteve nos anos seguintes.

4. Rede de governança do Poder Judiciário

O Conselho Nacional de Justiça promoveu mudanças gerenciais no Poder Judiciário com a finalidade de torná-lo mais eficiente. Embora os esforços para que a reforma chegasse até a base da estrutura vertical, esse novo pensar chegou à primeira instância traduzido em metas a serem cumpridas. O distanciamento entre juízes e servidores do amplo e importante trabalho que foi e está sendo desenvolvido dentro da rede de governança colaborativa resulta em ausência de engajamento e freios a resultados mais eficientes.

A Resolução n. 70/2009 promoveu a formatação da rede de governança com a instituição do Comitê Gestor Nacional, com a missão de auxiliar

---

[4] Com a edição da Resolução n. 49, de 18/12/2007, o CNJ institucionaliza o Núcleo de Estatística e Gestão Estratégica, unidade administrativa no âmbito interno competente para elaborar, implementar e gerir o planejamento estratégico de cada ógão da Justiça. A Resolução n. 69, de 31/07/2009, do CNJ, também cuidou da estrutura técnica e operacional de gestão estratégia.

[5] Desde 2004, com a instituição do programa "Justiça em Números" o CNJ passou a monitorar os dados do Poder Judiciário. A Comissão de Estatística e Gestão Estratégica aprimorou e sistematizou a estatística do Judiciário ao longo dos anos.

[6] Registre-se que o Primeiro Encontro Nacional do Poder Judiciário ocorreu em agosto de 2008, cuja pauta contemplava a modernização do Judiciário, o aperfeiçoamento da gestão dos tribunais e a melhoria da prestação jurisdicional. Disponível em http://www.cnj.jus.br/gestao-e-planejamento/encontros-nacionais/1-encontro-nacional-do-judiciario. Acesso em: 15 dez. 2015.

as atividades de planejamento e gestão estratégica do Poder Judiciário. A Emenda n. 01 à Resolução n. 70/2009, publicada em 20/04/2010, estabeleceu encontros anuais do Poder Judiciário para avaliar a estratégia nacional, divulgar o desempenho dos tribunais no cumprimento das ações, projetos e metas nacionais e definição de novas metas nacionais prioritárias.[7]

Os encontros anuais contam com a participação da alta cúpula dos Tribunais, que compreende os presidentes, corregedores dos tribunais e dos conselhos do Poder Judiciário. Os representantes das associações nacionais de magistrados participam sem direito ao voto. De forma que as deliberações dos encontros anuais resultam na fixação de metas prioritárias, comunicadas ao plenário do CNJ e posteriormente publicadas. Inicialmente, as metas eram únicas para todos os segmentos do Poder Judiciário, o que posteriormente avançou para atender as especificidades de cada ramo da Justiça.

Esses encontros são precedidos de reuniões preparatórias com representantes dos Tribunais de todos os segmentos de Justiça, servidores da área técnica e magistrados, além de representantes das associações nacionais de magistrados. Trata-se de ambiente de trabalho para a definição de agenda, formulação de metas e gestão da comunicação, sendo expostos os avanços na condução dos trabalhos, o resultado no cumprimento das metas, as metas prioritárias, com reuniões setoriais por segmento de Justiça, a fim de que as metas nacionais reflitam a realidade de cada um desses segmentos.[8]

A primeira etapa do planejamento estratégico do Judiciário foi caracterizada por um modelo centralizado, valendo-se os tomadores de decisão de dados amealhados desde a instituição do Projeto Justiça em Números. Embora tenha constituído fase importante do processo maior, por implicar no mapeamento do tamanho do Poder Judiciário, ao se adotar metas com a adoção de metodologia *top down* de escolha de políticas públicas, isso ocasionou um distanciamento e consequentemente fortes críticas dos reais realizadores da nobre missão (magistrados e servidores), que as viram como irreais.

Esse sentimento ocorre nas políticas públicas formuladas e depois implementadas de cima para baixo, modelo que não permite incorporar contribuições não previstas no planejamento. Subirats propõe que:

---

[7] A Resolução n. 70/2009 foi revogada pela Resolução nº 198 de 01/07/2014.

[8] Registre-se que a Corregedoria do CNJ noticiou recentemente a fixação de metas direcionadas ao Judiciário que não foram debatidas pelos segmentos de Justiça no 9o. Encontro Nacional do Poder Judiciário. Disponível em http://www.cnj.jus.br/noticias/cnj/81130-metas-da-corregedoria-para--2016-propoem-melhorias-nos-juizados-especiais Acesso em: 06 de jan de 2016.

A fin de clarificar conductas y motivaciones reales de estos actores, la perspectiva 'bottom-up' propone que toda investigación acerca de la implementación tome como punto de partida e el sistema de actores de base (véase la tabla 7). Así, el analista debe concentrarse en el comportamiento real de los grupos-objetivo a los que se dirige una política pública y en las interacciones reales entre estos grupos y los otros actores verdaderamente implicados (2012, p.189).

Dentro dessa perspectiva, das estratégias prioritárias emergirem de baixo para cima, o Conselho Nacional de Justiça tem incentivado a extensão da rede de governança do Poder Judiciário a fim de que contemple a participação dos magistrados, propiciando uma gestão democrática. No Glossário das recomendações à Gestão Estratégica 2013, o CNJ demostra a preocupação de que a rede de governança tenha a participação da alta administração (presidente, vice-presidente, corregedor, secretário-geral e diretor geral dos tribunais), assim como dos colaboradores (juízes e servidores) e representantes das associações, traduzida na recomendação n. 1 (*Engajar todos, alta administração e colaboradores com a estratégia*) e n. 2 (*Elaborar e implantar plano de comunicação da estratégia*).

A Portaria n. 44, de 27/05/2011, CNJ, instituiu a Comissão Nacional de Metas e Subcomissões Nacionais de Metas, formadas pelos gestores, magistrados e técnicos, representantes dos segmentos de justiça. Depois, com a edição da Portaria n. 138, de 23/08/2013, CNJ, constitui-se a Rede de Governança Colaborativa do Poder Judiciário, composta do Comitê Gestor Nacional, Comitês Gestores dos Segmentos de Justiça e Subcomitês Gestores, contemplando a participação de representantes de todos os Tribunais no ciclo de políticas públicas do Judiciário, na busca do necessário envolvimento regionalizado e de cada segmento de justiça.

Entretanto, os Tribunais não desmembraram essa política regionalmente, limitando-se, salvo algumas experiências exitosas, a indicar representantes que falam por si, com a sua bagagem profissional, e dos técnicos da gestão estratégica, vivências individuais que nem sempre representam o universo de problemas e possibilidades de toda a região abrangida pelo Tribunal. Ademais, a atuação tem se limitado a levantamento de dados quantitativos, único subsidio para a revisão das metas para o ano seguinte.

Esse modelo chega ao seu esgotamento. Segundo dados do Relatório Justiça em Números 2015, o Índice de Produtividade dos Magistrados (IPM) do Poder Judiciário, indicador que computa a média de processos baixados por magistrado em atuação, alcançou o ápice em 2012 (1.716), desde que começou a ser medido em 2009 (1.575), e apresentou queda em 2013 (1.705) e 2 em 2014 (1.684), sendo que um olhar por segmento de Justiça demonstra pelo menos uma estagnação dos números. Também evidencia-se que a Taxa de Congestionamento no Poder Judiciário, indicador que compara o que não foi baixado com o que tramitou durante o ano-base (soma dos casos novos e dos casos pendentes iniciais) é de 73% no 1o. Grau e 50% no 2o. Grau.

O CNJ identificou concentração maior de demandas no primeiro grau quando comparado ao estoque dos Tribunais, enquanto que a maior fatia do orçamento, proporcionalmente à demana, é destinada ao 2o. Grau. Bem por isso que foi institucionalizada a Política Nacional de Atenção Prioritária ao Primeiro Grau, com determinação para que os tribunais criem comitês de priorização do primeiro grau, com participação de juízes e servidores eleitos pelos pares.[9] A implementação desses comitês tem avançado em todos os segmentos de Justiça. Esse modelo romperá as barreiras burocráticas para permitir uma governança democrática?

5. Adoção de metodologia participativa

A formação dos comitês de planejamento estratégico e orçamento, inclusive dos comitês de priorização do 1o. Grau, tem como objetivo afastar o distanciamento entre os juízes e servidores do amplo e importante trabalho que é desenvolvido dentro da rede de governança, promovendo a integração e assimilação do potencial de juízes e servidores na promoção de ideias novas que possibilitem não apenas resultados melhores, em termos de quantidade e de qualidade, mas em envolvimento e satisfação com o trabalho. É preciso superar a ideia de que a gestão se traduz em metas quantitativas a serem cumpridas, uma vez que esse pensar resulta em ausência de engajamento e freio a resultados mais eficientes.

---

[9] A Resolução 194, de 26/05/2014, do CNJ, instituiu a Política Nacional de Atenção Prioritária ao Primeiro Grau de Jurisdição, com fundamento no Relatório Justiça em Números 2013 que retrata a concentração de 90% dos processos em tramitação no Poder Judiciário estão nas unidades judiciárias de primeiro grau, com sobrecarga de trabalho e o mau funcionamento da primeira instância estão entre as causas da morosidade sistêmica A resolução inclui entre as medidas que compõe a política a governança colaborativa: fomentar a participação dos magistrados e servidores na governança da instituição favorecendo a descentralização administrativa, a democratização interna e o comprometimento com os resultados institucionais.

O Comitê de Priorização do 1o. Grau deve ser composto por representantes dos juízes e servidores, o que constitui iniciativa importante para o rompimento do modelo centralizado de elaboração do planejamento dos Tribunais. Mas é preciso ir além. Esse sistema não romperá paradigmas históricos se não for acompanhado de metodologia que se destine a aproximar os juízes e servidores da rede de governança. O que teremos será apenas mais um comitê dentro da hierarquia e mais representantes falando por si mesmos acerca das estratégias estabelecidas.

O envolvimento dos atores da política pública é visto nos modelos atuais de gestão como imprescindível para êxito na busca de melhores resultados da instituição, dado que, como ensina Marta Arretche *qualquer política pública é de fato feita pelos agentes encarregados da implementação.* A autora destaca que *o grau de sucesso de um programa depende diretamente do grau de sucesso na obtenção da ação cooperativa de outros atores* (2002). De forma que independentemente da metodologia adotada, ainda que sem a precisão de fases do ciclo de políticas públicas (identificação de problemas, agenda, formulação, implementação e avaliação), é fundamental que exista efetiva participação dos implementadores das estratégias definidas nos diversos momentos do *policy cicle,* que pode ser quando do diagnóstico dos problemas para formação da agenda, durante a implementação corrigindo o rumo traçado, ou ainda, *ex post* à definição da agenda, no momento da avaliação em que é operacionalizada a revisão das políticas.

O Conselho Nacional de Justiça adotou o método *Balanced Scorecard* (BSC) para definir o mapa estratégico, objetivos estratégicos, indicadores, metas e iniciativas.[10] O BSC, desenvolvido por David Norton e Robert Kaplan (1997), foi pensado inicialmente como sistema de gestão de empresas privadas, com o objetivo de assegurar resultado financeiro, a partir de medidas de desempenho que possam traduzir a missão e a estratégia. A proposta de medição engloba as perspectivas financeira, do cliente, dos processos internos da empresa e do aprendizado e crescimento. Esse método desenvolve, ainda, valores na

---

[10] O CNJ também adotou desde 2009 a gestão de projetos e mapeamento dos processos de trabalho. Dentro do campo de gestão de pessoas restou definido o objetivo de *Motivar e comprometer conselheiros, juízes e servidores com a execução da estratégia*, com definição de projetos de Instrutoria Interna, atividade desenvolvida por servidores públicos para disseminação e compartilhamento de conhecimentos; Plano de Comunicação da Estratégia; e Banco de Talentos. Dados do Relatório do CNJ de 2009, disponível em http://www.cnj.jus.br/images/relatorios-anuais/cnj/relatorio_anual_cnj_2009.pdf. Acesso em 19/12/2015.

construção de capacidades e empoderamentos de ativos intangíveis com foco no crescimento.

O BSC foi amplamente adotado por diversos órgãos públicos, possibilitando a implementação de um modelo de gestão estratégica que definiu com clareza a missão e a estratégia, conceitos novos para a administração da justiça. Com a mensuração do desempenho no Judiciário foi possível dimensionar e mapear o tamanho do serviço público, subsidiando os administradores na definição da estratégia, que basicamente foram traduzidas em metas a serem cumpridas.

Os autores do BSC aprimoraram o sistema para que a organização seja orientada pela estratégia, com fundamento em princípios gerenciais consistentes em: 1. *Mobilizar a mudança por meio de liderança executiva. 2. Traduzir a estratégia em termos operacionais. 3. Alinhar a organização com a estratégia. 4. Motivar para transformar a estratégia em tarefa de todos. 5. Gerenciar para converter a estratégia em processo contínuo* (KAPLAN e NORTON, 2008, p. 5). De sorte que para os autores do BSC a compreensão da estratégia e motivação para contribuição da sua execução por todos os colaboradores, com programas de comunicação, alinhamento dos objetivos estratégicos, programas de incentivos e de recompensas, e programas de desenvolvimento de competências, são medidas necessárias para assegurar resultados eficientes (2008).

Embora esses conceitos estejam inseridos no Planejamento Estratégico do Judiciário, o fato é que existe um distanciamento entre a rede de governança e os magistrados e servidores. Ainda que os setores de gestão estratégica façam um trabalho árduo de controle de indicadores das metas e de atuação contundente no processo de decisão, existe um fosso entre tais setores e os órgãos encarregados de sua implementação. A comunicação não propicia interação com os colaboradores, não há levantamento de *feedback* das metas, o diagnóstico que deveria fundar a revisão de metas raramente é efetivado, as reuniões para engajar os colaboradores são vistas como dispensáveis.

Destacamos que a alta administração dos tribunais atribui aos técnicos de gestão a tarefa de desenhar toda a estratégia a ser adotada, sem promover a interação com os verdadeiros gestores e implementadores das metas a serem alcançadas. Desenvolverei em tópico próprio a questão de que no Judiciário os juízes possuem responsabilidade gerencial das unidades judiciárias, sendo essencial para o engajamento que estejam contemplados na comunicação da estratégia e no processo decisório das políticas públicas prioritárias.

Essas dificuldades são sentidas em outros órgãos públicos, que têm procurado conciliar o BSC com outras metodologias com o fito de superar a dificuldade de comunicação para promoção do engajamento, considerando uma diversidade de opiniões e como tomar uma decisão considerando os diversos participantes. A Coordenadoria da Administração Tributária da Secretaria da Fazenda do Estado de São Paulo adotou conjuntamente com o método do BSC modelo de análise multicriteriais, consistente na metodologia de Processo de Análise Hierárquica (AHP), resultando a integração das duas metodologias em benefícios consistentes em *tornar conscientes modelos mentais dos decisões, possibilitar a discussão entre as lideranças sobre os pontos de vista divergentes e então convergir a decisão do grupo para os pontos de maior relevância para a organização, adotando um mecanismo que permite a democratização e transparência na tomada de decisão* (PERDICARIS et. al) Portanto, a busca por modelos facilitadores dessa comunicação tem sido mote de outras organizações.

A questão primordial é que os reais problemas enfrentados pelos atores da implementação da estratégia do Judiciário não são levantados junto aos magistrados e servidores para revisão das metas e para definição de novos desafios, fazendo com que as metas constituam meras medições quantitativas, quando deveriam se traduzir em ações para superação dos empecilhos para melhores resultados.

A exclusão dos juízes, servidores e a perspectiva dos usuários e advogados do processo de definição da estratégia inviabiliza um planejamento estratégico que atenda ao interesse público. Nas palavras de Maurício Conte (2014) a elaboração de um planejamento estratégico *é tarefa complexa, pois exige pesquisas, estudos e análises minuciosos, discussões com os interessados, ouvindo-se todos aqueles que integram o órgão e também os cidadãos, que são beneficiários finais da atividade, para que sejam estabelecidas democraticamente as prioridades que melhor reflitam o serviço público.* Essa perspectiva exige a implementação de metodologia que auxilie a comunicação da estratégia, promovendo participação democrática, o que permitirá a adoção de ações com potencial efetivo de superação dos desafios estratégicos.

A fim de imprimir na gestão pública método eficiente de resolução democrática dos problemas que permitam resultados eficientes, alguns órgãos públicos adotam os fundamentos do Planejamento Estratégico Situacional. Elaborado pelo autor chileno Carlos Mattus (2007) como um dos primeiros métodos destinado exclusivamente aos órgãos públicos, constitui em sistema descentralizado de planejamento a partir da identificação dos problemas e oportunidades, de forma comunicativa e participativa, portanto, democrática.

O Planejamento Estratégico Situacional (PES) não constitui método que visa apenas medir e monitorar as ações de uma instituição, mas *governar o próprio futuro; de impor às circunstâncias a força da razão humana* (MATTUS, 2007, p. 15).[11] O método PES é exclusivo do setor público. É um planejamento diferenciado, pois influencia o ambiente social e é por ele influenciado; considera as incertezas do futuro e as possibilidades infinitas de combinações entre os diversos atores sociais. O PES permite situar o sujeito que planeja dentro da realidade que vai receber os efeitos do planejamento. O ator que planeja possui uma visão particular da realidade e não tem controle sobre ela porque outros atores também a veem a seu modo, planejam e estão competindo entre si, por isso é situacional. A análise da situação pressupõe a explicação de vários atores, permitindo distinguir diferentes situações para diferentes propósitos da mesma realidade.

É necessário o enfrentamento dos reais problemas que se incorporam e persistem na cena social, cuja percepção defeituosa, por falta de capacidade de governo, gera o acúmulo de problemas críticos e a desvalorização do sistema democrático. Conclui Carlos Mattus que *Nenhum governo pode ser melhor que sua seleção de problemas* (1996, p. 198). O Planejamento Estratégico Situacional funda-se nos problemas que são definidos como prioritários pelos governantes, a partir de uma análise de suas causas.

Para o autor o planejamento estratégico se opera em quatro momentos. O primeiro momento do processo de planejamento é o explicativo, no qual são identificados e selecionados os problemas, a partir dos quais serão analisadas as causas, identificando os nós críticos causais, que devem ser enfrentados para que sejam cumpridas as metas. Depois, no momento normativo-prescritivo são formulados planos de ação, com levantamento de cenários que evitem surpresas. No momento estratégico são levantados os atores interessados no problema, fundamental para construir a viabilidade do plano. E por fim, o momento tático operacional, consistente na execução do plano, quando é fundamental a mediação entre o conhecimento produzido pelo plano e a ação que transformará a realidade. Portanto, em todos os momentos do PES, pressupõem interação com o meio que se quer modificar e participação dos atores influentes no processo de planejamento (MATTUS, 2007).

Assim, o levantamento dos problemas impeditivos para se atingir os objetivos junto aos atores interessados na definição do planejamento estratégico constitui o cerne do PES, portanto, não é algo novo e revolucionário, mas método desenvolvido e adotado por diversos órgãos públicos pelo potencial

---

[11] Resposta de Carlos Mattus a Franco Huertas, na obra *Entrevista com Carlos Matus – O Método PES*, p. 15.

de assimilação dos problemas que devem nortear a estratégia. Portanto, o PES tem sido utilizado conjuntamente com o BSC, com vistas a atingir o objetivo social da administração pública.[12]

A adoção de metodologia na rede de governança do Poder Judiciário, conjuntamente com o BSC, poderia imprimir efetivamente mecanismo de comunicação, levantamento de problemas que constituem nós críticos de sucesso para a prestação do serviço eficiente, aproveitamento do potencial criativo e experiente dos atores a frente da implementação da estratégia, proporcionará mudanças efetivas por meio de ações que trarão melhores resultados.

A identificação dos problemas, o desenho da árvore de problemas e identificação dos nós críticos de sucesso deve constituir o primeiro passo para o planejamento. Toda a atuação da gestão administrativa deve voltar-se para esse intento. Não apenas a Presidência do Tribunal, diretorias do foro e setores de gestão, mas também as Corregedorias dos Tribunais podem implementar importante trabalho de identificação quando das correições e inspeções de problemas que impedem maiores resultados, contribuindo ativamente como órgão catalisador dos nós críticos de sucesso e colheita de sugestões para melhores resultados. Esse novo olhar considera que as metas são métricas para análise do desempenho, porém são medidas que devem sobretudo pautar novas ações que superem as dificuldades identificadas.[13]

---

[12] Ver o artigo de CORREA et al. *A evolução da aplicação do Planejamento Estratégico Situacional na Administração Pública Municipal Brasileira: o caso Santo André* (2007).

[13] Interessante mencionar as recentes mudanças ocorridas na Gestão Estratégica da Justiça Federal. O Conselho da Justiça Federal instituiu o Observatório da Justiça Federal, disponibilizando no sítio eletrônico desse órgão todos os dados, entre os quais o planejamento estratégico e o acompanhamento das metas. Embora o Manual de Governança da Justiça Federal aponte a conjugação do método Balanced Scorecard e outros métodos, inclusive o PES, na prática ainda não se vislumbra mudança concreta na rede de governança (Disponível em http://www.cjf.jus.br/observatorio/arq/ManualGovJF.pdf, acesso em 25.02.2016). Exemplo do distanciamento entre a estrutura formal pensada e a prática pode ser verificada no próprio Diagnóstico de Governança da Justiça Federal – iGovJF 2015, onde embora conste que a pesquisa de diagnóstico devesse ouvir os magistrados, isso não ocorreu efetivamente. Mesmo assim, o TRF3, por exemplo, cujo comitê de priorização de 1o. Grau constituído há quase dois anos nunca se reuniu, ostentou a segunda posição no item da pesquisa de Estrutura e Funcionamento da Rede de Governança, atrás apenas do TRF4 região, o que nos leva a questionar a importância que foi dada à participação da magistratura justamente no levantamento institucional dessa inserção na rede de governança (Disponível em http://www.cjf.jus.br/observatorio/governancalime.php, Acesso em 25.02.2016). Embora registre essas considerações é inconteste os imensos avanços da governança promovida na Justiça Federal nos últimos anos.

6. Da reforma gerencial à era da inovação e do conhecimento[14]

É possível ir além da reforma gerencial que colocou na década de 1990 o gestor no centro da organização, embora no âmbito do Judiciário esse processo não tenha ocorrido de forma plena. As oportunidades de inclusão de juízes e servidores no planejamento estratégico são tímidas, salvo algumas exceções, quando deveriam estar além do centro da gestão, para serem considerados potenciais intelectuais que podem promover mudanças significativas no Judiciário.

Os especialistas em gestão pública apontam que após a Reforma Gerencial da década de 1980, chegou a vez da Era do Conhecimento, por meio da qual a organização aproveita o potencial de conhecimento de todos os seus membros para promover a inovação, incentivando a criatividade e o compartilhamento do conhecimento (AGUNE et. al., 2014). Com essa nova perspectiva, assinala Agune que a era do conhecimento *tem mobilizado um número crescente de empresas no sentido de transformarem todos os seus funcionários em fontes permanentes de ideias e inovação, independente de sua posição hierárquica e funcional,* concluindo que esse novo pensar para o autor preocupa-se em:

> *Estimular o espírito crítico e a visão sistêmica; Transformar o conhecimento em capital intelectual da organização; Aprimorar o processo de geração, triagem, avaliação e financiamento de ideias; Acelerar a geração de novos produtos e serviços; Estimular a troca de informações e a colaboração; Alavancar o grau de comprometimento dos funcionários; Criar indicadores para mensuração da produtividade para o trabalhador do conhecimento; Desenvolver novas habilidades; Criar instrumentos e compensações não pecuniárias para atrair e reter talentos* (AGUNE et. al. 2014, p. 69).

Dentro dessa perspectiva, mister a inserção efetiva dos juízes e servidores na rede de governança, a fim de que seu potencial de conhecimento, seu talento, seja compartilhado com a organização, para a qual idealizou estar e contribuir por longos anos de sua vida. A consideração pelo Judiciário desses conhecimentos é o grande desafio, e a rede de priorização do primeiro grau tem condições de promover esse engajamento, se efetivamente adotar esse novo pensar da gestão pública. Álvaro Gregório assinala que:

---

[14] Tivemos oportunidade de apresentar essas propostas junto ao Conselho Nacional de Justiça, enquanto representante da Associação dos Juízes Federais do Brasil (AJUFE), por ocasião das reuniões do Comitê de Política Nacional de Atenção ao Primeiro Grau de Jurisdição, realizadas em 2015.

> *Trabalhar com problemas complexos, especialmente quando caracterizados pela inter e transdisciplinaridade, com envolvimento de vários atores, esferas e aspectos da ação do governo, nos leva além do desafio da inovação. Somos desafiados a conseguir trabalhar juntos e obter os melhores resultados. (AGUNE et. al., 2014, p. 94).[15]*

Fundamental para adoção dessa nova perspectiva é a qualificação dos juízes e servidores para a Gestão do Conhecimento e Inovação, o que implica, segundo Roberto Agune, em considerar temas *como visão sistêmica, empreendedorismo, colaboração, criatividade, novos formatos organizacionais, novos métodos de trabalho, inovação em gestão, devem compor a pauta* de eventos como palestras, seminários, oficinas, entre outros, com vistas a sensibilizar tomadores de decisão para esse novo olhar (AGUNE et. al. 2014, p. 26).

Assim, as escolas de Magistrados e de Servidores podem adotar esse novo pensar com a utilização do Programa 360º, no qual a inovação é o ponto central. Para tanto mister a adoção de métodos e técnicas voltados para estimular a inovação, a criatividade, o trabalho em equipe e a criação, prototipagem e implementação de novos modelos, desenvolvidos dentro de um laboratório de gestão estimulador (Paradigma: Laboratório de Inovação em Governo), cujo programa deve atender três grandes eixos, segundo AGUNE, devendo compreender:

> *Atividades de formação de servidores públicos e municipais para a inovação, abrangendo metodologias e técnicas colaborativas para a resolução de problemas complexos, tais como design Thinking, modelagem de negócios e uso de plataformas de inovação aberta* [...] (2014, p. 32).

Dentro do ambiente das escolas de magistrados e servidores propõem-se a formação de laboratório de inovação, com ambiente apropriado para estudos e pesquisas.

Além disso, é preciso ir além da visão do atores integrantes do Judiciário, para termos real percepção do serviço público prestado. É imprescindível ouvir os cidadãos, usuários do serviço, além dos operadores do direito, criando espaços de colaboração e discussão. A gestão inovadora pressupõe a adoção de mecanismos em que esses atores são convidados a participar do processo de conhecimento, o que permite construir novas estratégias que contemplem as reais necessidades e expectativas sociais.

---

[15] Op. cit., pág. 94.

Juízes e servidores possuem conhecimento extraordinário que é desperdiçado pela organização, a despeito de estarem ali durante anos, conhecerem cada aspecto do serviço, suas dificuldades e propostas, conviverem com o cidadão, que lhes transmite suas angústias e expectativas do serviço que está sendo prestado, e terem soluções para grandes e pequenos problemas que são desconsiderados nas estratégias adotadas pelo Judiciário.

7. Apontamentos acerca do juiz gestor

O magistrado possui além da atividade jurisdicional a função de gestão da unidade judiciária. Pela particular condição do juiz, considerando as suas garantias constitucionais e atribuições legais, a participação na rede de governança é fundamental para efetiva implementação de mudança gerenciais no Judiciário.

Os magistrados têm garantia constitucional da vitaliciedade, inamovibilidade e irredutibilidade de subsídios, bem como independência funcional e imparcialidade. Dotados dessas prerrogativas conduzem também a atividade administrativa com vistas à prestação de um serviço público eficiente.

A Lei Orgânica da Magistratura atribui ao juiz a responsabilidade pela condução dos processos ao arrolar no artigo 55, entre os seus deveres, o de *cumprir e fazer cumprir, com independência, serenidade e exatidão, as disposições legais e os atos de ofício*, devendo *não exceder injustificadamente os prazos para sentenciar ou despachar*, exercer a liderança para *determinar as providências necessárias para que os atos processuais se realizem nos prazo legais*, e por fim, *exercer assídua fiscalização sobre os subordinados*.

A atribuição da gestão da unidade judiciária ao juiz federal também está expressa na Lei n. 5.010, de 30 de maio de 1966, ao dispor no artigo 1o que *A administração da Justiça Federal de primeira instância nos Estados, no Distrito Federal e nos Territórios, compete a Juízes Federais e Juízes Federais Substitutos, com a colaboração dos órgãos auxiliares instituídos em lei e pela forma nela estabelecida*. A responsabilidade, portanto, pela gestão recai sobre o magistrado, que conta com a colaboração dos servidores em cargos de direção. Esse diploma legal prescreve no artigo 55 *que o juiz é responsável pelo regular andamento dos feitos sob sua jurisdição e pelo bom funcionamento dos serviços auxiliares que lhe estiverem subordinados.*

A atribuição da função de gestor ao magistrado decorre da própria responsabilidade pela atividade administrativa, o que pressupõe liderança na condução dos trabalhos. Ao atribuir responsabilidade gerencial da unidade judiciária está a lei a exigir uma atuação eficiente. O juiz pode não ser vocacionado para a gestão, mas tem o dever legal de capacitar-se para o exercício da gerência.

Os juízes respondem aos órgãos de controle interno (corregedorias) pela ineficiência do serviço prestado e externamente pelo juízo crítico do cidadão, que pode legitimamente questionar junto aos órgãos de controle a atuação gerencial do magistrado, como a morosidade no julgamento dos processos. Podemos, assim, dizer que recai sobre o magistrado a *accountability* horizontal, na medida em que as escolhas gerenciais podem ser questionadas nos órgãos de controle interno e externo, e a *accountability* vertical, pelo olhar atento do cidadão e da mídia.[16] Possuem responsabilidade pelo cumprimento das metas estabelecidas pelo Poder Judiciário e regularidade do patrimônio da unidade judiciária a que está vinculado. Portanto, devem participar ativamente do processo decisório das estratégias do Judiciário e na definição da destinação dos recursos. Os juízes não podem ser meros executores de metas. Guilherme Feliciano chama a atenção para essa questão:

> *Se os juízes de primeiro e segundo graus não decidem nem a estratégia e nem tampouco as táticas, não são "gestores", se não em um sentido muito nobre (o de reproduzir). São, a rigor, meros executores (a exemplo, precisamente, de "franqueados" – mas aqueles mais limitados, cujos contratos de franquia proíbem qualquer inovação no modelo produtivo). Prega-se, pois, a ode ao "juiz gestor". Onde estará, nesse caso, a "independência"do magistrado? Aos poucos, deixa de ser independente. Até mesmo para formatar suas próprias pautas (2014)*

A peculiar condição do juiz enquanto agente político, dotado de poder decisório na execução de suas funções, impõe a sua participação no processo de definição das políticas públicas do Judiciário. Deve ser um agente transformador, participativo na identificação dos problemas e definição das ações que imprimam um serviço mais eficiente. Essa participação é possível com a

---

[16] A abrangência do termo *accountability* para abarcar os ocupantes dos cargos públicos não eleitos foi abordado no texto de ARANTES et al., no qual os autores fazem as seguintes considerações: *A democratização do poder público deve ir além do voto, pois este, por si só, não consegue garantir o controle completo dos governantes [...]* (LOUREIRO, 2012, p. 117) Embora essa questão comporte um estudo próprio, pela profundidade e importância do tema, pensamos que o Judiciário não foge em um Estado Democrático de Direito de todo o aparato de controle de sua gestão, devendo prestar contas de sua gestão pela transparência de seus atos, assim como pela eficiência na gestão dos recursos públicos, seja pela cúpula do Judiciário na condução das políticas públicas, seja pelo magistrado, enquanto membro de Poder, na gestão da unidade judiciária.

utilização de métodos que contemplem uma governança democrática. Para que o planejamento estratégico do Poder Judiciário promova o engajamento de todos os atores das políticas deve ser consensual, mecanismo democrático que permite contemplar também as condições das minorias com condições de produzir, no dizer de Liphart, políticas públicas mais firmes e centristas, além de maior probalidade de produzirem maiores resultados em face do consenso para a sua aprovação (2003).[17] Atualmente instrumentos tecnológicos permitem ouvir os magistrados investidos da função de julgar em locais longinquos, cujos problemas estão distantes dos centros de poder de decisão, mas que devem contemplar o planejamento estratégico – o juridicionado aqui e acolá gozam do mesmo título de cidadão com direitos iguais a uma prestação célere e justa. Ademais, a força criativa do magistrado pode contribuir para ações fundamentais no enfrentamento dos problemas.

Procuramos expor métodos que agregados à mensuração de desempenho proposta pelo BSC propiciam a identificação de problemas dos diversos órgãos do Judiciário, com a integração dos atores gestores na definição das políticas públicas capazes de produzirem resultados mais eficientes.

8. Estudo de caso: revisão da meta 6 da Justiça Federal

Na II Reunião Preparatória do Encontro Nacional do Poder Judiciário, ocorrida em 2015, a Justiça Federal suspendeu a revisão da meta n. 6, aprovada no VIII Encontro Nacional do Poder Judiciário, consistente em *Priorizar o julgamento das Ações coletivas. identificar e julgar: 1o. Grau: as distribuídas até 31/12/2012. 2o. Grau: as distribuídas até 31.12.2013."* A suspensão da revisão fundou-se na necessidade diagnosticar os problemas que impediram o alcance da meta no processamento das ações coletivas.

A implementação de fase de avaliação, com diagnóstico dos nós críticos de sucesso, constituiu inovação na revisão da meta, que normalmente ocorre apenas com o acréscimo de métrica ainda mais desafiadora. Portanto, vemos

---

[17] A partir da análise de variáveis macroeconômicas de 36 países democráticos, Liphart procura analisar de forma empírica se a forma de democracia adotada influencia nos seus resultados, concluindo ao final do estudo que: 1. As democracias de consenso apresentam um melhor resultado de desempenho do que as majoritárias; 2. Os resultados empíricos não permitem conclusões definitivas de que as democracias de consenso sejam melhores no que concerne à tomada de decisões e às políticas governamentais; 3. As democracia majoritárias não são superiores às democracias de consenso na administração da economia e na manutenção da paz civil.

nessa iniciativa um passo inicial mas fundamental para o avanço na gestão estratégica do Poder Judiciário.

A Justiça Federal abriu espaço ainda para que a associação de magistrados de âmbito nacional promovesse o diagnóstico da meta.[18] O diálogo institucional permitiu a contribuição dos magistrados por meio de outras arenas de discussão. A associação criou espaços de participação democrática de todos os juízes federais das diversas regiões do país, inclusive os dos mais longínquos rincões e das minorias, recolhendo suas informações e diagnosticando as dificuldades para uma melhor efetividade na condução dos processos coletivos. Para tanto, foi utilizada ferramenta da tecnologia da informação que proporciona a transposição das dificuldades da distância indispensáveis para a gestão estratégica.

A metodologia consistiu em encaminhar consulta a todos os juízes federais para que apontassem os maiores problemas a serem enfrentados no dia a dia para avanços no julgamento das ações coletivas, bem como propostas inovadoras à superação das dificuldades. Após o levantamento por meio de pesquisa qualitativa, realizou-se mediante questionário nova pesquisa a fim de se verificar o grau de persistência dos problemas apresentados e levantamento das diversas opiniões acerca de ações propostas.

Apresentado o resultado desse trabalho ao Comitê de Gestão Estratégica, com fundamento no levantamento das causas dos problemas para execução das metas, foi reduzido o grau de exigência na métrica que estava sendo pensada para o próximo ano. Além disso, e fundamentalmente, houve um compromisso de abertura de procedimento para estudo das propostas de ações com vistas a superação das causas do impedimento do resultado esperado, dificuldades de ordem processuais e estruturais. Algumas medidas propostas exigem cooperação entre segmentos de justiça, como redução do tempo para realização de audiências para oitiva de testemunhas por precatórias, empecilho para o bom desempenho que depende de atuação da alta administração.

É uma iniciativa isolada, é verdade, mas revela a disposição dos juízes de participarem da gestão estratégica e da possibilidade de instituição de uma verdadeira rede de governança democrática, com auxílio mas sem prejuízo da tomada de decisão política das ações pelos presidentes dos 91 tribunais do país.

---

[18] A Associação dos Juízes Federais do Brasil (AJUFE) possui âmbito nacional, abrangendo as cinco regiões da Justiça Federal.

Considerações finais

A gestão estratégica não se resume à fixação de metas e reuniões da alta administração, mas efetiva participação dos atores com responsabilidade de implementá-la. Sem a efetiva adoção de uma metodologia de governança democrática, os resultados do Poder Judiciário podem estar fadados à estagnação. É preciso conhecer o Judiciário profundamente e o único caminho possível é a inserção de mecanismos que permitam a comunicação da estratégia, dentro de uma perspectiva de mão dupla, informando de um lado e de outro abrindo arenas de participação democráticas que permitam o *feedback* da estratégia.

O coração da estratégia não está na mensuração do desempenho, que é importante, no entanto, insuficiente, mas está no engajamento dos atores e na participação democrática, viabilizando o comprometimento institucional para enfrentamento das concausas da ineficiência. O Judiciário pode avançar muito mais na implementação da rede de governança, propiciando nos comitês, escolas de magistratura e servidores, corregedorias, e sobretudo na gestão da Presidência dos Tribunais, arenas que considerem o potencial de conhecimento e inovação dos juízes e servidores, não como meros executores de metas, mas como agentes transformadores de um Judiciário cada vez mais promissor.

Referências

AGUNE, Roberto; GREGÓRIO, Alvaro; NEVES, Ana. *Gestão do Conhecimento e Inovação no setor público. Dá pra fazer.* São Paulo: Secretaria de Planejamento e Desenvolvimento Regional, 2014.

ARRETCHE, Marta. *Uma contribuição para fazermos avaliações menos ingênuas.* Publicado em BARREIRA, Maria Cecilia Roxo Nobre & CARVALHO,Maria do Carmo Brant (orgs.). *Tendências e Perspectivas na Avaliação de Políticas e Programas Sociais.* São Paulo: IEE/PUC, [2002?] Disponível em < http://www.fflch.usp.br/dcp/assets/docs/Marta/Arretche_2002.pdf>. Acesso em 22/12/1915.

CONTI, José Mauricio. *Poder Judiciário: 2014 é o ano do planejamento estratégico.* Disponível em <http://www.conjur.com.br/2014-fev-04/contas-vista-poder-judiciario-2014-ano--planejamento-estrategico>. Acesso em 18 dez. 2015.

CORREA, Luiz Hamilton; JUNIOR, Flávio Hourneaux, NETTO, Francisco Sobreira., SOUZA, Antonia Egídia de. *A evolução da aplicação do planejamento estratégico situacional na administração pública municipal brasileira: o caso Santo André.* Revista Gestão e Regionalidade. Vol. 23,n. 67, mai-ago/2007.

FELICIANO, Guilherme Guimarães. *Garantias e Prerrogativas da Magistratura: Escorço e Cotejo. Por onde anda o 'juiz-gestor'?* Disponível em http://www.anamatra.org.br/index.php/artigos/garantias-e-prerrogativas-da-magistratura-escorco-e-cotejo-por-onde-anda-o-juiz-gestor Acesso em: 15 dez. 2015.

LIJPHART, Arend, *Modelos de Democracia, Desempenho e padrões de governo em 36 países.* Civilização Brasileira, Rio de Janeiro, 2003.

LOUREIRO, Maria Rita; ABRUCIO, Fernando Luiz; PACHECO, Regina Silvia (orgs.). Burocracia e política no Brasil: desafios para a ordem democrática no século XXI. Rio de Janeiro: Editora FGV, 2010.

MATTUS, Carlos. *Adeus, senhor presidente: governantes governados.* Tradução de Luís Felipe Rodriguez del Riego. 2a. impressão 1997. São Paulo: Fundap, 1996.

NETO, Antonio de Oliveira Barros. *Proposta para implantação do BSC em uma instituição pública, usando como base o Planejamento Estratégico do Inmetro.* Disponível em <http://www.aedb.br/seget/arquivos/artigos06/504_504_ArtigoSeget.pdf.> Acesso em: 15 dez. 2015.

OECD reviews of Regulatory Reform. Strengthening governance for growth. Brazil. 2008.

PERDICARIS, Priscila; DULTRA, Guilherme; CASTRO, Luiz Ricardo Kabbach; CAMANHO, Roberto. *Ferramentas de Análise Gerencial e Modelos de Decisão: O Caso da Coordenadoria da Administração Tributária da Secretaria da Fazenda do Estado de São Paulo. Painel 5: Novas técnicas para a otimização da gestão pública.* Disponível em <http://consad.org.br/wp-content/uploads/2013/02/FERRAMENTAS-DE-ANÁLISE--GERENCIAL-E-MODELOS-DE-DECISÃO-O-CASO-DA-COORDENADORIA--DA-ADMINISTRAÇÃO-TRIBUTÁRIA-DA-SECRETARIA-DA-FAZENDA-DO--ESTADO-DE-SÃO-PAULO1.pdf.> Acesso em: 15 dez. 2015.

KAPLAN, Roberts; NORTON, David P. *A estratégia em ação: balanced scorecard.* Tradução Luiz Euclydes Trindade Frazão Filho. 1a. ed. 32a. Reimpressão. Rio de Janeiro: Elsevier, 1997.

_____. *A execução premium: a obtenção de vantagem competitiva através do vínculo da estratégica com as operações do negócio.* Trad. Afonso Celso da Cunha Serra. 9a. reimpressão. Rio de Janeiro: Elsevier, 2008.

SECCHI, Leonardo. Políticas públicas: conceitos, esquemas de análise, casos práticos. São Paulo: Cengage Learning, 2010.

SUBIRATS, Joan; KNOEPFEL, Peter; LARRUE, Corinne; VARONE, Frédéric. *Análisis y gestión de políticas públicas.*1a. edição. Espanha: 2012.

Orçamento e Autonomia financeira do poder judiciário

Kiyoshi Harada
Jurista com 32 obras publicadas, dentre elas, *Direito financeiro e tributário*, 26ª edição, Atlas, 2017. Professor de Direito Administrativo, Financeiro e Tributário nos cursos de pós graduação em várias instituições de ensino superior. Acadêmico da Academia Paulista de Letras Jurídicas, da Academia Brasileira de Direito Tributário e da Academia Paulista de Direito. Sócio fundador da Harada Advogados Associados. Ex Procurador Chefe da Consultoria Jurídica do Município de São Paulo

1. Introdução

Segundo a Constituição Federal temos três leis orçamentárias, a saber: (a) Lei do Plano Plurianual – PPA – que estabelece de forma regionalizada as diretrizes, objetivos e metas da administração pública federal para as despesas de capital e outras delas decorrentes por um período superior a um ano. Objetiva assegurar a continuidade do programa de governo que muitas vezes implica execução de obras e serviços de duração continuada e prolongada; (b) Lei de Diretrizes Orçamentárias – LDO – que estabelece as metas e prioridades da administração pública federal, incluindo as despesas de capital para o exercício financeiro subsequente, orienta a elaboração da lei orçamentária anual, dispõe sobre as alterações da legislação tributária e estabelece a política de aplicação das agências financeiras oficiais de fomento. Situa-se entre a Lei do Plano Plurianual e a Lei Orçamentária Anual promovendo a seleção de objetivos e metas previstas no PPA passíveis de serem alcançados; (c) Lei Orçamentária Anual – LOA – que disponibiliza os recursos financeiros necessários para atingir os objetivos e metas eleitos na Lei de Diretrizes Orçamentárias. A Lei Orçamentária Anual confere, pois, caráter dinâmico-operativo à Lei de Diretrizes Orçamentárias que não dispõe de verbas próprias.

2. O que é orçamento anual, sua natureza jurídica e o processo legislativo

A Lei Orçamentária Anual – LOA – abrange o orçamento fiscal da União (receitas e despesas), o orçamento de investimento das empresas públicas e o orçamento da seguridade social, consoante prescrição do § 5º, do art. 165 da CF. O orçamento fiscal, por sua vez, abarca os três poderes da União (Executivo, Legislativo e Judiciário), seus fundos, órgãos e entidades da administração direta e indireta, além das fundações instituídas e mantidas pelo poder público.

Vários são os conceitos de orçamento.

Em termos clássicos, o orçamento nada mais é do que uma peça que contém a aprovação prévia das despesas e das receitas para um período determinado.

Hoje, o orçamento anual reflete o plano de ação do governo constituindo-se em importante instrumento dinâmico do Estado para dirigir sua atuação no campo econômico-social. Não há, nem pode haver orçamento que não leve em conta os interesses da sociedade à medida que ele representa um instrumento do exercício da cidadania, consistente no direcionamento das despesas públicas por conta das receitas compulsórias arrecadadas da sociedade. Costuma-se dizer que pelo exame do orçamento anual é possível detectar a tendência do Estado no campo político-social. Dependendo do partido político que estiver no poder prioriza-se as despesas com investimento em obras públicas, ou em ciências e tecnologia visando o crescimento da economia futura, ou, prioriza-se os gastos com benefícios sociais de variadas espécies para promover a inclusão social. Os estadistas, raros em dias atuais, fazem a duas coisas ao mesmo tempo, mas sempre dentro das possibilidades financeiras do Estado. O certo é que não há, nem pode haver orçamento anual que não atenda as prioridades da sociedade.

Pode-se dizer em face do exposto que o orçamento é o ato pelo qual o Poder Legislativo estima a arrecadação do montante dos tributos criados por lei, a ser feito pelo Executivo, ao mesmo tempo em que autoriza, por um período certo, as despesas destinadas ao funcionamento do serviço público e a execução de obras dentro da política econômica global do país segundo a previsão da Lei de Diretrizes Orçamentárias refletida na Lei Orçamentária Anual. Esclarecemos que compõem o orçamento as receitas, não apenas as provenientes de tributos, mas também, aquelas denominadas originárias, resultantes da exploração do patrimônio público, além das receitas oriundas de crédito público (dívida pública) que estão incorporadas na rotina governamental, como uma das fontes ordinárias importantes de obtenção de recursos financeiros para a consecução de fins do Estado.

A Lei Orçamentária Anual – LOA –, apesar de assumir as características de um programa de ação do governo, interagindo com a Lei do Plano Plurianual – PPA – e a Lei de Diretrizes Orçamentárias – LDO – não tem um caráter impositivo.

Alguns juristas de renome, como Adilson Abreu Dallari afirmam categoricamente que o orçamento anual tem caráter impositivo porque elaborado em função de objetivos e metas a serem atingidas . São suas as palavras:

> "O orçamento-programa, que é elaborado em função de objetivos e metas a serem atingidas, de projetos e programas a serem executados, dos quais as dotações são a mera representação numérica, não mais pode ser havido como meramente autorizativo, tendo, sim, por determinação constitucional, um caráter impositivo[1].

A tese pode até pode ser sedutora, principalmente se levarmos em conta que o Supremo Tribunal Federal abandonou a sua antiga jurisprudência e passou a admitir o controle abstrato das normas orçamentárias para conter os abusos na abertura de créditos extraordinários, por meio de medidas provisórias, para custear despesas que nada têm de extraordinários, porque não são despesas imprevisíveis e urgentes, nos termos do § 3º, do art. 167 da CF. Nesse sentido, a ADI nº 2.925, Rel. Min. Ellen Gracie, *DJ* de 4-3-2005 que abriu precedente para outros julgados no mesmo sentido.

Indiferente à posição adotada pela Corte Suprema, o governo federal continua abrindo, por meio de infindáveis medidas provisórias, quase que semanalmente, os créditos adicionais extraordinários, confundindo despesas imprevistas no orçamento que devem ser atendidas por abertura de crédito adicional especial, com despesas imprevisíveis, como guerra externa, comoção intestina e calamidade pública a serem custeadas por tributos temporários (impostos extraordinários na forma do inciso II, do art. 154 da CF, e empréstimo compulsório de conformidade com do inciso I, do art. 148 da CF). A abertura de crédito adicional extraordinário não pode ser feita mediante anulação parcial de verbas previstas em outras dotações, como se tratasse de abertura de crédito adicional especial. O art. 41 da Lei nº 4.320/64 a seguir transcrito deixa isso bem claro:

---

[1] *Orçamento impositivo, in Orçamentos públicos e direito financeiro*, obra coletiva sob coordenação de José Maurício Conti e Fernando Facury Scaff. São Paulo: Revista dos Tribunais, 2011, p. 325.

"Art. 41. Os créditos adicionais classificam-se em:

I – suplementares, os destinados a reforço de dotação orçamentária;

II – especiais, os destinados a despesas para as quais não haja dotação orçamentária específica;

III – extraordinários, os destinados a despesas urgentes e imprevisíveis, em caso de guerra, comoção intestina ou calamidade pública".

2.1. Natureza Jurídica do Orçamento

Não há unanimidade da doutrina quanto à natureza jurídica do orçamento. As definições dadas por financistas como Duguit, Jèze e outros são imprecisas porque partem de considerações de natureza extrajurídica apegando-se às noções de finanças públicas.

Diante das prescrições do art. 165 e parágrafos 5º, 6º e 8º da CF, sem dúvida alguma, o orçamento anual tem a natureza de lei.

Mas, difere das demais leis, caracterizadas pela generalidade e abstração de normas, destinadas a vigorar permanentemente, ressalvada sua revogação.

Costuma-se dizer que a lei orçamentária é lei de efeito concreto estimando as receitas, de um lado, e fixando as despesas, de outro lado, para execução do programa de governo refletido no orçamento anual.

O certo é que a Lei Orçamentária Anual, além de configurar formalmente uma lei tem inegavelmente um conteúdo material, tanto é que a violação de suas normas pode caracterizar crime de responsabilidade nos termos do art. 85, VI da CF e art. 4º, VI da Lei nº 1.079/50, bem como ato de improbidade administrativa de conformidade com o disposto nos arts. 10, VI e XI e 11, I da Lei nº 8.429/92.

Tanto isso é verdade que o Supremo Tribunal Federal alterou a sua jurisprudência antiga, passando a admitir o controle abstrato de normas orçamentárias a partir da ADI nº 2.925, Rel. Min. Ellen Gracie, *DJ* de 4-3-2005. Na ADI nº 4048, Rel. Min. Gilmar Mendes, *DJe* de 22-8-2008, foi declarada a inconstitucionalidade da medida provisória que abriu crédito adicional extraordinário a favor dos Ministérios do Desenvolvimento Agrário, Defesa e Integração Nacional para despesas que nada têm de imprevisíveis e urgentes, como exige o §3º, do art. 167 da CF.

Despesas imprevisíveis e urgentes são aquelas decorrentes de guerras, comoção interna e calamidade pública a serem atendidas com a arrecadação de tributos de natureza temporária, isto é, impostos extraordinários (art. 154, II da CF) e empréstimo compulsório (art. 148 da CF).

De fato, dispõe o § 3º, do art. 167 da CF:

> "§ 3º A abertura de crédito extraordinário somente será admitida para atender a despesas imprevisíveis e urgentes, como as decorrentes de guerra, comoção interna ou calamidade pública, observado o disposto no art. 62".

Despesa imprevista na lei orçamentária não se confunde com despesa imprevisível. Despesas imprevistas devem ser atendidas mediante abertura de crédito adicional especial na forma da classificação dada pelo art. 41 da Lei nº 4.320/64, *in verbis:*

> "I – suplementares, os destinados a reforço de dotação orçamentária;
> II – especiais, os destinados a despesas para as quais não haja dotação orçamentária específica;
> III – extraordinários, os destinados a despesas urgentes e imprevistas, em caso de guerra, comoção intestina ou calamidade pública".

Uma interpretação sistemática dos três incisos e conforme com a Constituição conduz à conclusão de que o inciso III refere-se às despesas imprevisíveis, porque as imprevistas estão mencionadas no inciso anterior.

2.2. Processo legislativo

A iniciativa da Lei Orçamentária Anual é do Poder Executivo, na forma do art. 165 da CF, cabendo ao Presidente da República a incumbência de enviar a proposta orçamentária ao Congresso Nacional (art. 84, XXIII da CF) até quatro meses antes do encerramento do exercício financeiro (inciso III, do § 2º, do art. 35 do ADCT), vale dizer, até o dia 31 de agosto de cada ano, sob pena de o Congresso Nacional inciar a discussão da proposta orçamentária com base na Lei de Orçamento Anual em curso, nos termos do art. 32 da Lei nº 4.320/64, que assim prescreve:

> "Art. 32. Se não receber a proposta orçamentária no prazo fixado nas Constituições ou nas Leis Orgânicas dos Municípios, o Poder Legislativo considerará como proposta a Lei de Orçamento vigente".

Compete ao Poder Judiciário elaborar a sua proposta orçamentária dentro dos limites previstos na Lei de Diretrizes Orçamentárias (art. 99 e § 1º da

CF). No âmbito federal essa proposta é encaminhada pelos Presidentes do Supremo Tribunal Federal e dos Tribunais Superiores, conforme prescrição do § 2º, do art. 99 da CF. As propostas orçamentárias do Judiciário, do Poder Legislativo e dos demais órgãos ou entidades do Executivo são unificadas, sofrendo ajustes necessários antes do seu envio ao Parlamento Nacional (§ 4º, do art. 99 da CF), a fim de que as despesas a serem fixadas situem-se nos limites das estimativas de receitas.

No Congresso Nacional, o projeto de lei orçamentária é apreciado pelas duas Casas na forma do regimento comum sendo, desde logo, examinado por uma Comissão Mista de Deputados e Senadores, que emitirá o parecer. As emendas serão recebidas pela citada comissão.

O poder de emenda por parte dos parlamentares é restringido pelas enumerações do §3º, do art. 166 da CF, impossibilitando, na prática, o aumento de despesas ou remanejamento de verbas de outras dotações para atender o interesse público que mais de perto afete a população que compõe a base eleitoral dos parlamentares.

É uma restrição que não se harmoniza com o direcionamento das despesas públicas de interesse da sociedade, teoricamente representada pelos Deputados.

Por isso, estabeleceu-se a prática de emendas parlamentares de comum acordo com o Executivo, que poderá enviar mensagens modificativas do projeto legislativo sob discussão, com fundamento no § 5º, do art. 166 da CF, enquanto não iniciada a votação do parecer produzido pela citada Comissão Mista.

O represamento de recursos provenientes de emendas parlamentares provocou a reação do Congresso Nacional que apresentou a PEC nº 565/06, originária da Câmara dos Deputados, prevendo o orçamento impositivo mediante acréscimo do art. 165-A na Constituição, tornando obrigatória a execução da lei orçamentária, salvo se aprovada, pelo Parlamento Nacional, solicitação, de iniciativa do Presidente da República, para cancelamento ou contingenciamento, total ou parcial, de dotação. Cautelosamente, essa PEC inseriu um texto que condiciona a vigência do orçamento impositivo à sua regulamentação por lei complementar, certamente, para manter o poder de negociação do Legislativo.

3. Poder Judiciário e o orçamento

Transcrevamos os dispositivos constitucionais pertinentes para a melhor compreensão da chamada autonomia financeira do Judiciário:

"Art. 99. Ao Poder Judiciário é assegurada autonomia administrativa e financeira.

§ 1º Os tribunais elaborarão suas propostas orçamentárias dentro dos limites estipulados conjuntamente com os demais Poderes na lei de diretrizes orçamentárias.

§ 2º O encaminhamento da proposta, ouvidos os outros tribunais interessados, compete:

I - no âmbito da União, aos Presidentes do Supremo Tribunal Federal e

dos Tribunais Superiores, com a aprovação dos respectivos tribunais;

II - no âmbito dos Estados e no do Distrito Federal e Territórios, aos

Presidentes dos Tribunais de Justiça, com a aprovação dos respectivos tribunais.

§ 3º Se os órgãos referidos no § 2º não encaminharem as respectivas propostas orçamentárias dentro do prazo estabelecido na lei de diretrizes orçamentárias, o Poder Executivo considerará, para fins de consolidação da proposta orçamentária anual, os valores aprovados na lei orçamentária vigente, ajustados de acordo com os limites estipulados na forma do § 1º deste artigo. (Incluído pela Emenda Constitucional nº 45, de 2004)

§ 4º Se as propostas orçamentárias de que trata este artigo forem encaminhadas em desacordo com os limites estipulados na forma do § 1º, o Poder Executivo procederá aos ajustes necessários para fins de consolidação da proposta orçamentária anual. (Incluído pela Emenda Constitucional nº 45, de 2004)

§ 5º Durante a execução orçamentária do exercício, não poderá haver a realização de despesas ou a assunção de obrigações que extrapolem os limites estabelecidos na lei de diretrizes orçamentárias, exceto se previamente autorizadas, mediante a abertura de créditos suplementares ou especiais". (Incluído pela Emenda Constitucional nº 45, de 2004)

"Art. 168. Os recursos correspondentes às dotações orçamentárias, compreendidos os créditos suplementares e especiais, destinados aos órgãos dos Poderes Legislativo e Judiciário, do Ministério Público e da Defensoria Pública, ser-lhes-ão entregues até o dia 20 de cada mês, em duodécimos, na forma da lei complementar a que se refere o art. 165, § 9º". (Redação dada pela Emenda Constitucional nº 45, de 2004)

Como antes examinado, o Poder Judiciário goza de autonomia para enviar ao Executivo sua proposta orçamentária por meio dos Presidentes do Supremo Tribunal Federal e dos Tribunais Superiores. Só que essas propostas sofrem as restrições dos parágrafos 1º e 4º, do art. 99 da CF retrotranscritos que atuam como limitadores dessa autonomia, não bastasse o fato de que o projeto de lei orçamentária é de iniciativa privativa do Executivo. Aliás, a apresentação de propostas orçamentárias autônomas por Poderes e órgãos diversos pressupõe a fixação de um limite de despesa para cada um sob pena de superação do montante das receitas estimadas. E esse limite é fixado na Lei de Diretrizes Orçamentárias – LDO – de iniciativa privativa do Poder Executivo que orientará a elaboração da Lei Orçamentária Anual – LOA. Se existem vários órgãos apresentando as suas programações orçamentárias de forma autônoma, mas que devem ao final conter dentro do limite global de receitas públicas, parece óbvio que deve existir um limite parcial para cada um desses órgãos. Isso acontece, por exemplo, com os limites de despesas com pessoal para cada Poder e órgão do Ministério Público, na forma do art. 20 da Lei de Responsabilidade Fiscal – LRF – para viabilizar o respeito ao limite global da despesa com pessoal correspondente a 50% da receita corrente líquida para a União e 60% das receitas correntes líquidas para os Estados e Municípios, conforme prescrição do art. 19 da LRF, com fundamento no art. 169 da CF. Por tais razões, os limites por Poder, como previstos no art. 20 da LRF – 2,5 % para o Poder Legislativo compreendendo o Tribunal de Contas da União; 6% para o Poder Judiciário; 40,9% para o Poder Executivo; e 0,6% para o Ministério Público na esfera federal – foram considerados constitucionais, não ofendendo o princípio de separação de Poderes[2].

3.1. Distinção entre autonomia financeira e autonomia orçamentária

A autonomia financeira pressupõe poder de obter recursos financeiros por meio de receitas derivadas (tributos) e receitas originárias e creditícias. O poder de tributar só tem as pessoas jurídicas de direito público interno (União, Estados, DF e Municípios). O Judiciário não detém esse poder de tributar, por isso não goza de autonomia financeira, apesar de o texto do art. 99 da CF referir-se à sua autonomia administrativa e financeira. Mas, é o próprio art. 99 que por meio de seus parágrafos explicitam o alcance e conteúdo dessa autonomia que longe está de uma autêntica autonomia financeira. Aliás, se

---

[2] ADI nº 2.238-5, Rel. Min. Ilmar Galvão, *DJe* de 12-9-2009.

os três Poderes fossem autônomos, administrativa e financeiramente todos eles gozariam de autonomia política tal qual uma pessoa jurídica de direito público interno. Teríamos três Estados dentro do Estado Federal Brasileiro.

Na verdade, a autonomia do Poder Judiciário em matéria orçamentária resume-se na elaboração de proposta orçamentária e na garantia constitucional de repasse dos recursos financeiros correspondentes às verbas fixadas na Lei Orçamentária Anual em forma de duodécimos todo o dia 20 de cada mês, na forma da lei, conforme prescreve o art. 168 da CF retro transcrito.

Tirante os Poderes Judiciário e Legislativo e o Ministério Público e a Defensoria Pública nenhuma outra unidade orçamentária, órgãos ou entidades públicas, goza dessa prerrogativa que inibe o contingenciamento de recursos concentrados no Tesouro, por força do princípio da unidade de tesouraria (art. 56 da Lei nº 4.320/64 recepcionado pelo art. 164, § 3º da CF).

Os demais órgãos ou entidades contemplados na LOA são meros destinatários de recursos na proporção da verba consignada no orçamento anual. Não são credores da União por quantia certa, nem a União é devedora de qualquer uma das unidades orçamentárias. O nosso orçamento é do tipo autorizativo, isto é, limita-se a autorizar as despesas fixadas na LOA, mas não obriga a sua execução, podendo as verbas serem remanejadas para outros programas de governo, ou outras unidades orçamentárias até o limite de 30% de cada dotação, por Decreto do Executivo, e mediante autorização legislativa no que exceder a esse percentual. Não há entre nós o chamado orçamento impositivo.

Nisso reside à autonomia orçamentária do Poder Judiciário: a efetiva disponibilização material de recursos financeiros concernentes às verbas consignadas em seu nome. A apresentação de proposta orçamentária própria pelo Judiciário, também não é fator de sua autonomia orçamentária, pois a proposta deverá se conter dentro dos limites fixados na LDO de que não participa o Judiciário, sob pena de sofrer cortes por ocasião do ajuste quando da unificação global das propostas pelo Executivo.

3.2. Corte de verbas constantes da proposta orçamentária apresentada pelo Judiciário

Como vimos várias propostas orçamentárias são encaminhadas para o Poder Executivo que tem a responsabilidade de proceder a unificação dessas propostas parciais, para formulação de proposta orçamentária a ser enviada ao Congresso Nacional por intermédio do Presidente da República, dentro do prazo constitucional.

PODER JUDICIÁRIO

Quem tem a responsabilidade de enviar a proposta orçamentária equilibrada ao Parlamento é o Executivo, por meio do Presidente da República. Logo, cabe ao Executivo fazer os cortes seletivos necessários. O que não pode é o Presidente da República enviar ao Congresso Nacional uma proposta orçamentária desequilibrada, isto é, com o montante das despesas superior ao montante das receitas estimadas, sob pena de confissão de incompetência no planejamento da ação governamental.

O que pode e deve haver é o diálogo entre os Poderes Executivo e Judiciário para promover o ajuste orçamentário, mas não cabe qualquer remédio processual se o Executivo não atender à solicitação do Poder Judiciário.

No Estado de São Paulo tivemos um único exemplo de impetração de mandado de segurança pelo Vice Presidente do Tribunal de Justiça do Estado de São Paulo contra ato do Governador e da mesa da Assembléia Legislativa motivada pela supressão parcial da proposta orçamentária encaminhada pelo Presidente do Tribunal de Justiça do Estado. Não se sabe que desfecho teria, pois o episódio foi encerrado por meio de acordo de cavalheiros.

3.3. A intocabilidade dos recursos financeiros correspondentes às verbas consignadas ao Poder Judiciário

Como retroexaminado, os recursos financeiros correspondentes às verbas consignadas ao Poder Judiciário pela Orçamentária Anual, dentro dos limites da sua proposta orçamentária acolhida pelo Executivo, têm o caráter de execução compulsória, isto é, não cabe ao governo, que mantém a guarda desses recursos concentrados no Tesouro, a faculdade de disponibilizá-los no na quantidade e no momento que lhe aprouver.

O art. 168 da CF, como vimos, é claro em determinar que esses recursos, bem como os créditos adicionais suplementares e especiais sejam materialmente entregues ao Poder Judiciário até o dia 20 de cada mês, em duodécimos, na forma da lei complementar. A Lei Orçamentária Anual, neste particular, assume a característica de um orçamento do tipo impositivo, por enquanto, sem previsão constitucional.

O desrespeito ao disposto no art. 168 da CF caracteriza crime de responsabilidade, nos termos do art. 85, inciso VI, *in verbis*:

ORÇAMENTO E AUTONOMIA FINANCEIRA DO PODER JUDICIÁRIO

"Art. 85. São crimes de responsabilidade os atos do Presidente da República que atentem contra a Constituição Federal e, especialmente, contra:

...

VI – a lei orçamentária".

Como se verifica, o crime de responsabilidade no caso fica duplamente caracterizado: (a) pela afronta direta ao *caput* do art. 85; e (b)por atentado à lei orçamentária (inciso VI).

Se as dotações orçamentárias e os créditos abertos, consignados diretamente ao Poder Judiciário na forma do § 6º, do art. 100 da CF, fossem obedecer ao disposto no art. 168 da Carta Magna não estaríamos, hoje, enfrentando o problema de precatórios "impagáveis" que já está a reclamar a quarta moratória constitucional.

4. A execução orçamentária em desacordo com a Lei Orçamentária Anual e suas consequências

Apesar de haver três tipos de controle para a fiscalização da execução orçamentária: controle interno, controle externo a ser feito pelo Legislativo com auxílio do Tribunal de Contas da União, e o controle social ou privado a ser realizado por cidadão, partido político, associação ou sindicato, nunca houve, na prática, qualquer tipo de controle efetivo. As próprias prestações de contas anuais do Executivo são esquecidas nos escaninhos do Congresso Nacional por décadas. Ninguém tem interesse em saber como foi executado o orçamento, o que foi cumprido e o que foi descumprido. O próprio Congresso Nacional é partícipe permanente nos atos de desmontagem do orçamento anual, quer prorrogando indefinidamente a Desvinculação de Receitas Orçamentárias – DRU – atual denominação do antigo Fundo de Estabilização Fiscal que sucedeu ao Fundo Social de Emergência. A DRU equivale a retirar do orçamento anual 30% da receita proveniente de tributos federais para ser gasto segundo a discrição do governante e não segundo a Lei Orçamentária Anual.

Outrossim, a aprovação automática das medidas provisórias que preveem semanalmente as aberturas de crédito adicional extraordinário para promover despesas que nada têm de extraordinárias, acabam desmontando e desfigurando por completo o orçamento anual aprovado pelo Poder Legislativo. Isso sem falar da alteração de metas fiscais por instrumentos legislativos supervenientes, sempre que as originalmente fixadas não tiverem sido atingidas, de sorte

PODER JUDICIÁRIO

que do ponto de vista formal as metas são sempre rigorosamente cumpridas. Isso, de certa forma, equivale à supressão do crime com descriminalização do fato tipificado com efeito retroativo.

Tudo isso nos leva a indagar se de fato existe orçamento no Brasil.

Entretanto, em momentos de crise política, começam a questionar violações de normas orçamentárias, inclusive, enxergando crime de responsabilidade pela retenção de recursos concernentes às verbas consignadas a instituições bancárias oficiais, confundindo recursos concentrados no Tesouro para oportuno repasse segundo as normas orçamentárias, com dívidas da União. Na realidade, as unidades orçamentárias não têm a garantia do repasse das verbas consignadas, com exceção dos Poderes Judiciários e Legislativos e o Ministério Público e a Defensoria Pública, como já vimos.

5. Conclusão

A tão falada autonomia financeira do Poder Judiciário resume-se na autonomia orçamentária, na livre realização das despesas por conta das verbas que lhes foram consignadas pela Lei Orçamentária Anual, cujo recursos financeiros correspondentes devem ser repassados em forma de duodécimos todo o dia 20 do mês, conforme mandamento constitucional prescrito no art. 168, garantia essa extensível ao Poder Legislativo, ao Ministério Público e à Defensoria Pública.

Nenhuma outra unidade orçamentária, seja órgão público ou entidade pública ou privada contemplada na Lei Orçamentária Anual tem a garantia constitucional ou legal de repasses de recursos correspondentes às verbas que lhes foram consignadas.

Análise das despesas com pessoal do Poder Judiciário

Moacir Marques da Silva
É contador, administrador e advogado. Possui pós-graduação e mestrado. Agente de Fiscalização do Tribunal de Contas do Município de São Paulo (TCMSP) desde 1996, onde exerceu as funções de Chefe, Diretor de Divisão, Diretor de Departamento e Secretário de Fiscalização e Controle. Atualmente ocupa o cargo de Diretor da Escola Superior de Gestão e Contas Públicas Conselheiro Eurípedes Sales, do TCMSP.

1. Introdução

O Poder Judiciário integra no País a organização político-administrativa ao lado dos Poderes Executivo e Legislativo, tendo a função de aplicar a lei diante do caso concreto em matérias submetidas à sua apreciação.

Portanto, a magistratura é exercida pelo Poder Judiciário, composto de juízes cuja missão constitucional é julgar os litígios entre os cidadãos através de um processo. Será o juiz quem dirá como a lei será aplicada, interpretando-a segundo as normas que regem o sistema jurídico brasileiro e atendendo aos fins sociais a que ela se dirige e às exigências do bem comum.[1]

Para essa finalidade, dispõe de uma estrutura composta de instâncias que se encadeiam de maneira hierárquica, de forma que uma instância seja subordinada a outra.

A Constituição Federal em seu art. 2º assegura a independência do Poder Judiciário ao afirmar que "São Poderes da União, independentes e harmônicos entre si, o Legislativo, o Executivo e o Judiciário".

E o art. 92 estabelece os órgãos que compõem o Poder Judiciário, a saber:

---

[1] Conhecendo a justiça brasileira / FGV Projetos. Rio de Janeiro: FGV Projetos, 2015, pág.35.

I – o Supremo Tribunal Federal;

I – A o Conselho Nacional de Justiça;

II – o Superior Tribunal de Justiça;

III – os Tribunais Regionais Federais e Juízes Federais;

IV – os Tribunais e Juízes do Trabalho;

V – os Tribunais e Juízes Eleitorais;

VI – os Tribunais e Juízes Militares;

VII – os Tribunais e Juízes dos Estados e do Distrito Federal e Territórios.

No campo do direito financeiro, o art. 99 assegura ao Poder Judiciário autonomia administrativa e financeira para elaborar o seu orçamento, dispondo sobre o rito procedimental, *in verbis*:

"§ 1º Os tribunais elaborarão suas propostas orçamentárias dentro dos limites estipulados conjuntamente com os demais Poderes na lei de diretrizes orçamentárias.

§ 2º O encaminhamento da proposta, ouvidos os outros tribunais interessados, compete:

I – no âmbito da União, aos Presidentes do Supremo Tribunal Federal e dos Tribunais Superiores, com a aprovação dos respectivos tribunais;

II – no âmbito dos Estados e no do Distrito Federal e Territórios, aos Presidentes dos Tribunais de Justiça, com a aprovação dos respectivos tribunais.

§ 3º Se os órgãos referidos no § 2º não encaminharem as respectivas propostas orçamentárias dentro do prazo estabelecido na lei de diretrizes orçamentárias, o Poder Executivo considerará, para fins de consolidação da proposta orçamentária anual, os valores aprovados na lei orçamentária vigente, ajustados de acordo com os limites estipulados na forma do § 1º deste artigo. (Incluído pela Emenda Constitucional nº 45, de 2004)

§ 4º Se as propostas orçamentárias de que trata este artigo forem encaminhadas em desacordo com os limites estipulados na forma do § 1º, o Poder Executivo procederá aos ajustes necessários para fins de consolidação da proposta orçamentária anual. (Incluído pela Emenda Constitucional nº 45, de 2004)

§ 5º Durante a execução orçamentária do exercício, não poderá haver a realização de despesas ou a assunção de obrigações que extrapolem os limites estabelecidos na lei de diretrizes orçamentárias, exceto se previamente autorizadas, mediante a abertura de créditos suplementares ou especiais."

O Professor Regis de Oliveira[2] conceitua o orçamento "como a lei periódica que contém previsão de receitas e fixação de despesas, programando a vida econômica e financeira do Estado, de cumprimento obrigatório, vinculativa do comportamento do agente público".

Observa-se que o Poder Judiciário, como órgão independente, possui autonomia financeira para planejar e elaborar o seu orçamento fiscal, compreendendo as receitas e despesas necessárias para a sua manutenção.

Nas palavras de Mendes[3] "A autonomia administrativa e financeira materializa-se também na outorga do Poder de elaborar suas propostas orçamentárias dentro dos limites estabelecidos com os demais Poderes na lei de diretrizes orçamentárias".

A análise realizada por Rocha[4] aponta que os parágrafos acrescentados pela reforma do Judiciário (EC nº 45/2004) tratam de regramentos específicos para a elaboração das propostas orçamentárias do Poder Judiciário. Segundo o autor, "não houve aqui qualquer alteração substancial, uma vez que foi mantida a autonomia financeira, nem poderia ser de outro modo, e se procurou dar ao Poder Executivo instrumentos de adequação para que seja atendida a lei de diretrizes orçamentárias".

Nesse sentido, dispõe o § 5º, do art. 165, da Constituição Federal, ao prever que a lei orçamentária anual compreenderá, dentre outros, "o orçamento fiscal referente aos Poderes da União".

Ao elaborar o seu orçamento, o Poder Judiciário deverá prever todas as receitas e despesas que constarão da Lei de Orçamento pelos seus totais, vedadas quaisquer deduções, de acordo com o art. 6º, da Lei Federal nº 4.320/64.

Após preparar o seu orçamento, o Poder Judiciário encaminha a peça de planejamento ao Poder Executivo para consolidação no projeto de lei orçamentária a ser encaminhado ao Legislativo, ressaltando que o projeto deve ser elaborado de acordo com o plano plurianual, com a lei de diretrizes orçamentárias e com a Lei Complementar nº 101/2000 (lei de responsabilidade fiscal).

Essa é uma das garantias institucionais outorgadas pela Constituição Federal para assegurar a autonomia deste órgão em relação aos demais Poderes.

---

[2] OLIVEIRA, Regis Fernandes de. Curso de Direito Financeiro. 3ª Ed. São Paulo: Editora Revista dos Tribunais, 2010, p.347.

[3] MENDES, Gilmar Ferreira. COELHO, Inocêncio Mártires. BRANCO, Paulo Gustavo Gonet. Curso de Direito Constitucional. 5ª Ed. São Paulo: Editora Saraiva, 2010, p.1068.

[4] ROCHA, Zélio Maia da. A Reforma do Judiciário – Uma avaliação jurídica e política. São Paulo: Editora Saraiva, 2005, p.56.

Para Araújo e Nunes Júnior[5], trata-se da garantia da autonomia financeira, "representada pela prerrogativa de elaboração de suas propostas orçamentárias dentro dos limites estabelecidos com os demais Poderes na lei de diretrizes orçamentárias".

Acrescenta os citados autores que "a iniciativa do projeto orçamentário é do Chefe do Executivo e que o orçamento é único, no bojo do qual, portanto, entroncam-se as propostas orçamentárias de todos os Poderes. Assim, elas devem ser elaboradas pelo Judiciário e remetidas ao Chefe do Executivo, a quem competirá deflagrar o processo legislativo da lei orçamentária".

Isto, em atendimento ao princípio da unidade, que nas palavras de Conti[6] o princípio "determina que todas as receitas e despesas do Estado devem estar agrupadas em uma única peça orçamentária, sendo vedada a sua repartição".

O projeto da LOA deve ser elaborado e encaminhado ao Legislativo em até quatro meses antes do encerramento do exercício financeiro e devolvido para sanção até o dia 22 de dezembro, prazo de encerramento da sessão legislativa (art. 35, § 2º, III, ADCT, CF).

Após a publicação da lei, os recursos correspondentes às dotações orçamentárias, compreendidos os créditos suplementares e especiais do Poder Judiciário deverão ser entregues até o dia 20 de cada mês, em duodécimos, nos exatos termos do art. 168, da Constituição Federal.

A norma inscrita no art. 168 da Constituição reveste-se de caráter tutelar, concebida que foi para impedir o Executivo de causar, em desfavor do Judiciário, do Legislativo e do Ministério Público, um estado de subordinação financeira que comprometesse, pela gestão arbitrária do orçamento – ou, até mesmo, pela injusta recusa de liberar os recursos nele consignados –, a própria independência político-jurídica daquelas Instituições.[7]

Assevera Oliveira[8] que "A não liberação constitui exercício irregular de poder e, pois, habilita o órgão preterido a ingressar em juízo para obter os recursos".

O limite das propostas orçamentárias definindo o volume total de recursos do Poder Judiciário é compreendido na lei de diretrizes orçamentárias. Por

---

[5] ARAÚJO, Luiz Alberto David e NUNES JÚNIOR, Vidal Serrano. Curso de Direito Constitucional. 19º Edição. São Paulo: Editora Verbatim, 2014, p.470.

[6] CONTI, José Maurício (coordenação). Orçamentos Públicos – A Lei 4.320/1964 comentada. São Paulo: Editora Revista dos Tribunais, 2009, p.32.

[7] Proc. MSAQO 21.291, Rel.Min.Celso de Mello, DJ, 27 out. 1995, Ementário do STF, n. 1805-02, p.201; JUIS, n. 7., apud Araújo e Nunes Júnior, 2014, p.470-471.

[8] Idem, p.387.

outro lado, a Constituição Federal exigiu a limitação dos gastos com pessoal em seu art. 169 ao prever que "A despesa com pessoal ativo e inativo da União, dos Estados, do Distrito Federal e dos Municípios não poderá exceder os limites estabelecidos em lei complementar".

2. Limite de gastos com pessoal do Poder Judiciário

A edição da Lei Complementar nº 101/2000, conhecida como lei de responsabilidade fiscal (LRF) estabeleceu a disciplina para os gastos com pessoal dos Poderes e Órgãos integrantes da Administração Pública.

Referida lei complementar definiu em seu art. 18 a abrangência da despesa total de pessoal como:

> "o somatório dos gastos do ente da Federação com os ativos, os inativos e os pensionistas, relativos a mandatos eletivos, cargos, funções ou empregos, civis, militares e de membros de Poder, com quaisquer espécies remuneratórias, tais como vencimentos e vantagens, fixas e variáveis, subsídios, proventos da aposentadoria, reformas e pensões, inclusive adicionais, gratificações, horas extras e vantagens pessoais de qualquer natureza, bem como encargos sociais e contribuições recolhidas pelo ente às entidades de previdência".

Além disso, previu a inclusão dos valores dos contratos de terceirização de mão-de-obra que se referem à substituição de servidores e empregados públicos nos gastos com pessoal, a serem contabilizados como "Outras Despesas de Pessoal".

Foi definido que a despesa total com pessoal seria apurada, somando-se a realizada no mês em referência com as dos onze imediatamente anteriores, adotando-se o regime de competência.

A verificação do cumprimento dos limites estabelecidos deve ser realizada ao final de cada quadrimestre, registrando os dados apurados com pessoal no relatório de gestão fiscal, distinguindo os inativos e pensionistas (arts. 22 e 55, da LC 101/2000).

A LRF prevê os limites globais para as despesas com pessoal, estabelecendo o percentual de 50% para a União e 60% para os Estados, Distrito Federal e Municípios, calculados sobre a receita corrente líquida.

A receita corrente líquida é a base de cálculo de todos os limites da lei de responsabilidade fiscal e sobre ela serão calculados os percentuais de gastos previstos na lei. Para Oliveira[9], "nada foge ao conceito de receita corrente líquida" e complementa que nela "ingressam todas as entradas rotuladas de definitivas, isto é, que vêm aos cofres públicos para constituírem disponibilidade de caixa".

Na verificação do atendimento dos limites, a LRF autoriza a exclusão do cômputo nos gastos com pessoal das seguintes despesas:

I – de indenização por demissão de servidores ou empregados;
II – relativas a incentivos à demissão voluntária; e
IV – decorrentes de decisão judicial e da competência de período anterior ao da apuração dos gastos com pessoal, observando que as despesas com pessoal decorrentes de sentenças judiciais serão incluídas no limite do respectivo Poder ou órgão.

Relativamente ao Poder Judiciário, a LRF limitou os gastos com pessoal em 6% da receita corrente líquida, em cada período de apuração, do respectivo ente da federação, tanto na esfera federal quanto na esfera estadual.

Levando-se em conta a aplicação dos percentuais definidos, os recursos financeiros correspondentes à despesa total com pessoal são entregues para fins de cumprimento da execução orçamentária.

A execução orçamentária inicia-se no primeiro dia de janeiro e termina em 31 de dezembro, coincidindo com o ano civil (art. 34, da Lei nº 4.320/64).

Para fins de análise do comportamento dos gastos de pessoal de Poder Judiciário foi selecionado o ano de 2014, cujos dados foram extraídos do relatório anual, expedido pelo Conselho Nacional de Justiça[10].

3. Orçamento do Poder Judiciário

Segundo o relatório elaborado pelo Conselho Nacional de Justiça, o orçamento do Poder Judiciário, aprovado pelas leis orçamentárias dos Estados (LOA) para o ano de 2014, totalizou R$ 39,3 bilhões, correspondendo a 5,32% dos respectivos orçamentos estaduais.

O quadro a seguir demonstra o orçamento dos Tribunais de Justiça frente ao orçamento dos Estados.

---

[9] Idem, p.551.
[10] http://www.cnj.jus.br/files/conteudo/destaques/arquivo/2015/04/59741adbf4e2cc6285766d ada4a3f074.pdf, disponível em 03.11.2015.

Quadro 1 - Representatividade do Orçamento do Tribunal de Justiça

Estado	LOA do Estado	LOA do TJ	% LOA
(1)	(2)	(3)	(4)
SP	189.112.039	8.427.298	4,46%
MG	66.026.354	4.412.029	6,68%
RJ	77.088.941	3.880.024	5,03%
RS	51.019.832	2.558.095	5,01%
DF	23.471.906	2.020.785	8,61%
PR	37.201.461	2.008.782	5,40%
BA	36.083.946	1.712.387	4,75%
SC	21.293.336	1.573.925	7,39%
GO	21.313.845	1.311.707	6,15%
PE	30.364.427	1.131.456	3,73%
MA	14.121.576	1.032.917	7,31%
ES	15.502.548	1.009.535	6,51%
MT	13.345.588	916.628	6,87%
RN	12.148.628	883.729	7,27%
PA	19.412.591	865.349	4,46%
CE	21.304.305	814.496	3,82%
PB	10.068.416	645.783	6,41%
MS	12.089.917	605.673	5,01%
RO	6.975.299	586.546	8,41%
AM	14.600.472	520.049	3,56%
SE	8.288.845	477.706	5,76%
PI	7.665.423	413.535	5,39%
TO	9.168.590	398.520	4,35%
AL	8.307.204	392.912	4,73%
AP	5.151.660	235.202	4,57%
AC	5.331.877	189.425	3,55%
RR	2.932.585	147.074	5,02%
SP (TJM)	189.112.039	52.110	0,03%
MG (TJM)	66.026.354	46.917	0,07%
RS (TJM)	51.019.832	36.373	0,07%
TOTAL	**739.391.613**	**39.306.965**	**5,32%**

Fonte: Leis Orçamentárias 2014.

O Quadro demonstra que o Poder Judiciário de São Paulo representa o maior orçamento dos Estados com R$ 8,4 milhões, seguido pelos Estados de Minas Gerais e Rio de Janeiro com respectivamente R$ 4,4 e R$ 3,8 milhões.

No outro extremo, aparecem os Tribunais Estaduais do Amapá, Acre e Roraima, com respectivamente R$ 235,2, R$ 189,4 e R$ 147,0 mil.

O quadro seguinte demonstra a comparação do orçamento do Estado (LOA) com o do respectivo Tribunal de Justiça Estadual, indicando sua representatividade percentual.

Quadro 2 – Representatividade percentual
do Orçamento do Poder Judiciário

Estado	LOA do Estado	LOA do TJ	% LOA
(1)	(2)	(3)	(4)
DF	23.471.906	2.020.785	8,61%
RO	6.975.299	586.546	8,41%
SC	21.293.336	1.573.925	7,39%
MA	14.121.576	1.032.917	7,31%
RN	12.148.628	883.729	7,27%
MT	13.345.588	916.628	6,87%
MG	66.026.354	4.412.029	6,68%
ES	15.502.548	1.009.535	6,51%
PB	10.068.416	645.783	6,41%
GO	21.313.845	1.311.707	6,15%
SE	8.288.845	477.706	5,76%
PR	37.201.461	2.008.782	5,40%
PI	7.665.423	413.535	5,39%
RJ	77.088.941	3.880.024	5,03%
RR	2.932.585	147.074	5,02%
MS	12.089.917	605.673	5,01%
RS	51.019.832	2.558.095	5,01%
BA	36.083.946	1.712.387	4,75%
AL	8.307.204	392.912	4,73%
AP	5.151.660	235.202	4,57%

PA	19.412.591	865.349	4,46%
SP	189.112.039	8.427.298	4,46%
TO	9.168.590	398.520	4,35%
CE	21.304.305	814.496	3,82%
PE	30.364.427	1.131.456	3,73%
AM	14.600.472	520.049	3,56%
AC	5.331.877	189.425	3,55%
MG (TJM)	66.026.354	46.917	0,07%
RS (TJM)	51.019.832	36.373	0,07%
SP (TJM)	189.112.039	52.110	0,03%
TOTAL	**739.391.613**	**39.306.965**	**5,32%**

Fonte: Leis Orçamentárias 2014.

Verifica-se do quadro nº 2 que em 2014 os Estados apresentaram em conjunto um orçamento correspondente a R$ 739,3 bilhões, enquanto os Tribunais de Justiça somaram o montante de R$ 39,3, revelando a média nacional de 5,32 % dos gastos do Poder Judiciário.

Os Tribunais de Justiça do Distrito Federal, seguido pelos Estados de Rondônia e Santa Catarina consomem proporcionalmente o maior orçamento, representando respectivamente 8,61, 8,41 e 7,39%.

Por outro lado, os Tribunais de Justiça de Pernambuco, Amazonas e Acre consomem o menor orçamento entre os Estados, na ordem respectivamente de 3,73, 3,56 e 3,55%.

4. Análise dos gastos com pessoal

Destaque-se inicialmente que o orçamento do Poder Judiciário Federal no Orçamento Geral da União inclui o Tribunal de Justiça do Distrito Federal e dos Territórios.

Os gastos com pessoal dentro de cada Poder ou órgão pode ser classificado por grupo de despesa. O quadro a seguir demonstra a composição dos gastos totais do Judiciário estadual, relativos ao exercício de 2014.

Quadro 3 – Composição dos gastos do Poder Judiciário

Grupo de despesa	Poder Judiciário (PJ)	% do PJ	Orçamento dos Estados (OE)	% do OE
1 – Pessoal e Encargos Sociais	29.413.869.010	74,83%	336.193.483.357	8,74%
2 – Juros e Encargos da Dívida	6.000	0,00%	24.658.749.448	0,00%
3 – Outras Despesas Correntes	8.356.942.229	21,26%	249.842.466.063	3,34%
4 – Investimentos	1.479.387.143	3,76%	89.192.280.771	1,65%
5 – Inversões Financeiras	56.415.550	0,14%	12.316.678.684	0,45%
6 – Amortização da Dívida	345.113	0,00%	20.997.180.362	0,002%
9 – Reserva de Contingência	0	0,00%	6.190.774.359	0,00%
Total	**39.306.965.046**	**100,00%**	**739.391.613.045**	**5,316%**

Fonte: Leis orçamentárias de 2014.

A dotação para Despesas de Pessoal no Judiciário Estadual é a mais significativa dentre os seus gastos, absorvendo 74,8% do orçamento e representa 8,74% desse tipo de dotação no orçamento dos Estados.

A segunda maior despesa, classificada no grupo "Outras Despesas Correntes" destina-se à manutenção das atividades do Judiciário, equivalente a 21,26% dos gastos. Boa parte da diferença é destinada aos investimentos, representando 3,76%.

O art. 54 da LRF estabeleceu ao final de cada quadrimestre a emissão de um Relatório de Gestão Fiscal também assinado pelas autoridades responsáveis pela administração financeira e pelo controle interno.

Trata-se de uma inovação imprescindível para o acompanhamento da gestão fiscal, pois demonstra o cumprimento dos limites de gastos implementados pela LRF e, no caso em exame, dos gastos de pessoal.

O relatório de gestão fiscal demonstra o percentual dos gastos de pessoal em comparação com a receita corrente líquida (RCL), relativo ao período apurado. O quadro a seguir demonstra o total gasto com pessoal nos entes da federação.

Quadro 4 – Limite de Gastos de Pessoal do Poder Judiciário

Órgão	RCL	%	% RCL	95%	90%	%
(1)	(2)	(3)	(4)	(5)	(6)	(7)
TJRJ	47.896.310	6,00%	2.873.779	2.730.090	2.651.438	92,26%
TJBA	25.901.553	6,00%	1.554.093	1.476.389	1.427.981	91,89%
TJMG	46.167.217	5,91%	2.728.483	2.592.058	2.449.286	89,77%
TJPB	7.312.162	6,00%	438.730	416.793	392.842	89,54%
TJSE	5.839.876	6,00%	350.393	332.873	312.194	89,10%
TJRO	5.084.652	6,00%	305.079	289.825	267.260	87,60%
TJES	11.545.498	6,00%	692.730	658.093	602.702	87,00%
TJTO	5.915.094	6,00%	354.906	337.160	305.083	85,96%
TJSC	17.351.263	6,00%	1.041.076	989.022	888.146	85,31%
TJCE	14.150.078	6,00%	849.005	806.554	719.380	84,73%
TJPI	6.103.600	6,00%	366.216	347.905	306.028	83,56%
TJMA	9.964.478	6,00%	597.869	567.975	495.659	82,90%
TJMT	10.615.090	6,00%	636.905	605.060	527.481	82,82%
TJRS	27.691.638	5,88%	1.628.268	1.546.855	1.334.572	81,96%
TJPE	17.961.556	6,00%	1.077.693	1.023.809	868.269	80,57%
TJRN	7.219.044	6,00%	433.143	411.486	335.824 C	77,53%
TJMS	7.672.818	6,00%	460.369	437.351	356.450	77,43%
TJSP	134.129.207	5,95%	7.980.688	7.581.653	6.002.892	75,22%
TJPR	26.970.684	6,00%	1.618.241	1.537.329	1.216.412	75,17%
TJAL	5.808.702	6,00%	348.522	331.096	253.747	72,81%
TJGO	15.328.390	6,00%	919.703	873.718	631.517	68,67%
TJAP	3.856.792	6,00%	231.408	219.837	158.699	68,58%
TJPA	14.666.624	6,00%	879.997	835.998	584.839	66,46%
TJMMG	46.167.217	0,09%	41.550	39.473	27.212	65,49%
TRRR	2.725.806	6,00%	163.548	155.371	102.775	62,84%
TJAM	11.129.107	6,00%	667.746	634.359	413.774	61,97%
TJAC	4.231.275	6,00%	253.876	241.183	149.206	58,77%
TJMSP	134.129.207	0,05%	67.065	63.711	37.853	56,44%
TJMRS	27.691.638	0,12%	33.230	31.568	15.548	46,79%
TOTAL	493.238.512		29.594.311	28.114.595	23.835.070	80,54%

Fonte: Relatório de Gestão Fiscal do 2º quadrimestre de 2014.

O resultado alcançado pode revelar três situações, a saber: a)gastos superiores ao limite legal; b)gastos superiores ao limite prudencial e; c)gastos superiores ao limite de alerta.

a) Gastos superiores ao limite legal

O limite legal previsto para os gastos com pessoal do Poder Judiciário foi fixado em 6% da receita corrente líquida.

Ultrapassado esse limite, o percentual excedente terá de ser eliminado nos dois quadrimestres seguintes, sendo pelo menos um terço no primeiro. Não alcançada a redução no prazo estabelecido, as seguintes medidas deverão ser adotadas, pela ordem:

- redução em pelo menos 20% das despesas com cargos em comissão e funções de confiança;
- exoneração dos servidores não estáveis; e
- exoneração do servidor estável, caso as medidas anteriores não forem suficientes para assegurar o cumprimento da legislação.

Os dados constantes do quadro nº 3 indicam que nenhum Poder Judiciário do país se encontra nessa situação, portanto não houve extrapolação do limite legal no período analisado.

b) Gastos superiores ao limite prudencial

O limite prudencial ocorre quando a despesa total com pessoal exceder a 95% do limite, caso em que são vedados:

- a concessão de vantagem, aumento, reajuste ou adequação de remuneração a qualquer título, salvo os derivados de sentença judicial ou de determinação legal ou contratual, ressalvada a revisão prevista no inciso X do art. 37 da Constituição;
- a criação de cargo, emprego ou função;
- alteração de estrutura de carreira que implique aumento de despesa;
- o provimento de cargo público, admissão ou contratação de pessoal a qualquer título, ressalvada a reposição decorrente de aposentadoria ou falecimento de servidores das áreas de educação, saúde e segurança;
- a contratação de hora extra; e
- as situações previstas na lei de diretrizes orçamentárias.

Os dados constantes do quadro nº 3 indicam que nenhum Poder Judiciário do país se encontra nessa situação, portanto não houve extrapolação do limite prudencial no período analisado.

c) Gastos superiores ao limite de alerta

O limite de alerta ocorre quando há extrapolação de 90% do limite estabelecido, devendo o Tribunal de Contas da jurisdição do ente notificar o Poder ou órgão da situação constatada.

Os dados constantes do quadro nº 3 indicam que os Tribunais de Justiça dos Estados do Rio de Janeiro e Bahia se encontram na situação de alerta, apresentando, respectivamente, 92,26 e 91,89% da receita corrente líquida, indicando, assim, preocupação com a situação dos gastos com pessoal nesses Estados.

Embora na posição de alerta, esses Tribunais estão situados abaixo da média nacional de gastos do Judiciário, de 5,32%, sugerindo que a arrecadação nesses Estados poderia ser maior.

Isto por que os Tribunais de Justiça dos Estados de Rondônia, Santa Catarina e Maranhão apresentam proporcionalmente os maiores orçamentos da federação, com percentuais de gastos acima de 7%, sendo que suas despesas com pessoal nem sequer chegaram ao limite de alerta.

5. Síntese conclusiva

No campo do direito financeiro, a Constituição Federal assegura autonomia administrativa e financeira ao Poder Judiciário.

Após preparar o seu orçamento, o Poder Judiciário encaminha a peça de planejamento ao Poder Executivo para consolidação no projeto de lei orçamentária a ser encaminhado ao Legislativo, ressaltando que o projeto deve ser elaborado de acordo com o plano plurianual, com a lei de diretrizes orçamentárias e com lei de responsabilidade fiscal.

Trata-se da garantia da autonomia financeira, representada pela prerrogativa de elaboração de suas propostas orçamentárias dentro dos limites estabelecidos com os demais Poderes na lei de diretrizes orçamentárias.

O limite das propostas orçamentárias definindo o volume total de recursos do Poder Judiciário é compreendido na lei de diretrizes orçamentárias.

Por outro lado, a Constituição Federal exigiu a limitação dos gastos com pessoal, sendo editada a lei de responsabilidade fiscal, que estabeleceu a disciplina para os gastos com pessoal dos Poderes e órgãos integrantes da Administração Pública.

Segundo o relatório elaborado pelo Conselho Nacional de Justiça, o orçamento do Poder Judiciário, aprovado pelas leis orçamentárias dos Estados para o ano de 2014, totalizou R$ 39,3 bilhões nos orçamentos estaduais, correspondendo a 5,32% dos respectivos orçamentos estaduais.

A dotação para despesas de pessoal no Judiciário Estadual é a mais significativa dentre os seus gastos, absorvendo 74,8% do orçamento e representa 8,74% desse tipo de dotação no orçamento dos Estados.

O relatório de gestão fiscal, aprovado pela LRF, demonstra o percentual dos gastos de pessoal em comparação com a receita corrente líquida, relativo ao período apurado.

Os dados apurados indicam que os Tribunais de Justiça dos Estados do Rio de Janeiro e Bahia se encontram na situação de alerta, apresentando, respectivamente, 92,26 e 91,89% da receita corrente líquida, indicando, assim, preocupação com a situação dos gastos com pessoal nesses Estados.

Embora na posição de alerta, esses Tribunais estão situados abaixo da média nacional de gastos do Judiciário, de 5,32%, sugerindo que a arrecadação nesses Estados poderia ser maior.

Reforçam nossas convicções o fato de que os Tribunais de Justiça dos Estados de Rondônia, Santa Catarina e Maranhão que apresentam proporcionalmente os maiores orçamentos da federação, com percentuais de gastos acima de 7%, suas despesas com pessoal nem sequer chegaram ao limite de alerta.

6. Referências

ARAÚJO, Luiz Alberto David e NUNES JÚNIOR, Vidal Serrano. Curso de Direito Constitucional. 19º Ed. São Paulo: Editora Verbatim, 2014.

Boletim de Indicadores Fiscais dos Estados e do Distrito Federal – 2014. Poder Judiciário, 2º Quadrimestre. São Paulo: Diese-Departamento Intersindical de Estatística e Estudos Socioeconômicos, 2014.

Conhecendo a Justiça brasileira / FGV Projetos. Rio de Janeiro: FGV Projetos, 2015.

CONTI, José Maurício (coordenação). Orçamentos Públicos – A Lei 4.320/1964 comentada. São Paulo: Editora Revista dos Tribunais, 2009.

CONTI, José Maurício. SCAFF, Fernando Facury (Coordenação). Orçamentos Públicos e Direito Financeiro. São Paulo: Editora Revista dos Tribunais, 2011.

MENDES, Gilmar Ferreira. COELHO, Inocêncio Mártires. BRANCO, Paulo Gustavo Gonet. Curso de Direito Constitucional. 5ª Ed. São Paulo: Editora Saraiva, 2010.

OLIVEIRA, Regis Fernandes de. Curso de Direito Financeiro. 3ª Ed. São Paulo: Editora Revista dos Tribunais, 2010.

Relatório Anual do Conselho Nacional de Justiça CNJ 2014. Poder Judiciário, Conselho Nacional de Justiça. Distrito Federal: CNJ, 2015.

ROCHA, Zélio Maia da. A Reforma do Judiciário – Uma avaliação jurídica e política. São Paulo: Editora Saraiva, 2005.

SILVA, Lei de Responsabilidade Fiscal. Enfoque Jurídico e Contábil para os Municípios. São Paulo: Editora Atlas, 2014.

Da possibilidade de controle de constitucionalidade das leis orçamentárias pelo STF com a finalidade de dar cumprimento ao artigo 20 da LRF

Andressa Guimarães Torquato Fernandes
Professora Adjunta de Direito Financeiro e Tributário da Universidade Federal Fluminense (UFF); Doutora em Direito Financeiro pela Universidade de São Paulo (USP); Graduada em Direito pela Universidade Federal do Rio Grande do Norte (UFRN)

1. Introdução

O presente artigo visa analisar a jurisprudência do Supremo Tribunal Federal no que se refere a questionamentos levados a esta corte por Estados e Municípios acerca da aplicabilidade dos limites específicos por Poder para gasto com pessoal previstos no artigo 20 da Lei de Responsabilidade Fiscal.

Como será visto, tem-se seguido tendência de possibilitar o descumprimento do preceito, em nome da autonomia dos entes federativos. Far-se-á uma análise das posturas adotadas nos julgamentos, ante o princípio da legalidade e separação dos poderes, para ao final, apresentar como caminho possível para solução do impasse, o controle de constitucionalidade das leis orçamentárias.

2. Limites para gasto com pessoal na Lei de Resposabilidade Fiscal

Fruto de um movimento de reorganização da Administração Pública que se espalhou por diversos países na década de 90, a Lei Complementar n. 101/2000, chamada de Lei de Responsabilidade Fiscal (LRF), trouxe em seu bojo uma série de medidas visando reorganizar as finanças públicas do país, tornando-as mais eficientes e sustentáveis no longo prazo.

Dentre essas medidas, previu nos seus artigos 18 a 20 limites para a realização de despesas com pessoal, o que na época comprometia severamente os Orçamentos Públicos dos entes políticos, sobretudo dos Municípios, que chegavam em alguns casos a ter 100% da sua receita comprometida para aplicação nesta finalidade.

Tal situação representava um entrave ao bom funcionamento do Estado, que se via impedido de realizar investimentos que propiciem melhora de infraestrutura e crescimento econômico, por ausência de recursos disponíveis.

O controle da despesa com pessoal operado pela LRF regulou e deu efetividade ao comando contido no art. 169 da Constituição Federal, segundo o qual "a despesa com pessoal ativo e inativo da União, dos Estados, do Distrito Federal e dos Municípios não poderá exceder os limites estabelecidos em lei complementar".

Assim foi que, em seu artigo 19, estabeleceu limites globais para as despesas com pessoal, equivalentes a 50% da Receita Corrente Líquida[1] para a União, e 60% para os Estados e Municípios. Ou seja, no caso da União, do total da Receita Corrente Líquida arrecadada pelo ente político, no máximo 50% desse valor poderá ser aplicado em pagamento de pessoal.

A amplitude desta limitação fica mais clara quando se compreende a definição de gasto com pessoal prevista pela LRF em seu artigo 18, posta nos seguintes termos:

> Art. 18. Para os efeitos desta Lei Complementar, entende-se como despesa total com pessoal: o somatório dos gastos do ente da Federação com os ativos, os inativos e os pensionistas, relativos a mandatos eletivos, cargos, funções ou

---

[1] Art. 2º Para os efeitos desta Lei Complementar, entende-se como:

[...]

IV – receita corrente líquida: somatório das receitas tributárias, de contribuições, patrimoniais, industriais, agropecuárias, de serviços, transferências correntes e outras receitas também correntes, deduzidos:

a) na União, os valores transferidos aos Estados e Municípios por determinação constitucional ou legal, e as contribuições mencionadas na alínea a do inciso I e no inciso II do art. 195, e no art. 239 da Constituição;

b) nos Estados, as parcelas entregues aos Municípios por determinação constitucional;

c) na União, nos Estados e nos Municípios, a contribuição dos servidores para o custeio do seu sistema de previdência e assistência social e as receitas provenientes da compensação financeira citada no § 9º do art. 201 da Constituição.

empregos, civis, militares e de membros de Poder, com quaisquer espécies remuneratórias, tais como vencimentos e vantagens, fixas e variáveis, subsídios, proventos da aposentadoria, reformas e pensões, inclusive adicionais, gratificações, horas extras e vantagens pessoais de qualquer natureza, bem como encargos sociais e contribuições recolhidas pelo ente às entidades de previdência.

§ 1º Os valores dos contratos de terceirização de mão-de-obra que se referem à substituição de servidores e empregados públicos serão contabilizados como "Outras Despesas de Pessoal".

Veja-se, portanto, que quaisquer parcelas remuneratórias, sejam elas fixas ou variáveis, até mesmo adicionais, gratificações, horas extras e vantagens pessoais de qualquer natureza entram neste cômputo.

As limitações a gasto com pessoal carreadas no artigo 19 referem-se, como mencionado, a limitações globais, isto quer dizer que se aplicam ao orçamento do ente político como um todo. A estas, soma-se a limitação específica por Poder, contida no artigo 20 da LRF, segundo a qual dever-se-á obedecer, além do limite global, percentuais máximos para aplicação em despesa com pessoal para cada um dos Poderes, além do Ministério Público.

Os patamares estabelecidos para os chamados "poderes autônomos" constam na LRF da seguinte maneira:

Art. 20. A repartição dos limites globais do art. 19 não poderá exceder os seguintes percentuais:

I – na esfera federal:

a) 2,5% (dois inteiros e cinco décimos por cento) para o Legislativo, incluído o Tribunal de Contas da União;

b) 6% (seis por cento) para o Judiciário;

c) 40,9% (quarenta inteiros e nove décimos por cento) para o Executivo, destacando-se 3% (três por cento) para as despesas com pessoal decorrentes do que dispõem os incisos XIII e XIV do art. 21 da Constituição e o art. 31 da Emenda Constitucional nº 19, repartidos de forma proporcional à média das despesas relativas a cada um destes dispositivos, em percentual da receita corrente líquida, verificadas nos três exercícios financeiros imediatamente anteriores ao da publicação desta Lei Complementar; (Vide Decreto nº 3.917, de 2001)

d) 0,6% (seis décimos por cento) para o Ministério Público da União;

II – na esfera estadual:

a) 3% (três por cento) para o Legislativo, incluído o Tribunal de Contas do Estado;

b) 6% (seis por cento) para o Judiciário;

c) 49% (quarenta e nove por cento) para o Executivo;

d) 2% (dois por cento) para o Ministério Público dos Estados;

III – na esfera municipal:

a) 6% (seis por cento) para o Legislativo, incluído o Tribunal de Contas do Município, quando houver;

b) 54% (cinqüenta e quatro por cento) para o Executivo.

Assim, de acordo com o dispositivo transcrito, além de estabelecer limites globais para gasto com pessoal, a serem adotados pela União, Estados e Município, em conformidade com o artigo 19, a LRF impôs também a observância de limites máximos específicos para cada um dos Poderes da República, de modo que no que concerne especificamente ao Poder Judiciário, por exemplo, seus gastos com pessoal não poderão ser superiores a 6% da Receita Corrente Líquida do ente político ao qual estiver vinculado.

A aplicação dos referidos limites teve sua constitucionalidade questionada por meio da Ação Direta de Inconstitucionalidade n. 2238, cuja relatoria coube ao Ministro Ilmar Galvão. Argumentou-se que o artigo 169 da Constituição Federal apenas teria autorizado a previsão por meio de Lei Complementar de limites globais para gasto com pessoal, o que teria sido obedecido por meio do artigo 19 da LRF comentado acima. Comandos na linha do artigo 20, que estabelecessem limites específicos por Poder, maculariam a autonomia dos entes federativos, conforme preceitua o Professor José Maurício Conti:

> o conteúdo das normas gerais, como visto, não pode incluir detalhes, devendo limitar-se a princípios e a normas voltados à uniformidade da legislação na Federação, bem como a prevenir e a dirimir conflitos de competência. [...] O respeito à autonomia dos entes da Federação exige que possam decidir sobre questões de seu interesse, como é o caso dos valores máximos de que podem dispor com seus Poderes Legislativo, Judiciário e Executivo (2006, p. 197-198)

Contrariamente ao entendimento do nobre Professor, decidiu-se pela constitucionalidade do artigo 20 da LRF, bem sintetizada na ementa do julgamento: "Art. 20: o art. 169 da Carta Magna não veda que se faça uma distribuição entre os Poderes dos limites de despesa com pessoal; ao contrário, para tornar eficaz o limite, há de se dividir internamente as responsabilidades".

De fato, em que pese a qualidade da doutrina contrária, entende-se que não fere a autonomia dos entes federativos o estabelecimento de limites máximos para gasto com pessoal, para cada um dos poderes autônomos. Ora, não se está diante da aplicação de um percentual fixo a ser obrigatoriamente adotado, mas apenas de um limite máximo, de modo que dentro deste limite, Estados, Municípios e a União têm plena liberdade de prever percentuais menores aos ali estabelecidos.

Ademais, limites dessa ordem são comuns no ordenamento jurídico brasileiro. Veja-se, por exemplo, o caso do ISS, em que se delegou à Lei Complementar estabelecer alíquotas máximas e mínimas para o tributo municipal, remanescendo ao Município liberdade para, dentro da faixa de alíquotas possíveis, maneja-las da maneira mais conveniente ao interesse público.

Além disso, uma análise da média de salários gasta em cada um dos poderes evidencia que nesses 15 anos de vigência da Lei de Responsabilidade Fiscal os limites impostos para cada um dos poderes autônomos mostraram-se condizentes e em nada obstaram o seu bom funcionamento, muito pelo contrário: possibilitaram o pagamento de salários mais elevados a estes do que a média paga aos integrantes do Poder Executivo. De acordo com o Boletim Estatístico de Pessoal, do Ministério do Planejamento, Orçamento e Gestão, a média de salários do Poder Judiciário em 2014 foi de R$ 15.561,00, no Poder Legislativo foi de 17.493, no Ministério Público da União R$ 14.150,00, enquanto no Poder Executivo esse valor foi de R$ 7.928,00.[2]

Feitas tais considerações acerca da constitucionalidade do artigo 20, passa-se a expor os entraves a sua efetividade, uma vez que diversas ações têm sido interpostas perante o Supremo Tribunal Federal visando flexibilizar o seu cumprimento.

3. Julgamentos no Supremo Tribunal Federal sobre limites específicos para gasto com pessoal

Foram escolhidos para análise três acórdãos proferidos pelo Supremo Tribunal Federal envolvendo o tema dos limites específicos para gasto com pessoal contidos no artigo 20 da Lei de Responsabilidade Fiscal, quais sejam:

(i) Medida Cautelar em Ação Direta de Inconstitucionalidade n. 2.238-5 do Distrito Federal, cuja decisão proferida sobre o tema foi tomada

---

[2] Disponível em: <http://www.planejamento.gov.br/secretarias/upload/Arquivos/servidor/publicacoes/boletim_estatistico_pessoal/2015/151230_bol233_ago2015_parte_i.pd>. Acesso em: 01 de Janeiro de 2016.

no dia 11 de outubro de 2000 pelo Pleno da Corte, sob a relatoria do Ministro Ilmar Galvão;

(ii) Referendo na Medida Cautelar na Ação Cível Originária n. 2.076 do Estado de Alagoas, proferido no dia 29 de abril de 2014 pela Primeira Turma da Corte, sob a Relatoria do Ministro Marco Aurélio; e

(iii) Agravo Regimental na Ação Cível Originária n. 1.612 do Estado do Mato Grosso do Sul, proferido no dia 27 de novembro de 2014 pelo Pleno da Corte, sob a relatoria do Ministro Celso de Mello.

Proceder-se-á à exposição dos argumentos contidos em cada um dos acórdãos para, no item seguinte, analisá-los a luz dos princípios da legalidade e da separação dos poderes.

(i) Medida Cautelar em Ação Direta de Inconstitucionalidade n. 2.238-5 do Distrito Federal

Trata-se de Ação Direta de Inconstitucionalidade n. 2238-5, proposta pelo Partido Comunista do Brasil (PC do B), Partido dos Trabalhadores (PT), e Partido Socialista Brasileiro (PSB), a qual questionou a constitucionalidade de diversos dispositivos da Lei de Responsabilidade Fiscal, dentre eles o artigo 20.

Após intensos debates, a Corte por maioria se posicionou pela sua constitucionalidade, em sentido contrário ao voto proferido pelo seu relator, o Ministro Ilmar Galvão. Aludiu este Ministro que o artigo 169 da Constituição Federal teria autorizado apenas a fixação, por meio de Lei Complementar, de limites globais para o gasto com pessoal, tais como os previstos no artigo 19 da LRF, que impõem um limite para gasto com pessoal ao ente político como um todo. Assim, em sua análise, "trata-se de Lei Complementar que, sem apoio na Constituição, como seria de mister, restringe drasticamente a autonomia de Estados e Municípios, ofendendo, por esse modo, o princípio federativo".

No mesmo sentido do relator, se posicionou o Ministro Néri da Silveira, que após discorrer longamente sobre o tema, defendeu a inconstitucionalidade do dispositivo com base no artigo 99, parágrafo 1º da Constituição Federal, o qual dispõe:

Art. 99. Ao Poder Judiciário é assegurada autonomia administrativa e financeira. § 1º Os tribunais elaborarão suas propostas orçamentárias dentro dos limites estipulados conjuntamente com os demais Poderes na lei de diretrizes orçamentárias.

DA POSSIBILIDADE DE CONTROLE DE CONSTITUCIONALIDADE DAS LEIS ORÇAMENTÁRIAS...

Para o Ministro, os limites específicos por Poder para gasto com pessoal deveriam ser objeto de discussão política entre os seus representantes por ocasião da elaboração da lei de diretrizes orçamentárias, conforme preconizado no artigo 99 acima transcrito. Tratar-se-ia de "um problema de convivência entre os Poderes", argumentou, aduzindo em seguida que o espírito da Constituição é estimular a prática democrática entre os Poderes, e que se os outros Poderes não quisessem cumprir, seria outro problema. "A questão podia ter sido trazida ao Supremo Tribunal Federal, que, por certo, teria dado a solução de direito" (grifos nossos).

Em sentido contrário, defendendo sua constitucionalidade, se posicionou o Ministro Nelson Jobim, que explicou o histórico legislativo sobre o tema da fixação de limites para gasto com pessoal, lembrando o que ocorreu na vigência da Lei Camata, que apenas continha limites globais para os entes políticos. Lembrou que como o único Poder que ao fim e ao cabo estava sujeito a sofrer algum tipo de consequência em virtude do descumprimento dos limites era o Poder Executivo, os demais Poderes, nas suas palavras, "disseram que não tinham nada a ver com isso, e quem teria de atender o limite seria o Executivo. E este, então, por força da Constituição, é o único possível de se atribuir um ônus pelo descumprimento do limite". Afirmou isso com base no parágrafo 2º do art. 169 da Constituição Federal: "Parágrafo 2º [...] serão imediatamente suspensos" – se não atingir o limite de 60% – "todos os repasses de verbas federais ou estaduais aos Estados...".

Prossegue, "Ora, se não há uma fórmula pela qual os 60% sejam redistribuídos internamente entre os Poderes que gastam, e todos gastam, teríamos a liberdade, um absoluto "bill" de indenidade" [...]. Esta fórmula, de acordo com o Ministro, viria a trazer consequências negativas no futuro para todos os Poderes, uma vez que o corte das transferências das verbas federais, irremediavelmente, atingiria a todos, mas, não haveria como o Poder Executivo atuar de maneira preventiva sobre esta situação, tendo em vista que não poderia impor diretamente cortes orçamentários aos demais Poderes. Nessa toada, prosseguiu em seus argumentos:

> Então, se dissermos que não participam o Legislativo e o Judiciário do esforço no sentido do estabelecimento desse teto de 60%, estaríamos transferindo o único esforço possível para o Executivo, e quem sofrerá as consequências será o conjunto de todos eles, porque desaparecem as transferências.

PODER JUDICIÁRIO

Ressalta ainda que é justamente a autonomia orçamentária atribuída pela Constituição Federal ao Poder Judiciário, Poder Legislativo e Ministério Público que impõe o estabelecimento de limites legais específicos. Veja-se:

> Ora, Sr. Presidente, parece-me estranho que se estabeleça um limite global de despesas para uma Unidade federada, seja a União, os Estados ou os Municípios, e esses limites sejam fixados em 60% ou 50% a receita corrente e internamente, não se exija a participação, a distribuição dessa responsabilidade por cada um dos Poderes – lembrando bem –, porque cada um dos Poderes tem **autonomia** orçamentária, formulam o seu orçamento. Então, ao elaborar o seu orçamento, terão essa situação (grifos nossos).

Sobre o que dispõe o artigo 99 da CF, parágrafo 1º, defendeu que o diálogo entre os Poderes por ocasião da elaboração da lei de diretrizes orçamentárias deve operar para baixo, ou seja: "a lei de diretrizes orçamentárias, na elaboração da lei e entendimento com os demais Poderes, poderá estabelecer cotas de despesas, relativas a pessoal, inferiores aos limites estabelecidos na lei complementar, na divisão dos limites".

Ao final, lembrou ainda a importância da regra prevista no artigo 20 como um mecanismo de caminhar no sentido de um orçamento impositivo, o que em sua visão só poderia ocorrer "na medida em que se completar o ciclo completo, global, de responsabilização fiscal nos diversos órgãos gastadores".

Da mesma forma se posicionou o Ministro Marco Aurélio, que, em primeiro lugar, trouxe um argumento de ordem prática acerca das dificuldades de enquadramento dos Estados ao limite para gasto com pessoal imposto pela Lei de Responsabilidade Fiscal, logo após sua entrada em vigor:

> Passamos, então, a ter o seguinte quadro: Rio Grande do Sul, absorção de 81,1% da receita; Distrito Federal, 75,4% – bem acima, portanto, da percentagem de 60%, percentagem-teto, que, a meu ver, já é elevada -; Alagoas, 74,3%; Rondônia, 73,9%; Minas Gerais, 73,3% [...]. Quinze Estados não lograram o enquadramento das despesas na percentagem máxima de 60%. Não lograram, repito, porque o enxugamento deu-se, apenas de forma setorizada, no âmbito do Poder Executivo".

Adiante, aduz que a imposição de limites específicos ao Poder Judiciário, Poder Legislativo e Ministério Público decorre da própria **autonomia** orçamentária que os mesmos receberam da Constituição Federal de 1988, uma vez que sendo autônomos em relação ao Poder Executivo, apenas a Lei poderia lhes impor o limite. Pela clareza do voto do Ministro, veja-se sua transcrição:

Por que digo, Senhor Presidente, que essa disposição revela a possibilidade de a lei complementar contemplar tetos de forma específica, considerados os diversos Poderes? Porque, se assim não se concluir, ter-se-á a inocuidade do dispositivo, inocuidade demonstrada pelo jogo de empurra, já que ficará muito difícil caminhar-se para a redução preconizada. Não creio que Assembleias e Tribunais de Justiça venham tomar a iniciativa, espontaneamente, de proceder a essas reduções. **Penso que a lei complementar, ao prever os tetos relativamente aos Poderes, acaba por prestigiar a autonomia desses Poderes, porquanto haverá um parâmetro para observar as providências ditadas elo parágrafo 3º do artigo 169 da Constituição Federal.** [...]

Ademais, o parágrafo 1º do artigo 9 cuida de algo que se tem mostrado – e falo com alguma experiência porque estive à frente do Tribunal Superior Eleitoral – um tanto quanto lírico: o entendimento entre Poderes para chegar-se ao orçamento, para chegar-se à proposta orçamentária. [...]

Por isso, vou pedir vênia ao Senhor Ministro Ilmar Galvão – fui o primeiro a acompanha-lo – para indeferir a liminar e reconsiderar o voto que prolatei. Faço-o **porque convencido de que o artigo 20, que estamos analisando, é indispensável para que se tenha a eficácia do artigo 169 da Constituição Federal; é indispensável até mesmo à manutenção da harmonia prevista no artigo 2º da mesma Carta e a evitar-se, no que venham a degringolar as finanças de qualquer Estado, a intervenção federal que a Carta contempla.** (grifos nossos)

Portanto, na esteira do que foi relatado pelo Ministro, não fosse o limite específico para gasto imposto pela Lei, ter-se-ia como inócuo até mesmo o dispositivo que cria limites globais para gasto com pessoal aos entes políticos, já que em virtude da autonomia assegurada a cada um dos Poderes, apenas um, o Executivo, seria obrigado a cumpri-lo, por haver disposição constitucional expressa nesse sentido.

(ii) Referendo na Medida Cautelar na Ação Cível Originária n. 2.076 do Estado de Alagoas

No julgamento em epígrafe, alegou-se que os Poderes Legislativo e Judiciário do Estado de Alagoas estariam descumprindo os limites específicos para gasto com pessoal previstos no artigo 20 da LRF. Tal situação decorreria de interpretação adotada pelo Tribunal de Contas local, segundo o qual devem ser excluídas do cômputo das despesas com pessoal aquelas relativas ao pagamento de inativos e pensionistas, bem como o imposto de renda retido na fonte, os quais, se devidamente somados à rubrica "despesas com pessoal",

PODER JUDICIÁRIO

revelariam a inobservância dos parâmetros do citado Diploma, o que, conforme relatado no julgamento, vem ocorrendo desde o exercício de 2009, em desacordo com o entendimento da Secretaria do Tesouro Nacional.

Como consequência desse descumprimento, foi negado ao Estado a possibilidade de obter empréstimo junto ao Banco Nacional de Desenvolvimento Econômico e Social e Caixa Econômica Federal relativo ao Programa Proinveste, motivo pelo qual ingressou perante o Supremo Tribunal Federal com a Medida Cautelar em comento. Argumentou o Estado de Alagoas que, embora os limites específicos estivessem sendo descumpridos, o limite global para gasto com pessoal de 60% estaria sendo cumprido pelo Poder Executivo. Como os Poderes Legislativo e Judiciário possuem autonomia financeira, sustentou que "a interpretação adequada do artigo 23, § 3o, da Lei de Responsabilidade Civil deve atentar para esse fato, de modo que a eventual aplicação das sanções recaia individualmente, ou seja, sobre cada um dos poderes do Estado". Neste sentido, citou entendimento precedente na Ação Cautelar n. 1.763, cujo relator foi o Ministro Ayres Britto.

No relatório do seu julgamento, o Ministro Marco Aurélio reconhece inicialmente o extravasamento setorial, portanto, a violação à Lei de Responsabilidade Fiscal, bem como a importância da previsão contida no artigo 20 da LRF, ao aludir que "outro fim não tem a norma senão, ante a responsabilidade objetiva, fixar a área de extravasamento para que providências sejam tomadas pelo Poder respectivo". Veja-se:

> Então, há de concluir-se pelo extravasamento setorial. A situação jurídica é conducente à iniciativa, em face da separação dos Poderes, de a própria Assembleia vir a situar-se dentro dos parâmetros da salutar Lei Complementar nº 101, de 4 de maio de 2000. Mostra-se sintomático que o citado diploma – após aludir aos limites a serem obedecidos, de forma ampla, pela União, Estados e Municípios – verse a distribuição considerados os Poderes. Outro fim não tem a norma senão, ante a responsabilidade objetiva, fixar a área de extravasamento para que providências sejam tomadas pelo Poder respectivo. É certo que a lei revela as vedações constantes do ofício do Subsecretário do Tesouro Nacional.

No entanto, ao prosseguir em seu voto, entende que "o Supremo já assentou a impossibilidade de interferência do Executivo no Judiciário ou no Legislativo para ter-se a observância dos limites específicos", de modo que descumprimento dos limites específicos pelos Poderes Legislativo e Judiciário não poderiam gerar um ônus ao Poder Executivo. Com base nisso, decide por afastar o óbice à obtenção do empréstimo.

(iii) Agravo Regimental na Ação Cível Originária n. 1.612 do Estado do Mato Grosso do Sul

Por fim, no julgado ora em comento adota-se a mesma posição referida acima, no sentido de que "o Poder Executivo estadual não pode sofrer sanções nem expor-se a restrições emanadas da União Federal, em matéria de realização de operações de crédito", sob o argumento de que "o Poder Judiciário, a Assembleia Legislativa, o Tribunal de Contas ou o Ministério Público locais teriam descumprido o limite individual a eles imposto pela Lei de Responsabilidade Fiscal (art. 20, inciso II, "a", "b" e "d")".

Mais uma vez, o argumento para a impossibilidade de imposição de penalidade ao Poder Executivo estaria no fato de que "o Governo do Estado não tem competência para intervir na esfera orgânica de referidas instituições, que dispõem de plena autonomia institucional a elas outorgada por efeito de expressa determinação constitucional. Precedentes". Assim, a autonomia destes tem possibilitado uma espécie de blindamento contra qualquer ação do Poder Executivo no sentido de faze-los retornar aos limites previstos na LRF.

Com base em no referido entendimento, deferiu-se a possibilidade do Estado do Mato Grosso do Sul realizar a operação de crédito pleiteada com base no princípio da intranscendência das sanções e das medidas restritivas de ordem jurídica, por se considerar que "(...) a penalização imposta pela STN ao Poder Executivo transcende *à esfera de competência deste, que,* mesmo querendo, não poderá ingerir no Tribunal de Justiça local para mudar o quadro, segundo a STN, de excessos e de ofensas à LRF" (p. 4).

4. Análise dos argumentos defendidos nos julgamentos com base nos princípios da legalidade e da separação dos poderes

Conforme se verificou nos julgamentos apresentados, **a autonomia financeira,** assegurada pela Constituição Federal a cada um dos Poderes, bem como ao Ministério Público e Tribunal de Contas, é justamente o fundamento no qual repousa a necessidade do estabelecimento, em Lei, de limites específicos para gasto com pessoal por Poder, para que tenha efetividade o comando do artigo 169 da Constituição Federal.

Autonomia, sem limite, é arbítrio. Em um Estado Democrático de Direito, é inadmissível que qualquer órgão ou ente público, bem como os agentes públicos que agem em seu nome, detenham poderes absolutos e ilimitados. No

Brasil, o fato da Constituição assegurar autonomia orçamentária aos demais Poderes, além do Executivo, de maneira até mesmo diversa do que ocorre em outros países, implica na necessidade que também sobre eles recaiam limites que, uma vez descumpridos, coloque-os na posição de sofrer algum tipo de sanção, visando restaurar a ordem jurídica violada. Nesse sentido, precisa a lição do Ministro Ricardo Lewandowski, em prefácio ao livro do Professor José Maurício Conti:

> Por isso mesmo, o Estado, embora constitua a instancia máxima de decisão dentro de determinada circunscrição territorial, não detém um poder absoluto e ilimitado, visto que o exerce dentro dos quadros daquilo que a doutrina alemã denomina **Rechtsstaat, ou seja, Estado de Direito, o qual compreende um sistema de garantias dos direitos e liberdades fundamentais, que repousa sobre o respeito à dignidade da pessoa humana** (2006, p. 07, grifos nossos).

Portanto, configurada violação à ordem jurídica por qualquer dos Poderes da República, cabe ao seu defensor, o Poder Judiciário, por meio de sua Corte mais alta, o Supremo Tribunal Federal, zelar pelo seu cumprimento, mesmo quando tal violação provém de órgãos do próprio Poder Judiciário. Nesse sentido, assevera José Afonso da Silva acerca do papel do princípio da legalidade em um Estado Democrático de Direito:

> Deve, pois, ser destacada a relevância da lei no Estado Democrático de Direito, não apenas quanto ao seu conceito formal de ato jurídico abstrato, geral, obrigatório e modificativo da ordem jurídica existente, mas também à sua função de regulamentação fundamental, produzida segundo um procedimento constitucional qualificado. A lei é efetivamente o ato oficial de maior realce na vida política, Ato de decisão política por excelência, é por meio dela, enquanto emanada da atuação da vontade popular, que o poder estatal propicia ao viver social modos predeterminados de conduta, de maneira que os membros da sociedade saibam, de antemão, como guiar-se na realização de seus interesses". (2007, p. 121)

Desse modo, a atuação do Poder Judiciário no sentido de impor o cumprimento da Lei a outro Poder da República, dando, assim, efetividade ao princípio da legalidade, em nada fere o princípio da separação dos poderes previsto nos artigos 2º; art. 60, parágrafo 4º, III; e art. 99, todos da CF. Muito pelo contrário: salvaguarda-o. Viola este princípio aquele que, ao se sobrepor à Lei, sobrepõe-se a todos os demais, ao Estado Democrático de Direito, e à própria soberania popular.

A respeito do princípio da separação dos poderes, e a possibilidade de controle de um sobre o outro, veja-se:

> **O sistema de freios e contrapesos faz surgir também uma série de mecanismos de controle de um poder sobre o outro, evidenciando a relatividade do conceito de separação entre os poderes.** Isso, no entanto, nunca chegou a macular a teoria da tripartição dos poderes. É inegável, mesmo se adotando sistemas que preveem claramente a separação dos poderes, como se vislumbra no caso brasileiro, não haver uma independência absoluta entre eles. **A independência será sempre relativa, até porque o Estado é uno, soberano e indivisível. Vários autores deixam clara essa noção.** (CONTI, p. 24, grifos nossos).

Sendo assim, é obrigação do Poder Judiciário, por meio do Supremo Tribunal Federal, intervir na "decisão" de descumprir os limites específicos para gasto com pessoal previstos no artigo 20 da LRF, tomada por alguns órgãos dos Poderes Legislativo, Judiciário, Ministério Público e Tribunais de Contas, que repetidamente o fazem diante da ausência de uma sanção específica para tal comportamento. Não pode o Poder Judiciário, em nome do princípio da separação dos poderes, silenciar diante de uma violação reiterada à ordem jurídica brasileira, conforme tem acontecido, nas decisões comentadas acima. Caso contrário, tem-se situação na qual a Lei de Responsabilidade se aplica apenas ao Poder Executivo, e aos demais, quando lhes convir.

Nesse contexto, deve-se questionar: como o Supremo Tribunal Federal pode tornar efetivo o comando do artigo 20 da Lei de Responsabilidade Fiscal? O caminho que se propõe é a declaração de inconstitucionalidade de Lei de Diretrizes Orçamentária, Lei Orçamentária Anual ou Plano Plurianual que autorize o seu descumprimento, impondo, dessa maneira, ao Poder que está agindo em violação à LRF ajuste seus gastos para se adequar ao limite legal.

5. Do controle de constitucionalidade de lei orçamentária

Atualmente, encontra-se sedimentada a posição do Supremo Tribunal Federal acerca da sua possibilidade de exercer o controle concentrado de constitucionalidade de normas orçamentárias. Contudo, nem sempre foi assim. O entendimento dominante até 2005 era no sentido de que as normas orçamentárias eram peças administrativas, de caráter concreto, de modo que, por não serem revestidas de generalidade e abstração, não poderiam sofrer esse tipo de controle. Ora, se tal Lei era impassível de controle, qualquer comando nela contido deveria ser cumprido em sua íntegra, ainda que violasse a Constituição, o que, consequentemente, faria das normas orçamentárias superiores às normas constitucionais. De certo, este não parece o melhor entendimento, tendo sido ele superado a partir do julgamento da ADIn 2925-8, de relatoria original da Min. Ellen Gracie, substituída posteriormente pelo Min. Marco Aurélio.

Sobre essa mudança de paradigma, se manifestaram Luiz Alberto David Araújo e Eliana Franco Neme:

> A jurisprudência que havia se estabelecido não permitia a análise da questão, deixando espaço grande e importante para que o Poder Executivo pudesse, com o Legislativo, ficar sem fiscalização pela via concentrada. Os argumentos trazidos pela nova jurisprudência são todos adequados e merecem ser acolhidos. Não havia mesmo sentido em deixar a análise da questão para outros órgãos que não fosse a Corte Suprema, pela via do controle concentrado. Portanto, de se louvar a decisão, que aumentou o conteúdo da fiscalização do Poder Judiciário, aliás, fiscalização correta e adequada. Os Ministros foram felizes quando entenderam que as normas do orçamento devem respeitar os ditames constitucionais e, por isso, deixam de ser atos concretos, que escapariam da fiscalização. (2011, p.213)

Aberta tal possibilidade de controle, cabe ao Supremo Tribunal Federal julgar inconstitucional norma orçamentária, esteja ela prevista em Lei de Diretrizes Orçamentárias, Lei Orçamentária Anual ou Plano Plurianual, de quaisquer esferas de poder, seja União, Estados ou Municípios, quando violar a Constituição Federal.

Parece ser este o caso da Lei de Diretrizes Orçamentárias e Lei Orçamentária Anual, por exemplo, dos Estados de Alagoas e do Mato Grosso do Sul, que têm descumprido o artigo 20 da Lei de Responsabilidade Fiscal por meio de tais diplomas.

Nos julgamentos (ii) e (iii) analisados acima, o Supremo Tribunal Federal reconheceu expressamente o extravasamento setorial dos gastos com pessoal, e, portanto, a violação à LRF no relatório do acórdão, conforme se depreende das palavras do Ministro Marco Aurélio citadas acima, no julgamento da ACO n. 2.076 do Estado de Alagoas: "há de concluir-se pelo extravasamento setorial".

Contudo, o pedido formulado pelo Poder Executivo dos referidos Estados tinha por objeto a concessão de autorização para a contratação de operação de crédito, ante a negativa da Secretaria do Tesouro Nacional. Com base no princípio da intranscendência, deferiu-se a medida, ou seja, como o Poder Executivo não tinha dado causa ao descumprimento da LRF, mas sim os Poderes Judiciário e Legislativo locais, não poderiam recair os efeitos da sanção sobre aquele em virtude de descumprimento levado a cabo por parte destes.

Resolveu-se o problema do Poder Executivo, que pode contratar a operação de crédito, mas não a violação à Lei de Responsabilidade Fiscal e, portanto, à ordem jurídica, que continua sendo descumprida por tais entes, bem como por outros da federação brasileira reiteradamente.

Neste sentido, Lei de Diretrizes Orçamentárias ou Lei Orçamentária Anual que contrariem os comandos do artigo 20 da Lei de Responsabilidade Fiscal, o qual prevê os limites específicos por Poder para gasto com pessoal, devem ser declaradas inconstitucionais, pois, ao violar tal preceito, incorrem também em violação ao princípio da legalidade, à ordem democrática e à separação dos poderes, conforme demonstrado no tópico acima.

6. Conclusão

Diante de todo o exposto, apresentam-se as principais conclusões a que se chegou ao longo do presente estudo:

(i) O controle da despesa com pessoal operado pela LRF regulou e deu efetividade ao comando contido no art. 169 da Constituição Federal, segundo o qual "a despesa com pessoal ativo e inativo da União, dos Estados, do Distrito Federal e dos Municípios não poderá exceder os limites estabelecidos em lei complementar".

(ii) As limitações a gasto com pessoal carreadas no artigo 19 da LRF referem-se a limitações globais, isto quer dizer que se aplicam ao orçamento do ente político como um todo. A estas, soma-se a limitação específica por Poder, contida no artigo 20 da LRF, segundo a qual dever-se-á obedecer, além do limite global, percentuais máximos para aplicação em despesa com pessoal para cada um dos Poderes, além do Ministério Público.

(iii) Uma análise da média de salários gasta em cada um dos poderes evidencia que nesses 15 anos de vigência da Lei de Responsabilidade Fiscal os limites impostos para cada um dos poderes autônomos mostraram-se condizentes e em nada obstaram o seu bom funcionamento, muito pelo contrário: possibilitaram o pagamento de salários mais elevados a estes do que a média paga aos integrantes do Poder Executivo.

(iv) A autonomia financeira, assegurada pela Constituição Federal a cada um dos Poderes, bem como ao Ministério Público e Tribunal de Contas, é justamente o fundamento no qual repousa a necessidade do estabelecimento, em Lei, de limites específicos para gasto com pessoal por Poder, para que tenha efetividade o comando do artigo 169 da Constituição Federal.

(v) É obrigação do Poder Judiciário, por meio do Supremo Tribunal Federal, intervir na "decisão" de descumprir os limites específicos para gasto com pessoal previstos no artigo 20 da LRF, tomada por alguns órgãos dos Poderes Legislativo, Judiciário, Ministério Público e Tribunais de Contas, que repetidamente o fazem diante da ausência de uma sanção específica para tal comportamento.

(vi) Não pode o Poder Judiciário, em nome do princípio da separação dos poderes, silenciar diante de uma violação reiterada à ordem jurídica brasileira, conforme tem acontecido, nas decisões comentadas. Caso contrário, tem-se situação na qual a Lei de Responsabilidade se aplica apenas ao Poder Executivo, e aos demais, quando lhes convir.

(vii) Neste sentido, Lei de Diretrizes Orçamentárias ou Lei Orçamentária Anual que contrariem os comandos do artigo 20 da Lei de Responsabilidade Fiscal, o qual prevê os limites específicos por Poder para gasto com pessoal, devem ser declaradas inconstitucionais, pois, ao violar tal preceito, incorrem também em violação ao princípio da legalidade, à ordem democrática e à separação dos poderes, conforme demonstrado no tópico acima.

7. Referências

ARAUJO, Luiz Alberto David; NEME, Eliana Franco. Controle de constitucionalidade concentrado de normas orçamentárias. *In*: CONTI, José Maurício; SCAFF, Fernando Facury (orgs.). Orçamentos Públicos e Direito Financeiro. São Paulo: Revista dos Tribunais, 2011.

CONTI, José Maurício. A autonomia financeira do Poder Judiciário. São Paulo: MP ed, 2006.

SERRA, Rodrigo Valente. Rendas petrolíferas no Brasil: critérios de distribuição distorcidos induzem ineficiência do gasto. *In:* MENDES, Marcos (org.). *Gasto Público Eficiente.* Rio de Janeiro: Topbooks, 2006.

SILVA, José Afonso. Curso de Direito Constitucional Positivo. 29ª ed. São Paulo: Malheiros, 2007.

Desafios na gestão judicial

José Renato Nalini
Doutor em Direito Constitucional pela Universidade de São Paulo.
Desembargador do Tribunal de Justiça do Estado de São Paulo (TJSP).
Corregedor Geral da Justiça no biênio 2012/13. Presidente do TJSP no biênio
2014/15. Professor titular do Programa de Pós-Graduação em Direito da
Universidade Nove de Julho (UNINOVE)

Cerca de quarenta anos de magistratura me conduziram, quase que naturalmente, a presidir o Tribunal de Justiça do Estado de São Paulo, considerado
o maior do planeta[1].

As gestões por dois anos são insuficientes para a concretização de eventuais
planos. O processo eleitoral dos Tribunais não é, ontologicamente, diferente
de qualquer competição análoga. Isso explica a tendência à "reinvenção da
roda" a cada nova troca de comando.

Não se pode afirmar, categoricamente, o despreparo pessoal de quem assu-
miu as rédeas da Justiça bandeirante em 1º.1.2014. Integrante da Magistratura
desde 1976, depois de permanecer durante quase quatro anos no Ministério
Público, houve oportunidade para um treino administrativo. Assim é que,
entre 1986 e 1987, assessorei a Corregedoria Geral da Justiça, na gestão do
Desembargador Sylvio do Amaral. Entre 1988 e 1991, assessorei dois eminentes
Presidentes da Corte, os Desembargadores Nereu Cesar de Moraes e Aniceto
Lopes Aliende.

---

[1] Com 66.365 entre funcionários e auxiliares, 2.566 magistrados e 26.151.101 processos (*Justiça
em Números* 2015, publicação oficial do CNJ, Brasília-2015, p.62) não existe outro Tribunal que se
iguale ao Tribunal de Justiça do Estado de São Paulo.

Já assessorara o Desembargador Antonio Carlos Alves Braga no primeiro concurso realizado pelo Tribunal de Justiça para outorga das delegações extrajudiciais, em cumprimento ao artigo 236 da Constituição da República. E participara do Comitê para cuidar da Informatização da Justiça, convidado pelo Desembargador Dinio de Santis Garcia.

Ao atingir a Segunda Instância, fui eleito Vice-Presidente e depois Presidente, o último a cumprir inteiramente o mandato, do Tribunal de Alçada Criminal, excelente experiência que cessou com a Emenda Constitucional 45/2004.

Antes de atingir a Presidência, integrei a Comissão Examinadora do 180º Concurso de Ingresso à Magistratura, presidi a 6ª Comissão de Concurso para outorga de delegações extrajudiciais e presidi o 183º Concurso de Ingresso à Magistratura, função da qual tive de me afastar ao ser eleito Corregedor Geral da Justiça.

Finalmente, em 4 de dezembro de 2013, fui eleito Presidente do Tribunal de Justiça, para a gestão 2014/2015.

A experiência anterior foi útil, mas insuficiente à concretização de todas as propostas com as quais nutri o sonho de uma administração compatível com o respeito e afeição devotados à Magistratura de minha terra.

Quais as dificuldades postas no caminho da Presidência?

Sem exaurir os obstáculos, mas em verdadeira *partilha de angústias,* passo a analisar alguns dos entraves impedientes de absoluto êxito no comando da maior Justiça brasileira.

1. Gigantismo

A estrutura do Judiciário Paulista é gigantesca e não admite efetivo controle por parte de seus órgãos de cúpula: Presidência, Conselho Superior da Magistratura[2] e Órgão Especial[3].

O crescimento foi gradual, mas constante. Inúmeras Secretarias e Departamentos foram criados de acordo com prioridades estabelecidas por

---

[2] Colegiado hoje composto por sete integrantes: Presidente, Vice-Presidente, Corregedor Geral, Presidente da Seção de Direito Privado, Presidente da Seção de Direito Criminal, Presidente da Seção de Direito Público e Desembargador Decano.

[3] Órgão de cúpula previsto na Constituição da República, de que fazem parte treze desembargadores mais antigos e doze eleitos pelo Pleno da Segunda Instância, para mandato de dois anos, renováveis por uma vez.

determinadas gestões, sem que o equipamento se submetesse a critérios de otimização e racionalidade incidentes sobre a iniciativa privada.

Excessivas denominações de cargos, chefias, diretorias e coordenadorias criadas para premiar bons funcionários que, a partir da promoção, necessitam de subalternos para que se justifique a superioridade hierárquica.

A máquina se movimenta automaticamente, pois a contratação independe de mudança de gestão, a terceirização submete o Judiciário à imposição de interesses bem articulados, sem que se possa paralisar qualquer prestação, sob argumento de que adviria o caos.

Mais de cinquenta mil funcionários deram origem a dezenas de sindicatos e associações de classe, todas muito zelosas dos interesses de seus sindicados ou filiados, mas nem sempre atentas à dramática situação econômico-financeira desta República no fatídico ano de 2015.

A profunda reforma estrutural do Poder Judiciário brasileiro ainda não foi realizada. Altera-se a epiderme, permanece a burocracia, o anacronismo e a resistência à ousadia, tão urgente nestes tempos turbulentos.

2. Cultura do *mais do mesmo*

O fruto de uma formação jurídica também superada, e que só enxerga o processo como alternativa à resolução de conflitos, faz prevalecer a tendência ao crescimento vegetativo do corpo judicial – magistrados e funcionários – até o infinito.

Sempre que se indaga qual seria a solução para os problemas do Judiciário, a partir de sua invencível lentidão, a resposta não tarda: faltam juízes, faltam funcionários, faltam prédios e equipamentos.

Esse o discurso predominante, a persistir mesmo depois da opção irreversível pelo processamento eletrônico. Escolha que, em tese, poderá incrementar a produtividade sem a inevitável e automática multiplicação dos quadros, cargos e funções.

3. Discurso da falta de orçamento

É recorrente a assertiva de que faltam recursos financeiros à Justiça. De fato, o artigo 99 da Constituição da República, a assegurar autonomia administrativa e financeira ao Poder Judiciário, não chegou ainda a ser eficazmente implementado.

A cada ano a proposta da Justiça é encaminhada ao setor de Planejamento, para se enquadrar nas diretrizes orçamentárias. Ali sofre cortes, em regra mantidos no Parlamento. Mas o excesso de arrecadação propicia frequentes suplementações, sem as quais o Tribunal não conseguirá honrar seus compromissos.

Sempre tem sido assim, mas o ano atípico de 2015 registrou contínua e acelerada queda nas receitas do Erário. O Tribunal de São Paulo, que já não dispunha de verba para investimento, viu-se em dificuldade até para satisfazer a folha de pagamento.

É preciso refletir sobre a alegada insuficiência de dotação para a Justiça. No ano de 2014, as despesas totais do Poder Judiciário alcançaram R$ 68,4 bilhões, quantia que representa crescimento de 4,3% em relação a 2013 e de 33,7% no último sexênio[4]. A despesa equivale a 1,2% do Produto Interno Bruto-PIB nacional e, repartida entre os habitantes desta Nação, custa R$ 337 a cada residente, brasileiro ou não.

Desse montante, 89,5% são destinados a recursos humanos, o que é natural, pois o Judiciário é *serviço estatal*, prestado por *pessoas,* para atender a demandas de outras *pessoas.*

Verdade que, desse percentual investido na Justiça, os cofres públicos receberam em 2014, em decorrência da atividade jurisdicional, cerca de R$ 26,9 bilhões. Ou seja; um retorno financeiro da ordem de 39,4% do total das despesas efetuadas, além das resoluções de créditos e solução de conflitos na esfera privada[5]. Mas ainda é enorme o uso da Justiça gratuita, seja pelos necessitados, seja por aqueles que apenas *declaram* não poder custear os processos de seu interesse. Inclusive empresas se valem da gratuidade, o que sobrecarrega o Judiciário e trivializa a prestação jurisdicional. Pois o descompromisso com o custeio estimula a litigância cada dia mais acerba e a proliferação das *lides temerárias.*

Em relação ao *custo da Justiça,* não pode ser desconsiderado o ônus que as *execuções fiscais* representam para os Tribunais. Em São Paulo, não há tramitação de executivo fiscal que custe menos de R$ 1.300. O que significa ser irracional e insensato ajuizar ações inferiores a esse valor.

---

[4] Dados do *Justiça em Números 2015,* publicação oficial do CNJ, p.29, valores monetários deflacionados pelo IPCA/Dez. 2014.
[5] *Justiça em Números,* cit., idem, ibidem.

4. Resistência à inovação

Universo tangido pela inércia – princípio processual – foi também contaminado pela ojeriza à modificação. Tudo esbarra no conservadorismo, na escusa da acintosa quebra de paradigmas, no receio ante o novo.

Alguns passos foram dados, mas excelentes ideias foram sepultadas. Exemplificativamente, mencionem-se ao menos alguns dos inúmeros projetos frustrados por não merecerem receptividade junto aos órgãos diretivos.

I. Criação de Varas Ambientais – mesmo após a experiência exitosa das Câmaras do Meio Ambiente, hoje denominadas Câmaras Reservadas ao Meio Ambiente, não se animou o Tribunal a instalar Varas Ambientais. Decisão exótica, na medida em que a criação de varas ambientais fortaleceria a unidade jurisprudencial da corte, com maior eficiência na prestação jurisdicional. Além disso, magistrados vocacionados ao tratamento das complexas controvérsias ambientais confeririam um *plus* qualitativo à apreciação das lides dessa natureza. Nada, contudo, foi suficiente para sensibilizar os pares investidos de poder deliberativo.

II. Criação de Varas Fundiárias – a política pública da regularização fundiária foi objeto de especialíssima atenção por parte da Corregedoria Geral da Justiça, gestão 2012/2013. O passo adiante seria a implementação de Varas Fundiárias, comando já constante da Constituição de 1988. Não houve como convencer as mentes que poderiam concretizar a proposta, destinada a concretizar a vontade do legislador constituinte e, principalmente, fornecer um lenitivo ao flagelo social decorrente dos conflitos fundiários urbanos e agrários.

III. Instalação das *Casas de Justiça Penal*. Iniciativa da mais prestigiada advocacia brasileira, ideia nascida no sei de Pinheiro Neto advogados. O objetivo seria responder ao anseio da sociedade por uma sensação mais intensificada de segurança pública, maior celeridade nas investigações e processos criminais e eficácia no sistema penal. A iniciativa privada aportaria o capital necessário, construiria e administraria centros integrados de segurança pública, nos quais o poder público teria condições de melhor atender aos objetivos da segurança. A ideia não padece de sofisticação: congregar em um único edifício e sob um protocolo de gestão eficiente das respectivas atividades, o Judiciário, o Ministério Público, as Secretarias de Segurança, Justiça e Administração Penitenciária, a Defensoria Pública e a Advocacia, além de setores da sociedade civil. Tudo de maneira a conferir sinergia entre as atividades específicas.

A proposta não passou pelas equipes de assessoria e permaneceu como abstração, num ambiente tão necessitado de criatividade.

IV. Descentralização da Segunda Instância. Depois de criadas 10 Regiões Administrativas Judiciárias, ressurgiu a ideia de propiciar, ao menos em caráter experimental, o funcionamento de Câmaras compostas por Desembargadores nelas residentes, para julgamento de recursos daquela região.

Não se propunha criação de novas estruturas, mas utilização de dependências já existentes e boa vontade do funcionalismo local. Mas a ideia foi sepultada, ainda se acenasse com a economia resultante da desnecessidade de locomoção dos desembargadores até à capital, servindo-se do transporte oficial, cujo custo é bem considerável.

Todavia, é proibido esmorecer. As adversidades não inibiram a gestão de tentar implementar aquilo que não foi repudiado pelo conservadorismo ou que dependesse apenas da Presidência.

Dessa forma, conseguiu-se:

I. Formar o Conselho Consultivo Interinstitucional

Diante da constatação de que o sistema Justiça, cada vez mais inflado e cada dia mais dispendioso, é sustentado pela sociedade civil, cuidou-se de conclamar representantes abalizados dessa entidade ficcional, mas constantemente chamada a participar da vida nacional, para se interessar pelo Poder Judiciário.

O Conselho Consultivo Interinstitucional foi formado por integrantes do próprio Judiciário, por representantes dos parceiros – Ministério Público, Advocacia, Defensoria, Polícia, Governo, Parlamento – mas também por personalidades de segmentos qualificados na República. FIESP/CIESP, Febraban, FAPESP, Universidades, Institutos de Pesquisa, etc. Foram solicitados a oferecer propostas viáveis e sugestões de aperfeiçoamento dos serviços judiciais, hoje protagonistas de atuação que alimenta a fome de esperança do brasileiro comum.

Por óbvio, personalidades envolvidas com papeis de elevada significação em suas entidades, não dispõem de todo o tempo disponível para oferecer ao sistema Justiça. Mas houve atendimento à convocação, alguns deles se interessaram de forma saudável por contribuir com a discussão e outros até mesmo ofereceram produtos concretos para a melhoria do funcionamento dos serviços[6].

A mera existência de um órgão consultivo – não deliberativo, portanto – deflagrou uma onda de oposição que só demonstra a insensatez e o anacronismo da Justiça, que se apresenta insuscetível aos ventos democráticos trazidos pela longeva carta constitucional de 1988.

II. Disseminar a cultura da pacificação

A tese da Presidência do TJSP é o de que uma República de 204 milhões de habitantes com 106 milhões de processos ostenta um quadro patológico. Não é saudável que, aparentemente, *todos estejam a litigar*[7]. O advogado brasileiro tem de observar dois deveres contidos no seu Código de Ética e Disciplina, editado pela OAB. No artigo 2º, inciso VI, está o dever de tentar primeiro a conciliação ou qualquer outra alternativa à judicialização e no inciso VII, aquele de desestimular o seu constituinte a ingressar em aventura judiciária.

Todavia, a formação jurídica superada e replicada nas milhares de Faculdades de Direito insiste na judicialização de todos os problemas. Até os minúsculos, as questiúnculas, os problemas rotineiros e singelos que poderiam ser solucionados mediante o uso do bom senso e do diálogo.

Essa luta não tem por objetivo aliviar o Judiciário dessa invencível carga de trabalho, a não ser como subproduto. O mais importante é fazer com que o brasileiro se liberte do jugo estatal que, sob argumento de beneficiá-lo, converteu grande legião de pessoas em seres incapazes, tutelados, puerilizados e dependentes do "Estado-babá" para atendimento a todas as suas pretensões.

Estado-babá que se exterioriza também na Justiça, que é prodigalizada mas não soluciona, inevitavelmente, os problemas. Às vezes, até os agrava, ao conferir respostas processuais para problemas humanos sérios. A decisão pode acabar com o processo, nem sempre – ou raramente – encerra o conflito.

---

[6] Foi o caso do Professor CARLOS ANTONIO LUQUE, Presidente da FIPE – Fundação Instituto de Pesquisas Econômicas, que elaborou, com sua equipe, estudos substanciosos sobre a remuneração do Fundo Especial de Despesas do TJSP e ofereceu diagnóstico para planejar o futuro da Informatização da Justiça bandeirante. Também o Dr. MURILO PORTUGAL GOUVEA, Presidente da FEBRABAN, ofereceu a contribuição de sugestões concretas para que o Judiciário paulista incrementasse observância do princípio da eficiência.

[7] Se um processo é uma contenda entre ao menos duas pessoas, 106 milhões de ações judiciais significariam, no mínimo, 212 milhões de adversários em juízo. Sabe-se que não é assim, diante do intenso uso do sistema pelo próprio Estado. Mas a sensação que o Brasil fornece ao mundo é o de que nele reside o povo mais beligerante sobre a face da Terra.

Ensinar as pessoas a se servirem de alternativas ao Judiciário é fazê-las crescer. Assumir responsabilidades. Conjugar os deveres, não apenas invocar os direitos. E se isso um dia acontecer, não se repetirão na República os desmandos, os malfeitos, a destruição da ética, da moral pública e das finanças estatais. Pois o povo estará pronto a fiscalizar o seu representante. Hoje, se não tem condições sequer de encaminhar a solução de questões insignificantes, como o homem do povo se tornará cidadão proativo, instrumento essencial à implementação da Democracia Participativa prometida pelo constituinte?

III. Proliferar os CEJUSCs por todo o Estado

Os CENTROS JUDICIAIS DE SOLUÇÃO DE CONFLITOS E CIDADANIA constituem benfazeja prática recomendada pelo CNJ e desde 2013 adotada pelo Tribunal de Justiça de São Paulo. São espaços flexíveis de realização de acordos, conciliações, mediações e outras fórmulas de composição consensual de controvérsias. Favorecem o encontro dos próprios interessados, dão a eles oportunidade de expor seus interesses, em linguagem direta, franca e coloquial, evitado o preciosismo das expressões técnico-jurídicas.

Os mais de 150 CEJUSCs de São Paulo funcionam perfeitamente e podem substituir com vantagens a criação de novas varas judiciais, todas elas sofisticadas e dispendiosas, produtoras da mesma prestação jurisdicional clássica.

Mas além disso, a Presidência incentiva tudo aquilo que vier na mesma direção e favorece a criatividade de agentes que oferecem soluções análogas, como o NECRIM, estratégia da Polícia Civil, o OAB CONCILIA, movimento da OAB para propiciar a conciliação entre as partes, a conciliação extrajudicial[8], o protagonismo da Polícia Militar, a primeira a atender à ocorrência e com expertise na obtenção de pactos de bom convívio. Todas as manifestações destinadas a pacificar são muito bem vindas. É de se estranhar que o Brasil, sempre tão afeito a copiar os Estados Unidos, não tenha ainda se valido da expertise ianque na obtenção de ajustes que evitem o equipamento complexo, dispendioso, sofisticado e, por isso mesmo, invencivelmente lento, que é o Poder Judiciário.

---

[8] O Provimento 17/2013, da Corregedoria Geral da Justiça, autoriza a realização de conciliação, mediação e outras fórmulas em serventias do foro não oficializado. Lamentavelmente, a OAB impugnou a providência e a representante da OAB junto ao CNJ, monocraticamente, suspendeu a eficácia da normatividade, ainda hoje à espera de que o Conselho Nacional de Justiça defina se é ou não viável.

Para estimular a sociedade civil, adotou-se a estratégia de oferecer reconhecimento às empresas que se comprometessem a reduzir o seu grau demandista, cognominando-as *Empresas amigas da Justiça*. Também os municípios, que encaminham para a Justia milhões de execuções fiscais a cada ano, foram objeto de atenção do Tribunal, que a eles conferiu o selo *Município amigo da Justiça*, desde que atendidos certos requisitos, sempre na linha da redução do demandismo.

IV. Otimização da gestão

O Judiciário não padece de deficiência técnica. Ao contrário: juízes e servidores são recrutados por um concurso árduo, massacrante, que exige a memorização de todo o acervo legislativo, doutrinário e jurisprudencial.

A Justiça brasileira tem um déficit de gestão. É aqui que se frustram as expectativas nacionais e reside o foco das críticas destinadas ao sistema Justiça.

Foi por isso que a gestão 2014/2015 cuidou logo de adotar ousadas técnicas de otimização dos serviços. Criou o chamado "Cartório do Futuro", que é uma espécie de oficina de trabalho da prestação jurisdicional, com padronização de operações, desburocratização e racionalização, tudo tendente a potencializar a capacidade de trabalho dos servidores.

Para isso, equipes de magistrados e funcionários estudaram, discutiram, experimentaram. E chegaram à concretização. Poucas unidades já estão em funcionamento, mas mostram o acerto da medida. Além da eficiência maior, quebrou-se o paradigma do patrimonialismo ainda reinante, a compartimentação de tarefas, a alienação quanto às atribuições do vizinho.

Outra experiência bem sucedida foi o *tele-trabalho* ou *trabalho à distância*, também conhecido como *home office*. Após conscientização de magistrados, chefias e servidores, iniciou-se um projeto piloto que se mostrou viável e gratificante. Não se pode desconsiderar o tempo inútil que o funcionário despende no trajeto de sua casa até à repartição. A rotina exasperante produz estresse, depressão e várias síndromes. Já a permissão para o trabalho à distância – perfeitamente possível, diante da Justiça Eletrônica – duas vezes por semana, além de devolver auto-estima ao funcionário, evidenciada a confiança que o Tribunal nele deposita, mostrou-se promissor para os serviços judiciais. Aguardava-se uma produtividade 30% maior e obteve-se 66% em alguns casos e em outros, até uma percentagem superior a 90%.

A *Unidade Remota de Processamento Eletrônico* foi outro tento vitorioso. A diversidade entre as inúmeras unidades judiciárias evidencia distintas situações. Não é incomum, aliás é muito frequente, que varas de certa forma análogas, tenham produtividade muito diferentes. Para isso, formaram-se equipes de verdadeiro *pronto socorro*, que oferecem ajuda eventual e causam aceleração da prestação jurisdicional.

Até o ano de 2014, essas equipes se deslocavam para o interior, onde se encontra a maior parte das unidades judiciárias paulistas, o que demanda desconforto para os funcionários que deixam seu local de trabalho, se instalam de forma nem sempre a mais adequada, além do dispêndio considerável em tempos de carestia.

Com o processo digital, essa Unidade Remota pode prestar auxílio a qualquer cartório do Estado, desnecessária a locomoção física. Além disso, a tecnologia permite que o seu funcionamento intensivo signifique a tão ambicionada *Correição Contínua e Permanente*, sem a presença física dos agentes correcionais. Todo e qualquer problema será imediatamente detectado por esse verdadeiro *big data* das informações judiciais paulistas.

V. Audiência de custódia

O Pacto de San José da Costa Rica foi firmado pelo Brasil em 1970 e internalizado em nosso ordenamento em 1992. Antes disso, em 1988, a Constituição *Cidadã* já determinava que a prisão de qualquer pessoa fosse comunicada *imediatamente* ao juiz competente de apreciar sua legalidade e legitimidade.

Em 2015, mercê de uma conjugação de esforços e de boa vontade, conseguiu-se implementar a chamada *audiência de custódia* no maior Fórum Criminal da América, o da Barra Funda. E os esforços compensaram, pois o Brasil acertou o passo com as mais modernas democracias e cumpriu comando fundante havia 27 anos desatendido, sem que houvesse fatores impedientes de sua obrigatória observância.

VI. Projeto 100% Digital

Desde 2006 o TJSP acelerou a sua irreversível informatização. O modelo SAJ, desenvolvido em São Paulo, mostrou-se o mais adequado. Todos os passos foram prudentes, mas na mesma direção. Tudo comunicado ao CNJ que nunca inibiu a continuidade da implementação do processo eletrônico.

O avanço mais audacioso foi o Projeto 100% digital, ou seja, dotar *todas* as unidades judiciárias do Estado habilitadas a receber peticionamento eletrônico e a permitir acompanhamento – por parte dos interessados – do real andamento de seu processo.

Bilhões foram aplicados no projeto e pode-se imaginar o grau de resistência que se enfrentou. Resistência interna, dos mais conservadores e refratários à modernidade. Resistência de parte dos advogados. Necessidade de capacitação de dezenas de milhares de funcionários.

Tudo isso foi objeto de estudo, planejamento e, por um ato de coragem, assumido como compromisso. Até 23 de novembro de 2015, *todas as unidades judiciárias* do Estado de São Paulo estarão informatizadas.

É um *case universal,* que merece divulgação no mundo inteiro. Graças à compreensão do Ministro Presidente do CNJ e do STF, Enrique Ricardo Lewandowski, o TJSP investiu no projeto próprio, na certeza de que a interoperabilidade propiciará diálogo entre o SAJ paulista e o PJE do CNJ. De qualquer forma, a Justiça virtual, informatizada, digitalizada, eletrônica ou cibernética, chame-se-a como se queira, não modismo. Veio para ficar e modificará – profundamente – o sistema Justiça.

A FIPE – Fundação Instituto de Pesquisas Econômicas ofereceu enorme contribuição ao TJSP ao estudar a informatização desde o início e de analisar qual será o seu futuro no Judiciário do mais adiantado Estado da Federação. Examinou os contratos celebrados, dispendiosos todos e milionários, consideradas as elevadas cifras que demandam, fez um prognóstico dos quadros funcionais que serão necessários daqui para diante, pois defasada até a nomenclatura de cargos e funções e antecipa quais os potenciais usos da tecnologia da comunicação e da informação para aprimorar o sistema Justiça.

O presente reclama um programa de gestão avançada, que não se fará senão mediante intensivo uso das TICs – Tecnologias da Informação e da Comunicação. O Judiciário necessitará cada vez mais de cérebros antenados com o amanhã, para que a resolução de conflitos não se submeta, de maneira incontornável, aos parâmetros da busca do fato, até o passado em que ele ocorreu, mas possa oferecer solução imediata. Sempre a resposta humana possível, pois a Justiça humana é falível, embora com vocação de perfectibilidade.

O tempo presente não se compatibiliza mais com o tempo da Justiça, propício a proteger exatamente aquele que dela se serve para se safar do cumprimento de suas obrigações. O Judiciário existe para *fazer justiça,* não apenas para fazer incidir a vontade concreta da lei sobre o caso posto à sua apreciação. É óbvio que tem também essa missão – conferir segurança jurídica – mas não é impossível que se alcance tal objetivo simultaneamente à correção da injustiça. Essa a missão dos pensadores da Justiça do amanhã.

VII. Programas Município e Empresa Amiga da Justiça

Mais da metade dos 25 milhões de processos que tramitam na Justiça Paulista envolvem o Poder Público. E a imensa maioria refere-se à cobrança de dívidas, através da correspondente ação executiva. Não é demais dizer, portanto, que a principal função do Poder Judiciário em São Paulo é o de cobrar valores, e não distribuir Justiça. Engajar os municípios no esforço de mitigação da cultura da litigiosidade é fundamental. Daí a criação do programa Município Amigo da Justiça, que concede um selo estilizado às prefeituras que adotam estratégias de redução de novas ações através da percentuais pactuados em comum acordo com o Judiciário.

O desenvolvimento de práticas congêneres: protesto da certidão da dívida ativa e instalação de CEJUSCs também contam. Foi o que fez o Município de São Paulo, cujo prefeito, Fernando Haddad, assinou, em outubro de 2015, um compromisso orientado a essa finalidade. Lamentavelmente nem todos os municípios souberam compreender que é necessária uma nova relação entre Estado e sociedade civil. Que medidas como essa tem papel pedagógico, porque provocam as pessoas a pensar sobre o custo do sistema Justiça, que é por elas suportado. Não existe almoço grátis e se a opção for pela judicialização de todos os conflitos, mesmo os menores, isso deve ser reconhecido pelas pessoas.

Já o programa Empresa Amiga da Justiça experimentou acelerado crescimento. O setor produtivo brasileiro, já habituado às particularidades de um sistema judicial kafkiano, não hesitou em depositar sua confiança e entusiasmo na medida e buscar, de maneira criativa, formas de reduzir o número de novas ações. Essa não é uma linguagem estranha à iniciativa privada, que entendeu o nascimento de um novo conceito: a responsabilidade judicial. Ao enxergar o selo como um valor criado, que agrega significado e peso às marcas a ele aderentes, viram uma nova oportunidade nascer.

Foram várias as empresas que aderiram: a companhia aérea TAM; os bancos Itaú, Bradesco, Banco do Brasil, Santander, HSBC, Votorantim, BNP Paribas e Volkswagen; o Mercado Livre; a CPFL e a SABESP; e entidades setoriais, como a Associação Brasileira das Relações Empresa Cliente (ABRAREC), o Sindicato da Habitação (SECOVI) e o G100. Várias empresas estão na fila para receber o selo.
VIII. Incubadora de Ideias do TJSP

Ampliar o diálogo com entidades da sociedade civil, tais como universidades e institutos de pesquisa, é medida indispensável em tempos de restrições orçamentárias. Muitos desses institutos sabem a importância estratégica que o TJSP tem no cenário nacional e acorreram aos convites formulados pela gestão para oferecer contributos ao aperfeiçoamento deste equipamento estatal, sem ônus.

Foi nesse sentido que parcerias estratégicas importantes se alinhavaram: a Fundação Escola de Comércio Álvares Penteado (FECAP) organizou um curso de extensão em gestão pública voltado para a alta administração da corte. A Universidade Nove de Julho (UNINOVE) cedeu docentes e discentes para atividades de ginástica laboral, além de ter designado uma equipe de renomados pesquisadores para auxiliar o Judiciário paulista a implantar uma política de gestão ambiental e sustentabilidade. O InternetLab, *think tank* recente formado por equipe talentosa, se debruçou sobre os mecanismos de transparência do TJSP. O Instituto de Pesquisa Econômica Aplicada (IPEA) fez amplo estudo sobre os gargalos estruturais dos juizados especiais, depois de ter mapeado a litigiosidade e o estoque processual da segunda instância. O Instituto Pólis forneceu *expertise* em matéria de conflitos fundiários.

Todas essas parcerias permitiram que o órgão da Administração da Justiça responsável pelo planejamento do TJSP, a Secretaria de Planejamento Estratégico, incorporasse novas tecnologias e novas metodologias de trabalho. Os efeitos práticos dessa medida serão sentido nos próximos anos. E o Poder Judiciário Bandeirante perceberá que enfim entrou no século XXI, com enorme atraso.

5. Frustrações

Quando fiz referência a *partilha de angústias*, estava a pensar em frustrações que acometem aquele cujos sonhos são infinitos, incomensuráveis, mas as limitações os tolhem e o fazem acordar para a triste realidade.

Frustra-me não ter conseguido enfrentar, ao menos com efetividade e a contento, a questão das lides repetitivas. Uma sociedade demandista como a brasileira faz surgir milhões de demandas idênticas, iguais, ou ao menos semelhantes. O mesmo tema se repete. Obriga a jurisdição a replicar respostas que também são reiteradas no seu núcleo essencial.

Sempre achei insensato que essas *explosões* de ações com o mesmo fundamento tivessem de ser decididas, e novamente decididas, e ainda outra vez decididas, seja pelo mesmo juiz, seja por juízes diferentes. Por que não aguardar, assim que se detecte esse *filão* bem lucrativo às vezes, para padronizar a resposta e inviabilizar a distribuição que é só quantitativa, mas contraproducente?

Enquanto se repete uma decisão já proferida, deixa-se de examinar o tema novo, que continua à espera de solução.

Também não consegui obter consenso em temas submetidos a colegiados como o Órgão Especial, para que a humildade intelectual vigorasse e viesse a predominar sobre a convicção que não quer se curvar à maioria. É desalentador para a sociedade verificar que as decisões se submetem a uma álea. A chamada «segurança jurídica», se bem que uma utopia no mundo da incerteza e da insegurança em todos os setores, é agravada quando a mesma questão, baseada no mesmo texto de um único ordenamento, merece leituras que dependem da concepção de direito, da orientação filosófica, da religião ou até mesmo da idiossincrasia do julgador.

Frustrou-me não conseguir um uso mais contido dos carros oficiais, considerados pela mídia a *vergonha nacional*. Tema recorrente, que vários Presidentes também não conseguiram solucionar. Um Tribunal gigante, com 441 magistrados em segundo grau[9], possui uma frota igualmente gigantesca. Se os veículos oficiais fossem alienados, apurar-se-ia mais de R$ 12 milhões. Somem-se os gastos com locação de garagem, manutenção, combustível e gastos médios com horas extraordinárias – só estes, chegam a mais de R$ 9 milhões! – e a economia se aproximaria dos R$ 30 milhões.

É pouco, diante da grandeza paulista. Mas seria simbólico no momento em que a Nação se defronta com a pior crise desde aquela do crash da Bolsa norte-americana na década de 30 do século passado. Ninguém está pensando em eliminar empregos. Os motoristas poderiam servir nos gabinetes dos desembargadores e dirigir seus veículos, se assim os magistrados entendessem. Mas nem pensar em desapego ou sacrifício. Insuficiente a acidez da crítica de Roberto Pompeu de Toledo na VEJA, edição recente: *"Ora, direis ainda, que deu no colunista? Não faz muito já valou de carros oficiais (VEJA de 27.5.2015). Por que essa mania? A resposta* é simples e, para perpétua memória, vai na forma de dístico rimado: ‹O carro oficial/ É a vergonha nacional›. Se o governo se diz disposto a sacrifícios, avançar neles seria um bom começo. Equivaleria a realmente ‹cortar na carne›. Ah, mas a economia seria pequena, comparada às grossas cifras do Orçamento, costuma-se dizer. Tudo somado, do governo federal à mais modesta prefeitura, os poderes Legislativo e Judiciário, incluídos em todos os níveis e consideradas as despesas com gasolina, manutenção dos veículos e motoristas, ela não seria tão pequena. Mas não é isso o principal.

---

[9] Dados do *Justiça em números*, cit., idem, p.164.

O principal é a conquista civilizacional que representaria para este atrasado Brasil»[10].

Estamos muito distanciados da Suécia, onde magistrados vão de bicicleta até o metrô e com ele chegam ao seu pequeno gabinete de trabalho. A Escandinávia toda é o *país sem excelências*. Todos se consideram servidores, embora com atribuições e qualificações distintas. Mas no dia em que alcançarmos um estágio mais civilizado e ético, talvez essa discussão mereça espaço.

Também frustrou-me não obter solução para o *arquivo-morto*, o acervo de quase 100 milhões de processos findos que não podem ser descartados antes de cadastrados. Para o cadastro com pessoal do próprio Judiciário, seriam precisos apenas 227 anos! Para a terceirização, a última "oferta" foi superior a 500 milhões de reais, quantia evidentemente insustentável.

Lamentável que o artigo 1215 do extinto CPC de 1973 previsse o descarte de processos findos e a OAB tenha questionado o dispositivo junto ao STF, sob argumento de que se destruiria a História do Judiciário. Só que não ofereceu alternativas para essa guarda que custa milhões ao povo paulista.

A proposta feita pela Presidência do TJSP ao CNJ foi o de se abrir oportunidade para que Faculdades de Direito ou de História, Institutos de Pesquisa, Museus, Universidades, Academias, se habilitassem a preservar os processos de seu interesse. O Judiciário não precisa arquivar *todos* os processos que já tramitaram nesses mais de 140 anos de existência do Tribunal de Justiça. Bastaria a preservação dos feitos históricos e, dos demais, por amostragem.

Baldados os esforços, não se obteve, até o momento e decorridos quatro anos – pois os primeiros pleitos foram feitos durante a gestão na Corregedoria Geral da Justiça, a partir de 2012 – resposta de autorização ou alternativa qualquer outra alternativa.

Falta maior empenho do sistema Justiça em oferecer contribuições para a renovação do modelo de recrutamento de seu pessoal. Pense-se na seleção de Juízes. O Tribunal de Justiça de São Paulo realiza atualmente o seu 186º Concurso de Ingresso à Magistratura. Sempre de idêntica maneira: vota-se em desembargador Presidente que indica os companheiros de Banca, um de cada Seção do Tribunal. Pede-se à OAB a indicação de um advogado. E o certame é daqueles que mais *excluem* do que selecionam. Pois comparecem milhares de candidatos. Já chegamos a ter 18 mil inscritos. E o CNJ só permite trabalhar com um grupo de 300 concorrentes. Então realiza-se uma prova preambular, com questões de múltipla escolha e leitura ótica. Qual o critério científico a

---

[10] TOLEDO, Roberto Pompeu de, *"Vergonha Nacional"* in VEJA, edição 2445, nº 39, de 30.9.2015.

validar essa prévia seleção? Será que não deixamos de lado indivíduos mais vocacionados e que não conseguiram decorar o conhecimento enciclopédico de toda a legislação, doutrina e jurisprudência pátria?

Mas essa é uma preocupação que deve ser de toda a sociedade, submetida a julgamento de pessoas que nem sempre são idealistas, ou humanistas, ou sensíveis. Embora não se negue apuro técnico.

6. Concluindo com alegrias

As minúsculas alegrias de uma gestão provêm da solidariedade dos amigos, do reconhecimento daqueles que entendem as insuperáveis dificuldades, as parcerias espontâneas, o entusiasmo de servidores que, nas visitas às unidades judiciais, se aproximam do Presidente e o saúdam. Nem sempre ele merece idêntico tratamento, o mínimo de polidez para que o convívio seja civilizado, em todos os espaços da Justiça.

Haver propiciado aos agentes em desvio de função, converterem-se em escreventes, é uma satisfação. Assim como instalar algumas Varas, propiciar a elevação dos Foros Distritais a Comarcas, remanejar competências, honrar a data-base com os 6,5%, enquanto o funcionalismo estadual teve ZERO por cento de reajuste, reduzir o débito do Estado para com funcionários e magistrados, implementar a Escola do Servidor, velha reivindicação do funcionalismo, tudo isso gratifica.

Se mais não fiz, foi pelas minhas limitações naturais e pelo quadro natural de imobilismo de uma função tradicional, longeva, instalada em verdades imutáveis, infensa a alterações, pois toda mudança é traumática.

Mas o idealismo de alguns convertidos é um aceno de esperança. O Judiciário pode ser muito melhor do que ele é, pois integrado por pessoas tecnicamente preparadas e comprometidas a realizar a justiça humana mais perfeita possível, consoante a exortação do CNJ, com a edição do Código de Ética da Magistratura Brasileira.

Para isso, imprescindível a efetiva participação da sociedade civil, destinatária e responsável pela sustentabilidade de um sistema sem o qual não se implementará a Democracia Participativa, promessa do constituinte de 1988, que acenou com o Estado de Direito de índole democrática no pacto cidadão ora consolidado.

Administração Pública e Poder Judiciário: eficiência do gasto público e modernização da gestão

Fabrício Motta
Procurador do Ministério Público de Contas (MPC-TCM/GO). Professor Adjunto da Universidade Federal de Goiás (UFG). Doutor em Direito do Estado (USP) e Mestre em Direito Administrativo (UFMG)

Heloísa Helena Antonacio M. Godinho
Conselheira Substituta do Tribunal de Contas do Estado de Goiás
Professora de Direito Financeiro e Direito Tributário em cursos de pós-graduação
Especialista em Direito Tributário IGDT/PUCGO

Introdução

A gestão do Poder Judiciário, uma das maiores estruturas institucionais do país, já amplamente debatida pela doutrina, pelo Conselho Nacional da Justiça – CNJ e pelos próprios órgãos judiciários, depara-se, atualmente, com desafios práticos que exigem a adoção de novos paradigmas e providências imediatas, seja no tocante à eficiência dos gastos, seja quanto à modernização de sua atividade administrativa.

Isso porque, embora o modelo gerencial de Estado, instituído por meio da reforma introduzida pela Emenda Constitucional nº 19/98, tenha alcançado o Poder Executivo, a magistratura não se imbuiu por completo do papel que exerce de gestor público, malgrados os esforços do Conselho Nacional de Justiça – CNJ, da ENFAM – Escola Nacional de Formação e Aperfeiçoamento de Magistrados, do Tribunal de Contas da União – TCU e de alguns Tribunais judiciais.

Cediço que o Poder Judiciário tem sofrido muitas alterações em sua forma de atuação e implantado soluções inovadoras voltadas ao alcance da eficiência da prestação jurisdicional e, não obstante isso, os problemas de morosidade processual, onerosidade do acesso e ineficiência dos gastos permanecem assombrando a magistratura e afetando a credibilidade da Justiça brasileira.

Com efeito, apesar do alto índice de litigiosidade verificado no Brasil, a confiabilidade que o Poder Judiciário desperta nos brasileiros não alcança sequer uma em cada três pessoas da amostragem, mais precisamente apenas 29% (vinte e nove por cento) afirmam confiar em tal instituição, segundo pesquisa da Fundação Getúlio Vargas[1].

Referida pesquisa, consubstanciada no Índice de Confiança na Justiça no Brasil – ICJBrasil, visa a retratar sistematicamente o quanto a população acredita que o Poder Judiciário cumpre a sua função com qualidade, de forma que os custos sejam menores que os benefícios ocasionados por sua atuação".[2] Logo, soluções destinadas apenas à celeridade e eficiência da prestação jurisdicional, enquanto desacompanhadas de medidas específicas para o aperfeiçoamento da gestão administrativa e financeira do Poder Judiciário mostram-se insuficientes para o cumprimento adequado do seu papel constitucional.

Debater os aspectos práticos da eficiência do gasto e da modernização da gestão do Poder Judiciário revela-se de extrema importância, como forma de contribuir para a mitigação da crise de credibilidade pela qual passa a Justiça Brasileira, bem como para reverter o quadro de frustração de magistrados e servidores, cujo inegável esforço diuturno muito pouco tem impactado positivamente no conceito do cidadão-usuário.

Indispensável, na atual conjuntura, a adoção de providências concretas e imediatas destinadas ao aprimoramento da gestão administrativa e financeira dos órgãos judiciários, nos parâmetros traçados pelos princípios da eficiência e da economicidade, com vistas a conferir maior qualidade no gasto, permitir o cumprimento eficiente da atividade-fim e resgatar a confiança da sociedade no Poder Judiciário.

Não há dúvidas que a adoção de práticas de boa governança contribuirá de forma determinante para o incremento da prestação jurisdicional, sendo inevitável direcionar os esforços para a profissionalização da gestão dos

---

[1] Dados do Relatório ICJBrasil – 1º semestre de 2016 – Índice de Confiança na Justiça no Brasil, mensurado pela Escola de Direito de São Paulo da FGV (Gráfico 6 – Confiança nas Instituições – página 15). Disponível em: <http://bibliotecadigital.fgv.br/dspace/bitstream/handle/10438/17204/Relatorio-ICJBrasil_1_sem_2016.pdf?sequence=1&isAllowed=y>.

[2] Relatório ICJBrasil, páginas 02/03.

1. Organização Político-administrativa do Estado: Poderes e Administração Pública

A Constituição da República desenhou o Estado Brasileiro como um Estado Federal. Como se sabe, o Estado Federal é marcado pela descentralização política que, por sua vez, pressupõe o reconhecimento de um campo próprio para autonomia legislativa e autonomia administrativa dos entes federados. A análise das características próprias de cada experiência federalista quanto ao complexo arranjo de competências legislativas e administrativas depende da conformação estabelecida pela respectiva Constituição. A República Federativa do Brasil é formada pela união indissolúvel dos Estados e Municípios e do Distrito Federal (art.1º) e sua organização político-administrativa compreende a União, os Estados, o Distrito Federal e os Municípios, todos autônomos (art.18), nos termos da Constituição. Em razão dos princípios do federalismo e das regras explícitas determinadas pela Constituição, cada um dos entes componentes do Estado Federal possui sua *própria Administração Pública*, estruturalmente organizada de acordo com as normas da mesma Carta.

As *funções estatais* são dividas em "poderes", de acordo com o critério de predominância funcional ligado às funções estruturais do Estado, sendo ainda hoje obedecida a clássica tripartição difundida por Montesquieu.

Em razão da adoção do princípio federalista e da divisão das *funções estatais* em *poderes*, a serem desempenhadas com graus diversos de predominância por uma pluralidade de organizações, pode-se concluir que não há propriamente *uma* Administração Pública mas, ao contrário, que existem *"Administrações Públicas"*, sujeitas a um bloco de normas comuns e também a normas específicas. Com efeito, o artigo 37 da Constituição da República faz referência à "administração pública direta e indireta de qualquer dos Poderes da União, dos Estados, do Distrito Federal e dos Municípios". Na lição de Odete Medauar,

> Ao dispor expressamente sobre Administração Pública em tais preceitos, a Constituição Brasileira de 1988 fixa as diretrizes fundamentais que devem nortear sua atuação; portanto, daí se extrai a conformação institucional e funcional da

PODER JUDICIÁRIO

Administração Pública brasileira e os princípios informadores do próprio direito administrativo[3].

Não se discute que a atividade administrativa não é exclusiva do Poder Executivo, ainda que este o exerça com predominância. Diante da sistemática constitucional que atribui um âmbito de organização próprio, inclusive com o reconhecimento de competências normativas, é correto concluir que existe *função administrativa* e, em consequência, Administração Pública, nos Poderes Legislativo e Judiciário. Ainda que despida de maiores dificuldades, a conclusão afasta eventual intelecção favorável ao reconhecimento de que a Administração Pública seria *una*, tendo o Executivo a predominância do exercício de suas funções e ocupando o ápice de sua estrutura organizativa. Há *unidade interna* na Administração dos Poderes Legislativo e Judiciário, pois nesses não existem estruturas subjetivas com competência originária para o exercício de funções administrativas.

Na verdade, Legislativo e Judiciário exercem funções administrativas (Administração, em *sentido objetivo*) próprias, mas acessórias, que são instrumentos para a realização de suas funções institucionais precípuas. A função administrativa desempenhada por ambos (além do Ministério Público e de outras instituições estatais que não se enquadram perfeitamente nas rígidas linhas da tripartição) restringe-se ao âmbito interno de cada instituição, pois as relações entre os diversos poderes são disciplinadas pela própria Constituição e constituem elementos essenciais do equilíbrio de todo o sistema.

Especificamente no que toca ao Judiciário, conclui José Maurício Conti:

> [...] no âmbito administrativo constata-se que o Poder Judiciário integra a Administração Pública, uma vez que, ressalvadas suas peculiaridades, os princípios e as normas da Administração Pública aplicam-se ao Poder Judiciário, quer no aspecto organizacional, quer no que se refere ao funcionalismo público que presta serviços a este Poder, bem como em outros aspectos[4].

---

[3] MEDAUAR, Odete. *A processualidade no direito administrativo.* São Paulo: Revista dos Tribunais, 1993, p.71.

[4] CONTI, José Maurício. *A autonomia financeira do Poder Judiciário.* São Paulo: MP Editora, 2006, p.33.

2. Autonomia financeira do Poder Judiciário

A análise da origem da palavra autonomia (derivada dos radicais gregos *auto* e *nomos*) permite interpretá-la inicialmente como a possibilidade de editar regras próprias; de dirigir-se de acordo com as próprias normas. Em Direito Público, *autonomia* é um conceito polissêmico localizado no domínio da distribuição territorial e funcional do poder, e, portanto, relacionada com as definições específicas sobre a forma jurídica e política do Estado. Nossa doutrina publicística, nesse particular, é bastante influenciada pelo direito italiano. Na doutrina italiana, o conceito de autonomia possui maior importância no tocante aos entes públicos territoriais locais, cuja denominação própria é "autonomia local". Entretanto, a doutrina italiana também faz referência à *autonomia normativa*, sem qualquer relação com independência e significando o reconhecimento de *função normativa a entes auxiliares do Estado para disciplinarem relações jurídicas com efeito interno*. Nesse último sentido, a autonomia deve decorrer de uma norma que atribua ao ente público a competência para editar atos que também possam ser qualificados como normativos.

Guido Landi e Giuseppe Potenza consideram que a capacidade das pessoas públicas pode ser encarada sob as faces complementares da *autonomia*, *autarquia* e *autogoverno*: a *autonomia* indica a capacidade de reger-se pelas próprias normas; a *autarquia* se resume na possibilidade de agir para perseguir os próprios fins, por meio do exercício de uma atividade administrativa que tem a mesma natureza e os mesmos efeitos das atividades realizadas pelo Estado e o *autogoverno* é a faculdade reconhecida a uma coletividade de administrar-se por meio de seus próprios componentes[5].

A *autonomia do Judiciário* é atributo de sua independência, postulado constitucional essencial para a configuração do Estado brasileiro. No tocante ao exercício de funções administrativas – assim entendidas, em sentido amplo, aquelas que não sejam diretamente manifestação do exercício da jurisdição – a autonomia reconhecida ao Judiciário liga-se mais propriamente à ideia de autogoverno, ou seja, de competência para se governar, por meio de instituições próprias e regras com alcance interno estabelecidas em harmonia com o sistema jurídico.

---

[5] LANDI, Guido e POTENZA, Giuseppe. *Manuale di Diritto Amministrativo*. Milão: Giuffrè, 1960, p.59.

A *autonomia financeira* do Judiciário, por seu turno, deve ser interpretada com realce de sua *função instrumental* – trata-se da existência de recursos financeiros suficientes e da liberdade para administrá-los para a satisfação de suas necessidades e para o alcance das finalidades reconhecidas pelo ordenamento. Ao reconhecer a existência de diversos graus de autonomia financeira, José Maurício Conti anota:

A autonomia financeira do Poder Judiciário exige compatibilidade entre as receitas que lhe são destinadas e as necessárias para cumprir adequadamente as atribuições que a Constituição lhe destina. Pressupõe, ainda, a capacidade para elaborar sua proposta orçamentária nos termos do art.99 da CF, bem como a observância dos valores que lhe foram destinados no orçamento, sem possibilidade de redução durante sua execução. Os recursos que cabem ao Poder Judiciário devem ser entregues tempestivamente, na forma do art.168 da CF, devendo ter liberdade para administrá-los, observadas as disposições constitucionais[6].

3. Eficiência, gestão financeira e gasto público

A atividade financeira estatal envolve a obtenção de recursos, a gestão dos recursos obtidos e do patrimônio público e a realização de despesas, com o escopo de atender as necessidades públicas e alcançar o bem comum. Não é diferente para o Poder Judiciário, cuja intensa atividade financeira autônoma, estabelecida pela Constituição Federal (art. 99), também se caracteriza pela obtenção de receitas (do Tesouro, da arrecadação da taxa judiciária, de convênios com entes federativos, dentre outros), gestão dos bens e recursos disponíveis (ativos, dinheiros) e gastos próprios (pagamento de folha, manutenção, construção de fóruns e aquisição de bens e serviços), tudo voltado à prestação jurisdicional, que deve ser célere, acessível e pacificar os conflitos.

Cada etapa do ciclo financeiro (obtenção, gestão e realização de despesa) deve obedecer às fases de planejamento, execução e controle.   O *princípio da eficiência* incide sobre toda essa atividade, como um alicerce no qual se assenta a prática dos atos de planejamento, gestão e controle. Maria Sylvia Di Pietro entende que o principio da eficiência apresenta dois aspectos:

[6] ID., p.145

Pode ser considerado em relação ao modo de atuação do agente público, do qual se espera o melhor desempenho possível de suas atribuições, para lograr os melhores resultados; e em relação ao modo de organizar, estruturar, disciplinar a Administração Publica, também com o mesmo objetivo de alcançar os melhores resultados na prestação de serviço público[7].

A despeito da Emenda Constitucional nº 19/98 – que expressamente arrolou o princípio da eficiência no art. 37, *caput*, da Constituição Federal – no que tange especificamente ao Direito Financeiro o espectro de tal princípio desde sempre esteve presente e identificável no texto constitucional, de forma indireta (artigo 70 – *economicidade*) ou direta (artigo 74, inciso II – avaliação de resultados pelo controle interno, quanto à eficácia e eficiência da gestão orçamentária, financeira e patrimonial dos órgãos e entidades da administração).

De qualquer sorte, a *eficiência* sempre embasou a atividade administrativo-financeira, como substrato ético indissolúvel no trato da coisa pública. A eficiência compõe o espírito do homem público, serve de critério para a sua atuação e catalisa a compreensão e a aplicação dos demais princípios e regras que impõem sejam observados na sua atividade profissional e política[8]. A inserção do princípio da eficiência de forma expressa no artigo 37 da Constituição Federal conferiu-lhe natureza jurídica, passando a funcionar como instrumento obrigatório de viabilização de condições para a escolha da melhor alternativa pelo agente público, tanto na prática dos atos financeiros quanto administrativos, conjunta e coordenadamente com os demais princípios aplicáveis à gestão pública.

É importante anotar que a Constituição determina a existência da atividade de controle interno, a ser exercida em estrutura autônoma em cada um dos poderes, mas de forma integrada, à qual compete – dentre outras atribuições – a comprovação da legalidade e avaliação dos resultados quanto à eficácia e eficiência da gestão orçamentária, financeira e patrimonial (art.74).

A *gestão financeira* abrange toda a atividade financeira do Estado, como se viu, compreendendo a obtenção, gestão e aplicação de recursos públicos. A

---

[7] DI PIETRO, Maria Sylvia Zanella. *Direito Administrativo*. 27. Ed. São Paulo: Atlas 2014. p. 84.

[8] Como leciona Cármen Lúcia Antunes Rocha, os princípios são valores superiores firmados pela sociedade e formalizados pelo Direito, sendo que *"sua opção ético-social antecede a sua caracterização normativo-jurídica. Quanto mais coerência guardar a principiologia constitucional com aquela opção, mais legítimo será o sistema jurídico e melhores condições de ter efetividade jurídica social"*.(Princípios constitucionais da administração pública. Belo Horizonte: Del Rey, 1994, p. 23).

gestão orçamentária tem como objeto as leis orçamentárias. Abrange o processo de formação do plano plurianual, lei de diretrizes orçamentárias e lei orçamentária anual, com todos os requisitos exigidos pela Constituição e pelas leis. A execução orçamentária, compreendendo todas as etapas de realização da despesa pública, encontra-se contida nesse processo. A *gestão patrimonial* diz respeito ao uso, administração e proteção do patrimônio público.

Ao tratar sobre os controles incidentes sobre a atividade financeira do Estado, a Constituição faz referência à *economicidade, eficácia* e *eficiência*. De acordo com o Manual de Auditoria Operacional do TCU[9] *economicidade* "é a minimização dos custos dos recursos utilizados na consecução de uma atividade, sem comprometimento dos padrões de qualidade. Refere-se à capacidade de uma instituição gerir adequadamente os recursos financeiros colocados à sua disposição". Já a *eficiência* é definida como "a relação entre os produtos (bens e serviços) gerados por uma atividade e os custos dos insumos empregados para produzi-los, em um determinado período de tempo, mantidos os padrões de qualidade. Essa dimensão refere-se ao esforço do processo de transformação de insumos em produtos". A *eficácia*, finalmente, é "o grau de alcance das metas programadas (bens e serviços) em um determinado período de tempo, independentemente dos custos implicados. O conceito de eficácia diz respeito à capacidade da gestão de cumprir objetivos imediatos, traduzidos em metas de produção ou de atendimento, ou seja, a capacidade de prover bens ou serviços de acordo com o estabelecido no planejamento das ações".

Em atenção aos efeitos dos demais princípios constitucionais, a eficiência impõe a condução da gestão da atividade financeira com transparência, planejamento (§1º do art. 1º da Lei Complementar nº 101/2000 – Lei de Responsabilidade Fiscal), imparcialidade, idoneidade, conhecimento, técnica, agilidade, atendimento ao controle e resultados mensuráveis, sem descurar da economicidade. No tocante à obtenção das receitas, o gestor judiciário deve atuar para que o repasse dos duodécimos ocorra no prazo constitucionalmente fixado. Além disto, deve preocupar-se com a aplicação financeira dos recursos disponíveis de modo a evitar a corrosão inflacionária e aumentar a capacidade de pagamento (TCU, Acórdão 304/2001 – Primeira Câmara)[10]

---

[9] Brasil. Tribunal de Contas da União. *Manual de auditoria operacional* / Tribunal de Contas da União. – 3.ed. – Brasília : TCU, Secretaria de Fiscalização e Avaliação de Programas de Governo (Seprog), 2010.

[10] TCU puniu Prefeito que não utilizou recursos disponíveis para a municipalidade, optando por deixa-los sem movimentação na conta-corrente, afrontando o princípio da economicidade, uma vez que houve desvalorização monetária, haja vista a severa inflação do período.

e ainda recusar-se a utilizar verbas próprias ou de Fundos Especiais do Poder Judiciário para quitação de despesas ou ajustc de caixa do Tesouro. Quanto à eficiência no gasto, pode-se dizer que consiste no planejamento adequado da despesa, de acordo com o resultado almejado, levando-se em consideração o melhor custo para o máximo de benefícios, bem como uma execução técnica, periodicamente avaliada, de forma que o desperdício e a improvisação sejam evitados.

É indispensável que a atividade financeira seja considerada prioritária e que os magistrados e servidores do Poder Judiciário sejam treinados e habilitados, por intermédio sobretudo de cursos de gestão e administração judiciárias, no intuito de que lhes sejam permanentemente imbuídos, atualizados e incrementados os melhores conceitos de liderança, gestão de pessoas e processos, técnicas de informatização e de atendimento ao usuário, contabilidade, orçamento e controle interno. Ainda, devem-se dotar os quadros de servidores com cargos específicos de administrador e gestor, com a exigência de específica qualificação por concurso público[11].

---

[11] Raquel Dias da Silveira leciona que a profissionalização do servidor é essencial para a prestação de serviços eficiente: "O fundamento constitucional do principio da eficiência, como informador da profissionalização da "função pública", depreende-se dos arts. 37, caput, e 39, caput e §§1º, inciso I, 2º e 4º, bem como do art. 41, inciso III, e §4. Valendo-se das palavras de Cristiana Fortini, Maria Fernanda Pires e Tatiana Camarão, o principio da eficiência obriga a Administração a buscar sempre os melhores resultados na atividade administrativa. Ser eficiente, para as autoras, é adotar a melhor postura dentre as possíveis. Regina Maria Macedo Nery Ferrari salienta que, quando se fala em eficiência da "função pública" pela profissionalização do servidor, se deve entender como objetivo da profissionalização a efetiva melhoria da ação estatal. Esta depende da conjugação dos valores economicidade e celeridade, abrangendo tanto a produtividade quanto a perfeição do trabalho, sua adequação técnica para atingir os fins visados pelo Estado, com avaliação dos resultados. A autora adverte que a qualidade do trabalho ofertado e o exigido desempenho do servidor dependem de uma contraprestação, na mesma medida, por parte do Estado. Isso quer dizer que o Estado, ao exigir eficiência do servidor, deve proporcionar-lhe todos os meios e incentivos necessários ao aprimoramento e crescimento da carreira profissional. Para que se efetive a profissionalização da função pública, conforme prescreve o principio da eficiência, é necessário, ainda, que o servidor tenha assistência médica, odontológica, psicológica, que lhe sejam assegurados cursos para que recicle seus conhecimentos (e de nada adianta a Administração oferecer tais cursos se não promover mecanismos para que o servidor os frequente); que haja critérios objetivos de promoção; que o servidor se mostre estimulado a procurar o aprimoramento e a modernização necessários para o melhor atendimento ao público e o pleno desenvolvimento de sua potencialidade". (SILVEIRA, Raquel Dias da. **Profissionalização da função pública.** Belo Horizonte: Fórum, 2009, p 73.)

4. A avaliação do desempenho da gestão judiciária

Há intenso debate doutrinário acerca do princípio da eficiência e da busca pelo ponto ótimo da atuação estatal (ótimo de Pareto[12]), contudo, na prática, verifica-se que a eficiência é um postulado que está longe de ser atingido. Existe um caminho árduo a ser percorrido, cujo norte é a atuação eficiente, mas os instrumentos para a caminhada (planejamento, treinamento, boas práticas) ainda exigem esforço hercúleo e perseverança para a sua correta utilização.

Um dos instrumentos que tem ganhado relevo nesse caminho é a avaliação de desempenho institucional, geralmente efetivada por meio de auditoria operacional. Na Constituição, a fiscalização operacional foi atribuída ao sistema de controle externo da Administração Pública. Anota Luciano Ferraz:

> O paradigma moderno da Administração Pública reorienta – como não poderia deixar de ser – a atividade controladora do Estado: as fórmulas clássicas de controle (aprovação, registro, homologação, julgamento de conformidade), afinados àquela visão da Administração Pública executora da lei, perdem prestígio e cedem espaço a novos instrumentos de controle, em particular às auditorias de gestão (*performance audit*). O enfoque prioritário dessas auditorias não é a regularidade de determinadas condutas administrativas contrastadas em face de normas legais ou regulamentares pré-estabelecidas, com objetivo de sancionar o agente que não as cumpriu a contento. Bem ao contrário, o objetivo prioritário dessas auditorias consiste na detecção de fatores que estão a prejudicar o desempenho da administração, com o intuito de formular propostas de aperfeiçoamento. Valoriza-se o acerto, ao invés do erro. Valoriza-se o resultado, ao invés do meio[13].

A *fiscalização operacional* visa averiguar a economicidade, eficácia e eficiência. De acordo com as Normas de Auditoria NA 1.0.38 e 1.0.40 da Organização Internacional de Entidades Fiscalizadoras Superiores – INTOSAI (*International Organisation of Supreme Audit Institutions*), a auditoria operacional, instrumento da fiscalização de mesmo nome, tem como objetivos verificar:

---

[12] Ótimo de Pareto é uma proposição formulada pelo engenheiro e economista franco-italiano Vilfredo Frederico Damaso Pareto, publicada em 1897 em seu livro "Cours d`Économie Politique" e consiste na ideia de que uma situação econômica é ótima se não for possível melhorar a situação de um agente sem degradar a situação de qualquer outro.

[13] FERRAZ, Luciano. Modernização da Administração Pública e Auditorias de Programas. *Revista Brasileira de Direito Público – RBDP*, Belo Horizonte, ano 1, n. 2, p. 133-139, jul./set. 2003.

(a) se a administração desempenhou suas atividades com economia, de acordo com princípios, práticas e políticas administrativas corretas;

(b) se os recursos humanos, financeiros e de qualquer outra natureza são utilizados com eficiência, incluindo o exame dos sistemas de informação, dos procedimentos de mensuração e controle do desempenho e as providências adotadas pelas entidades auditadas para sanar as deficiências detectadas; e

(c) a eficácia do desempenho das entidades auditadas em relação ao alcance de seus objetivos e avaliar os resultados alcançados em relação àqueles pretendidos[14].

A avaliação do desempenho é essencial para que se verifique se o planejamento e as estratégias estão adequadas para os objetivos que devem ser atingidos. Para tanto, é necessário estabelecer indicadores que permitam aferir o desempenho institucional. Lecionam Ferreira, Cassiolato e Gonzalez: "O indicador é uma medida, de ordem quantitativa ou qualitativa, dotada de significado particular e utilizada para organizar e captar as informações relevantes dos elementos que compõem o objeto da observação. É um recurso metodológico que informa empiricamente sobre a evolução do aspecto observado"[15]. Em outras palavras, trata-se da escolha de um parâmetro que será utilizado para comparação e avaliação do alcance de metas preestabelecidas.

A esse respeito, é relevante elencar os temas que foram objeto de indicadores estratégicos do planejamento estratégico nacional do Poder Judiciário estabelecidos pelo Conselho Nacional de Justiça (Processo nº 0200344-12.2009.2.00.0000, que trata do acompanhamento da Resolução CNJ nº 70):

01 – Índice de Confiança no Poder Judiciário
02 – Índice de satisfação do cliente
03 – Taxa de Congestionamento
04 – Produtividade do magistrado (conhecimento)
05 – Índice de atendimento à demanda
06 – Índice de agilidade no julgamento

---

[14] INTOSAI – International Organization of Supreme Audit Institutions. *Diretrizes para aplicação de normas de auditoria operacional.* Traduzido por Inaldo da Paixão Santos Araújo e Cristina Maria Cunha Guerreiro. Salvador: Tribunal de Contas do Estado da Bahia, 2005.

[15] FERREIRA, H.; CASSIOLATO, M.; GONZALEZ, R. Uma experiência de desenvolvimento metodológico para avaliação de programas: o modelo lógico do programa segundo tempo. Texto para discussão 1369. Brasília: IPEA, 2009.

07 – Índice de processos antigos
08 – Agilidade na tramitação dos processos
09 – Índice de virtualização dos processos novos
10 – Índice de agilidade na publicação dos acórdãos
11 – Eficiência operacional
12 – Eficiência na arrecadação de receitas
13 – Redução do consumo de papel
14 – Redução do consumo de água
15 – Redução do consumo de energia
16 – Índice de acesso à justiça
17 – Taxa de Congestionamento na fase de execução
18 – Produtividade do magistrado (execução)
19 – Pessoas beneficiadas por projetos sociais
20 – Índice de gestão participativa
21 – Sucesso na execução dos projetos estratégicos
22 – Aproveitamento das Boas Práticas de Gestão
23 – Parcerias estratégicas internas ao Judiciário
24 – Índice de parcerias estratégicas
25 – Índice de promoção de valores éticos e morais
26 – Publicação integral dos processos na Internet
27 – Inf. orçamentárias e financeiras disponíveis
28 – Índice de inserções institucionais na mídia
29 – Índice de matérias institucionais positivas
30 – Capacitação nas competências estratégicas
31 – Atingimento do Plano de Capacitação
32 – Percentual do custeio em capacitação
33 – Índice de alcance das metas
34 – Índice do Clima Organizacional
35 – Índice de absenteísmo
36 – Índice de prevenção de saúde
37 – Índice de aderência aos padrões mínimos de TI
38 – Unidades com segurança armada e/ou eletrônica
39 – Satisfação com as instalações físicas
40 – Índice de condições de trabalho
41 – Índice de aderência às metas do PETI
42 – Disponibilidade de equipamentos de TI
43 – Índice de disponibilidade de sistemas on-line
44 – Índice de orçamento estratégico

45 – Índice de execução do orçamento estratégico
46 – Índice de execução do orçamento disponível

5. O Poder Judiciário e as dificuldades de gestão

A profissionalização dos magistrados e servidores, em especial daqueles que compõem o corpo diretivo dos Tribunais mostra-se ainda mais necessária em virtude do tamanho do Poder Judiciário.

A Constituição Federal de 1988, em seus artigos 92 a 126, estrutura o Poder Judiciário nos seguintes moldes:

> *Art. 92. São órgãos do Poder Judiciário:*
> *I – o Supremo Tribunal Federal;*
> *I-A – o Conselho Nacional de Justiça;*
> *II – o Superior Tribunal de Justiça;*
> *III – os Tribunais Regionais Federais e Juízes Federais;*
> *IV – os Tribunais e Juízes do Trabalho;*
> *V – os Tribunais e Juízes Eleitorais;*
> *VI – os Tribunais e Juízes Militares;*
> *VII – os Tribunais e Juízes dos Estados e do Distrito Federal e Territórios.*

O resultado da decomposição de tal estrutura organizacional revela números impressionantes: 92 (noventa e dois) tribunais[16] e 3 (três) conselhos (Conselho Nacional da Justiça – art. 103-B; Conselho da Justiça Federal – art. 105, parágrafo único, inciso II; e Conselho Superior da Justiça do Trabalho – art. 111-A, §2º, inciso II).

Números extraídos de pesquisas e de um censo promovidos pelo Conselho Nacional de Justiça apontam que o Poder Judiciário possui mais de 285.000 (duzentos e oitenta e cinco mil) servidores e mais de 16.800 (dezesseis mil e oitocentos) magistrados em atividade (interessante notar que esse número expressivo de pessoal não se mostra suficiente para o alcance das metas fixadas para a prestação jurisdicional, a uma porque o estoque processual é imenso

---

[16] Tribunais Superiores, Tribunais Regionais Federais, Tribunais Eleitorais, Tribunais Regionais do Trabalho, Tribunais Militares e Tribunais de Justiça.

PODER JUDICIÁRIO

e cresce mês a mês; a duas porque a gestão de pessoas, repise-se, não atende ao princípio da eficiência).[17]

Dentre os 92 tribunais, 5 (cinco) são superiores: o STF – Supremo Tribunal Federal (arts. 101 a 103); o STJ – Superior Tribunal Justiça (arts. 104 e 105); o TST – Tribunal Superior do Trabalho (art. 111-A); o TSE – Tribunal Superior Eleitoral (art. 119) e o STM -Superior Tribunal Militar (art. 123).

O órgão de cúpula do Poder Judiciário brasileiro é o Supremo Tribunal Federal, cujas competências e atribuições encontram-se insculpidas nos artigos 102 a 103-A da Constituição. Além dos tribunais e conselhos, também são órgãos do Poder Judiciário os juízes (federais, do trabalho, eleitorais, militares e os estaduais), cada qual compondo uma seção judiciária, vara ou junta, de acordo com o ramo judiciário no qual atua.

Na conformidade do que restou apurado pelo Censo do Poder Judiciário, promovido pelo CNJ, 83% (oitenta e três por cento) dos servidores, nada obstante reclamem do volume de serviço, acreditam que suas capacidades de trabalho são superiores ao que lhes é exigido no exercício de suas respectivas atribuições.Tal resultado conduz à conclusão que há um equivocado aproveitamento da força produtiva, qualitativa e quantitativamente, tema afeto à gestão de pessoas.

Por óbvio, planejar e gerir quadros de pessoal tão volumosos é uma tarefa espinhosa que demanda conhecimentos técnicos, estudos aprofundados, trocas de experiências e *benchmarking*[18]. Fundamental, outrossim, é a gestão participativa do servidor, que até o presente momento tem sido olvidada pelos Tribunais judiciários, como se constata dos dados extraídos do referido censo (pp. 76 e 81), no tocante à participação dos magistrados nas decisões de gestão e contribuição para a gestão das unidades judiciárias às quais pertencem, identificada como, senão muito rara, inexistente.

Demais disso, o Poder Judiciário, apresentando-se como uma enorme corporação de caráter uno e nacional – como o definiu o STF na ADI 3854-1 – DF/MC – deve aplicar noções de governança corporativa em rede, para que atinja de forma eficiente seus objetivos.

---

[17] Dados do Censo do Poder Judiciário (página 7), realizado pelo CNJ, disponível em: http://www.cnj.jus.br/images/dpj/CensoJudiciario.final.pdf.

[18] Processo contínuo de investigação e comparação de produtos, serviços e práticas empresariais entre os fortes concorrentes ou empresas líderes de mercado, com o objetivo de identifica-los e adotá-los, para alcançar um nível de superioridade competitiva.

Nesse aspecto, a reforma introduzida pela Emenda Constitucional nº 45/04 criou o Conselho Nacional de Justiça, com atribuição para o controle da atuação administrativa e financeira do Poder Judiciário (art. 103-B, §4º).

Por meio da Portaria n.º 138, o CNJ instituiu a Rede de Governança Colaborativa do Poder Judiciário, com o objetivo de ampliar a gestão estratégica integrada dos tribunais brasileiros, todavia tem encontrado resistências ancoradas sobretudo na autonomia administrativa e financeira dos tribunais, assegurada pela Constituição Federal, o que, por óbvio, vem retardando a modernização do Poder Judiciário.

Exemplo desse comportamento refratário à integração da governança foi detectado no Relatório de Levantamento realizado pelo Tribunal de Contas da União (TC-024.704/2014-8 – Acórdão nº 1295/2015 – TCU – Plenário), acerca da função judiciário, no bojo do qual a Corte de Contas, ao analisar o Projeto do Processo Judicial Eletrônico – PJe, desenvolvido pelo CNJ, deparou-se com uma situação de ineficiência resultante da dificuldade de implantação integrada do referido sistema. Vale transcrever os seguintes excertos do Relatório:

> *198. Em vista da autorização legal e da diversidade de sistemas de processamento eletrônico que então começaram a ser desenvolvidos nos mais diversos órgãos do Poder Judiciário, o CNJ entendeu necessária, a partir da experiência pioneira de alguns tribunais, em especial a do Tribunal Regional Federal da 5ª Região, com seu sistema denominado CRETA, a elaboração de um software, ao qual denominou Sistema Processo Judicial Eletrônico (PJe), com o objetivo de permitir a prática de atos processuais por magistrados, servidores e demais participantes da relação processual diretamente no sistema, permitindo também o acompanhamento do processo remotamente, independentemente de o seu trâmite se dar na Justiça Federal, na dos Estados, na Militar Estadual ou na Justiça do Trabalho. A par da processualística em si, pretendeu o Conselho, com a iniciativa, convergir os esforços então dispersos dos vários tribunais brasileiros na adoção de uma solução única e gratuita, e atenta a importantes requisitos de segurança e interoperabilidade, permitindo a racionalização de gastos com elaboração ou aquisição de softwares, e o direcionamento de recursos financeiros e de pessoal para atividades dirigidas à finalidade do Poder Judiciário.*
>
> *199. O PJe, nas palavras do CNJ, é um sistema desenvolvido por aquele Conselho, como acima explanado, em parceria com diversos tribunais e a participação do Conselho Nacional do Ministério Público, Ordem dos Advogados do Brasil, Advocacia Pública e Defensorias Públicas, caracterizando-se pela proposição da prática de atos jurídicos e acompanhamento do trâmite processual de forma padronizada, mas considerando características inerentes a cada ramo da Justiça.*
>
> ***200. O programa, observa-se, vem sendo implantado gradativamente, mas, não obstante os esforços e inversões financeiras no desenvolvimento do sistema,***

a meta de unificação e universalização de procedimentos e rotinas ainda esbarra em óbices de ordens diversas, a exemplo da resistência de alguns tribunais em adotarem a solução única, quer por já estarem desenvolvendo sistemas próprios, quer por não disporem de parque tecnológico ou de pessoal adequados ao mister.
[...]

202. Atualmente, o PJe encontra-se implantado em cerca de 45% dos Tribunais, *considerados, nesse total, Tribunais Superiores, Estaduais, Regionais Federais e Trabalhistas, correspondente a 2.189 órgãos julgadores, com 2.835.932 processos em andamento. O percentual acima, segundo o CNJ, refere-se exclusivamente ao quantitativo de unidades judiciárias em que o sistema se encontra em operação, sem levar em conta as competências judiciais em que, efetivamente, esteja sendo utilizado.*

203. Segundo dados do CNJ, até o presente momento, foi despendido com o programa o valor aproximado de R$ 9.000.000,00, constando na proposta orçamentária de 2015 o valor de R$ 17.928.800,00 para utilização com o referido programa.

(grifos inexistentes no original)

A ineficiência do gasto com o PJe restou comprovada em recentes decisões administrativas do Poder Judiciário, que afastaram a implantação ou a utilização do processo judicial eletrônico do CNJ, abortando a missão do Programa em suas unidades, como a Resolução nº 594 do STF, de 10 de novembro de 2016, publicada no DJE nº 241, de 11 de novembro de 2016, e a Portaria nº 8 e Provimento nº 2 da Turma Nacional de Uniformização dos Juizados Especiais Federais (TNU), ambos datados de 29 de junho de 2017 e publicados no DOU nº 124, de 30 de junho de 2017, seção 1, página 131.

O TCU, por intermédio do Relatório de Levantamento realizado em 2013 (Acórdão 3023/2013-TCU-Plenário), destinado a conhecer e avaliar a situação da governança e da gestão de pessoas da Administração Pública Federal, revelou que as unidades do Poder Judiciário analisadas no trabalho apresentavam, em sua maioria, deficiências significativas nos componentes do modelo de avaliação de servidores utilizado pelo gestor, comprometendo os resultados obtidos. Assim, concluiu que embora as atividades típicas de departamento de recursos humanos pareçam bem executadas, os indicadores revelaram um nível rudimentar de desenvolvimento da gestão estratégica de pessoal.

Por fim, o TCU, na inspeção realizada em 2012 junto ao Conselho Superior da Justiça do Trabalho – CSJT (TC 007.570/2012-0 – Acórdão 1485/2012-TCU – Plenário), com vistas a apurar dados acerca do pagamento de correção dos cálculos de atualização monetária de passivos trabalhistas e correspondente ressarcimento dos valores indevidamente pagos; bem como do montante dos passivos já constituídos relativamente à parcela autônoma de equivalência (PAE), ao adicional de tempo de serviço (*ATS*), à unidade real de valor (URV) e à vantagem pessoal nominalmente identificada (VPNI), desdobrados em principal, correção monetária e juros, detectou uma diferença de R$ 1.152.523.103,14 (um bilhão, cento e cinquenta e dois milhões, quinhentos e vinte e três mil, cento e três reais e quatorze centavos) entre os valores originalmente reconhecidos como devidos pelos órgãos da Justiça do Trabalho e aqueles apurados pela equipe de fiscalização. Nesse caso também restou manifesta a necessidade de capacitação e aprimoramento dos setores de gestão de pessoas e de contabilidade dos tribunais trabalhistas.

6. *Venturis ventis*[19]

Cônscio das mazelas que o afligem, o Poder Judiciário pátrio busca soluções para a modernização de sua gestão e eficiência dos seus gastos, com vistas a cumprir a missão institucional conferida pela Constituição de 1988.

Vale destacar providências necessárias e urgentes que devem orientar o comportamento dos tribunais para os próximos exercícios, a fim de otimizar essa mudança de paradigma e agilizar a nova e eficiente gestão financeira e administrativa:

a) Revisão, adesão e aplicação do planejamento estratégico nacional, elaborado pelo CNJ para o período 2015-2020 – Estratégia Judiciário 2020;[20]

b) Adesão à Rede de Governança Colaborativa do CNJ e aplicação do Banco de Boas Práticas de Gestão, disponível para todos os tribunais;

c) Elaboração e execução de plano de capacitação e treinamento dos servidores e magistrados, em especial daqueles que compõem o corpo diretivo dos tribunais, visando à profissionalização da gestão, porquanto o conhecimento técnico é essencial para uma atuação eficiente;

d) Priorização da atividade financeira e da gestão administrativa (pessoal e TI), exigindo qualificação para a nomeação de servidores em postos de gerência, planejamento, contabilidade e aquisições de bens e serviços, capacitando-os permanentemente;

---

[19] Tradução: para os ventos vindouros

[20] Disponível em <file:///C:/Users/TCE/Downloads/7694a9118fdabdc1d16782c145bf4785.pdf>

e) Adoção de projetos de tecnologia da informação, com participação dos usuários da Justiça e dos cidadãos, realizando eventos como os hackathons, consubstanciados em maratonas de programação, nos quais *hackers, desenvolvedores, criadores, designers,* gestores públicos, jornalistas e qualquer interessado em transparência reúnem-se para desvendar e tratar informações, construir soluções digitais, desenvolver sistemas lógicos e projetar softwares ou aplicativos de interesse público;

f) Adoção de programas de participação dos servidores e magistrados no planejamento da gestão, bem como dos usuários da Justiça na escolha das prioridades de atuação, com vistas a aperfeiçoar os instrumentos de transparência;

g) Revisão do Programa de implantação do PJe e da correspondente meta do Plano Estratégico do Poder Judiciário, identificando as razões dos principais focos de resistência e ponderando sobre elas, a fim de decidir sobre sua continuidade, reformulação ou total revogação, inclusive para fins orçamentários;

h) Investimento na avaliação periódica dos servidores, magistrados e unidades judiciais, primando pelo controle de qualidade e eficiência dos serviços prestados à população.

Em arremate, Friedrich Nietzsche, em sua obra *Assim Falou Zaratustra*, espelha bem o momento de nosso Poder Judiciário:

"novos caminhos sigo, uma nova fala me empolga: como todos os criadores, cansei-me das velhas línguas. Não quer mais o meu espírito caminhar com solas gastas".

Referências

CATARINO, João Ricardo; GUIMARÃES, Vasco Branco (Coord.). **Lições de Fiscalidade – Volume I – O Sistema Tributário Português.** 2ª ed. Coimbra: Almedina, 2013.

CONSELHO NACIONAL DE JUSTIÇA – CNJ. **Censo do Poder Judiciário – Vetores Iniciais e Dados Estatísticos.** Conselho Nacional de Justiça – Brasília: CNJ, 2014. Disponível em: <http://www.cnj.jus.br/images/dpj/CensoJudiciario.final.pdf>

CONSELHO NACIONAL DE JUSTIÇA – CNJ; VARELLA, Santiago. **Série temática do Censo do Poder Judiciário – Nº 1 – Percepções dos servidores sobre os desafios da gestão do Poder Judiciário.** Disponível em: <http://www.cnj.jus.br/files/conteudo/destaques/arquivo/2015/05/5e9b0c69ac991342eec061ba70cd6998.pdf>

CONTI, José Maurício. *A autonomia financeira do Poder Judiciário. São Paulo*: MP Editora, 2006.

DEODATO, Alberto. **Manual de Ciências das Finanças.** 16 ed. São Paulo: Saraiva. 1979.

DE SANTI, Eurico Marcos Diniz (Org.). *Curso de direito tributário e finanças públicas*: do fato à norma, da realidade ao conceito jurídico. São Paulo: Saraiva, 2008.

DI PIETRO, Maria S. Zanella. *Direito Administrativo*. 27. Ed. São Paulo: Atlas 2014.

FGV – Escola de Direito de São Paulo. Relatório ICJBrasil – 1º semestre de 2016 – Índice de Confiança na Justiça no Brasil. Disponível em: <http://bibliotecadigital. fgv.br/dspace/bitstream/handle/10438/17204/Relatorio-ICJBrasil_1_sem_2016. pdf?sequence=1&isAllowed=y>

FERRAZ, Luciano. **Modernização da Administração Pública e Auditorias de Programas.** *Revista Brasileira de Direito Público – RBDP*, Belo Horizonte, ano 1, n. 2, p. 133-139, jul./set. 2003

GIAMBIAGI, Fábio; ALÉM, Ana Cláudia Duarte de. **Finanças Públicas – Teoria e Prática no Brasil**. 3ª ed. Rio de Janeiro: Elsevier, 2008.

GRANGEIA, Marcos Alaor Diniz. **A crise de gestão do Poder Judiciário: o problema, as consequências e os possíveis caminhos para a solução.** ENFAM, 2011. Disponível em: <http://www.enfam.jus.br/wp-content/uploads/2013/01/2099_Des__Marcos_Alaor_Artigo_ENFAM_28_4_2011_editado.pdf>

LANDI, Guido e POTENZA, Giuseppe. *Manuale di Diritto Amministrativo*. Milão: Giuffrè, 1960.

MEDAUAR, Odete. *A processualidade no direito administrativo*. São Paulo: Revista dos Tribunais, 1993.

PEDRON, Flávio Quinaud. **A ponderação de princípios pelo STF: balanço crítico.** Revista CEJ, Brasília, Ano XII, n. 40, p. 20-30, jan./mar. 2008. Disponível em: <http:// www.jf.jus.br/ojs2/index.php/revcej/article/viewFile/957/1130>

ROCHA, Carmem Lúcia Antunes. **Princípios constitucionais da administração pública.** Belo Horizonte: Del Rey, 1994.

SILVEIRA, Raquel Dias da. **Profissionalização da função pública.** Belo Horizonte: Fórum, 2009

Qualidade do gasto público, indicadores e gestão do Poder Judiciário

Ludmila de Melo Souza
Doutoranda em Controladoria e Contabilidade pela Faculdade de Economia, Administração e Contabilidade da Universidade de São Paulo (FEA-USP)

1. Introdução

A análise dos gastos do setor público é fundamental para que a sociedade avalie a forma como o Estado está desenvolvendo e executando políticas públicas para enfrentar seus vários desafios, bem como gerindo os recursos disponíveis, de forma a se auto administrar e maximizar o bem-estar da sociedade.

A literatura em contabilidade e finanças públicas tem dado uma atenção considerável para a mensuração de desempenho e para a evidenciação de informações no setor público (ver, por exemplo, Ho, 2005; Mensah, Schoderbeck & Werner, 2009). Muitos estudos buscam relacionar os insumos, baseados em dados orçamentários, aos resultados previstos nos instrumentos de planejamento governamental, como os planos plurianuais, por exemplo.

A contabilidade tem papel informacional relevante no ciclo[1] de políticas públicas porque promove a confiança nas atividades do Estado à medida que reporta as ações governamentais e o montante de recursos utilizados nessas ações (Havens, 1983).

Bălută (2012) defende que a contabilidade se transformou na mais completa e acurada fonte de informação disponível para a sociedade no começo do

---

[1] O ciclo das políticas públicas se divide em agenda, formulação, implementação e avaliação (Theodoulou, 1995; Frey, 2000; Souza, 2006; Secchi; 2010, por exemplo).

século XXI. Para o autor, sem informações produzidas por um sistema de informação contábil, a evidenciação dos resultados oriundos tanto da execução das políticas públicas quanto da gestão das entidades públicas podem não ser fidedignas à realidade, dificultando a análise da sociedade e o planejamento do próprio Estado.

Apesar do importante papel informacional da contabilidade, Carpenter e Sharp (1992) verificaram que para a maior parte dos cidadãos, os relatórios contábeis e orçamentários são de difícil leitura ou não apresentam as informações necessárias, como o desempenho das políticas públicas[2]. Corroborando com os autores, Froud, Shaoul e Williams (1998) também defendem que a contabilidade é central para a gestão, mas entendem que a ideia de contabilidade como instrumento para avaliação ainda precisa ser explorada profundamente no setor público.

Assim, é essencial que as ações das políticas e das entidades públicas sejam reconhecidas e mensuradas de forma fiel a realidade, visando o aumento da qualidade da informação reportada para que haja então a melhora da qualidade da gestão pública, bem como do controle social e accountability. Nesse tocante, é preciso vincular a relevância da informação contábil para a avaliação de desempenho das instituições governamentais e consequentemente, das políticas públicas.

Neste capítulo, tem-se o objetivo de apresentar conceitos essenciais da contabilidade como sistema de informação, bem como discutir aspectos referentes à gestão do Poder Judiciário.

Por meio da criação de indicadores contábeis e extra contábeis, construídos por meio dos dados disponibilizados pelo Conselho Nacional da Justiça (CNJ) no período de 2009 a 2014, pretende-se fazer uma análise descritiva de aspectos relacionados ao Poder Judiciário sob o prisma da Administração Pública.

2. Informação Contábil e Value Relevance da Contabilidade

a. Informação Contábil

O Conselho Federal de Contabilidade (CFC), no uso de suas atribuições, publicou a Estrutura Conceitual para Elaboração e Divulgação de Informação

---

[2] O desempenho das políticas públicas é verificado pela análise de eficiência, eficácia e efetividade.

Contábil de Propósito Geral pelas Entidades do Setor Público (NBC TSP – Estrutura Conceitual) em 2016.

Os governos nacionais, estaduais, distritais e municipais e seus respectivos poderes, incluindo os Tribunais de Contas, Defensorias e Ministério Público. Ainda, incluem-se órgãos, secretarias, departamentos, agências, autarquias, fundações instituídas e mantidas pelo poder público, fundos, consórcios públicos e outras repartições públicas congêneres da administração direta e indireta, abrangendo as empresas estatais dependentes estão submetidos a essa Norma. Vale salientar que esse documento foi desenvolvido por meio de um trabalho conjunto entre o CFC, Secretaria do Tesouro Nacional (STN), Tribunais de Contas da União e dos Estados, representantes estaduais e acadêmicos.

A Estrutura Conceitual Básica para Elaboração e Divulgação de Informação Contábil de Propósito Geral pelas Entidades do Setor Público (a partir desse ponto, referida somente como **Estrutura Conceitual** no texto) estabelece que "os objetivos da elaboração e divulgação da informação contábil estão relacionados ao fornecimento de informações sobre a entidade do setor público que são úteis aos usuários dos Relatórios Contábeis de Propósito Geral das Entidades do Setor Público (RCPGs) para a prestação de contas e responsabilização (*accountability*) e tomada de decisão" (item 2.1 da NBC TSP – Estrutura Conceitual).

Assim, os usuários dos RCPGs das entidades do setor público precisam de informações para subsidiar as avaliações de questões como: (i) se a entidade prestou seus serviços à sociedade de maneira eficiente e eficaz; (ii) os recursos atualmente disponíveis para gastos futuros, e até que ponto há restrições ou condições para a utilização desses recursos; (iii) a extensão na qual a carga tributária, que recai sobre os contribuintes em períodos futuros para pagar por serviços correntes, tem mudado e; (iv) se a capacidade da entidade para prestar serviços melhorou ou piorou em comparação com exercícios anteriores.

O item 9 da Estrutura Conceitual demonstra que, devido à importância do orçamento público aprovado, as informações que possibilitam aos usuários compararem a execução orçamentária com o orçamento previsto facilitam a análise do desempenho das entidades do setor público. Essas informações auxiliam na prestação de contas e na responsabilização (*accountability*) e fornecem subsídios para o processo decisório relativo aos orçamentos dos exercícios subsequentes. Dessa maneira, a elaboração desse demonstrativo, que apresenta e compara a execução do orçamento com o orçamento previsto, é o mecanismo utilizado para demonstrar a conformidade com os requisitos legais relativos às finanças públicas.

PODER JUDICIÁRIO

Apesar, no entanto, da sua inquestionável importância, as demonstrações orçamentárias não fornecem todas as informações que os usuários precisam conhecer a respeito dos programas de longo prazo. Portanto, os RCPGs, **ao conterem informações financeiras prospectivas acerca da sustentabilidade em longo prazo das finanças e de programas essenciais da entidade do setor público**, são documentos necessários para fins de prestação de contas e responsabilização (*accountability*) e tomada de decisão, conforme defende a Estrutura Conceitual. "

Atualmente, no Brasil, entende-se que a preocupação com a informação sobre custos das atividades e serviços do governo quando se discute a melhoria de desempenho e eficiência do setor público. Nesse sentido, a Estrutura Conceitual defende que as informações sobre os custos, a eficiência ou a eficácia das atividades de prestação de serviços no passado, o montante e as fontes de recuperação de custos e os recursos disponíveis para dar suporte às atividades futuras, são necessárias para o atendimento da prestação de contas e responsabilização (*accountability*).

Destarte a importância das informações de custos, há ainda inúmeros desafios a serem superados pelo setor público brasileiro no que tange ao fornecimento dessas informações aos usuários, quais sejam: (i) a necessidade do desenvolvimento de uma cultura de informação por parte dos agentes públicos; (ii) os desafios relacionados ao federalismo, pois as esferas de governo executam as ações de forma conjunta mas possuem orçamentos independentes e autônomos entre si; (iii) o entendimento profundo do impacto das contrapartidas não financeiras nos custos e; (iv) o entendimento da necessidade de se utilizar, para fins de comparação, princípio da competência da contabilidade..

Nesse aspecto, Silva e Rodrigues (2015) explicam:

> O regime de competência significa que as transações que afetam as demonstrações contábeis são registradas no período em que os eventos ocorreram. Por exemplo, quando uma entidade presta serviço e cobra por ele, a receita é reconhecida quando ocorre, mesmo que ainda não tenha recebido o dinheiro pelo serviço. Por outro lado, o regime de caixa registra as transações somente quando ocorre a movimentação de caixa. No exemplo anterior, a receita é registrada quando o valor é recebido pelo serviço prestado.

Os autores ainda apresentam a seguinte figura para exemplificar os conceitos de caixa e competência:

	Ano t1	Ano t2
Atividade	Prestação de serviço de transporte escolar	Recebimento do serviço prestado
Regime de Competência	Receita ... $30.000 Despesa ... $18.000 Lucro Líquido ... $12.000	Receita ... $ 0 Despesa ... $ 0 Lucro Líquido $ 0
Regime de Caixa	Receita ... $ 0 Despesa .... $ 9. 000 Prejuízo Líquido ... $ 9.000	Receita ... $ 30.000 Despesa ... $9.000 Lucro Líquido .. $ 21.000

Fonte: Silva e Rodrigues (2015)

Silva e Rodrigues reiteram que, de uma maneira geral, a contabilidade não utiliza o regime de caixa, pois viola a boa técnica contábil e que este fato ocorre não somente no Brasil, mas nos principais países do mundo.

Fato é que, quando se utiliza o regime de competência, permite-se comparar o desempenho da entidade ao longo do tempo e com outras entidades. Ainda, o regime de contabilidade por competência propicia a mensuração dos custos dos bens e serviços, uma vez que o que se analisa é o fato econômico e não a saída efetiva de dinheiro do caixa consequência do fato econômico.

O artigo 35 da Lei 4.320/64 que estabelece que "pertencem ao exercício financeiro as receitas nele arrecadas e as despesas nele legalmente empenhadas" **pode gerar a interpretação (grifo nosso)** de que, para o setor público brasileiro, a contabilidade apresenta um regime misto: regime de caixa para as receitas (as fases da receita são lançamento, arrecadação e recolhimento) e regime de competência para as despesas (as fases são empenho, liquidação e pagamento), uma vez que são nas fases de lançamento e de liquidação (para receita e despesa, respectivamente) que se considera acontecido o fato econômico.

Baseado nisso, o Manual de Contabilidade Aplicado ao Setor Público (MCASP) editado pela Secretaria do Tesouro Nacional (STN) é claro ao afirmar que o artigo 25 da Lei 4.320/1964 **se refere à informação orçamentária e não à informação contábil**. Nessa linha, Silva (2014) escreve que a contabilidade deve privilegiar a competência tanto para as receitas quanto para as despesas e isso, é corroborado por Silva e Rodrigues (2015) quando destacam a melhoria informacional propiciada pelo regime de competência.

A contabilidade, que por essência é por competência, mede o efetivo consumo de recursos. Rezende, Cunha & Bevilacqua (2010) destacam que pelo regime de competência, os custos são apurados com base no capital efetivamente consumido e é nisso que se baseia a análise da eficiência e qualidade do gasto público.

A Constituição Federal, no artigo 74, entende que existe uma correlação entre o sistema de controle interno e a qualidade do gasto público. Assim, a qualidade do gasto envolve avaliação, pela Administração, do efetivo cumprimento das metas estabelecidas. Diaz (2012) entende que qualidade do gasto público se vincula à melhoria dos resultados obtidos nas instituições ou programas públicos. Nesse sentido, a ideia de qualidade do gasto público aproxima-se da ideia de eficiência e eficácia.

b. Avaliação do setor público e indicadores

A avaliação permite aos formuladores e gestores desenharem políticas mais consistentes além de promover a responsabilização por ações e decisões e o controle social (Ceneviva & Farah, 2012; Ramos & Schabbach, 2012). A avaliação de ações e políticas públicas possui como critérios principais a efetividade, a eficácia, a eficiência, conforme apontam Figueiredo & Figueiredo (1986), Arretche et al (1998), Secchi (2010), Ramos e Schabbach (2012).

A efetividade refere-se ao exame da relação entre a implantação de um programa e os seus resultados, ou seja, a contribuição de uma determinada política pública para mudar as condições prévias de uma população ou região (Figueiredo & Figueiredo, 1986). Na análise da efetividade, pressupõem-se relações de causa e efeito, isto é, que o programa contribui para a melhoria do problema que demandou a ação do Estado. No entanto, essa relação de causa e efeito nem sempre é captada empiricamente, conforme afirma Arretche et al (1998) e por isso estudos de avaliação sobre efetividade dos programas são raros, seja em virtude da falta de informações sobre a população e região, seja porque é praticamente impossível controlar todas as variáveis que influenciam a política.

A eficácia corresponde ao nível de alcance dos objetivos estabelecidos na formulação e os resultados obtidos (Figueiredo & Figueiredo, 1986; Arretche et al, 1998; Secchi, 2010). Trata-se da avaliação mais usual de instituições e programas públicos.

A eficiência relaciona-se com o esforço empregado para a execução de uma determinada política e os resultados alcançados, conforme apontam Figueiredo e Figueiredo, 1986. Para Arretche (1986) essa é a avaliação mais importante de ser desenvolvida, pois pode propiciar maior racionalização do gasto dado a escassez de recursos e o aumento do número de programas sociais.

Ainda no tocante à avaliação, Subirats (1989) defende que a avaliação pode ser jurídica, técnica ou política. A avaliação jurídica relaciona-se com a análise de legalidade e eficiência administrativa; a técnica está vinculada à eficácia, economicidade e eficiência e por fim, a avaliação política relaciona-se à sensibilidade dos destinatários em relação às políticas públicas.

Jannuzzi (2005) entende que "os indicadores apontam, indicam, aproximam, traduzem em termos operacionais as dimensões sociais de interesse definidas a partir de escolhas teóricas ou políticas realizadas anteriormente" (pp. 138). Padovani (2007) define indicador como

> Valor absoluto ou razão destinado a favorecer a representação de um fenômeno relativo à gestão e merecedor de atenção por parte de qualquer *stakeholder* interno (administrador, dirigentes) e/ou externo (moradores, empreendedores, organizações sindicais etc.) (pp. 212)

Logo, a utilização de indicadores também tem como meta melhorar a transparência vinculada ao uso de recursos públicos, aumentando a responsabilização dos gestores e garantindo o melhor uso dos recursos disponíveis. Para Padovani (2007) há duas tipologias de indicadores para a Administração Pública: os indicadores contábeis e os indicadores extra contábeis.

Os indicadores contábeis são aqueles originados dos sistemas de informações contábeis e podem ser financeiros, patrimoniais e de equilíbrio econômico. Os indicadores financeiros são oriundos da contabilidade e se subdividem em indicadores de composição de entradas, das despesas e de gestão financeira. Os indicadores patrimoniais destinam-se a examinar a composição dos ativos e da sua forma de cobertura das fontes de financiamento, passivo e patrimônio líquido. Os indicadores de equilíbrio econômico baseiam-se nas relações proventos/custos e referem-se a gestão da instituição como um todo e de cada atividade em separado. Por terem um aspecto informacional limitado, torna-se necessário empregar indicadores extra contábeis (Padovani, 2007).

O quadro 1 apresenta os componentes dos indicadores financeiros e seus componentes:

Quadro 1: Componentes dos Indicadores Financeiros (baseado em Padovani, 2007)

Componentes	Descrição	Exemplo
Composição das entradas	Forma de captação de recursos financeiros	Autonomia Financeira (recursos próprios/recursos de terceiros)
Composição das Despesas	Analisam as despesas em função da sua natureza e função	Despesas de Custeio em relação às despesas de Capital
Indicadores de Correlação entre entradas e despesas	Grau de cobertura de algumas tipologias de despesas com algumas tipologias de entrada	Despesa de pessoal/Entradas Correntes
Indicadores de Gestão Financeira	Valores dos mesmos itens do Balanço nas diferentes fases da entrada ou da despesa	Velocidade de arrecadação

Os indicadores extra contábeis **têm por objetivo determinar a eficiência e eficácia das políticas** ou instituições **públicas e devem levar em consideração dados de entrada, saída e resultado.** Assim, Secchi (2010) afirma que os critérios de avaliação devem ser operacionalizados por meio de dados de entradas do sistema *(input)*, saídas do sistema *(output)* e resultado *(outcome)*. O quadro 1 apresenta as possíveis composição desses indicadores:

Quadro 2: Composição dos indicadores (baseado em Secchi, 2010)

Tipo de indicador	Métrica	Exemplo
Entradas do Sistema	Recursos	Gasto público, quantidade de atendentes, quantidade de materiais utilizados
Saídas do Sistema	Produtividade dos serviços	Quantidade de pessoas atendidas
Resultado	Efeito da política pública ou instituição ou função	Satisfação do usuário, qualidade do serviço[3]

---

[3] Tironi et al (1991) afirmam que "o indicador de qualidade se destina, fundamentalmente, à mensuração dos avanços setoriais obtidos pelos programas" (p. 9). Para isso, definem como indicadores de qualidade aqueles construídos de acordo com a observação da qualidade do processo, do serviço e da organização dos serviços públicos.

Depreende-se que para se obter os indicadores de eficiência e eficácia é importante um sistema contábil "apto a medir os inputs e um sistema de indicadores extra contábeis de *output* e *outcome* que leve em consideração as especificidades", conforme defende Padovani (2007, pp. 220). Assim, em relação aos indicadores contábeis todos devem ser incluídos no *reporting social*.

Assim, a avaliação de políticas ou de instituições **públicas** tem como aspecto essencial o fornecimento de informações sobre os resultados de um conjunto de ações e deve permitir uma decisão fundamentada em informações consistentes e confiáveis, conforme defende Fiscarelli e Souza (2007). Assim, as informações contábeis se destacam como instrumentos importantes por terem como base procedimentos consistentes e também por serem objeto de auditoria.

3. O Conselho Nacional da Justiça, Indicadores e a Qualidade do Gasto Público no Poder Judiciário

a. Conselho Nacional da Justiça

A Emenda Constitucional 45/2004 criou o Conselho Nacional da Justiça (CNJ) com a atribuição de efetivar a supervisão da atuação administrativa e financeira do Poder Judiciário. Conforme descreve Mendes & Branco (2012), o Conselho Nacional da Justiça configura como órgão administrativo interno do Poder Judiciário e não um instrumento de controle externo.

Conforme informações disponibilizadas no site do CNJ, o Conselho Nacional de Justiça é uma instituição pública que visa aperfeiçoar o trabalho do sistema judiciário brasileiro, principalmente no que diz respeito ao controle e à transparência administrativa e processual que tem como missão contribuir para que a prestação jurisdicional seja realizada com moralidade, eficiência e efetividade em benefício da sociedade.

Assim, o CNJ tem diversas funções: em relação à (a) política judiciária, tem por função zelar pela autonomia do Poder Judiciário e pelo cumprimento do Estatuto da Magistratura, expedindo atos normativos e recomendações; em relação a (b) gestão, o CNJ define o planejamento estratégico, os planos de metas e os programas de avaliação institucional do Poder Judiciário. No que tange à (c) prestação de serviços ao cidadão, o conselho tem por finalidade receber reclamações, petições eletrônicas e representações contra membros ou órgãos do Judiciário, inclusive contra seus serviços auxiliares, serventias e órgãos prestadores de serviços notariais e de registro que atuem por delegação do poder público ou oficializado. Nos aspectos ligados à (d) moralidade, o CNJ julga processos disciplinares, assegurada ampla defesa, podendo determinar a remoção, a disponibilidade ou a aposentadoria com subsídios ou proventos proporcionais ao tempo de serviço e aplicar outras sanções administrativas. No que concerne à (e) eficiência dos serviços judiciais, esse Conselho estabelece melhores práticas e celeridade, elaborando e publicando semestralmente relatórios estatísticos sobre movimentação processual e outros indicadores pertinentes à atividade jurisdicional em todo o País.

Em relação ao uso de indicadores e à avaliação do Poder Judiciário, o CNJ estabeleceu uma série de indicadores de desempenho, comuns a todos os Tribunais, a serem utilizados na mensuração dos resultados do Planejamento Estratégico, conforme previsto no artigo 6 da Resolução 70/2009.

De uma maneira geral, os indicadores são divididos em temas, como por exemplo, eficiência operacional, acesso ao sistema de justiça, responsabilidade social, atuação institucional, gestão de pessoas, infraestrutura e tecnologia, orçamento.

b. Indicadores e Desenho metodológico para análise da qualidade do gasto público

Para cumprir o objetivo do trabalho o qual é verificar aspectos exploratórios relacionados à gestão do Poder Judiciário, foram utilizados indicadores contábeis e extra contábeis disponibilizados pelo Conselho Nacional da Justiça entre 2009 e 2014.

Para fins de análise, foram utilizados os indicadores da Justiça Estadual. A Justiça Estadual foi escolhida em virtude da sua relevância e porte: segundo o Justiça em Números, ela está presente em todas as unidades da Federação, reunindo a maior parte dos casos que chega ao Judiciário e se encarrega das questões mais comuns e variadas, tanto na área civil quanto na criminal. Portanto, essa Justiça é responsável por 78% dos 95,14 milhões de processos que tramitavam no Judiciário, abrigava também em o equivalente a 69,2% do total de magistrados e 65,1% de todos os servidores do Judiciário em 2013. Outro dado importante é que, no mesmo período, esse segmento representou 55,2% de todos os gastos do Judiciário.

Após a coleta dos dados referentes a Justiça Estadual referentes à todas as unidades da federação entre o período de 2009 a 2010, utilizou-se diversas técnicas de modelagem para fins de análise da qualidade do gasto público.

Segundo Fávero (2015), os bancos de dados em painel podem apresentar estruturas aninhadas ou longitudinais. Os modelos utilizados são os Modelos Longitudinais de Regressão para Dados em Painel. Esses modelos se caracterizam por apresentarem uma lógica dentro da qual múltiplos indivíduos ou instituições apresentam dados que se alteram a longo do tempo para um mesmo fenômeno em estudo.

Assim, trata-se de um modelo longitudinal de regressão em painel uma vez que esses modelos buscam captar características dos vários Tribunais de Justiça Estaduais ao longo do tempo e essas características são do tipo eficiência operacional, acesso ao sistema de justiça, atuação institucional, gestão de pessoas, infraestrutura e tecnologia, orçamento, etc., conforme os indicadores estabelecidos e coletados pelo CNJ.

4. Uma aplicação dos indicadores contábeis e extra contábeis na análise da Justiça Estadual

a. Análise descritiva e gráfica

O gráfico 1 apresenta a evolução da Despesa Total da Justiça Estadual (DPJ) para o período de 2009 a 2014.

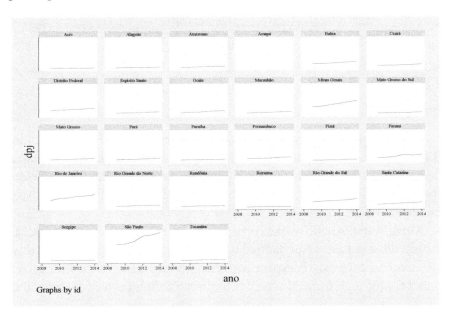

Observando-se o gráfico, é possível verificar o crescimento acentuado das despesas da justiça dos estados de São Paulo, Minas Gerais e Rio de Janeiro. Visualmente, esses Estados foram os que apresentaram os crescimentos mais visivelmente acentuados a partir de 2012.

Em relação ao estado do Amapá, a sua linha não aparece no gráfico porque a variação do montante da sua despesa para o período analisado foi muito pequena.

O gráfico 2 evidencia o comportamento da despesa da justiça de maneira conjunta.

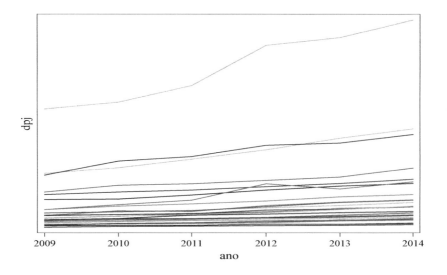

As três primeiras curvas representam justamente os estados de São Paulo, Rio de Janeiro e Minas Gerais e a informação contida nele corrobora com a do gráfico 1, sobre a diferença dos montantes de recursos liquidados desses três estados quando comparados com os montantes liquidados em outros estados da federação.

Ainda, é importante ressaltar nesse ponto que, por causa das diferenças visíveis dos montantes liquidados dos três estados da região Sudeste em relação aos demais, a variável despesa do poder judiciário deverá ser transformada para a função logaritímica, a fim de eliminar possíveis problemas de escala.

Os histogramas 1 e 2 e as informações apresentadas nos quadros 3 e 4 representam as estatísticas descritivas da quantidade de magistrados no primeiro e no segundo grau, respectivamente.

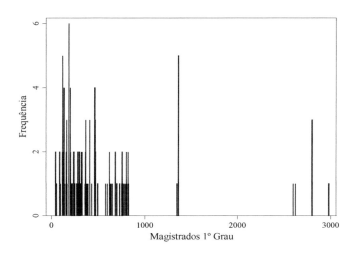

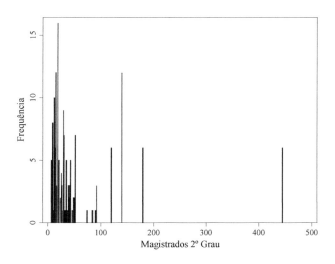

Quadro 3: Estatísticas descritivas da quantidade de magistrados no 1º e 2º graus

Variável		Média	Desv.Pad	Min	Max	Observações
Mag2ª	overall	466.4568	537.1177	40	2978	N = 162
	between		544.5572	42.66667	2765.333	n = 27
	within		34.09134	300.1235	679.1235	T = 6
Mag2ª	overall	60.72222	88.24072	7	445	N = 162
	between		89.6073	7.5	445	n = 27
	within		2.513936	47.38889	69.88889	T = 6

Em uma modelagem em painel longitudinal, é essencial que sejam estudadas antes de qualquer estimação, as intensidades das variações que ocorrem para cada tribunal ao longo do tempo (por exemplo, as variações da quantidade de magistrados no Tribunal de Justiça de São Paulo para o período de 2009 a 2014) e as que ocorrem entre os tribunais (por exemplo, quais as diferenças entre os Tribunais de São Paulo e Rio de Janeiro em um mesmo período de tempo).

A variação ao longo do tempo para um determinado tribunal é conhecida como variação *within*; a varação entre os diferentes tribunais em um mesmo período de tempo é denominado variação *between*.

Analisando o quadro 3, é possível observar que a variação entre a quantidade de magistrados lotados nos tribunais é maior entre os tribunais do que para o mesmo tribunal ao longo do tempo. Por exemplo, a variação between para o 1º grau foi de 544,5572 enquanto a variação within foi de 34, 09134.

De maneira semelhante, o quadro 4 evidencia as estatísticas descritivas do logaritmo natural da Despesa do Poder Judiciário para os 26 estados e o Distrito Federal para o período de 2009 a 2014.

Quadro 4: Estatísticas descritivas da Despesa Total e de Custeio do Poder Judiciário (2009 a 2014)

Variável		Média	Desv.Pad	Min	Max	Observações
ldpj	overall	20.29273	.9713531	18.11638	22.84706	N = 162
	between		.9606844	18.57765	22.57196	n = 27
	within		.2219784	19.74781	20.70724	T = 6
ldct	overall	18.20897	1.296444	13.9133	21.22657	N = 162
	between		1.190934	15.98325	20.80916	n = 27
	within		.5536151	14.50179	20.31752	T = 6

O quadro 4 revela que para as despesas da Justiça Estadual, geral e de custeio, a variação *between* também é maior do que a *within*. Esse dado revela que a variância na execução da despesa se dá muito mais pela diferença de montantes líquidos nos tribunais pertencentes às unidades da federação do que pela diferença de execução desses mesmos tribunais ao longo do período de 2009 a 2014.

Essa informação pode propiciar a seguinte análise crítica: se as diferenças maiores nos indicadores se dão em virtude das discrepâncias orçamentárias entre as justiças estaduais no Brasil, um país de proporção continental, uma avaliação da qualidade do gasto público, baseada pura e simplesmente em indicadores, não seria demasiadamente reducionista?

Entende-se que qualquer avaliação, por mais simples que seja, é melhor do que nenhuma avaliação. Entretanto, é importante destacar que aliado às avaliações quantitativas, baseada em indicadores, é imprescindível que abordagens do tipo interpretativistas, por exemplo, que evidenciam opiniões, valores e crenças dos atores envolvidos sejam realizadas.

b. Análise da participação do 1º e do 2º grau nas despesas de custeio e de capital da justiça estadual

A fim de se estimar a quantidade de despesa liquidada de capital e de custeio que pode ser atribuída ao 1º e ao 2º grau realizou-se uma estimação por mínimos quadrados ordinários considerando como critério para a distribuição do recurso a quantidade de magistrados à disposição nos dois graus de jurisdição.

O primeiro modelo estimado relacionou a despesa de custeio liquidada com a quantidade de magistrados no primeiro e segundo grau ao longo do tempo. Assim, temos:

Onde:
: é o logaritmo natural da despesa do custeio para o tribunal do estado i no ano t;
: total de magistrados no 1º grau;
: total de magistrados no 2º grau;
: resíduos do modelo estimado

O segundo modelo estimado teve por objetivo relacionar a despesa de capital liquidada com a quantidade de magistrados no primeiro e no segundo grau ao longo do tempo. Assim, temos:

Onde:
: é o logaritmo natural da despesa do custeio para o tribunal do estado i no ano t;
: total de magistrados no 1º grau;
: total de magistrados no 2º grau;
: resíduos do modelo estimado

O quadro 5 sumariza os resultados encontrados para os dois modelos estimados:

Quadro 5: Resultados dos modelos estimados

	Modelo 1			Modelo 2		
Teste F	16,45			20,11		
Sig. F	0.0000			0.0000		
Número de observações	162			162		
Número de grupos	27			27		
Variáveis	**Coeficientes**	**Teste t**	**P-valor**	**Coeficientes**	**Teste t**	**P-valor**
mage1	0.0022278	3.21	0.003	0.0058387	6.21	0.000
mage2	0.0346214	3.90	0.001	0.0071621	0.41	0.683
constante	1.507	26.81	0.000	1.367	12.61	0.000
Rho	**0.97281039**			**0.95638463**		

* Estimação por efeitos fixos com erros padrões robustos
Fonte: Elaboração da autora

Os resultados encontrados para o modelo estimado por efeitos fixos mostram, com base nos valores de P-valor das estatísticas t e F que os parâmetros são estatisticamente significantes ao nível de significância de 5% para explicar as despesas dos tribunais nos anos de análise. Mais do que isso, pode-se verificar que, em média, a despesa de custeio tem maior vinculação com segundo grau (3,4%) do que com o primeiro grau (0,22%), no que se refere **à parcela contributiva dos coeficientes encontrados**.

No modelo 2, o objetivo era verificar a relação entre o montante das despesas de capital e o número de magistrados no primeiro e no segundo grau. Para o período estudado, verificou-se que as despesas de capital a princípio não foram influenciadas pelo segundo grau de jurisdição. Isto é, o modelo 2 revelou que as despesas de capital estão associadas ao primeiro grau de jurisdição na justiça estadual para o período analisado.

É importante salientar que modelos estatísticos é uma tentativa de simplificação da realidade. É sabido que uma série de fatores podem influenciar as despesas de custeio e as despesas de capital em uma entidade pública e que, ao se escolher a variável "número de magistrados total" no 1º e 2º grau como variável a ser inserida no modelo, uma série de outras variáveis, igualmente importantes, deixaram de ser analisadas (e estão inseridas nos resíduos dos modelos estimados). Acredita-se que ainda assim os resultados encontrados podem ser relevantes para o processo de gestão dos tribunais da justiça estadual. Adicionalmente, sempre é possível adicionar outros indicadores ao modelo de modo que ele consiga estimar e evidenciar as relações existentes.

A estatística Rho é conhecida como correlação interclasse. A partir dos resultados encontrados, podemos afirmar que 97, 28% da variância que ocorre nos dados do modelo 1 é decorrente das diferenças entre os tribunais. Semelhantemente, para o modelo 2, 95,63% da variância se deu em virtude das diferenças existentes entre os tribunais de justiças estaduais.

5. Considerações Finais

O objetivo desse capítulo foi apresentar conceitos essenciais da contabilidade como sistema de informação, bem como discutir aspectos referentes à gestão do Poder Judiciário.

Por meio da criação de indicadores contábeis e extra contábeis, construídos por meio dos dados disponibilizados pelo Conselho Nacional da Justiça (CNJ) no período de 2009 a 2014, pretendeu-se fazer uma análise descritiva de aspectos relacionados ao Poder Judiciário sob o prisma da Administração Pública. Na primeira parte, buscou-se evidenciar os critérios nos quais a contabilidade se baseia para propiciar informação relevante para o processo decisório.

Vale salientar que a contabilidade deve fornecer informações financeiras e não financeiras para o processo decisório. A utilização de indicadores contábeis e extra contábeis é uma das formas de se avaliar a eficiência e eficácia das políticas públicas e instituições governamentais.

O Conselho Nacional de Justiça (CNJ) cujo objetivo é efetivar a supervisão da atuação administrativa e financeira do Poder Judiciário desenvolveu uma série de indicadores para propiciar a avaliação e comparação dos vários tribunais distribuídos no território nacional. Para fins de avaliação de eficiência, esses indicadores podem ser utilizados como insumos para modelos estatísticos.

Apesar das opiniões em contrário, entende-se que qualquer avaliação, por mais simples que seja, é melhor do que nenhuma avaliação. Destaca-se que, aliado às avaliações quantitativas, baseadas em indicadores, é imprescindível o uso de outras formas de avaliação da gestão, por meio da análise das opiniões, valores e crenças dos atores envolvidos, principalmente quando se analisa o Poder Judiciário sob o prisma da Administração Pública.

Referências

Arretche, Marta. (1998). Tendências nos Estudos sobre Avaliação. In: RICO, Elizabeth Melo. *Avaliação de Políticas Sociais: uma questão em debate.* São Paulo, Cortez, 1998.

Azeredo, B., & Ramos, C. A. (1995). Políticas públicas de emprego: experiências e desafios. *Planejamento E Políticas Públicas,* (12), 91–116.

Bakar, N. B. A.; Saleh, Z. (2011).Incentives for disclosure of Accounting information in publico sector: a literatura survey. *International Research Journal of Finance and Economics,* 75.

Ball, R.; Brown, P. (1968). An empirical evaluation of Accounting income numbers. *Journal of Accounting Research,* 159-178.

Barth, M. E.; Beaver, W. H.; Landsman, W. R. (2001). The relevance of the value relevance literatura for Financial Accounting Standard Setting: another view. *Journal of Accounting and Economics,* 31, 77-104.

Bălută, A. V. (2012). The Role of Accounting and Accounting Law in Establishing Public Economic Policies in the Post-crisis Period. *Theoretical and Applied Economics, XIX*(6), 111–120.

Balestro, M. V.; Reymao, E. N. (2008) Integração do Seguro Desemprego como superação do *trade-off* entre proteção social e eficiência econômica no Brasil. *Revista de Estudos e Pesquisas sobre as Américas,* v. 2, n. 2: 28-44

Bălută, A. V. (2012). The Role of Accounting and Accounting Law in Establishing Public Economic Policies in the Post-crisis Period. *Theoretical and Applied Economics*, XIX(6), 111–120.

Beaver, W. H. (1968). The information content of anual earnings announcements. *Journal of Accounting Research*, 67-92

Blomquist, G. C., Newsome, M. a., & Stone, D. B. (2004). Public Preferences for Program Tradeoffs: Community Values for Budget Priorities. *Public Budgeting & Finance, 24*(1), 50–71. doi:10.1111/j.0275-1100.2004.02401003.x

Carpenter, Frances; Florence Sharp. (1992). Popular Reporting: Local Government Financial Reports to the Citizenry. Norwalk, CT: Governmental Accounting Standard Board

Carson Jr., Richard T. (2001). *Contingent Valuation, Resources and Environmental.* In International Encyclopedia of Social and Behavioral Sciences. Amsterdam: Elsevier Science.

Carson, R. T., Wilks, L., & Imber, D. (1994). Valuing the Preservation of Australia' s Kakadu Conservation Zone. *Oxford Economic Papers, 46*, 727–749.

Ceneviva, Ricardo; Farah, Marta S. F. (2012). Avaliação, informação e responsabilização no setor público. *Revista de Administração* Pública, 46 (4), 993-1016.

Chahad, J. P. Z. (2009) Flexibilidade no mercado de trabalho, proteção aos trabalhadores e treinamento vocacional de força de trabalho: a experiência de América Latina e perspectivas (Análise do caso brasileiro), Santiago, Documento de Proyecto da CEPAL – Naciones Unidas: p.212.

Comitê de Pronunciamentos Contábeis. (2011). Estrutura Conceitual para Elaboração e Divulgação do Relatório Contábil-Financeiro. Acesso 03 de outubro de 2014, disponível em http://static.cpc.mediagroup.com.br/Documentos/147_CPC00_R1.pdf

Copeland, R. M.; Ingran, R. W. (1983). Municipal Bond Market recognition of pension reporting practices. Journal of Accounting and Public Policy. 2 (3), 147-165.

Cunill Grau, Nuria. (2000). Responsabilización por Control Social. In: La Responsabilizacion en la Nueva Gestion Pública Latinoamericana. Buenos Aires: CLAD.

Cruz, C. V. O. A. (2010). A relevância da informação contábil para os investidores sociais privados de entidades de terceiro setor no Brasil: uma investigação empírica. Tese de Doutorado do Programa de Pós-Graduação em Controladoria e Contabilidade, Universidade de São Paulo, Faculdade de Economia, Administração e Contabilidade, São Paulo.

Diamond, P. A., & Hausman, J. A. (1994). Contingent valuation Is some values.pdf. *The Journal of Economic Perspectives, 8*(4), 45–64.

Fávero, L. P. (2015). Análise de dados: modelos de regressão com EXCEL®, STATA® e SPSS®

Farah, Marta F. S. (2000). Parcerias, novos arranjos institucionais e políticas públicas no nível local de governo. *Revista de Administração Pública, 35* (1), 119-144.

Ferreira Mendes, G., Mártires Coelho, I., & Gonet Branco, P. G. (2008). Curso de direito constitucional. São Paulo, Saraiva.

Figueiredo, M. F.; Figueiredo, A. M. C. (1986). Avaliação Política e Avaliação de Políticas: Um Quadro de Referência Teórica. In: IDESP, 15.

Fiscarelli, S. H.; Souza, C. B. G. (2007). Contribuição para a avaliação de políticas públicas em educação na era da informação. In: FONSECA, Francisco (Org.); GUEDES, Alvaro Martin (Org.). Controle Social da Administração Pública. São Paulo: Unesp, 2007. v. 1. 296 p.

Francis, J. K.; Schipper, K., Vincent, L. (2002). Expanded Disclousures and the Increased Usefulness of Earnings Announcements. *The Accounting Review*, 515-546.

Freeman, A.M., III. (1993). *The Measurement of Environmental and Resource Values: Theory and Methods.* Washington, DC: Resources for the Future.

Frey, Klaus. (2000). Políticas públicas: um debate conceitual e reflexões referentes à prática da análise de políticas públicas no Brasil. *Planejamento e políticas públicas*, (21).

Froud, J., Haslam, C., Johal, S., Shaoul, J., & Williams, K. (1998). Persuasion without numbers?: Public policy and the justification of capital charging in NHS trust hospitals. *Accounting, Auditing & Accountability Journal*, 11(1), 99–125. doi:10.1108/09513579810207328

Ganssmann, H. (2000) Labour flexibility, social protection and unemployment. *European Societies*, n. 2(3): 243-269.

Hanemann, W. M., Journal, T., & Autumn, N. (2007). Valuing the Environment Through Contingent Valuation. *The Journal of Economic Perspectives*, 8(4), 19–43

Havens, H. S. (1983). Accounting and Public Policy, 46, 143–146.

Ho, A. T. K. (2006). Accounting for the value of performance measurement from the perspective of midwestern mayors. *Journal of Public Administration Research and Theory*, 16(2), 217–237. doi:10.1093/jopart/mui046

Höfling, E. D. M. (2001). Estado e políticas (públicas) sociais. *Cadernos CEDES*, 21(55), 30–41. doi:10.1590/S0101-32622001000300003

International Federation of Accountants. (2010). Normas Internacionais de Contabilidade Aplicadas ao Setor Público. Acesso 03 de outubro de 2014. Disponível em http://portalcfc.org.br/wordpress/wp-content/uploads/2013/01/ipsas2010_web.pdf

Jannuzzi, P. D. M. (2003). Indicadores para diagnóstico , monitoramento e avaliação de programas sociais no Brasil *. *Revista Do Serviço Público*, 1990(2), 137–160

Landsman, W. R.; Maydew, E. L. (2002). Has the information content of quarterly earning announcements declined in the past three decades? *Journal of Accounting Research*, 797-808

Lev, B.; Zarowin, P. (1999). The boundaries of financial reporting and how to extend them. *Journal of Accounting Research*, 353-385

Madsen, P. K. (2006) Flexicurity: a new perspective on labour markets and welfare states in Europe, *Aaalborg, Centre for Labour Market Research*, Research Paper.

Marcuello, C., & Salas, V. (2001). Nonprofit Organizations, Monopolistic Competition, and Private Donations: Evidence from Spain. *Public Finance Review*, 29(3), 183–207. doi:10.1177/109114210102900301

Martin, J. P. (1998) What Works among Active Labour Market Policies: evidence from OECD countries' experiences, OECD Labour Market and Social Policy Occasional Papers, *Economic Studies*, n. 30, OECD Publishing: 79-113

Mensah, Y. M., Schoderbek, M. P., & Werner, R. H. (2009). A Methodology for Evaluating the Cost-Effectiveness of Alternative Management Tools in Public-Sector Institutions: An Application to Public Education. *Journal of Management Accounting Research*, 21(1), 203–239. doi:10.2308/jmar.2009.21.1.203

Mitchell, Robert C; Carson, Richard T. (1989). *Using Surveys to Value Public Goods*: The Contingent Valuation Method. Washington, DC: Resources for the Future.

Mulgan, R. (2000). Accountability: Na Ever-Expanding Concept? *Public Administrations*, 78 (3), 555-573.

Padovani, E. (2007). A medição do desempenho no reporting social. In: FONSECA, Francisco (Org.); GUEDES, Alvaro Martin (Org.). Controle Social da Administração Pública. São Paulo: Unesp, 2007. v. 1. 296

Pederiva, João H. (1998). *Accountability* no Setor Público. Revista Contabilidade, Gestão e Governança, 1 (2).

Posnett, J., & Sandler, T. (1989). In private. *Journal of Public Economics, 40*, 187–200.

Plummer, E.; Hutchison, P. D.; Paton, T. K. (2007). GASB 34 governmental financial reporting: evidence on its information relevant. The Accounting Review, 82 (1), 205-240.

Reck, J. L.; Wilson, E. R. (2006). Information transparency and pricing in the municipal bond secondary market. *Journal of Accounting and Public Policy, 25* (1), 1-31.

Rubens Filho, J. R. F. (2003). Governança organizacional aplicada ao setor público. *VIII Congreso Internacional Del CLAD Sobre La Reforma Del Estado Y de La Administración Pública-Panamá*, (2003), 28–31. Retrieved from http://unpan1.un.org/intradoc/groups/public/documents/clad/clad0047108.pdf

Scott, W. R. (2009). *Financial Accounting Theory*. Toronto: Pearson

Secchi, Leonardo (2010). Políticas Públicas: Conceitos, Esquemas de Análise, Casos Práticos. São Paulo: Cengage Learning

Serra, M. A., Garcia, E. M., Otiz, R. A., Hasenclever, L., & Moraes, G. I. (2004). A valoração contingente como ferramenta da economia aplicada à conservação ambiental. Planejamento E Políticas Públicas, (27), 193–212.

Schelling, T.C. (1968) "The Life You Save May be Your Own." in Problems in Public Expenditure Analysis, edited by S.B. Chase. Washington, DC: Brookings Institute.

Silva, C.A.T; Rodrigues, F. F. (2015). Curso de Contabilidade Básica 1. São Paulo: Atlas

Spink, Peter. (2001). Avaliação democrática: propostas e práticas. Rio de Janeiro, Associação Brasileira Interdisciplinar de AIDS (Coleção ABIA, Fundamentos de Avaliação, n. 3)

Souza, Celina. (2006). Políticas públicas: uma revisão da literatura. *Sociologias*, (16), 20-45.

Subirats, J. *Análisis de políticas públicas y eficácia de la administracion*. Madri: Inap, 1989.

Summers, G. F. (2003). Public Sector Accounting Disclosure quality and municipal bond interests' costs: the case of school districts. Tese de Doutorado, University of Houston, Houston.

Suzart, J. A. S. (2013). Informações Contábeis Governamentais e o Mercado Secundário de títulos públicos: estudo sob a ótica do value relevance no Brasil. Tese de Doutorado, Universidade de São Paulo, Faculdade de Economia, Administração e Contabilidade, São Paulo.

Theodoulou, Stella Z. (1995). The contemporary language of public policy: a starting point. In: CAHN, Matthew A. and THEODOULOU, Stella Z. *Public policy: the essential readings*. New Jersey: Prentice Hall.

Tironi, L. F.; Silva, L. C. E.; Vianna, S. M.; Médici, A. C. (1991). Critérios para geração de indicadores de qualidade e produtividade no serviço público. Brasília: Texto para Discussão 12 do IPEA

Trussel, J. M., & Parsons, L. M. (2007). Financial Reporting Factors Affecting Donations to Charitable Organizations. *Advances in Accounting, 23*(07), 263–285. doi:10.1016/S0882-6110(07)23010-X

Watts, R. L.; Zimmerman, J. L. (1986). *Positive Accounting Theory*. New Jersey: Prentice Hall

Weisbrod, B. A., & Dominguez, N. D. (1986). Nonprofit help a. weisbrod. *Journal of Public Economics, 30*, 83–95.

A relação entre o princípio da eficiência e o da proporcionalidade pela ótica juseconômica e as suas consequências

Lucival Lage Lobato Neto
Advogado, engenheiro mecânico, pós-graduado em Contabilidade Gerencial pela FGV, mestre em Direito pela Universidade Católica de Brasília (UCB), na área de Análise Econômica do Direito (AED), e Analista do Banco Central

Benjamin Miranda Tabak
Doutor em Economia pela Universidade de Brasília, professor de Análise Econômica do Direito e Análise Econômica do Direito Comportamental do programa de mestrado *strictu sensu* da Universidade Católica de Brasília. Consultor Legislativo e Coordenador do núcleo de economia da Consultoria Legislativa do Senado Federal. O autor agradece o apoio financeiro do CNPq

1. Introdução

Este trabalho demonstra a relação existente entre o princípio da eficiência e o da proporcionalidade, utilizando, como base, o critério econômico de eficiência de Kaldor-Hicks. Para isso, utilizar-se-ão, também, as metodologias do supramencionado critério, mais especialmente a análise custo-benefício (ACB). O ponto de encontro entre os dois princípios é o subprincípio da necessidade.

Como consequência dessa relação, ficará clara a importância do princípio da eficiência e demonstrado que não existe submissão desse princípio aos demais princípios constitucionais da Administração Pública, conforme dispõe parte da doutrina administrativa. Além disso, caso sejam utilizadas as metodologias do critério econômico de eficiência de Kaldor-Hicks na aplicação dos

PODER JUDICIÁRIO

dois princípios em comento na análise da atuação administrativa, emergem duas consequências importantes, quais sejam: as procuradorias ganham relevância na aplicação desses princípios, e evidencia-se um limite para excessiva intervenção do Judiciário na atividade administrativa. Portanto, a utilização do critério de Kaldor-Hicks nos princípios em tela resultará numa atuação mais eficiente dos Poderes Executivo e Judiciário.

2. Princípio da eficiência

2.1. Conceito e características

Segundo Jose A. da Silva (2014, p. 680), o princípio da eficiência "[...] orienta a atividade administrativa no sentido de conseguir os melhores resultados com os meios escassos de que dispõe e a um menor custo", ou seja, trata-se da melhor utilização possível dos meios disponíveis pela Administração Pública para se atingir os fins públicos desejados. Também nessa esteira, Di Pietro (2014, p. 84) ensina que o referido princípio apresenta duas facetas: quanto à primeira, a eficiência deve ser considerada em face da atuação do agente público, que deve ser a melhor possível, ou seja, com assiduidade, capacidade de iniciativa, disciplina, produtividade e responsabilidade; e relativamente à segunda, a atuação da Administração Pública deve obter os melhores resultados na prestação dos serviços públicos. Já Batista Júnior (2012, p. 214) esclarece que, com base nesse princípio, quatro facetas devem ser observadas, quais sejam: a primeira, relacionada à eficiência do indivíduo; a segunda, atinente à eficiência da atuação do órgão ou entidade a qual pertence; a terceira, a eficiência ligada a uma determinada pessoa política (unidade da federação); e, finalmente, a quarta, a eficiência vinculada a toda federação brasileira.

Entre os aspectos que devem ser necessariamente observados nos serviços públicos com base nesse princípio, Carvalho Filho (2014, p. 31) aponta a produtividade, a economicidade, a celeridade, a qualidade, a presteza, a sua desburocratização e flexibilização. Além disso, conforme esclarece o mesmo autor (Carvalho Filho: 2014, p. 31), esse princípio também se aplica às atividades internas dos entes públicos e das pessoas a elas vinculadas, que também devem ser realizadas da melhor forma possível.

Assim, o princípio da eficiência delimita a maneira como a Administração Pública irá realizar as suas condutas externas e internas. Nessa esteira, Carvalho (2009, p. 198) dispõe que a eficiência é um fator delimitador da discricionariedade administrativa, pois o administrador público deve, ao ponderar os vários aspectos jurídicos e fáticos aplicáveis ao caso concreto, procurar escolher a solução que melhor atenda às suas reais necessidades. Finalmente, David (2010, p. 93) complementa que:

> [...] eficiência está ligada à adequação dos meios em relação aos fins, bem como prescreve a escolha da opção que trata mais benefícios e menores custos, de modo a limitar o espectro de condutas a serem tomadas pelo administrador público mesmo na ausência de vinculação expressa declinada por alguma regra jurídica. Portanto, é corrente a referência, seja de forma expressa ou tácita, à ligação entre eficiência e proporcionalidade.

Para alguns juristas, entre eles Moreira (2010, p. 182), a eficiência não seria um princípio jurídico e muito menos poderia ser considerada uma norma constitucional, dado que ela é um instituto metajurídico, com a essência econômica. Também nesse sentido, César Peluzzo, quando ministro do Supremo Tribunal Federal (STF), declarou em voto que a eficiência "não chega a ser sequer um princípio"[1]. Contudo, não se pode concordar com esse posicionamento, pois existem outros princípios do direito cuja essência não é exclusivamente jurídica, mas são aceitos, pacificamente, como normas. Neste sentido, Gabardo (2002, p. 91) bem esclarece ao exemplificar que "[...] o *princípio* democrático tem clara essência política; o princípio da moralidade, essência ética; e, notadamente, o princípio da justiça nasce como instrumento de tutela privada (caráter social). No âmago da questão, talvez somente sobrasse o princípio da legalidade." Portanto, não parece ser plausível o argumento de que eficiência é um instituto que não deveria ser incorporado ao sistema jurídico.

2.2. A diferença entre eficiência e economicidade

Não se pode confundir o princípio supramencionado com a economicidade, aspecto a ser observado pela fiscalização financeira e orçamentária, consoante expressa o *caput* do art. 70 da CF. Segundo Petter (2007, p. 153), o respeito à economicidade "[...] implica análise com relação ao chamado custo-benefício, ou seja, de um ponto de vista econômico, verificar se as decisões tomadas são razoáveis, ou até mesmo as melhores para as circunstâncias". Para Jose A. da Silva (2013, p. 757), no controle da economicidade, deve-se verificar se o órgão procedeu de

---

[1] STF, ADC-MC Nº 12/DF, Rel. Min. Ayres Britto, D.J. de 16.02.2006.

PODER JUDICIÁRIO

forma mais econômica na realização da despesa pública, com vistas a obter a melhor relação custo-benefício. Nessa esteira, Freitas (2013, p. 110) complementa que "[...] o administrador público está obrigado a trabalhar com os menores custos (diretos e indiretos – relacionados às externalidades negativas), sem sacrifício da qualidade final, tendo por parâmetro a menor onerosidade possível."

Nota-se, assim, que a eficiência possui um conceito mais amplo que a economicidade, pois considera uma noção mais abrangente de benefícios e de custos, que vai além do aspecto estritamente financeiro. Nesse sentido, Binenbojn (2008, p. 346) esclarece que:

> [...] o princípio da economicidade, inobstante sua autonomia no texto constitucional, é abrangido pela ideia de eficiência. A economicidade corresponde a uma análise de otimização de custos para os melhores benefícios. A economicidade é, assim, **uma das dimensões da eficiência**. (grifo nosso)

2.3. A diferença entre eficiência, eficácia e efetividade

Existem diferenças entre os institutos da eficiência, da eficácia e da efetividade quando aplicados às atividades administrativas. Pode-se defini-los com base nas lições de Furtado (2007, p. 113 a 115), que utiliza conceitos oriundos da Ciência da Administração. Assim, pela análise da eficiência, deve-se examinar a relação custo-benefício de duas ou mais atuações possíveis relacionadas a uma das quatro facetas deste princípio (servidor público, órgão ou entidade responsável, pessoa política, toda federação), sendo a mais eficiente a atuação que possuir o maior benefício líquido (maior diferença entre benefícios e custos). A eficácia seria o simples exame do alcance dos resultados obtidos, enquanto a efetividade exige o cumprimento das duas etapas anteriores, quais sejam, a obtenção: da eficiência, seguindo metas ou objetivos de atuação da Administração Pública (mais econômica, maior qualidade, continuidade, tempestividade, ou seja, a melhor relação custo-benefício); e da eficácia, com base na constatação do atingimento dos objetivos definidos.

Para análise da efetividade, Furtado (2007, p. 113) esclarece que "[...] deve ser feita a comparação entre os objetivos ou metas que haviam sido fixadas por ocasião do planejamento e os resultados efetivamente alcançados". Complementa Carvalho (2009, p. 203) que:

> [...] não se trata de somente atingir objetivos (eficácia) ou de apenas utilizar corretamente recursos no processo (eficiência), nem mesmo de cumprir aleatoriamente

as normas jurídicas ou de exercer as competências incidentes na espécie. Requer-se que a Administração, ao agir, nos estritos limites do ordenamento, seja materialmente capaz de, empregando os meios adequados, atingir os resultados necessários à satisfação dos interesses da coletividade, objetivo máximo da atuação estatal.

Relativamente à avaliação da qualidade da elaboração de normas, seguindo a doutrina de Almeida (2007), os conceitos de eficiência e eficácia são semelhantes aos expressos pela doutrina esposada anteriormente, ou seja, uma norma será eficaz quando ela cumprir os seus objetivos e será eficiente quando os seus benefícios justificarem seus custos, de forma que uma norma será mais eficiente que outra quando ela possuir um maior ganho líquido de benefícios. Contudo, o conceito de efetividade de uma norma é distinto. Uma norma será proporcionalmente mais efetiva, quanto mais ela for ser aceita pelos seus destinatários, incluindo os operadores do Direito.

Finalmente, é relevante registrar que, para alguns juristas, existem dois conceitos de eficiência, baseados nas diferenciações entre eficiência e eficácia. Há uma eficiência *stricto sensu* e uma eficiência *lato sensu*, que representa a eficácia. Nesse sentido, Batista Júnior (2012, p. 177) esclarece:

> A eficiência lato sensu expressa o andamento constitucional de maximizar a persecução de um bem comum e, para tanto, pelo seu caráter pluricompreensivo exige a síntese equilibrada dos interesses públicos. Esta síntese equilibrada dos interesses intervenientes, esta escolha e coordenação entre interesses primários e secundários, diz respeito aos fins a serem perseguidos, ou seja, refere-se ao resultado imediato a ser buscado em si, e, portanto, acomoda-se nos domínios da eficácia. Diz respeito à eficiência lato sensu, mas não a eficiência stricto sensu.

3. O critério econômico de eficiência de Kaldor-Hicks

3.1. Conceito

Em que pese existirem outros conceitos (ou critérios) de eficiência[2], o mais utilizado pelo direito é o de Kaldor-Hicks. Por esse critério, uma alocação será

---

[2] Existem, por exemplo, os critérios de Pareto e de Posner. Pelo critério de Pareto, uma situação será mais eficiente que outra se ela melhorar a vida de uma ou mais pessoas sem piorar as das demais, relativamente a outra opção, considerando a avaliação subjetiva dos envolvidos nessa análise. Assim, haverá alocação ótima (ótimo de Pareto) quando não for possível melhorar a vida

PODER JUDICIÁRIO

mais eficiente que outra quando ela trouxer mais benefícios que prejuízos, relativamente a outra situação, ou seja, deve ocorrer um ganho líquido de benefícios, o que maximiza o bem-estar para a sociedade. Esclarece Romero (2006, p. 12 e 13) que esse critério "[...] impõe apenas a condição de que os ganhadores estejam em condições de compensar os perdedores, não sendo imprescindível que, de fato, tal compensação ocorra".

Assim, aplicando esse critério ao direito, observa-se que uma norma será mais eficiente que outra se aquela produzir um maior aumento do bem-estar do que esta norma para a sociedade. Do mesmo modo, uma atuação estatal será mais eficiente que outra se aquela trouxer mais benefícios líquidos que esta atuação.

3.2. A aplicação das metodologias para avaliação da eficiência das normas

Para realizar a análise da eficiência pelo critério de Kaldor-Hicks, foram adaptadas algumas das metodologias utilizadas para análise de projetos e investimentos, outras foram criadas. No âmbito do direito, essas metodologias podem ser aplicadas na mais variada gama de normas, ou seja, desde normas complementares (regulamentos) até normas superiores (leis, decretos-legislativos, medidas provisórias e emendas constitucionais)[3]. Podem ser

de uma ou mais pessoas sem piorar a vida das demais. Pelo critério de Posner (2010, p. 102), uma alocação será mais eficiente que outra se ela permitir maximização da riqueza, ou seja, se houver um crescimento líquido da riqueza da sociedade. Assim, uma norma será eficiente se ela aumentar a riqueza da sociedade, independentemente da forma distribuição dos recursos. Portanto, Posner troca os benefícios do utilitarismo (a felicidade, por exemplo), muitas vezes de difícil mensuração, por um indicador mais palpável, o dinheiro.

[3] Quanto às metodologias em epígrafe para elaboração de normas superiores (emendas constitucionais e leis) por parte do Legislativo, segundo aponta Meneguin (2010), vários países as utilizam, mais especialmente os pertencentes à União Europeia, que, inclusive, possui um guia para elaboração de relatórios de impacto dessas normas, a ser observado pelos seus países membros. Meneguin (2010) desvela também que, embora não possuam regras formais a respeito, os Poderes Legislativos norte-americano e inglês possuem órgãos específicos para buscar normas mais eficientes.

Relativamente ao Poder Legislativo brasileiro, não existe nenhuma regra formalmente estabelecida. Por outro lado, quanto ao Poder Executivo, segundo o item 12 do Anexo 1, do Decreto Federal no 4.176, de 2002, quando ele for encaminhar projeto de lei ao Congresso Nacional, expedir medidas provisórias, ou decretos regulamentares, deve realizar uma adequada análise econômica, que inclui a Análise Custo-Benefício (ACB), uma das metodologias de análise de eficiência, conforme será visto no subitem seguinte. Contudo, nada impede que o Poder Executivo utilize também as demais metodologias da AIR para justificar as normas a serem propostas ao Congresso Nacional.

utilizadas também para análise de atividades da Administração Pública cuja decisão a ser tomada seja complexa e envolva recursos consideráveis.

Quando aplicadas aos regulamentos de agências reguladoras, elas recebem a denominação de Análise do Impacto Regulatório (AIR). Complementa Valente (2013, p. 74) que a AIR pode ser conceituada como um:

> [...] instrumento de controle da atividade regulatória do Estado por meio da aplicação de procedimento administrativo voltado à análise das decisões regulatórias a serem tomadas ou já tomadas pelos agentes reguladores com base em evidências empíricas, resultando na introdução de mecanismos de legitimação democrática e de responsabilização do regulador.

Consoante se extrai de Jacobs (2006, p. 5), a AIR surgiu na década de setenta, nos Estados Unidos da América (EUA) e começou a se espalhar pelo mundo a partir da década de oitenta, principalmente por países integrantes da Organização para Cooperação e Desenvolvimento Econômico (OCDE), tais como Austrália, Canadá e Inglaterra. Posteriormente, a partir da década de noventa, países não integrantes da OCDE também começaram a utiliza-la, incluindo, recentemente, o Brasil. Contudo, em alguns desses países, críticas realizadas por juristas e por políticos, que serão também tratadas neste trabalho, foram responsáveis pela limitação de sua influência na elaboração de regulamentos. Por exemplo, Skrzycki (2007) registra que essa redução ocorreu nos EUA, em que pese exista uma imposição normativa para as agências reguladoras americanas usarem a AIR desde o governo Reagan (1981).

Por outro lado, essas mesmas críticas foram responsáveis por inúmeras reformulações das metodologias utilizadas na AIR, e, consequentemente, pelo seu aprimoramento. Nessa esteira, nos EUA, visando a melhorar a qualidade dos regulamentos norte-americanos, o governo de Barak Obama estabeleceu a *Executive Order* nº 13.563, de 18.01.2011[4]. Nesta norma, foram estabelecidas cinco instruções para as suas agências que se relacionam aos impactos regulatórios, mais especificamente o seguinte:

---

[4] Executive Order nº 13.563 de 18.1.2011. Federal Register. Vol. 76. Nº 14. Title 3— Presidential Documents. p. 3.821. Disponível em: http://www.archives.gov/federal-register/executive-orders/2011.html . Acesso em 20.7.2014.

a) a Administração Pública deve estabelecer ou propor um novo regulamento apenas quando os benefícios justificarem os seus custos, em que pese alguns benefícios e custos sejam de difícil mensuração;

b) os regulamentos devem imputar o menor custo possível à sociedade e devem estar em consonância com os objetivos visados pela agência reguladora responsável;

c) as soluções a serem escolhidas devem maximizar os benefícios líquidos relacionados à economia, ao meio-ambiente, à saúde e segurança pública;

d) em vez de valorizar os comportamentos e as formas para cumprimento das obrigações impostas aos regulados, os reguladores devem privilegiar o alcance dos objetivos a serem cumpridos;

e) devem ser identificadas e consideradas todas as alternativas disponíveis para "regulação direta", além de estabelecimento de incentivos para realização de comportamentos desejados.

No Brasil, a utilização das metodologias da AIR nos processos de tomada de decisão para o estabelecimento de regulamentos ainda é recente, pois, somente com a criação do Programa de Fortalecimento da Capacidade Institucional para Gestão em Regulação (Pro-Reg), por meio do Decreto Federal nº 6.062, de 16.03.2007, o governo federal começou a tomar medidas efetivas para melhorar a qualidade dos seus regulamentos. Nesse sentido, podem ser citadas a elaboração normativa da Agência Nacional de Telecomunicações (Anatel), da Agência Nacional de Vigilância Sanitária (Anvisa) e da Agência Nacional de Transportes Terrestres (ANTT).

Como consequência dessa implementação, além da otimização da eficiência nos regulamentos nacionais, Valente (2014, p.204) sintetiza a vantagem dessa implementação: "[...] estar-se-á consolidando o equilíbrio democrático, através da transparência e da responsabilização (*accountability*) dos agentes reguladores."

3.3. Tipos de metodologias para análise da eficiência na elaboração de normas

Tendo em vista a relevância das metodologias de avaliação de eficiência e a utilidade potencial delas para este trabalho, as mais relevantes serão detalhadas a seguir.

3.3.1. Análise custo-benefício

A análise custo-benefício (ACB) é a principal metodologia para a avaliação da eficiência, ou seja, é a mais difundida e utilizada. Pode-se conceituar a ACB, nas palavras de Cavalcanti e Plantullo (2008, p. 38), como uma metodologia para a análise e a escolha de uma entre duas ou mais situações diferenciadas, mais especificamente daquela que apresentar melhor relação custo-benefício, comparando essas situações de forma metodológica e científica. Relativamente à sua aplicação em normas, Meneguin (2010, p. 9) complementa:

> A análise custo-benefício é o processo usado para determinação de eficiência econômica global. Comparam-se os custos com os benefícios sociais que provavelmente resultarão da proposição legislativa e estes com o resultado de alternativas, de forma a escolher o projeto que apresenta a maior diferença positiva entre os benefícios globais (econômicos e sociais) e os custos globais.

Registra-se que, além dos conceitos supramencionados, existem inúmeros outros para a ACB, tanto estabelecidos pelos defensores, quanto por seus críticos, inclusive devido às inúmeras reformulações que esse conjunto de técnicas foi objeto ao longo dos anos (PRADO, In BITTAR e SOARES (orgs.), 2004, p. 43). Com vistas a estabelecer um norte para se definir a ACB, Sen (ADLER e POSNER (orgs.), 2000, p. 96 e 97) fez uma análise sistemática desse conjunto de técnicas, dispondo que ele é composto por três elementos necessários: a) a valoração explícita: deve ser atribuído um determinado valor a cada benefício ou prejuízo analisado, de forma cardinal, cuja unidade de medida geralmente utilizada é a monetária; contudo, ela pode ser uma nota de uma escala de avaliação; b) a avaliação consequencialista: as decisões a serem tomadas com base na ACB devem levar em conta as consequências das situações analisadas; c) a contabilidade aditiva: devem ser considerados todos benefícios e prejuízos de cada situação a ser comparada, de forma a permitir a comparação dos benefícios líquidos.

Relativamente à alínea "c", devem ser incluídos os benefícios e os custos tangíveis e intangíveis, quer sejam avaliados por meio de parâmetros quantitativos ou qualitativos[5]. Segundo esclarece Sousa (2011, p. 30), a quantificação

---

[5] Inicialmente o método ACB somente realizava análise de parâmetros quantitativos. Devido às inúmeras críticas que sofreu, inclusive quanto a essa característica, foi criado o ACB *soft*, que permite também a avaliação qualitativa e realizar uma análise integrada com as outras metodologias.

PODER JUDICIÁRIO

desses custos e benefícios deve envolver alguns conceitos econômicos, tais como custo de oportunidade, efeitos inflacionários, externalidades, subsídios e taxas.

Consoante se extrai do Sumário Executivo da OCDE (2006)[6], são os seguintes fundamentos teóricos da ACB: a) os benefícios são definidos como o aumento do bem-estar humano (utilidade), e os custos são definidos como a redução desse bem-estar; b) para que um projeto normativo seja considerado como possuidor de boa relação custo-benefício, seus benefícios sociais devem exceder os seus custos; c) a sociedade é o somatório dos indivíduos; d) a fronteira geográfica para se aplicar uma ACB é geralmente uma nação, mas pode ser facilmente estendida para limites mais amplos.

3.3.2. Análise multi-critério

A análise multi-critério (AMC) é indicada para as situações onde nem os custos e nem os benefícios em análise são quantificáveis em dinheiro e a questão distributiva é considerada mais importante que os benefícios líquidos oriundos da aplicação da opção normativa escolhida. Com base nessa análise, são definidos critérios que permitem mensurar a eficiência da norma, pois eles recebem pesos que possibilitam a comparação entre duas ou mais opções possíveis. Após a avaliação com base nos critérios supramencionados, as opções são classificadas em ordem decrescente de probabilidade de sucesso, e a melhor opção é escolhida.

Assim, para os casos em que ela é indicada, a AMC possui maior transparência que os métodos exclusivamente quantitativos (SOUSA, 2011, p. 15). Consequentemente, ela permite que se, porventura, alguém se sentir prejudicado com a sua realização, possa contestar administrativa ou judicialmente com uma quantidade de elementos probatórios adequados.

3.3.3. Análise parcial

Ao se avaliar a eficiência de uma determinada situação, é possível aplicar diferentes pesos para diferentes tipos de impactos. Por não existir uma técnica para determinar esses pesos, a definição acaba tendo um viés político. Assim, admitindo ser difícil excluir esse viés, a análise parcial (AP) é uma

---

[6] Executive Summary OCDE (2006). Disponível em http://www.oecd.org/environment/tools--evaluation/36190261.pdf. Acesso em 22.10.2014.

metodologia que avalia os impactos da regulação sob a ótica de um determinado grupo da sociedade, de forma a evidenciar as prioridades e valores desse grupo. Em suma, conforme observa Sousa (2011, p. 27), com a AP, "[...] há uma democratização da participação dos diversos atores no processo de formulação de políticas, levando-os a exigir, muitas vezes, que os impactos sobre eles sejam observados".

Contudo, essa espécie de metodologia deve ser utilizada com parcimônia, porque ela pode apontar um resultado contrário às demais metodologias, que identificam o melhor benefício global, consequentemente, enfraqueceria o resultado destas. Nesse sentido, Jacobs (2006, p. 39 e 40) aponta que a identificação de grupos prejudicados é tecnicamente irrelevante, pois a criação de uma nova norma deve buscar o melhor benefício global líquido. Além disso, conforme observa Sousa (2011, p. 36), "[...] a identificação de que os grupos são ou não economicamente (ou socialmente) vulneráveis envolve uma avaliação muito subjetiva, que dá margem a várias interpretações". Consequentemente, essas análises parciais podem retirar a transparência da avaliação do impacto das normas e criar um viés indesejado.

3.3.4. A Análise Custo-Efetividade

Segundo esclarece Ogus (2006, p. 290), a análise de custo-efetividade (ACE) consiste numa comparação de duas ou mais situações onde uma das duas variáveis a serem analisadas (custos ou benefícios) se encontra fixa, e a outra varia conforme a situação. Assim, comparam-se situações que geram benefícios iguais e semelhantes, mas diferentes custos, escolhendo situação menos custosa; e situações em que os custos já estão pré-definidos (fixos), restando analisar o melhor benefício. Considerando o fato de que os benefícios em geral são mais difíceis de serem quantificados, a primeira situação é a mais frequentemente utilizada. Nesse sentido, Sousa (2011, p. 33) esclarece que a ACE é:

> [...] mais adequada em casos onde é fácil identificar os benéficos e difícil a sua valoração, sobretudo quando se rejeita o uso de métodos estatísticos para a valoração de vidas humanas ou redução de acidentes. Os benefícios são expressos em medidas físicas, como vidas salvas, por exemplo. Isso explica o fato de que a ACE é bastante utilizada nas áreas da saúde, segurança e educação, onde a valoração de benefícios como a redução de mortalidade, sedentarismo e qualidade de educação é uma tarefa complexa.

PODER JUDICIÁRIO

Nota-se que a ACE pode ser também utilizada em mais duas situações. Primeira, quando todas as opções analisadas possuírem custos que ultrapassem os benefícios, mas politicamente é preferível escolher uma das opções possíveis. Assim, seriam minimizados os custos envolvidos. Segunda, quando existir um número grande de alternativas, e a escolha de uma delas pelo método da ACB se tornaria muito custosa.

Avaliando as características supramencionadas da ACB e da ACE, Jacobs (2006, p.38) conclui que a primeira metodologia serve para ajudar o governo a escolher o que fazer, enquanto que a segunda, para ajudar a definir como fazer. Em razão da ACE não questionar os objetivos regulatórios pré-fixados, Valente (2013, p. 91) observa que a utilização dessa metodologia não exclui o uso da ACB por completo.

3.4. As críticas quanto à utilização do critério econômico de eficiência de Kaldor-Hicks

A utilização dos conceitos (critérios) econômicos de eficiência pelo Direito, inclusive o critério de Kaldor-Hicks, é alvo de críticas pelos juristas, mais especialmente dos afiliados ao neoconstitucionalismo. Para o critério em comento, a principal delas é a não-observância dos critérios de justiça distributiva[7], por seguinte, ele não considera, na sua aplicação, o princípio constitucional da isonomia, e os mínimos existenciais[8] que representam os direitos fundamentais expressos na Constituição Federal, principalmente quando houver escolhas trágicas, ou seja, considerando que os recursos públicos são limitados, o Estado deve escolher uma entre duas ou mais necessidades sociais, para realizá-las.

Outra crítica quanto à utilização do critério de Kaldor-Hicks pelo direito, é a sua submissão ao paradoxo de Scitovsky, consoante se extrai de Copetti

---

[7] Para Rawls (2002, p. 64), a justiça deve ser concebida como equidade (isonomia), para isso, devem ser observadas tanto a justiça comutativa quanto a distributiva, representadas, respectivamente, pelos seguintes princípios:

[8] Segundo se extrai de Caliendo (2009, p. 200 e 2001), o mínimo existencial se relaciona:

"[...]à noção de um núcleo essencial de um direito fundamental, ou seja, o conjunto mínimo de significações semânticas e normativas para a afirmação de determinado direito. Esse núcleo de proteção para que se possa asseverar a existência de um direito fundamental, sem o qual tal proteção pode ser considerada como violada.

....

O mínimo existencial funciona como uma cláusula de barreira contra qualquer ação ou omissão estatal ou induzida pelo Estado que impeça a adequada concretização ou efetivação dos direitos fundamentais e de seu conteúdo mínimo. [...]"

Neto e Moraes (2011, p.70). Segundo esse paradoxo, é possível que existam duas ou mais soluções igualmente eficientes, uma em relação a outra(s), que impossibilita a tomada de decisão. O exemplo clássico para demonstração desse paradoxo é encontrado em vários textos de Análise Econômica do Direito (AED), tais como Prado (BITTAR e SOARES (orgs.), 2004, p. 64) e Schmitze Zerbe Jr. (2007), dos quais se extrai a tabela a seguir:

Tabela 1 – O paradoxo de Scitovisky

Pessoa/ Bem	Situação β		Situação γ	
	X	Y	X	Y
A	2	0	1	0
B	0	1	0	2

Fontes: Prado (BITTAR e SOARES (orgs.), 2004, p. 64) e Schmitz e Zerbe Jr. (2007)

No referido exemplo, são apenas duas situações possíveis[9]: β e γ. Na situação β, A tem duas unidades de X e nenhuma de Y, e B tem nenhuma de X, mas uma unidade de Y. Por outro lado, na situação γ, A tem uma unidade de X e nenhuma de Y, ao passo que B tem nenhuma de X, mas duas de Y. Tanto o desejo de A quanto de B é ter uma unidade de X e outra de Y. Nota-se que esta situação não pode ser cumprida dada a escassez de bens. Assim, relativamente à A, a situação preferível é a situação β, pois duas unidades é melhor que uma, ao passo que a situação γ é a preferível para B, pela mesma razão. Consequentemente, existem duas situações igualmente eficientes uma em relação a outra, e o critério de Kaldor-Hicks não permite extrair uma solução eficiente.

Contudo, consoante bem esclarece Schmitz e Zerbe Jr.(2007), a importância do paradoxo supramencionado deve ser minimizada, pois ele só pode ocorrer em situações excepcionais, dado que, em regra, sempre existirá uma única situação melhor. Por outro lado, deve-se registrar que, mesmo nas escolhas exclusivamente técnicas, há uma discricionariedade para a escolha dos indicadores e das metodologias supramencionados, embora o motivo dessa escolha deva ficar claro e transparente, em consonância com os princípios da publicidade e da motivação.

---

[9] Nesse exemplo, não é possível A ter um X e um Y, e B, um Y ou X; assim como B ter um X e Y e A, um X ou Y.

3.5 Críticas relacionadas à análise custo-benefício

Existem também críticas específicas relacionadas à ACB. Primeiramente, para alguns juristas, ela não se aplica aos bens incomensuráveis, tais como a vida humana e a qualidade do ar. Contudo, observa Prado (BITTAR e SOARES (orgs.), 2004, p. 77) que:

> [...] não necessariamente incomensurabilidade implica a impossibilidade de comparação. Nossas escolhas morais estão a todo momento informadas por valores incomensuráveis e tomamos decisões e agimos ainda assim. Portanto, para alguns teóricos, estar lidando com incomensurabilidade não impede que comparemos nem que decidamos em favor de uns em detrimento de outros.

Assim, embora alguns bens sejam incomensuráveis, eles podem ser avaliados pela forma cardinal, conforme atribuições de pontos de uma escala pelos envolvidos (avaliação subjetiva). Todavia, essa forma também sofre críticas severas de vários juristas quanto à possibilidade de comparações interpessoais de utilidade. Por exemplo, considerando um projeto para obtenção de energia (benefícios), cujos prejuízos envolvidos, além dos gastos financeiros, ou a destruição das belezas naturais ou a contaminação do ar, relativamente às opções de construir uma hidrelétrica, uma usina de carvão ou nada construir, a escala de zero a dez para avaliar essas situações para um pescador ribeirinho será muito diferente daquela utilizada por um ambientalista ou por um empresário que deseje utilizar a referida energia num empreendimento. Portanto, não seria possível comparar adequadamente as preferências dos envolvidos.

Contudo, deve-se ponderar que, mesmo sendo muito difícil comparar bens incomensuráveis, se a realização de qualquer ação for muito melhor do que nada fazer, porque os ganhos líquidos dela (benefícios menos os custos) seriam claramente positivos, a escolha de qualquer opção de ação se torna muito interessante. Nesse sentido, Frank (ADLER e POSNER (orgs.), 2000, p. 78) observa que, na vida prática, até os críticos mais ferozes da ACB são obrigados a fazer, diariamente, escolhas que envolvem opções de bens incomensuráveis, e nem por isso deixam fazê-las, pois, logicamente, elas são mais vantajosas que a inércia.

Outra crítica relacionada à ACB, é que ela seria muito complexa e, portanto, exigiria uma capacitação técnica considerável dos analistas (SOUSA, 2011, p. 32). Nota-se que essa complexidade aumenta quanto maior as variáveis utilizadas para análise e as opções a serem escolhidas. Esse fato, que é mais uma característica da ACB do que propriamente uma crítica, não impede que essa metodologia seja bem realizada. Para isso, basta utilizar equipes multidisciplinares com o treinamento adequado.

Em razão dessas críticas supramencionadas à ACB, surgiu a sua versão mais leve (*soft*), que permite análises quantitativas e qualitativas conjuntas, consoante esclarece Jacobs (2006, p. 34). Além disso, a ACB *soft* deve ser analisada juntamente com as demais metodologias de cálculo de eficiência que se fizerem necessárias (de forma integrada), mais especialmente a ACE.

3.6 A defesa da utilização do critério econômico de Kaldor-Hicks e da Análise Custo-Benefício pelo direito

Para a maioria dos juseconomistas contemporâneos, o conceito econômico de eficiência de Kaldor-Hicks é o mais adequado para ser usado pelo Direito, tendo em vista que essa ciência é composta, consoante esclarece Gico Júnior (2009, p. 18) por um "conjunto de regras que estabelecem custos e benefícios para os agentes que pautam seus comportamentos em função de tais incentivos". Nesse diapasão, David (2010, p. 105) esclarece que:

> [...] a lógica do custo-benefício não pode ser vista de forma a apenas maximizar o bem-estar sem tutelar o mínimo existencial, de modo a ser exigência constitucional a proibição do excesso, de inoperância, bem como a tutela da dignidade humana enquanto valor-fonte a impedir a utilização de qualquer ser humano como meio e não como fim de toda ação do Estado e de outros homens. Dessa forma, afasta-se a visão utilitarista e afirma-se um Direito 'promocional' comprometido com o bem de todos e com a proteção do mínimo existencial.

Assim, é possível utilizar um critério econômico de eficiência de Kaldor-Hicks para trazer conteúdo ao princípio homônimo, pois se pode afastá-lo quando ele tiver menos valor para um caso concreto, garantindo-se, assim, uma resposta adequada para escolhas trágicas e a preservação do mínimo existencial.

Quanto à metodologia a ser utilizada para elaboração das normas jurídicas, no geral, a ACB continua sendo a mais indicada, contudo na sua versão mais *soft*, que permite análises quantitativas e qualitativas. Além disso, o ideal é que ela seja realizada de forma conjunta com uma ou mais metodologias distintas.

Por fim, é importante registrar que, conforme a definição do indicador a ser utilizado, o critério econômico de Kaldor-Hicks pode avaliar não só a

PODER JUDICIÁRIO

eficiência, mas também a economicidade, quando o indicador for monetário, ou a eficácia (ou eficiência *lato sensu*), quando o indicador for um objetivo da norma analisada.

4. Princípio da proporcionalidade

4.1. Conceito

Consoante doutrina balizada, o princípio da proporcionalidade se encontra implícito na Constituição Federal, no contexto dos dispositivos que tratam de direitos fundamentais e de seus mecanismos de proteção. Nesse sentido, Bonavides (2007, p. 395) esclarece que esse princípio serve para "[...] atualização e efetivação da liberdade aos direitos fundamentais". Sarlet (SALERT, MARINONI e MITIDIERO: 2013, p. 352) dispõe que esse princípio possui duas funções precípuas de controle: o da legitimidade constitucional das medidas restritivas de âmbito de proteção de direitos fundamentais e o da omissão ou da atuação insuficiente do Estado no cumprimento dos seus deveres de proteção. Assim, ele é um instrumento de controle de atos dos Poderes Públicos, tanto comissivos quanto omissivos, oriundos de qualquer uma das funções do Estado (executiva, legislativa e judiciária). Além disso, eventualmente, é possível aplicá-lo para o controle dos atos de sujeitos privados.

Mendes, Coelho e Branco (2008, p. 323) dispõem que a doutrina constitucionalista vacila em apontar o fundamento para o princípio da proporcionalidade, utilizando uma ou mais das três possibilidades: os direitos fundamentais, o Estado de Direito e o direito suprapositivo. Todavia, baseados nas lições de Schlink, observam esses juristas (2008, p. 323), que "[...] não raras vezes, a aplicação do princípio da proporcionalidade decorre de uma compreensão ampla e geral da ordem jurídica como um todo".

Existem divergências doutrinárias sobre a relação do supramencionado princípio (de origem germânica) com o da razoabilidade (de origem norte-americana), que se resumem a quatro posições distintas a seguir: a fungibilidade dos dois princípios, conforme entende Barroso (2006, p. 155); a distinção completa dos dois princípios, tal como entende Virgílio A. da Silva (2002, p. 29); o primeiro engloba o segundo, consoante entende Frota (2009, p. 23); e a razoabilidade engloba a proporcionalidade, conforme dispõe Di Pietro (2014, p. 81). Contudo, para efeitos da comparação entre os princípios da proporcionalidade e o da eficiência, essa divergência não tem relevância alguma, pois o conceito base daquele princípio a ser utilizado para comparação neste trabalho é o oriundo da doutrina alemã, portanto, a comparação a ser feita independe da relação entre o princípio da proporcionalidade e o da razoabilidade.

4.2. Subprincípios constitutivos

Conforme expressa a doutrina e a jurisprudência amplamente majoritária, o princípio da proporcionalidade se divide em três subprincípios que devem ser necessariamente observados: a adequação, a necessidade e a proporcionalidade em sentido estrito.

Pelo subprincípio da adequação, deve-se verificar se a medida a ser tomada é plausível para atingir o objetivo pretendido, ou seja, se os meios se adequam aos fins pretendidos (pretensamente eficazes). Nas lições de Sarlet (SALERT, MARINONI e MITIDIERO: 2015, p. 352), faz-se um controle de viabilidade da medida (idoneidade técnica). Complementa Frota (2009, p. 22) que a adequação "[...] almeja evitar que o ato estatal peque pela deficiência, carência ou insuficiência (medida estatal aquém de sua missão legal) [....]".

Quanto ao subprincípio da necessidade ou da exigibilidade, deve-se optar pelo meio menos restritivo ou gravoso para o direito objeto de restrição, ou seja, deve-se optar pelo meio de melhor benefício líquido, considerando, nessa análise, todos particulares afetados (direta e indiretamente). Nesse sentido, Duerig (*apud.* BONAVIDES: 2007, p. 397) observa que "[...] de todas as medidas que igualmente servem à obtenção de um fim, cumpre eleger aquela menos nociva aos interesses do cidadão, podendo assim o princípio da necessidade (*Enforderlichkeit*) ser também chamado da escolha do meio mais suave [...]". Para isso, devem ser realizadas duas etapas de análise, conforme esclarece Sarlet, (SARLET, MARINONI e MITIDIERO: 2015, p. 352 e 353), baseado nas lições de H. Ávila, quais sejam:

> [...] o exame da igualdade de adequação dos meios (a fim de verificar se os meios alternativos promovem igualmente o fim), e, em segundo lugar, o exame do meio menos restritivo (com vista a verificar se os meios alternativos restringem em menor medida os direitos fundamentais afetados).

Assim, no âmbito do Direito Administrativo, para aplicação do subprincípio da necessidade, Frota (2009, p. 150) expõe que o administrador público deve "[...] selecionar, dentre os atos administrativos adequados, o de menor ofensividade em relação tanto ao particular diretamente afetado, quanto aos demais integrantes do corpo social indiretamente prejudicados". Nota-se que, nessa análise, os fatores a serem levados em consideração podem ser exclusivamente jurídicos (dignidade da pessoa humana, por exemplo) ou não (custos, rendimento, qualidade).

Para observância do subprincípio da proporcionalidade em sentido estrito (ou da justa medida), devem ser ponderados os interesses, normas e valores que estão em jogo. Para isso, devem ser sopesados os demais direitos aplicáveis a um caso concreto analisado, fazendo-se uma análise global. Nessa linha, com base nas lições de Callies, Sarlet (SALERT, MARINONI e MITIDIERO 2015, p. 355 e 356) dispõe que se deve levar em conta "[...] os níveis de intervenção em direitos de terceiro ou em outros interesses coletivos (sociais), demonstrando a necessidade de se estabelecer uma espécie de "concordância prática multipolar"". Nesse diapasão, Barros (1996, p. 81) traz um exemplo esclarecedor:

> Imagine-se a situação em que M1 e M2 são meios igualmente adequados para a realização de um fim F, reclamado pelo direito D1. M2 afeta a realização de D2 menos que M1, mas, em contrapartida, M1 é menos restritivo a D3 que M2. Nesse caso, a máxima da necessidade não permite decisão alguma entre as três hipóteses que surgem: a) eleger M1, realizar D1 e, com isto, estabelecer preferência de D3 frente a D2; b) eleger M2, realizar D1, dando-se prevalência a D2 em relação a D3, ou c) não eleger nem M1 e nem M2, elegendo preferência de D2 conjuntamente com D3 frente a D1. Qualquer que seja a escolha, esta será dada pela justificativa da precedência de um direito sobre o outro, exigida pela máxima da proporcionalidade em sentido estrito.

Nota-se que existe uma ordem de precedência dos referidos subprincípios. A verificação da observância do princípio da necessidade somente se faz necessária se a medida desejada observar o subprincípio da adequação. Do mesmo modo, a verificação do cumprimento do subprincípio da proporcionalidade em sentido estrito só se faz necessária se os subprincípios anteriores forem observados. Caso a medida a ser analisada não observe um ou mais dos subprincípios na ordem em comento, ela será considerada desproporcional. Finalmente, em decorrência dessa ordem de precedência, observa-se que, caso uma medida eleita pelo subprincípio da necessidade seja rejeitada pela análise do subprincípio da proporcionalidade em sentido estrito, deve-se realizar esta análise para a segunda medida menos restritiva de direitos indicada pelo subprincípio da necessidade e, assim, sucessivamente, até se obter uma medida em consonância com o subprincípio da proporcionalidade em sentido estrito.

4.3. A aplicação do princípio da proporcionalidade no Direito Administrativo

No âmbito do Direito Administrativo, conforme ensina Carvalho Filho (2014, p. 43), "[...] o fim que esse princípio se destina é exatamente o de conter atos, decisões e condutas de agentes públicos que ultrapassem os limites adequados, com vistas ao objetivo colimado pela Administração, ou até mesmo pelos Poderes representativos do Estado". Portanto, o princípio da proporcionalidade tem especial aplicação nos atos discricionários, devendo sua análise constar da necessária motivação desses atos[10], a fim de evitar que eles se tornem arbitrários[11], principalmente se afetar direitos ou interesses individuais, ou houver a possibilidade de afetá-los. Nesse diapasão, Justen Filho (2012, p. 72) complementa que o princípio da proporcionalidade ganha relevância porque:

> [...] o ordenamento jurídico não admite que o exercício do poder decisório seja incompatível com o atingimento, de modo mais racional, da finalidade protegida. A autonomia assegurada pela competência discricionária é um meio para garantir a produção mais satisfatória de um resultado prestigiado pelo ordenamento.

Além disso, a ponderação de princípios confrontantes, presente na análise do subprincípio da proporcionalidade em sentido estrito, também possibilita a ampliação da atuação administrativa, ao afastar, num dado caso concreto,

---

[10] Segundo esclarece Di Pietro (2014, p. 82):
"O princípio da motivação exige que a Administração Pública indique os fundamentos de fato e de direito de suas decisões. Ele está consagrado pela doutrina e pela jurisprudência, não havendo mais espaço para as velhas doutrinas que discutiam se a sua obrigatoriedade alcançava só os atos vinculados ou só os atos discricionários, ou se estava presente em ambas as categorias. A sua obrigatoriedade se justifica em qualquer tipo de ato, porque se trata de formalidade necessária para permitir o controle de legalidade dos atos administrativos".

[11] Segundo doutrina de Higelmo (*apud*. SADDY, 2014, p.257), o ato arbitrário pode ser categorizado em ato abusivo, insensato e antissistêmico. Saddy (2014, p. 257) esclarece sucessivamente esses atos: "[...] o contrário às normas da lógica formal e, no campo jurídico, também, à lógica deôntica (absurdo); o contrário à existência da razão segundo sentido comum de um homem médio e honesto (insensato); e o que viola as exigências íntimas de cada um dos sistemas em que está estruturada a realidade, o que pretende penetrar nos sistemas a contragosto, dessa maneira, não se situando em linha com sua estrutura subjacente (antissistêmico)".

o princípio da legalidade em algumas situações extraordinárias, mantendo outro(s) princípio(s) confrontante(s).

Segundo Bandeira de Mello (2012, p. 113), o exercício das competências administrativas só estará em consonância com o princípio da proporcionalidade, se ele observar a intensidade e a extensão exigidas pelo interesse público. Relativamente à intensidade, haverá uma conduta desproporcional quando a força da reação administrativa for incompatível com o baixo grau de lesividade do comportamento a ser censurado. Quanto à extensão, a violação à proporcionalidade pode ocorrer tanto no que diz respeito à extensão pessoal (de quem é atingido pela medida), quanto da extensão geográfica da providência administrativa adotada.

Deve-se registrar que, na esfera federal, o princípio em epígrafe se encontra implicitamente disposto na Lei nº 9.784, de 1999, especificamente no inciso VI do parágrafo único, do art. 2º e no § 2º do art. 29. O primeiro dispositivo[12] trata do subprincípio da adequação, ao estabelecer a obrigação de a Administração Pública adequar os fins aos meios, vedando qualquer imposição de obrigações, de restrição ou de sanção desproporcionais ao necessário cumprimento do interesse público. O segundo dispositivo[13] positiva o subprincípio da necessidade, ao estabelecer que os atos da Administração Pública que exigirem uma obrigação de particulares interessados devem ser realizados de modo a onerar estes o menos possível.

4.4. O princípio da proporcionalidade como instrumento de controle dos atos administrativos discricionários

Nos termos do inc. XXXV do art. 5º, da CF, lesão ou ameaça a direito não poderá ser excluída, por lei, da apreciação do judiciário. Portanto, qualquer que seja o ato que pretensamente afronte algum direito pode ser objeto de análise do judiciário, ainda que seja realizado pela Administração Pública e que exista uma lei afastando, de forma expressa, essa apreciação[14]. Em razão disso, dado que os poderes são independentes e harmônicos entre si (art. 2º

---

[12] O inciso VI do parágrafo único, do art. 2º, da Lei nº 9.784/99 dispõe o seguinte: "nos processos administrativos serão observados, entre outros, os critérios de: [...] VI – adequação entre os meios e os fins, vedada a imposição de obrigações, restrições e sanções em medida superior àquelas estritamente necessárias ao atendimento do interesse público [...]"

[13] Cuja redação assim expressa: "[...] Os atos de instrução que exijam a atuação dos interessados devem realizar-se do modo menos oneroso para estes".

[14] Portanto, essa lei seria notoriamente inconstitucional.

da CF), pergunta-se: qual é o limite para a intervenção do Poder Judiciário e dos tribunais de contas na atuação discricionária da Administração Pública?

A doutrina administrativa mais tradicional entendia que, dentro das possibilidades existentes para realizar atos administrativos discricionários, a liberdade administrativa era total. Contudo, observa Bandeira de Mello (2012, p. 979) que a amplitude da discricionariedade expressa na norma não é necessariamente igual à existente nos casos concretos, o que significa dizer que é possível que exista uma única solução para um caso específico. Além disso, há casos em que a racionalidade limitada do ser humano permitir enxergar, apenas, uma zona cinzenta de duas ou mais atuações. Assim, somente nesses casos, é possível assumir a pretensa liberdade discricionária de atuação, pois a melhor solução seria relativa, dependeria da análise subjetiva do administrador.

Posteriormente, com a entrada em vigor da Constituição de 1988, que valorizou o Estado de Direito, a liberdade total para atuação discricionária foi sendo paulatinamente substituída pela possibilidade de controlá-la por meio de princípios constitucionais, com vista a afastar opções antijurídicas[15]. Dentre os princípios a serem utilizados, além do princípio da eficiência, ganha também destaque o princípio da proporcionalidade[16], pelo fato dele exigir que: os meios atinjam os fins (adequação), a opção seja a mais suave e haja a ponderação entre os direitos envolvidos no caso concreto. Portanto, a margem de discricionariedade tornou-se estreita, visto que qualquer ato administrativo deve se pautar nos limites da proporcionalidade, além dos critérios, entre outros, de boa-fé, justiça e juízo de igualdade.

---

[15] Nesse diapasão, Bandeira de Mello (2012, p. 994) dispõe que:
"Assim como ao Judiciário compete fulminar todo o comportamento ilegítimo da Administração que apareça como frontal violação da ordem jurídica, compete-lhe, igualmente, fulminar qualquer comportamento administrativo que, a pretexto de exercer apreciação ou decisão discricionária, ultrapassar as fronteiras dela, isto é, desbordar dois limites de liberdade que lhe assistam, violando, por tal modo, os ditames normativos que assinalam os confins da liberdade discricionária".

[16] Nesse sentido, Carvalho Filho (2014, p. 43) dispõe que:
"O grande fundamento do princípio da proporcionalidade é o excesso de poder, e o fim a que se destina é exatamente o de conter atos, decisões e condutas de agentes públicos que ultrapassam os limites adequados, com vistas ao objetivo colimado pela Administração, ou até mesmo pelos Poderes representativos do Estado. Significa que o Poder Público, quando intervém nas atividades sob seu controle, deve atuar porque a situação reclama realmente a intervenção, e esta deve processar-se com equilíbrio, sem excessos e proporcionalmente ao fim a ser atingindo".

PODER JUDICIÁRIO

Contudo, alguns juristas e filósofos, pátrios e estrangeiros[17], entendem que o princípio em tela cria um déficit de segurança jurídica, oriundo da excessiva subjetividade que ele permite incorporar às decisões que o utilizam como instrumento. Nesse sentido, Stcrek (2010, p. 48) dispõe que "[...] a maior parte das sentenças e acórdãos acaba utilizando tais argumentos como um instrumento para o exercício da mais ampla discricionariedade (para dizer o menos) e o livre cometimento de ativismo". Corroborando essa afirmação, Virgílio A. da Silva (2002, p. 31) observa que o princípio em tela é, muitas vezes, aplicado de forma retórica e sem a estruturação tridimensional que lhe é peculiar.

Ao analisar o princípio em comento no âmbito do controle da constitucionalidade, Barros (1996, p. 208) opina que o déficit de previsibilidade pode ser compensado pela possibilidade dessas decisões tornarem-se mais justas. Também é certo que os precedentes dos tribunais podem servir de base para o controle dessa discricionariedade. Contudo, esses fatos, por si sós, não resolvem o problema, apenas o minoram.

Assim, uma das formas de melhorar a qualidade das supramencionadas decisões judiciais é reduzir o subjetivismo na aplicação do princípio da proporcionalidade. Uma solução possível seria utilizar uma ou mais metodologias para realizar análise do princípio da proporcionalidade, consoante será demonstrado nos dois subitens seguintes.

4.5. A "fórmula do peso" de Robert Alexy para o subprincípio da proporcionalidade em sentido estrito

Para rebater as críticas supramencionadas, mais especialmente quanto à aplicação do subprincípio da proporcionalidade em sentido estrito, Alexy (2015, p. 603 a 622) formulou a "teoria do peso". Essa teoria é, nada mais, nada menos, que explicação da ponderação em termos matemáticos, com vistas a torná-la mais objetiva. Para um conflito entre dois princípios, ela pode ser disposta da seguinte forma, utilizando as notações simplificadas de Guerra (2007, p.31):

---

[17] Dechsling, Pieroth e Schlink (*apud.* SILVA, 2012, p.89) criticam a excessiva subjetividade do exame da proporcionalidade em sentido estrito. Também nesse sentido, Habermas (*apud.* CARVALHO, 2013, p. 30) entende que não existem critérios racionais para ponderar, consequentemente, a subjetividade do juiz se faz presente.

A RELAÇÃO ENTRE O PRINCÍPIO DA EFICIÊNCIA...

$$G\,i,\,j\ =\ Ii \times Wi \times Ri/\ Ij \times Wj \times Rj \qquad\qquad [1]$$

Onde:

$Gi,\,j$ = Relação entre dois princípios (peso concreto);

Ii = Grau de interferência que a conduta (voltada a realizar o princípio Pj) causa em Pi;

Ij = Grau de interferência que a omissão da conduta (voltada a realizar o princípio Pi) causa em Pj;

Wi = O peso abstrato do princípio Pi;

Wj = O peso abstrato do princípio Pj;

Ri = Evidências empíricas relacionadas à interferência que a conduta (voltada a realizar Pj) causa em Pi;

Rj = Evidências empíricas relacionadas à interferência que a omissão da conduta (voltada a realizar Pi) causa em Pj.

Na formulação original, Alexy (2015, p. 605 e 606) estabeleceu duas escalas de pesos para os princípios a serem ponderados[18]: uma escala para duas variáveis e outra escala para uma variável. Contudo, neste trabalho, ao seguirmos a notação simplificada de Guerra (2007, p. 35), somente é necessária uma escala de pesos com as seguintes grandezas: leve (1), moderado (2) e sério (4). Assim, se o resultado da fórmula apontar para um resultado superior a um, o princípio analisado na parte superior da fórmula deve preponderar, se for menor que um, o princípio da parte de baixo da equação, preponderaria. Se for igual a um, então não existe uma solução definida.

De qualquer forma, a escolha dessas grandezas é também subjetiva para o aplicador do princípio da proporcionalidade. Sendo assim, as críticas realizadas por parte da doutrina continuariam fazendo sentido. Por outro lado, existem alguns limites à subjetividade do operador do direito para realizar a supramencionada ponderação, a seguir expostos: a necessidade de observar as regras de argumentação jurídica[19] e as regras positivadas (cons-

---

[18] Além de usar a classificação de leve (1), moderado (2) e sério (4), para as variáveis I e W, Alexy (2015, p. 619), que utiliza a variável S, que significa a segurança nas suposições empíricas que dizem respeito àquilo que as medidas em exame significam para a não realização de Pi e para realização de Pj no caso concreto, estabelece outra classificação de pesos para esta variável: certo ou garantido (1), sustentável (2) e não evidentemente falso (4).

[19] Quanto à argumentação jurídica, Alexy (2105, p. 573) esclarece:
"O discurso de direitos fundamentais é um procedimento argumentativo que se ocupa com o atingimento de resultados constitucionalmente corretos a partir da base aqui apresentada. Como a argumentação no âmbito dos direitos fundamentais é determinada apenas de forma incompleta por

PODER JUDICIÁRIO

tituições, tratados, leis, regulamentos) e os núcleos essenciais dos direitos confrontados[20]/[21].

Cabe registrar, sem aprofundar no mérito da discussão, pois fugiria ao escopo deste trabalho, que não existe um instrumento melhor que a ponderação para resolução de conflitos entre direitos fundamentais. A prova disso é que ele é amplamente utilizado na práxis jurídica. Nesse sentido, complementa Guerra (2007, p. 27):

> A verdade, contudo, é que ninguém, muito menos os opositores de Alexy, ofereceram uma alternativa melhor, sendo mesmo possível considerar que os diversos modelos de racionalidade jurídica, em particular, o de racionalidade prática, em geral, que pretendem ser dotados de um alto grau de objetividade, não passam de ilusões obtidas ao custo de uma excessiva e inaceitável simplificação da complexidade da realidade prática e/ou normativa.

5. A relação entre o princípio da proporcionalidade e o da eficiência

Qual é a relação entre o princípio da eficiência e o princípio da proporcionalidade? Segundo dispõe Batista Júnior (2012, p. 323), ambos os princípios sopesam vários interesses envolvidos, com vistas ao atendimento das necessidades sociais, observando também as garantais de liberdade individual e de

sua base, a argumentação prática geral torna-se um elemento necessário do discurso nesse âmbito. Isso significa que o discurso jurídico em geral, compartilha da insegurança quanto aos resultados, característica do discurso prático geral. Por isso, a abertura do sistema jurídico, provocada pelos direitos fundamentais, é inevitável. Mas ela é uma abertura qualificada. Ela diz respeito não a uma abertura no sentido de arbitrariedade ou de mero decisionismo. A base aqui apresentada fornece à argumentação no âmbito dos direitos fundamentais uma certa estabilidade e, por meio de regras e formas de argumentação prática geral e da argumentação jurídica, a argumentação no âmbito dos direitos fundamentais que ocorre sobre essa base é racionalmente estruturada".

[20] Nessa linha, Mendes, Coelho e Branco (2008, p. 319) esclarecem: "Embora o texto constitucional brasileiro não tenha consagrado expressamente a ideia de um núcleo essencial, afigura-se inequívoco que tal princípio decorre do próprio modelo garantístico utilizado pelo constituinte".

[21] O ministro Celso de Mello, no caso *Ellwanger* (STF, Pleno, HC n° 82.424/RS, Rel. Min. Maurício Correa, DJ. 19.03.2004), em seu voto, dispôs o seguinte:

"Entendo que a superação dos antagonismos existentes entre princípios constitucionais há de resultar da utilização pelo STF, de critérios que lhe permitam ponderar e avaliar, *hic et nunc*, em função de determinado contexto e sob perspectiva axiológica concreta, qual deva ser o direito a preponderar no caso, considerada a situação de conflito ocorrente, desde que, no entanto, a utilização do método de ponderação de bens e interesses não importe em esvaziamento do conteúdo essencial dos direitos fundamentais, tal como adverte o magistério da doutrina".

segurança. Complementando isso, é possível também afirmar, com base no disposto neste trabalho, que a aplicação do princípio da proporcionalidade aos casos concretos assemelha-se muito a uma análise de eficiência.

Primeiramente, ao se utilizar o subprincípio da adequação, analisa-se a eficácia provável de uma norma ou do ato administrativo, pois se verifica se essa norma ou ato é idôneo para atingir objetivo desejado.

Segundo, ao se utilizar o subprincípio da necessidade, com vistas a eleger medida menos gravosa dentre as possíveis, busca-se a solução mais eficiente. Nesse diapasão, ao analisar esse subprincípio com base nas lições de Callies, Salert (SALERT, MARINONI e MITIDIERO: 2014, p. 355) dispõe que deve ser feita a seguinte indagação: "[...] existem meios de proteção mais eficientes, mas pelo menos não tão pouco interventivos em bens de terceiros?" Dentre os critérios econômicos possíveis para avaliar a eficiência na análise da necessidade[22], pode-se utilizar o de Kaldor-Hicks, que indica a medida, dentre as adequadas, com maior benefício líquido. Nesse sentido, para resolver o problema de excesso de subjetividade na aplicação do princípio da proporcionalidade, os juristas alemães Dechsling, Pireoth e Schlink também propõem solução semelhante (*apud*. LIMA, 2012, p. 89).

Contudo, nota-se que não existe uma metodologia consagrada para essa análise no âmbito da proporcionalidade. Na França, por exemplo, consoante noticia Macieirinha (2013, p.14)[23], a doutrina e a jurisprudência administrativa utilizam um balanço de custo benefício (*bilan cout-avantages*), que é assemelhado à ACB, embora seja aplicado de forma empírica, sem uma técnica definida, num único estágio e sem a divisão em três subprincípios. Em razão disso, sugere-se utilizar as metodologias específicas de eficiência (ACB, ACE, AMC), como base para avaliação do subprincípio da necessidade.

Finalmente, terceiro, na aplicação do princípio da proporcionalidade em sentido estrito, realiza-se uma ponderação entre os direitos aplicáveis ao caso concreto, ou seja, faz-se também uma análise custo-benefício entre os direitos confrontados, escolhendo a situação de maior benefício líquido, conforme

---

[22] Julian Rivers (*apud*. LIMA, 2012, p. 83) entende que a análise do subprincípio da necessidade nada mais é do que a aplicação do critério econômico de eficiência de Pareto.

[23] Na França, segundo nos revela Macieirinha (2013, p .46 e 47), em alguns casos concretos, a aplicação do *bilan cout-avantages* parece se relacionar à análise do subprincípio da necessidade (eficiência das escolhas administrativas); noutros, à aplicação do subprincípio da proporcionalidade em sentido estrito. Nos primeiros casos, muitas vezes, segundo expõe o autor, o juiz invade a discricionariedade administrativa.

demonstrado pela fórmula disposta no subitem anterior. Neste sentido, Otero (2013, p. 371) esclarece que:

> A proporcionalidade traduz também a exigência de equilíbrio entre as diversas prestações ou posições envolvidas, numa perspectiva comparativa e ponderativa entre os prós e contras da decisão, fazendo **uma avaliação ou balanço custo-benefício**, expressão da justa medida do sopesamento dos diferentes interesses em conflito, impedindo soluções de desequilíbrio, intoleráveis ou desproporcionais (em sentido estrito) entre os inconvenientes e as vantagens. (grifo nosso)

Observa-se, portanto, na aplicação do último subprincípio, que há a realização de uma análise custo-benefício baseada exclusivamente em normas jurídicas, diferentemente do segundo subprincípio, que avalia elementos técnicos da medida realizada (ou em vias de ser), quer sejam jurídicos ou não.

Do exposto, consoante se pode ver, a relação entre os princípios da eficiência e da proporcionalidade é muito estreita, especialmente quando da aplicação do subprincípio da necessidade. Assim, considerando que a aplicação adequada das metodologias para análise do critério de eficiência de Kaldor-Hicks para definição de projetos mais complexos (de contratações, de leis) exige uma equipe multidisciplinar (engenheiros, contadores, administradores, economistas, advogados), chegam-se as seguintes constatações:

a) em consonância com o princípio da eficiência, a análise supramencionada deveria ser, sempre que possível[24], a regra para projetos mais complexos e que envolvam uma quantidade considerável de recursos (da qual se destaca a metodologia ACB);

b) quando da avaliação da proporcionalidade em sentido estrito, os operadores do direito deveriam utilizar o resultado da análise da alínea antecedente como base;

c) os operadores do direito são, logicamente, os agentes mais adequados para realizar a avaliação da proporcionalidade em sentido estrito, pois esse subprincípio exige uma ACB que envolva princípios jurídicos confrontantes;

d) caso o resultado apontado pela análise do último subprincípio conclua pela desproporcionalidade da medida indicada pela aplicação do

---

[24] Tendo em vista a falta de estrutura e de mão de obra qualificada, pequenos municípios não estariam, logicamente, aptos a realizar essas metodologias.

subprincípio da necessidade, deve-se realizar a análise da proporcionalidade em sentido estrito para a segunda melhor opção, e assim, sucessivamente, até se encontrar a melhor medida em conformidade com o princípio da proporcionalidade. Consequentemente, é possível também mudar a opção apontada pelo princípio da eficiência, com base na análise do princípio da proporcionalidade em sentido estrito.

6. A utilização do critério de kaldor-hicks resulta no fim da subjetividade na aplicação do princípio da proporcionalidade?

A utilização das metodologias relacionadas ao critério econômico de eficiência de Kaldor-Hicks para a análise do subprincípio da necessidade elimina a subjetividade que se faz presente na análise para aplicação do princípio da proporcionalidade pelo Judiciário? Para Virgílio A. da Silva (2009, p. 177), a resposta é negativa, pois continuaria existindo discricionariedade tanto na análise dos subprincípios da adequação quanto da necessidade, e a análise da necessidade não minimizaria os riscos de subjetividade na ponderação realizada no exame da proporcionalidade em sentido estrito.

Data venia, ousa-se a discordar da posição supramencionada quanto às consequências para os dois primeiros subprincípios, pelas duas razões a seguir. Primeiramente, a análise da adequação é, por si só, objetiva, pois deve ser verificado se um objetivo (ou finalidade) é atingido(a) ou não com a medida a ser tomada. Por fim, a utilização das metodologias do critério econômico de eficiência de Kaldor–Hicks na análise do subprincípio da necessidade, embora não elimine a subjetividade, pode reduzi-la substancialmente.

Quanto à análise da proporcionalidade em sentido estrito, registra-se que a utilização do critério econômico de Kaldor-Hicks na análise da necessidade, por ser precedente, é apta a afastar a escolha de uma medida para análise da ponderação que daria um resultado indesejado. Contudo, não afasta a subjetividade que é inerente à aplicação do balanço custo-benefício neste subprincípio. Por outro lado, é relevante desvelar que a AED aponta uma atitude apta a reduzir essa subjetividade, além dos limites já citados: a análise deve considerar todos os princípios passíveis de influenciar o resultado final e todas as consequências do ato administrativo analisado e da intervenção judicial nesse ato, inclusive as econômicas.

Destaca-se que, no âmbito administrativo, essas consequências a serem consideradas podem atingir tanto o patrimônio material (recursos monetários,

PODER JUDICIÁRIO

terras, imóveis), quanto o imaterial (cultura, meio ambiente) da Administração Pública.

7. Considerações finais

Do exposto, fica demonstrado o quão é relevante observar o princípio da eficiência no âmbito administrativo, pois, negligenciá-lo, significa também não observar o princípio da proporcionalidade, mais especialmente o subprincípio da necessidade. Consequentemente, a posição doutrinária que considera que o princípio da eficiência possui uma posição secundária, relativamente aos demais princípios constitucionais da Administração Pública, se desvela, com mais forte razão, sem sentido.

Também fica claro que exigir do Executivo a realização das metodologias utilizadas pelo critério econômico de Kaldor-Hicks (ACB, ACE, AP) para análise da necessidade de implantação de projetos mais complexos e de alteração de normativos é de suma importância para evitar intervenções equivocadas do Poder Judiciário no âmbito da atuação daquele poder, ao permitir uma análise mais adequada dos princípios da eficiência e da proporcionalidade. Consequentemente, aumentar-se-ia a eficiência na atuação dos Poderes Executivo e Judiciário.

Para evitar as supramencionadas intervenções equivocadas, emergem duas consequências importantes da utilização obrigatória de metodologias de Kaldor-Hicks para análise dos supramencionados princípios. Primeiramente, as procuradorias devem ter uma posição de destaque na aplicação dos subprincípios da necessidade e da proporcionalidade em sentido estrito. Para isso, elas deveriam participar, quando necessário, da equipe multidisciplinar para a análise da necessidade, e realizar a análise da proporcionalidade em sentido estrito. Caso uma procuradoria rejeite uma medida escolhida pela aplicação do subprincípio antecedente, ela pode indicar, dentre as medidas adequadas, a medida seguinte na ordem de precedência oriunda da análise da necessidade. Por fim, os membros do Ministério Público e do Poder Judiciário só poderiam não aceitar a aplicação dessas metodologias elaboradas pela Administração Pública caso houvesse um erro patente nessa aplicação.

Finalmente, registra-se que a análise do subprincípio da necessidade em projetos mais complexos deve ser fiscalizada por auditorias internas e externas ao órgão ou à entidade titular desses projetos. No âmbito dessas fiscalizações, essa análise seria objeto tanto de prestações de contas anuais, quanto de auditorias operacionais (que possuem enfoque nos resultados).

8. Referências

ADLER, Matthew D. e POSNER, Eric A. (orgs.). **Cost-Benefit Analysis.Legal, Economic and Philosophical Perspectives.** Chicago: University Chicago Press, 2000.

ALEXY, Robert. **Teoria dos Direitos Fundamentais.** Tradução de Virgílio A. da Silva. 2ª edição. São Paulo: Malheiros, 2015.

ALMEIDA, Marta T. de. **A contribuição da Legística para uma política de legislação: concepções, métodos e técnicas.** Disponível em: http://sociologiajuridica.files.wordpress. com/2011/10/leitura-complementar-04-fev_marta_tavares.pdf. Acesso em 20.06. 2014.

BARROS, Suzana de T. **O Princípio da Proporcionalidade e o Controle de Constitucionalidade das Leis Restritivas de Direitos Fundamentais.** Brasília: Brasília Jurídica, 1996.

BARROSO, Luís R. Constituição, Ordem Econômica e Agências Reguladoras. **Revista Eletrônica do Direito Administrativo Econômico.** Salvador, Instituto de Direito Público da Bahia, nº1, fevereiro de 2005. Disponível em: http://www.direitodoestado.com/ revista/REDAE-1-FEVEREIRO-2005-ROBERTO-BARROSO.pdf. Acesso em: 12.3.2014.

BATISTA JÚNIOR, Onofre A. **Princípio Constitucional da Eficiência Administrativa.** 2ª ed. Belo Horizonte: Fórum, 2012.

BINENBOJN, Gustavo. As Agências Reguladoras Independentes e Democracia no Brasil. **Revista Eletrônica de Direito Administrativo Econômico.** Salvador, Instituto de Direito Público da Bahia, nº 3, agos-set-out, 2005. Disponível em: http:\\www.direitodo estado.com.br. Acesso em 10.4.2014.

BITTAR, Eduardo C. B. e SOARES, Fabiana de M. (orgs). **Temas de Filosofia de Direito.** São Paulo: Manole, 2004.

BONAVIDES, Paulo. **Curso de Direito Constitucional.** 21ª ed. São Paulo: Malheiros, 2007.

CARVALHO, Juliana B. C. de. Sobre os limites da Argumentação Judicial: Ativismo Judicial, Jürgen Habermas e Chantal Mouffe. **Revista do Direito Público.** Londrina, V.8, nº 1, jan/abr.2013, p. 9-52.

CARVALHO, Raquel M. U. de. **Curso de Direito Administrativo. Parte Geral, Intervenção do Estado e Estrutura da Administração.** 2ª ed. Salvador: Podivm, 2009.

CARVALHO FILHO, José dos S. **Manual de Direito Administrativo.** 27ª ed. São Paulo: Atlas, 2014.

CAVALCANTI, Marly e PLANTULLO, Vicente L. **A Análise e Elaboração de Projetos de Investimento de Capital sob uma Nova Ótica.** Curitiba: Juruá, 2008.

COPETI NETO, Alfredo e MORAIS, José L. B. de. O segundo Movimento Law And Economics, a Eficiência e o Consenso do Modelo Neoclássico Ordenalista Subjetivista a partir de Richard Posner: Ruptura ou (Re)aproximação ao (Estado de) Direito Contemporâneo. **Constituição, Economia e Desenvolvimento. Revista Acadêmica de Direito Constitucional.** Curitiba, 2011, n. 4, jan-jun, p. 56-76.

DAVID, Thiago B. de. **Eficiência, Economicidade e Direitos Fundamentais: Um diálogo Necessário e Possível**. Disponível em: http://www.amprs.org.br/arquivos/revista_artigo/arquivo_1303929957.pdf.   Acesso em: 26.03.2014.

DI PIETRO, Maria S. Z. **Direito Administrativo**. 27ª ed. São Paulo: Atlas, 2014.

FREITAS, Juarez. **O Controle dos Atos Administrativos e os Princípios Fundamentais**. 5ªed. São Paulo: Malheiros, 2013.

FROTA, Hidemberg A. da. **O Princípio Tridimensional da Proporcionalidade no Direito Administrativo. Um estudo à luz da Princípio do Direito e Administrativo, bem como da jurisprudência brasileira e estrangeira**. Rio de Janeiro: GZ, 2009.

FURTADO, Lucas R. **Curso de Direito Administrativo**. Belo Horizonte: Fórum, 2007.

GABARDO, Emerson. **Princípio Constitucional da Eficiência Administrativa**. São Paulo: Dialética, 2002.

GICO JÚNIOR, Ivo. T. **Notas sobre Análise Econômica do Direito e Espitemologia do Direito. Conselho Nacional de Pesquisa em Pós-Graduação em Direito (CONPEDI)**. Anais Eletrônicos. São Paulo: USP, 2009. Disponível em: http://www.publicadireito.com.br/compedi/manaus/arquivos/Anais/sao_paulo/2662.pdf. Acesso em 10.4.2014.

GUERRA, Marcelo Lima. A proporcionalidade em sentido estrito e a "formula do peso" de Robert Alexy: Significância e algumas implicações. **RPGE**, v. 31, nº 65, jan/jun.2007. Porto Alegre, p. 25-41. Disponível em: http://www.pge.rs.gov.br/upload/revista_pge_65.pdf. Acesso em: 01.08.2015.

JACOBS, Scott. **Current Trends in Regulatory Impact Analysis: The Challenges of Mainstreaming RIA into Policy-making**. Disponível em: https://www.wbginvestmentclimate.org/uploads/6.CurrentTrends.pdf. Acesso em: 25.06.2014.

JUSTEN FILHO, Marçal. **Comentários à Lei de Licitações e Contratos Administrativos**. 15ª ed. São Paulo: Dialética, 2012.

LIMA, Rafael Scavone Bellen de. **Otimização de Princípios, Separação de Poderes e Segurança Jurídica: O Conflito entre Princípio e Regra**. São Paulo: Faculdade de Direito da USP, 2012, 240p. Dissertação (Mestrado). Curso de Mestrado em Direito, 2012.

MACIERINHA, Tiago. Avaliar a Avaliação Custo-Benefício: Um Olhar sobre a Concepção Francesa do Princípio da Proporcionalidade. **Revista Du: In Altum – Caderno de Direito**, Vol. 5, nº 7, Jan-Jun. 2013. Disponível em: http://www.faculdadedamas.edu.br/revistas/index.php/cihjur/article/download/265/269. Acesso em: 20.07.2015.

MELLO, Celso A. B. de. **Curso de Direito Administrativo**. 29ª ed. São Paulo: Malheiros, 2011.

MENDES, Gilmar F., COELHO, Inocêncio M. e BRANCO, Paulo G. G. **Curso de Direito Constitucional**. 2ª ed. São Paulo: Saraiva, 2009.

MENEGUIN, Fernando B. **Avaliação do Impacto Legislativo no Brasil**. Centros de Estudos da Consultoria do Senado. Texto para Discussão 70. Março/2010. Disponível em: http://www12.senado.gov.br/publicacoes/estudos-legislativos/tipos-de-estudos/textos-para-discussao/td-70-avaliacao-de-impacto-legislativo-no-brasil. Acesso em: 24.6.2011.

MOREIRA, Egon B. **Processo Administrativo. Princípios Constitucionais e a Lei 9.874/1999**. 4ª ed. São Paulo: Malheiros, 2010.

A RELAÇÃO ENTRE O PRINCÍPIO DA EFICIÊNCIA...

MUNIZ, Cibele C. B. **O princípio da eficiência na administração Pública brasileira.** Prisma Jurídico, São Paulo, v.6, p. 85-100, 2007. Disponível em: http://www.uninove. br/PDFs/Publicacoes/prisma_juridico/pjuridico_v6/prisma_v6_3d10.pdf. Acesso em 25.03.2014.

OGUS, Anthony. **Costs and Cautionary Tales. Economic Insights for the Law.** Portland: Hart Publishing. 2006.

OTERO, Paulo. **Manual de Direito Administrativo.** Volume I. Coimbra: Almedina, 2013.

PETTER, Lafayete J. **Direito Financeiro. Doutrina, jurisprudência e questões de concurso.** 2ª ed. Porto Alegre: Verbo Jurídico, 2007.

RAWLS, John. **Uma teoria da Justiça.** Tradução Almiro Pisetta e Lenita M. R. Esteves. São Paulo: Martins Fontes, 2002.

ROMERO, Anna P. B. As Restrições Verticais e a Análise Econômica do Direito. **Revista GV**, v.2, n. 1, jan-jun, 2006.

SADDY, André. **Apreciatividade e Discricionariedade Administrativa.** Rio de Janeiro: *Lumen Juris*, 2014.

SARLET, Ingo W., MARINONI, Luiz G. e MITIDIERO, Daniel. **Curso de Direito Constitucional.** 2ª ed. São Paulo: Revista dos Tribunais, 2013.

SCHMITZ, Andrew e ZERBE JR. **The Unimportance of the Scitovsky Reversal Paradox and Its Irrelevance for Cost-Benefit Analysis.** August, 13, 2007. Disponível em: http://www.uvic.ca/socialsciences/economics/assets/docs/pastdept-4/schmitz.pdf .Acesso em: 10.5.3014.

SKRZYCKI, Cindy. Does Cost-Benefit Analysis Matter? Whashington Post. The regulators. Disponível em: http://www.washingtonpost.com/wp-dyn/content/article/2007/06/11/ AR2007061101987.html. Acesso em: 24.5.2014.

SILVA, José A. da. **Curso de Direito Constitucional Positivo.** 36ª ed. São Paulo: Malheiros, 2014.

SILVA, Virgilio A. da. O proporcional e o Razoável. **Revista dos Tribunais.** Ano 91, Volume 798, abril de 2002, p. 1-800. Disponível em: http://www.cella.com.br/conteudo/ conteudo_45.pdf . Acesso em: 10.07.2015.

_____. **Direitos Fundamentais. Conteúdo essencial, restrições e eficácia.** São Paulo: Malheiros, 2009.

SOUSA, Renan M. de. **Análise de Impacto Regulatório: Evolução e o Cenário Internacional no Setor de Telecomunicações – A Experiência do Reino Unido.** Brasília, Instituto Nacional de Telecomunicações – Inatel, 2011, 70 folhas. Monografia de curso de especialista em regulação em telecomunicações – Brasília, Inatel, 2011.

STRECK, Lênio Luiz. **O que é isto – decido conforme minha consciência?** Porto Alegre: Livraria do Advogado, 2010.

UE, Diretiva nº 2007/17/CE da Comissão. Disponível: http://eur-lex.europa.eu/legal- -content/PT/TXT/?uri=CELEX:32007L0017. Acesso em: 20.11.2014.

USA, Executive Order nº 13.563 de 18.1.2011. *Federal Register.* Vol. 76. Nº 14. *Title* 3— *Presidential Documents.* p. 3.821. Disponível em: http://www.archives.gov/federal-register/ executive-orders/2011.html . Acesso em 20.7.214.

VALENTE, Patrícia P. **Análise do Impacto Regulatório. Uma ferramenta à disposição do Estado.** Belo Horizonte: Fórum, 2013.

Eficiência e Poder Judiciário: resolução de casos e recursos financeiros no Brasil e nos Estados Unidos

Rodrigo Luís Kanayama
Doutor em Direito do Estado, Professor Adjunto de Direito Financeiro da Faculdade de Direito da UFPR, advogado em Curitiba

Fabrício Ricardo de Limas Tomio
Doutor em Ciência Política, Professor Associado de Teoria do Estado e Ciência Política da Faculdade de Direito da UFPR

Introdução

O custo da Justiça. Poucos estudos remetem a essa constatação. A de que promover a justiça e a paz social tem custo financeiro. E o custo financeiro será maior se o aparato estatal responsável pela tarefa não funcionar adequadamente.

É desejável para a manutenção da democracia que o sistema judicial seja eficaz – produza resultados – e eficiente – propicie os resultados esperados de acordo com o Direito posto, com menor dispêndio de recursos financeiros. É inquestionável, na ambiência constitucional brasileira, a vigência de normas que garantem ao Poder Judiciário a independência, a autonomia financeira e orçamentária, a capacidade de gerir seus recursos de acordo com as suas necessidades. Somente assim haverá o pleno respeito ao equilíbrio dos poderes (*check and balances*).

Mas independência traz responsabilidades e exige a obtenção de resultados. Responsabilidades existem como efeito do poder de usar, fruir e dispor do seu patrimônio, e dos recursos financeiros partilhados com os outros poderes. E os resultados provêm do princípio da eficiência, que pauta a ação do Estado.

Não há dúvidas quanto à necessidade da independência formal e material do Poder Judiciário. E é lugar comum o argumento da busca pela eficiência.

Nesta, propugna-se o respeito ao princípio da duração razoável do processo e a realização do objetivo de pacificação social com menores custos financeiros e no menor tempo possível.

É preciso densificar a relação entre recursos despendidos e duração razoável do processo, evitando generalizar situações concretas. Neste trabalho, far-se-á estudo da autonomia orçamentária-financeira do Poder Judiciário, da quantidade de recursos geridos, e dos resultados proporcionados no julgamento de processos judiciais (*taxa de resolução*, ou *clearance rate*) e o tempo despendido (*disposition time*), além do congestionamento (*Backlog Rate*). Não se pretende esgotar o assunto, mas levantar dados, informações e compará-los com os resultados da atuação do Poder Judiciário.

Para avaliar a eficiência da atuação judicial, os dados financeiros e de conclusão de processos (*Clearance Rate* – que pode ser lido como *efetividade* processual, como nomeiam os processualistas, embora se prefira, aqui, *taxa de resolução*) do Brasil e dos Estados Unidos da América serão comparados. Só se pode afirmar que um sistema judicial é eficiente em comparação a outro. Trata-se de eficiência relativa. Não se pretende avaliar a qualidade do serviço judicial (nome que será conferido à atividade do Poder Judiciário na solução de casos concretos) no sentido da aplicação do Direito (se *correta* ou não, não obstante não haver, necessariamente, aplicação *correta*), mas apenas quanto à conclusão dos processos judiciais de toda natureza (não importando se extinto sem ou com resolução do mérito) e o montante de recursos despendidos para o intento, determinando o nível de eficiência e o grau de celeridade da atuação.

Nessa linha, iniciar-se-á com o estudo da autonomia orçamentária-financeira do Poder Judiciário, comparando o Judiciário brasileiro e o norte-americano; em seguida, promover-se-á comparativo entre os orçamentos dos Judiciários dos dois países, avaliando o atendimento ao objetivo (*Clearance Rate* – *taxa de resolução*). Os dados empíricos (*Empirical Legal*) comparados são restritos aos recursos financeiros, humanos, litigiosidade e resolutividade na Justiça Estadual Brasileira e nas *State Courts* norte-americanas. As complexidades e o número de tribunais superiores e especializados federais do Brasil tornariam a comparação extremamente difícil com a U.S. Courts norte-americana. Uma atividade destinada a um momento futuro, comparando-se o sistema judicial brasileiro integralmente com uma quantidade mais expressiva de países europeus e latino-americanos.[1]

---

[1] O paper incorpora o conjunto de dados e estudos desenvolvidos pelos pesquisadores do Grupo de Pesquisa "DIRPOL – Direito e Polítíca" (PPGD/UFPR), com financiamento do CNPq/Capes

1. A independência e a autonomia financeira do Poder Judiciário: imprescindíveis à manutenção do Estado de Direito no Brasil e nos Estados Unidos

Há unanimidade na defesa da independência do Poder Judiciário.[2] Mesmo que existam temperamentos – não se quer total e absoluta independência, sobretudo pela configuração da separação dos poderes –, para que a atividade judicial desenvolva-se adequadamente, é inadmissível que o juiz não possa julgar livremente de pressão de outros poderes.[3]

Lutas pela independência (e autonomia orçamentária e financeira) do Poder Judiciário vêm de tempos. Nos Estados Unidos, em 1965, houve movimentos contundentes a favor da *independência financeira* das Cortes, visando a

---

(Edital 07/2011) e CNPq/Universal (Edital 14/2014).

[2] José Maurício Conti esclarece a diferença entre os termos "autonomia" e "independência". Para o autor, os termos confundem-se, mas, "admitindo-se que independência é 'os estado de quem tem autonomia', e sendo a autonomia a 'faculdade de se governar por si mesmo', é razoável admitir-se que o conceito de independência é mais abrangente, sendo a autonomia um instrumento por meio do qual se atinge a independência, uma característica intrínseca da independência, um verdadeiro elemento que compõe o conceito de independência" (CONTI, José Maurício. A autonomia financeira do Poder Judiciário. São Paulo: MP Editora, 2006, p. 55). Entende, então, que o "Poder Judiciário, bem como os demais, por serem independentes, nos termos do art. 2º da CF, têm autonomia. Ou seja, analisando-se o disposto na Constituição pela interpretação literal, pode-se concluir que Poder Judiciário é auto-suficiente para se governar" (CONTI, José Maurício. A autonomia financeira do Poder Judiciário. São Paulo: MP Editora, 2006, p. 55). Trataremos, neste trabalho, da autonomia (da possibilidade de se auto-governar).

[3] Segundo Fabrício Ricardo de Limas Tomio e Ilton Norberto Robl Filho, "A independência judicial institucional constitui-se na autonomia que o poder Judiciário possui para realizar adequadamente sua função fim: exercer a jurisdição. São diversos os elementos que compõem a independência judicial institucional, como: seleção dos magistrados e de servidores auxiliares, exercício do poder disciplinar sobre magistrados e servidores auxiliares, autonomias (administrativa, financeira e orçamentária), garantias funcionais (vitaliciedade, irredutibilidade de salários e inamovibilidade), possibilidade de participar do processo legislativo de atos normativos relevantes para a magistratura e para a gestão da justiça, etc. A accountability judicial institucional diz respeito ao poder de fiscalizar, influenciar e sancionar o poder Judiciário como um poder, como uma instituição."
"A essência dos Estados Democráticos de Direito constitui-se no modelo de separação dos poderes com freios e contrapesos. Desse modo não existe e não é adequado que ocorra uma independência judicial institucional plena, sem o exercício de accountability judicial institucional por outros poderes e por outros agentes estatais" (TOMIO, Fabrício Ricardo de Limas and ROBL FILHO, Ilton Norberto. Accountability e independência judiciais: uma análise da competência do Conselho Nacional de Justiça (CNJ). Rev. Sociol. Polit. online. 2013, vol.21, n.45, pp. 29-46. ISSN 0104-4478. http://dx.doi.org/10.1590/S0104-44782013000100004.)

coibir a interferência dos outros poderes na atuação judicial.[4] Normalmente, o Poder Executivo, nos Estados Unidos, "propõe e administra as políticas fiscais do governo". Já o Legislativo levanta e aloca recursos.[5] De acordo com William Scott Ferguson, o Judiciário pode ser preterido na distribuição dos recursos, por motivos políticos e econômicos.

Para Owen Fiss, que avalia o *correto grau de independência* do Judiciário norte-americano, há várias formas de independência para um *bom julgamento*. A primeira é a "neutralidade judicial" – "(...) relacionamento entre o juiz e as partes perante a corte e tem como fundamento a aspiração por imparcialidade"[6]. A segunda é a "autonomia funcional" – "(...) relacionamento entre juízes individualmente considerados e outros membros do Judiciário", ou seja, contra "pressões corporativas"[7]. A terceira é a "separação dos poderes", que "exige que o Judiciário seja independente de instituições governamentais controladas pelo voto popular, em particular os Poderes Executivo e Legislativo"[8]. A última, segundo o autor, é a forma mais complexa. Possível dizer que a separação dos poderes (evitando pressões políticas dos demais poderes) é a forma de independência difícil de se assegurar, sobretudo pelo fato de o *poder da bolsa*, o poder de arrecadar, estar nas mãos do Legislativo e do Executivo.

Também John Ferejohn aborda o assunto da independência e diz que há, eventualmente, sobretudo quando turbulento o cenário político, ou incerto e transitório (mudanças de partidos no Governo e Congresso), redução da autonomia judicial, com interferência orçamentária (corte de fundos, não

---

[4] "In 1965 the National Conference of Court Administrators and Conference of Chief Justices adopted a statement of principles asserting the need for the financial independence of the courts. Judicial finance, the statement concluded, "should be exercised free of interference by agents of the executive branch of government, in the same manner that the executive and legislative branches administer the funds appropriated for their internal operations". (FERGUSON, William Scott. Judicial Financial Autonomy and Inherent Power, n. 57, Cornell L. Rev. 975 (1972), p. 975. Disponível em: http://scholarship.law.cornell.edu/clr/vol57/iss6/3, acesso em novembro de 2015)

[5] FERGUSON, William Scott. Judicial Financial Autonomy and Inherent Power, n. 57, Cornell L. Rev. 975 (1972), p. 977. Disponível em: http://scholarship.law.cornell.edu/clr/vol57/iss6/3, acesso em novembro de 2015

[6] FISS, Owen. Um novo processo civil. São Paulo: Revista dos Tribunais, 2004, p. 153.

[7] FISS, Owen. Um novo processo civil. São Paulo: Revista dos Tribunais, 2004, p. 154.

[8] FISS, Owen. Um novo processo civil. São Paulo: Revista dos Tribunais, 2004, p. 155.

atualização dos salários dos magistrados[9], não obstante os juízes tenham, normalmente, independência individual para julgar.[10]

Analisando o tema na contemporaneidade brasileira, afirma José Maurício Conti que é princípio basilar à defesa dos direitos e garantias individuais a independência do Judiciário.[11] Para Conti, o próprio Estado de Direito é preservado se o Poder Judiciário funcionar independentemente.

---

[9] A Constituição americana veda a redução dos salários dos magistrados: "Article III, Section. 1. The judicial Power of the United States, shall be vested in one supreme Court, and in such inferior Courts as the Congress may from time to time ordain and establish. The Judges, both of the supreme and inferior Courts, shall hold their Offices during good Behaviour, and shall, at stated Times, receive for their Services, a Compensation, which shall not be diminished during their Continuance in Office".
Ferejohn alerta: "Moreover, to reduce real salaries of judges, no congressional action is necessary other than for Congress to do what it excels at: running an irresponsible fiscal policy. It is hard to see any structural protection against a congressional failure to ensure that judicial salaries keep up with the cost of living" (FEREJOHN, J. 1999. Independent Judges, Dependent Judiciary: Explaining judicial independence. Southern California Law Review, Los Angeles, v. 72, p. 357. Disponível em: http://www-bcf.usc.edu/)

[10] Conforme Ferejohn, "Judicial independence is an idea that has both internal (or normative) and external (or institutional) aspects. From a normative viewpoint, judges should be autonomous moral agents, who can be relied on to carry out their public duties independent of venal or ideological considerations. Independence, or impartiality, in this sense is a desirable aspect of a judge's character. But judges are human, and the things they must decide can matter greatly to people. Therefore, we are also concerned with providing institutional shields against the threats or temptations that might come their way. Judicial independence, in this sense, is a feature of the institutional setting within which judging takes place. Institutional judicial independence is, however, a complex value in that it really cannot be seen as something valuable in itself. Rather, it is instrumental to the pursuit of other values, such as the rule of law or constitutional values." (FEREJOHN, J. 1999. Independent Judges, Dependent Judiciary: Explaining judicial independence. Southern California Law Review, Los Angeles, v. 72, p. 353. Disponível em: http://www-bcf.usc.edu/)
E mais: "In normal political circumstances, Congress and the President show extensive deference to the judiciary. Congress rarely overturns court decisions, threatens to strip courts of jurisdiction, cut judicial budgets, or intervenes in the rules creation process". Contudo, "(...) these forms of deference are subconstitutional in that they take the form of statutes or conventions. In that sense they are not secured with the same cement that protects judges from suffering personal retaliation" (FEREJOHN, J. 1999. Independent Judges, Dependent Judiciary: Explaining judicial independence. Southern California Law Review, Los Angeles, v. 72, p. 381-382. Disponível em: http://www-bcf.usc.edu/)

[11] Diz o autor: "Várias Constituições fazem referência expressa à independência do Poder Judiciário, como a de Portugal, a da Espanha e a da Itália. Outras, embora não tenham artigo com redação semelhante, asseguram a independência do Poder Judiciário pelas garantias nelas previstas."
"A Organização das Nações Unidas, em mais de uma oportunidade, já externou sua preocupação com a independência do Poder Judiciário, reconhecendo ser ela fundamental para assegurar os direitos e garantias individuais" (CONTI, José Maurício. A autonomia financeira do Poder Judiciário. São Paulo: MP Editora, 2006, p. 52).

PODER JUDICIÁRIO

Nos Estados Unidos, *poderes inerentes* são, eventualmente, adotados, para constranger os demais órgãos (Executivo e Legislativo) a conceder financiamento necessário ao funcionamento.[12] No Brasil, há disposições expressas, previstas na Constituição da República, sobre a autonomia financeira-orçamentária, atribuindo-lhe competências: (i) para a elaborar seus orçamentos (art. 99, *caput*); (ii) para participar dos debates sobre o Projeto de Lei de Diretrizes Orçamentárias (art. 99, §1º); (iii) para executar o orçamento público nos termos das Leis de Diretrizes Orçamentárias e Orçamentária Anual (art. 99, *caput*); (iv) para receber os recursos, em duodécimos (art. 168). Acaso exista desrespeito, o próprio Poder Judiciário obriga o cumprimento da Constituição[13].

Não existe dúvida sobre a necessária existência de independência do Poder Judiciário e, com ela, a autonomia de gerir seus próprios recursos (no Brasil, autonomia orçamentária-financeira). Caminha junto das garantias a responsabilidade para alocar adequadamente os recursos.

2. Autonomia financeira e eficiência do Poder Judiciário brasileiro e norte-americano: sistemas diversos, mesmos objetivos

É certo que a independência dos Poderes – tanto no Brasil, quanto nos Estados Unidos – promove autonomia de atuação do Poder Judiciário. A autonomia orçamentária e financeira (capacidade de elaborar seu orçamento e de gerir seus gastos) é próprio do sistema constitucional brasileiro. Não existe disposição idêntica na Constituição Americana, embora esta preveja garantia aos juízes, para que não tenham seus salários reduzidos.

Claramente, existe relação estrita entre a autonomia financeira do Poder Judiciário com a independência da atuação dos juízes. A atuação do Judiciário, como órgão do Estado, requer algumas prerrogativas para que possa agir com destemor, sem vincular suas decisões ao humor dos demais poderes. Segundo Richard A. Posner, o Poder Judiciário deve ser controlado (*check and balances*). E os juízes, segundo Posner, devem respeitar um grau de autocontenção para

---

[12] FERGUSON, William Scott. Judicial Financial Autonomy and Inherent Power, n. 57, Cornell L. Rev. 975 (1972). Disponível em: http://scholarship.law.cornell.edu/clr/vol57/iss6/3, acesso em novembro de 2015); WEBB, G. Gregg. WHITTINGTON, Keith E. Judicial Independence, the Power of the Purse and Inherent Judicial Powers. *In.*: Judicatura, v. 88, n. 1, Jul/Ago 2004, disponível em http://www.princeton.edu/~kewhitt/inherent_judicature.pdf, acesso em dezembro de 2015;
[13] BRASIL. Supremo Tribunal Federal. Medida Cautelar em Ação Direta de inconstitucionalidade 1911 (ADI-MC 1911). Disponível em http://redir.stf.jus.br/paginadorpub/paginador.jsp?docTP=AC&docID=347325.Acesso em dezembro de 2015.

EFICIÊNCIA E PODER JUDICIÁRIO

preservar a posição.[14] Lembra, ainda, na linha de Alexander Hamilton, nos *Federalist Papers*, que a independência dos juízes se deve ao limite de sua atuação, que não pode ser política (não pode ser fruto da vontade), pois apenas exercitam a função de julgar. Nessa linha, o Poder Judiciário deve aplicar responsavelmente os recursos financeiros para obter os melhores resultados, atingindo sua função de pacificação social e resolução de conflitos.[15]

Com a autonomia no uso de recursos, e na garantia de recebê-los do tesouro do Estado, a aplicação dos recursos deve ser cuidadosa. Há o direito ao recebimento (a autonomia é necessária à ordem constitucional); e, junto a ele, há o dever de promover o melhor serviço judicial possível, com celeridade, visando à boa resolutividade dos casos, respeito aos precedentes, à segurança jurídica e ao Direito. Eventual análise sobre qualidade do serviço judicial no tocante ao acerto das decisões não nos importa, neste trabalho. Aliás, toda avaliação dessa natureza escapa do alcance dos estudos científicos, pois o direito de alguém pode ser objeto de numerosas interpretações.

A comparação entre o número de processos concluídos (sob qualquer forma), ou *Clearance Rate*, do dispêndio do tempo e a quantidade de recursos gastos é o ponto fulcral do presente artigo. É possível deduzir, a partir desse enfrentamento, qual o grau de eficiência, que envolve o melhor uso dos recursos escassos e a celeridade (*efetividade*) da resolução dos processos.[16]

Antes, é preciso levantar algumas ressalvas. Como afirma Luiz Guilherme Marinoni, que reconhece a existência de problemas jurisdicionais e a demora processual, "há uma certa dose de ingenuidade em pretender atribuir aos juízes a responsabilidade pela lentidão dos processos"[17]. A responsabilidade pela

---

[14] Segundo Posner, "Just as the other branches of government are subject to checks and balances, judges must not be treated as monarchical or oligarchical figures immune from all democratic control. Moreover, judges themselves have a certain responsibility for maintaining judicial autonomy. There is such a thing as irresponsible judicial action that supports movements to restrict judicial autonomy, so we judges have to operate with a degree of self-restraint if we want to preserve our privileged position" (POSNER, Richard A. Judicial Autonomy in a Political Environment. 38 Arizona State Law Journal 1, 2006. Disponível em http://chicagounbound.uchicago.edu/cgi/viewcontent.cgi?article=2796&context=journal_articles, acesso em dezembro de 2015)

[15] Conferir, sobre o objetivo do processo: CARNELUTI, Francesco. Instituciones del Proceso Civil, v. 1. Buenos Aires, Ediciones Juridicas Europa-America, 1973, p. 22. COMOGLIO, Luigi Paolo. FERRI, Corrado. TARUFFO, Michele. Lezioni sul processo civil, v. 1. Bologna: Il Bolino, 1995, p. 17.

[16] A efetividade do processo é "entendida (...) como aptidão para produzir concretamente os resultados dele esperados" (BEDAQUE, José Roberto dos Santos. Efetividade do Processo e Técnica Processual. São Paulo: Malheiros, 2006, p. 32)

[17] MARINONI, Luiz Guilherme. Teoria Geral do Processo, 2ª ed, v. 1. São Paulo: Revista dos Tribunais, 2007, p. 193.

PODER JUDICIÁRIO

falta de celeridade processual não pode ser "jogada nas costas dos juízes"[18]. O próprio sistema processual, a burocracia (no sentido coloquial)[19], o formalismo exagerado são causas do prejuízo à eficiência.[20]

Ademais, como afirma Heliana Coutinho Hess, apenas "mudanças estruturais" do Judiciário não resolverão, se não houver "simplificação de procedimentos recursais e executivos, seguidos de meios alternativos de solução de conflitos ajustados para conter demanda desenfreada de ações judiciais"[21]. Com razão, Hess defende novos instrumentos e formas alternativas de resolução de conflitos. Há, contudo, diversas causas que transbordam o objeto da presente análise.

Não é simples – e nem sempre possível – avaliar dados sobre recursos financeiros utilizados e sobre ações processuais concluídas. Mais difícil é a comparação entre dois sistemas que possuem diferenças fulcrais. Brasil e Estados Unidos possuem sistemas diversos – este, a *common law*, aquele, a *civil law*. Existem diferentes estruturas jurisdicionais, os processos levam nomenclaturas diversas, terminologias outras, regras internas de recorribilidade próprias. Os precedentes são fortalecidos no sistema norte-americano, assim como a oralidade. Ainda, o Brasil possui um sistema padronizado (é competência da União legislar sobre Processo), aplicável a todos os entes federativos; nos Estados Unidos, diversamente, há fragmentação entre os Estados, e entre os Estados e a Justiça Federal.

De todo modo, tentar-se-á revelar informações que permitam avaliar a eficiência do sistema judicial, a despeito das diferenças. Obviamente, são os mesmos objetivos para os dois sistemas: pacificação social e resolução de conflitos.

---

[18] MARINONI, Luiz Guilherme. Teoria Geral do Processo, 2ª ed, v. 1. São Paulo: Revista dos Tribunais, 2007, p. 193.

[19] Cf.: FISS, Owen. Um novo processo civil. São Paulo: Revista dos Tribunais, 2004, p. 163-203.

[20] Cf.: BEDAQUE, José Roberto dos Santos. Efetividade do Processo e Técnica Processual. São Paulo: Malheiros, 2006, p. 33; DINAMARCO, Cândido Rangel. A instrumentalidade do Processo, 11ª ed. São Paulo: Malheiros, 2003, p. 377.

[21] HESS, Heliana Coutinho. O princípio da eficiência e o Poder Judiciário. In. Revista da Faculdade de Direito da Universidade de São Paulo, v. 105, 2010. Disponível em http://www.revistas.usp.br/rfdusp/article/viewFile/67899/70507, acesso em 12 de dezembro de 2015.

Ainda, segundo a mesma autora, "O maior problema da Justiça brasileira tem sido atribuído ao descompasso entre o tempo do processo com a finalização da execução e satisfação do direito exigido e o tempo do mundo moderno globalizado." (HESS, Heliana Coutinho. O princípio da eficiência e o Poder Judiciário. In. Revista da Faculdade de Direito da Universidade de São Paulo, v. 105, p. 218, 2010. Disponível em http://www.revistas.usp.br/rfdusp/article/viewFile/67899/70507, acesso em 12 de outubro de 2015)

3. *Empirical Legal* e eficiência do Judiciário: dados comparados sobre recursos financeiros, humanos, litigiosidade e resolutividade na Justiça Estadual Brasileira e nas *State Courts* Norte-americanas

O que explica a eficiência do Judiciário ou a ocorrência de um Judiciário eficiente? O custo-efetividade da Jurisdição é mensurável? A baixa *accountability* do Judiciário possui determinação sobre a eficiência e o custo da Jurisdição? Independência jurisdicional (decisional) e autonomia judicial (autogoverno, administrativa--financeira-orçamentária, extensas prerrogativas funcionais) são sinônimos e desejáveis (em conjunto)? Essas são algumas perguntas que formam o problema teórico e empírico-descritivo sobre as expectativas quanto à funcionalidade e capacidade do Poder Judiciário responder às demandas dos jurisdicionados.

A eficiência do Judiciário é um tema de pesquisa e de atuação de Conselhos, Comissões e Entidades Judiciais em vários locais: no Brasil, o CNJ – Conselho Nacional de Justiça mensura "índices de produtividade" e a "taxa de congestionamento" (*backlog rate*) dos vários ramos do sistema judicial; na Europa, o CEPEJ – *European Commission for the Efficiency of Justice* relata bianual e comparativamente a funcionalidade dos sistemas judiciais, na busca do *"Fair trial"*, que é mensurado, de forma incompleta, pelo *"Clearance Rate"* e *"Disposition time"* dos Judiciários do velho continente;[22] na América Latina, uma entidade não oficial e cooperativa, CEJA – *Centro de Estudios de Justicia de las Americas*, dissemina informações sobre os judiciários do continente; nos Estados Unidos, que não possui uma agência centralizada com competência normativa e *enforcement* sobre as *State Courts*, órgãos oficiais, como o BJS – *Bureau of Justice Statistics,* e de cooperação entre ramos do judiciário, como o NCSC – *National Center for State Courts*, a COSCA – *Conference of State Court Administrators* e o CSP – *Court Statistics Project,* divulgam dados, estudos e relatórios sobre o funcionamento do Judiciário norte-americano. Em geral, em todas essas entidades, o foco está na busca de soluções à *excessiva duração de processos ("Fair trial")* ou na transparência administrativa/financeira do Poder Judiciário.

Nesse artigo, particularmente, busca-se descrever e analisar comparativamente a *eficiência* e o funcionamento dos Judiciários estadual brasileiro e norte-americano. Para tanto, utilizou-se como unidade de análise os Tribunais

---

[22] Os relatórios do CEPEJ são, certamente, a maior fonte de informações comparadas sobre a funcionalidade e eficiência do sistema judicial. O ultimo relatório disponível: CEPEJ. European Commission for the Efficiency of Justice. Report on "European judicial systems – Edition 2014 (2012 data): efficiency and quality of justice", Estrasburgo, França. Disponível em http://www.coe.int/t/dghl/cooperation/cepej/evaluation/2014/Rapport_2014_en.pdf, acesso em 10 de setembro de 2015.

Estaduais (*State Courts*). A compilação das bases de dados com os indicadores básicos de recursos (financeiros e humanos) e de litigiosidade e resolutividade de cada um dos tribunais possibilita a comparação da justiça estadual nos dois países e entre as unidades federadas de cada país (ver Quadro 1).

Quadro 1 – Fontes de Dados, Recursos Financeiros, Humanos, Litigiosidade e Resolutividade na Justiça Estadual brasileira e nas *State Courts* norte-americanas

	Brasil	USA*
Unidades de Análise/ Comparação	28 Tribunais Estaduais (27 Estados e Distrito Federal)	52 *State Courts* (50 Estados, District of Columbia e Porto Rico)
Recursos Financeiros (em milhões)	R$ 37.598 (2014) (Poder Judiciário)	USD$ 43.157 (2012) USD$ 21.148 (*state level*) USD$ 22.009 (*local level*) (*Judicial and legal services*, inclui Judiciário, Ministério Público, Conselhos e Assistência Legal)
Recursos Humanos	1.638 (2014) (Magistrados 2º Grau) 9.993 (2014) (Magistrados 1º Grau e Juizados Especiais) 271.759 (20140 (Total de Servidores – excluído Magistrados)	1.336 (2011) (*Appellate Court Judges – Intermediate and Last Resource*) 27.570 (2011) (*Trial Court Judges – General and Limited Jurisdiction*) 405.808 (2012) (*Total Full-time equivalent employment – Judicial and legal services – include Judges*)
Litigiosidade/ Resolutividade (Total)	20.141.982 (2014) (Casos Novos) 19.945.948 (2014) (Processos Baixados) 57.206.736 (2014) (Casos Pendentes) 99% (2014) (Processos Baixados por Caso Novo – *Clearance Rate*) 74% (2014) (Taxa de Congestionamento – *Backlog Rate*)	81.834.472 (2013) (*Incoming Caseloads*) 99% (2013) (*Clearance Rate – average*) [Informação não disponível ou insuficiente para: Processos Baixados (*Outgoing Caseloads*); Casos Pendentes (*Begin/End Pending*); Taxa de Congestionamento (*Backlog Rate*)]
Fonte de Dados	CNJ – Conselho Nacional de Justiça	BJS – *Bureau of Justice Statistics* NCSC – *National Center for State Courts* COSCA – *Conference of State Court Administrators* CSP – *Court Statistics Project*

* Não estão disponíveis dados para todos estados, District of Columbia e Porto Rico nos indicadores de litigiosidade/resolutividade.

A dispersão interna dos dados de cada sistema judicial nacional torna possível mensurar a diversidade e variabilidade encontrada nessa análise preliminar e viabilizar no futuro um modelo analítico e explicativo dessa variação. Certamente, um objetivo mais amplo nessa agenda de pesquisa, que envolve a formulação de hipóteses explicativas para a ocorrência de maior ou menor sucesso no exercício da jurisdição.

Comparar dados de sistemas judiciais com institucionalidades distintas sempre é, como se disse, um grande desafio. No caso, comparar as *State Courts* norte-americanas acrescenta maiores complicações devido às diferenças na estrutura jurisdicional, definição dos casos, terminologias, regras internas de recorribilidade, etc., como se explicou acima. Um exemplo dessa diversidade: somente nove *State Courts* possuem *Single-tiered court system*, como o Estado da Califórnia, mais semelhante estruturalmente à justiça estadual brasileira. A maioria das cortes estaduais dos Estados Unidos, como no Estado de *New York*, são divididas em vários *tiers*, com especificidades e idiossincrasias extremamente variáveis.[23] Na descrição, serão considerados de forma agrupada dois *tiers* nesses Estados, conforme o escopo da jurisdição: *general* e *limited*.

Gráfico 1 – Casos novos (*Incoming Caseloads*) nos Tribunais Estaduais

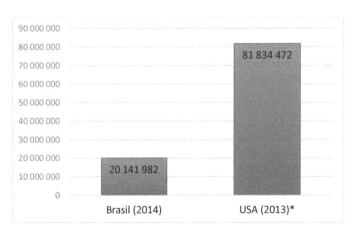

Fonte: CNJ, *Justiça em Números 2015* (ano-base 2014); LAFOUNTAIN, R. et al. eds. Last updated 12 February 2015. *Court Statistics Project DataViewer* [Acesso em 8 de dezembro de 2015] <www.courtstatistics.org> .
* Dados disponíveis para 40 estados, District of Columbia e Porto Rico.

[23] Para acessar detalhes da estrutura de cada *State Court*, ver: CSP – Court Statistics Project. *State Court Structure Charts* [Acesso em 8 de dezembro de 2015] < http://www.courtstatistics.org/Other-Pages/State_Court_Structure_Charts.aspx>.

Seguindo diretamente para a descrição comparativa dos dois sistemas judiciais estaduais nacionais, a primeira constatação básica é a diferença no desafio no volume de litigiosidade que cada sistema enfrenta em um ano (ver Gráfico 1). Em ambos, são dezenas de milhões de casos novos (*Incoming Caseloads*) jurisdicionados a cada ano. Porém, no caso norte-americano, o volume é, pelo menos, quatro vezes maior do que o enfrentado pela justiça estadual brasileira. Dados para 42 *State Courts* informam mais de 80 milhões de casos ingressando em 2013, contra cerca de 20 milhões, em 2014, na justiça estadual do Brasil.

Gráficos 3 e 4 – *Incoming Caseloads – State Courts*
(por *tier* e categoria, USA*, 2013)

Fonte: LAFOUNTAIN, R. et al. eds. Last updated 12 February 2015. *Court Statistics Project Data-Viewer* [Acesso em 8 de dezembro de 2015] <www.courtstatistics.org>.
* Dados disponíveis: para *tier*, 39 estados e District of Columbia, 8 são *Single-tiered court system*; para categoria, 36 estados e District of Columbia.

O detalhamento da distribuição dos 80 milhões de casos novos nas *State Courts* (ver Gráficos 3 e 4) auxilia na compreensão da impressionante quantidade de ações em um ano. Primeiro, segundo o *tier*, quase dois terços dos casos (mais de 50 milhões) são jurisdicionados em cortes de *Limited jurisdiction*. Segundo, 58% dos casos novos (aproximadamente 47 milhões) estão relacionadas à violações de trânsito (*Traffic/Violations*).[24] Isto não significa que toda *Limited jurisdiction* trate especificamente de *Traffic/Violations*. Cerca de 35

[24] O CSP – *Court Statistics Project* (LAFOUNTAIN, R. et al. eds. *Court Statistics Project*) descreve as categorias dos casos em cinco tipos: "**Civil caseloads** consist of tort, contract, real property, small claims, probate/estate, mental health, civil appeals, and other Civil case types"; "**Domestic Relations caseloads** consist of dissolution, paternity, custody, support, visitation, adoption, civil protection/restraining orders, and other Domestic Relations case types"; "**Criminal caseloads** consist of felonies, misdemeanors, appeals from limited jurisdiction courts, and other Criminal case types"; "**Juvenile caseloads** consist of delinquency, dependency, status offense, and other Juvenile

milhões de casos são desse tipo. Logo, mais de 15 milhões de casos novos na *Limited jurisdiction* tratam de ações cíveis, criminais, etc. Por fim, é destacável que somente 0,3% dos casos ingressaram em *Apellate Courts*, cerca de 200 mil ações originárias ou recursais.

No sistema judicial estadual brasileiro, os cerca de 20 milhões de casos novos estão concentrados no 1º grau de jurisdição, 62%, ou pouco mais de 12 milhões de casos (ver Gráficos 4 e 5). Os Juizados Especiais e as Turmas Recursais, algo similar a *Limited jurisdiction* norte-americana, são responsáveis por cerca de um quarto dos casos novos, pouco mais de 5 milhões de casos. O 2º grau de jurisdição recepciona 11%, mais de 2 milhões de casos novos. Uma constatação simples é possível aqui, mesmo descartando a *Traffic/Violations* da comparação, há menor participação dos Juizados Especiais (jurisdição limitada) e maior presença do 2º grau de jurisdição (pelo menos 20 vezes mais) no conjunto de casos da justiça estadual brasileira, comparada à sua similar norte-americana.

Gráficos 4 e 5– Casos novos – Justiça Estadual
(por instância e categoria, Brasil, 2014)

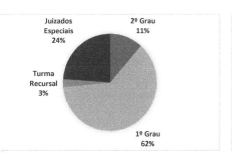
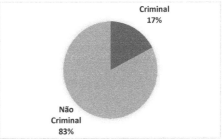

Fonte: CNJ, *Justiça em Números 2015* (ano-base 2014).

Feita essa descrição inicial do conjunto dos sistemas judiciais comparados, segue-se com a comparação mais detalhada da alocação de recursos humanos e financeiros. A primeira informação comparada remete a fatia alocada do orçamento geral de cada Estado para o funcionamento do Poder Judiciário. Conforme é possível observar no Gráfico 6, a mediana do percentual do orçamento alocado pelos Estados brasileiros para o Poder Judiciário (5,4%, mediana) é três

case types"; "**Traffic/Violations caseloads** consist of non-criminal traffic violations (infractions), parking violations, ordinance violations, and other Traffic/Violations case types".

vezes maior do que a verificada nas unidades federadas dos Estados Unidos (1,8%). O Estado brasileiro com menor percentual alocado ao Poder Judiciário (Amazonas, 3,7%) está mais próximo do Estado com maior percentual alocado nos Estados Unidos (New York, 4,5%) do que da mediana dos Estados no Brasil.[25]

Gráfico 6 – Despesa Total da Justiça Estadual em relação à Despesa Total dos Estados no ano-base (%, Orçamento Geral do Estado)

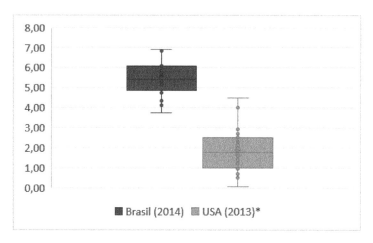

Fonte: CNJ, *Justiça em Números 2015* (ano-base 2014); STRICKLAND, S. et al. eds. *State Court Organization*. Last updated 9 January 2015. National Center for State Courts. [Acesso em 8 de dezembro de 2015] <www.ncsc.org/sco>.
* Dados disponíveis para 50 Estados, District of Columbia e Porto Rico.

A disponibilidade total do orçamento dos Estados norte-americanos (USD$ 1,5 bilhões, em 2012) é incomparavelmente maior do que dos Estados brasileiros (cerca de USD$ 270 milhões, em 2014). Certamente, o fato de a diferença ser mais do que cinco vezes tem impacto sobre o percentual orçamentário alocado ao Poder Judiciário. Acrescente-se a isso que os governos locais (*counties* e *municipalities*) são responsáveis por metade do gasto no *Judicial and legal services* dos Estados norte-americanos, informação não

---

[25] Os dados por estado (unidade de análise) e sistema judicial nacional comparados são apresentados como estatísticas descritivas nos gráficos "diagrama de caixa" que seguem. Nesse tipo de gráfico o eixo vertical representa a variável a ser analisada e descreve as seguintes informações: a mediana e os quartis; uma caixa que representa 50% de todos os valores observados; um segmento de reta vertical conecta o topo da caixa ao maior valor observado e outro segmento conecta a base da caixa ao menor valor observado. O "diagrama de caixa" identifica onde estão localizados 50% dos valores mais prováveis, a mediana e os valores extremos.

incluída no percentual expresso no gráfico anterior, e as diferenças poderiam ser atenuadas. Além disso, a população norte-americana é cerca de uma vez e meia superior a população brasileira.

Gráfico 7 – Despesa Total da Justiça Estadual (*Judicial and legal services*) por Habitante (em USD$)***

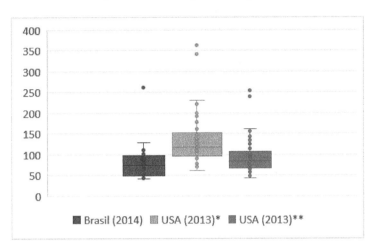

Fonte: CNJ, *Justiça em Números 2015* (ano-base 2014); KYCKELHAHN, T. *Justice Expenditure And Employment Extracts, 2012 – Preliminary*. February 26, 2015. BJS – Bureau of Justice Statistics. [Acesso em 20 de novembro de 2015] <http://www.bjs.gov/index.cfm?ty=pbdetail&iid=5239>.
* Dados disponíveis para 50 Estados e District of Columbia. Inclui todas as despesas, estaduais e de governos locais (*counties* e *municipalities*), com *Judicial and legal services*.
** Estimativa de 70% das despesas com *Judicial and legal services* alocadas ao Poder Judiciário.
*** Conversão pela cotação, BCB, de 31/12/2014 (USD$ 1,00 = R$ 2,6556).

Para relativizar essas características distintas, procurou-se expressar a alocação de recursos ao Poder Judiciário por habitante (padronizada em USD$), ver Gráfico 7. Antes de comentar os resultados, faz-se necessário grifar que os valores para as unidades federadas dos Estados Unidos referem-se ao total de recursos alocados com *Judicial and legal services* (Judiciário, Ministério Público, Conselhos Judiciais, Defensoria e assistência judicial dativa) pelos Estados e governos locais.[26] Nesse sentido, é provável que o gasto por habitante nas

---

[26] Segundo o BJS – *Bureau of Justice Statistics* (KYCKELHAHN, T. *Justice Expenditure and Employment Extracts*, 2012): "**Judicial and legal services** – Includes all civil and criminal courts and activities associated with courts such as law libraries, grand juries, petit juries, medical and social service activities, court reporters, judicial councils, bailiffs, and probate functions. It also includes the

PODER JUDICIÁRIO

State Courts sejam um valor entre 60% e 80% do total alocado *Judicial and legal services*. No caso brasileiro, somente estão informados os recursos alocados do orçamento estadual por habitante para o Poder Judiciário. Portanto, como pode ser visto no Gráfico 7, a alocação efetiva de recursos orçamentários por habitante na justiça estadual são muito próximos nos dois sistemas judiciais. A mediana e o total alocado por habitante no Brasil foi, em 2014, respectivamente USD$ 72,77 e USD$ 69,83, enquanto nos Estados Unidos, em 2012/2013, respectivamente, os valores medianos e totais foram de USD$ 81,86 e USD$ 96,48. Numa constatação simples, comparativamente aos Estados Unidos e dada à renda per capita e o recurso orçamentário disponível, os recursos que cada habitante aloca ao Poder Judiciário é muito elevado.

Gráfico 8 – Despesa Total da Justiça Estadual por Caso Novo
(*Incoming Caseload*) (em USD$)***

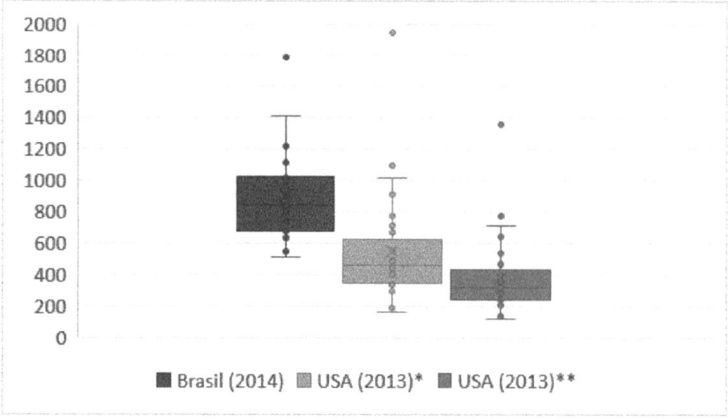

Fonte: CNJ, *Justiça em Números 2015* (ano-base 2014); KYCKELHAHN, T. *Justice Expenditure And Employment Extracts, 2012 – Preliminary.* February 26, 2015. BJS – Bureau of Justice Statistics. [Acesso em 20 de novembro de 2015] <http://www.bjs.gov/index.cfm?ty=pbdetail&iid=5239>. LAFOUNTAIN, R. et al. eds. Last updated 12 February 2015. *Court Statistics Project DataViewer* [Acesso em 8 de dezembro de 2015] <www.courtstatistics.org>.
* Dados disponíveis para 37 estados e District of Columbia. Inclui todas as despesas, estaduais e de governos locais (*counties* e *municipalities*), com *Judicial and legal services*.
** Estimativa de 70% das despesas com *Judicial and legal services* alocadas ao poder Judiciário.
*** Conversão pela cotação, BCB, de 31/12/2014 (USD$ 1,00 = R$ 2,6556).

civil and criminal justice activities of the attorneys general, district attorneys, state's attorneys, and their variously named equivalents and corporation counsels, solicitors, and legal departments with various names. It excludes legal units of noncriminal justice agencies, whose functions may be performed by a legal services department in other jurisdictions (such as a county counsel)."

De forma semelhante é possível fazer a mesma comparação de despesa do Poder Judiciário estadual por caso novo (*Incoming Caseload*) – ver Gráfico 8. A mediana e o total alocado por caso novo no Brasil foi, em 2014, respectivamente USD$ 845,26 e USD$ 702,93, enquanto nos Estados Unidos, em 2012/2013, respectivamente, os valores medianos e totais foram de USD$ 321,30 e USD$ 370,30. Novamente, a constatação simples, comparativamente aos Estados Unidos, revela que os recursos despendidos por cada caso novo no Poder Judiciário brasileiro foi entre duas e duas vezes e meia mais elevado do que nos Estados Unidos. Esse dado, certamente, precisa ser relativizado em virtude da grande quantidade de *Incoming Caseload* que tratam de violações de trânsito em jurisdições limitadas.

Finalmente, compara-se a litigiosidade e resolutividade dos Judiciários estaduais. No Gráfico 9 é possível observar que os Tribunais Estaduais brasileiros possuem taxas de processos baixados por caso novo (*Clearance Rate*) mais elevadas e com maior heterogeneidade entre os Estados que as *State Courts* norte-americanas. A taxa total de *Clearance Rate* nos sistemas de justiça estadual é idêntica (99%). Entretanto, a mediana dos Estados brasileiros é de 105% (100%, no caso dos Estados Unidos), com uma máxima de 153%.

Gráfico 9 – Processos Baixados por Caso Novo (*Clearance Rate*)

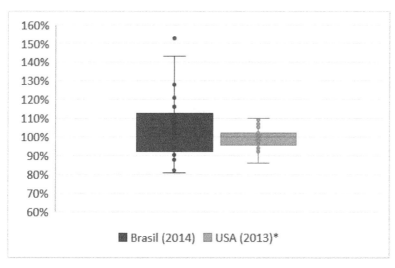

Fonte: CNJ, *Justiça em Números 2015* (ano-base 2014); LAFOUNTAIN, R. et al. eds. Last updated 12 February 2015. *Court Statistics Project DataViewer* [Acesso em 8 de dezembro de 2015] <www.courtstatistics.org> .
* Dados disponíveis para 24 estados e District of Columbia, excluídas *Appellate Courts*.

Os dados apresentados acima indicam que a produtividade, nas taxas de processos baixados por caso novo (*Clearance Rate*), é superior no caso brasileiro, comparado aos Estados norte-americanos. Esse fato está mais relacionado ao passivo de casos estacionados na justiça estadual brasileira (cerca de 57 milhões ou quase três vezes a quantidade de casos novos que ingressaram em 2014) do que da capacidade de o Judiciário responder às demandas. Como pode ser visto no Gráfico 10, a Taxa de Congestionamento (*Backlog Rate*) é elevada em todas as instâncias da justiça estadual. Porém, é no 1º grau da jurisdição que as taxas são mais elevadas, exatamente a instância que mais recepciona casos novos no Judiciário estadual. No 1º grau da jurisdição, a taxa de congestionamento indica que, para o passivo ser zerado, seriam necessários quatro anos sem o ingresso de casos novos. Nas outras instâncias esse período se aproxima de um ano.

Não há informações disponíveis nos Estados Unidos para o passivo de casos não julgados de anos anteriores. Referências pontuais de subdivisões estaduais e ramos específicos da justiça estadual indicam taxas baixas de casos pendentes (*Begin/End Pending*) que gerariam, para esses casos pontuais, Taxas de Congestionamento (*Backlog Rate*) entre 10% e 30%.[27]

Gráfico 10 – Taxa de Congestionamento (*Backlog Rate*) –
Justiça Estadual, Brasil (2014)

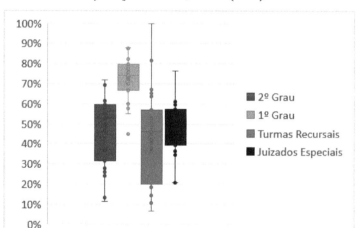

Fonte: CNJ, *Justiça em Números 2015* (ano-base 2014).

[27] Sobre *Backlog Rate* nas *State Courts*, ver: ILLINOIS Criminal Justice Information Authority. State Courts Backlogs in Illinois and the United States. Research Bulletin. Acesso em 15 de dezembro de 2015. http://www.icjia.state.il.us/assets/pdf/Bulletins/State%20Court%20Backlogs%20in%20Illinois%20and%20the%20United%20States.pdf

Conclusão

O Poder Judiciário – e seus juízes – deve agir com independência para alcançar o intento. Pacificação social e resolução de casos concretos são seus objetivos. Para tanto, deve possuir orçamento próprio, sendo autônomo ao gerir seu patrimônio. Grande é a responsabilidade decorrente da autonomia que lhe é conferida e tem de bem utilizar seus recursos financeiros. Deve, o Judiciário, ser eficiente.

Muitas são as causas para a redução da eficiência nos sistemas judiciais. Neste artigo, a intenção foi comparar os recursos financeiros disponíveis ao Poder Judiciário de Brasil e dos Estados Unidos e a *Clearance Rate*, ou taxa de resolução dos casos, além da taxa de congestionamento (*Backlog Rate*). A finalidade é o alcance dos níveis adequados de *Clearance Rate* e *Disposition time*, reduzindo-se o tempo de duração do processo e a quantidade de recursos despendidos.

Não é simples concluir sobre os problemas que levam o Poder Judiciário a acumular demandas pendentes de julgamento por muitos anos, sobretudo porque existem casos específicos e complexos para serem apreciados. É incorreto, senão injusto e ingênuo, atribuir os problemas à atuação dos juízes. Trata-se, ao contrário, de equívocos estruturais e normativos de todo o sistema, que deverão ser reparados após estudos sobre os gargalos.

Não obstante, não se quis saber o que leva à falta de eficiência. O trabalho pretendeu apresentar cenário empírico (empírico-descritivo) com a quantidade de despesas realizadas e qual o grau de satisfação de demandas judiciais. A conclusão que pode ser desvelada – salientando que não há, ainda, conclusão sobre as causas de ausência de eficiência – é de que no Brasil gasta-se mais por novo processo, em comparação com os Estados Unidos, e aloca-se maior quantidade de dinheiro relativamente aos orçamentos públicos. Não obstante, os norte-americanos gastam mais por habitante (e no total) que os brasileiros.

Do lado da resolução de casos, a produtividade brasileira é superior à norte-americana, pois os brasileiros têm que vencer o estoque de processos antigos, o que está, ainda que em passos lentos, ocorrendo. Tal constatação é um alento que retira parte das críticas à eficiência do Poder Judiciário brasileiro. É verdadeira a queixa dos magistrados sobre o excesso de trabalho e a quantidade de novas demandas ano a ano.

É preciso conhecer, numa próxima fase, o que leva o Judiciário dos Estados Unidos a gerenciar com retidão o orçamento público, levantando problemas que lá existem, e estudando suas soluções. Da mesma forma, é preciso estudar os defeitos do sistema judicial brasileiro, evitando afirmações sem fundamento científico e propiciando melhores condições para oferta dos serviços do Poder Judiciário.

Referências

BEDAQUE, José Roberto dos Santos. Efetividade do Processo e Técnica Processual. São Paulo: Malheiros, 2006.

BRASIL. Supremo Tribunal Federal. Medida Cautelar em Ação Direta de inconstitucionalidade 1911 (ADI-MC 1911). Disponível em http://redir.stf.jus.br/paginadorpub/paginador.jsp?docTP=AC&docID=347325.Acesso em dezembro de 2015.

CARNELUTI, Francesco. Instituciones del Proceso Civil, v. 1. Buenos Aires, Ediciones Juridicas Europa-America, 1973.

CEPEJ. European Commission for the Efficiency of Justice. Report on "European judicial systems – Edition 2014 (2012 data): efficiency and quality of justice", Estrasburgo, França. Disponível em http://www.coe.int/t/dghl/cooperation/cepej/evaluation/2014/Rapport_2014_en.pdf, acesso em 10 de setembro de 2015.

COMOGLIO, Luigi Paolo. FERRI, Corrado. TARUFFO, Michele. Lezioni sul processo civil, v. 1. Bologna: Il Bolino, 1995.

CONTI, José Maurício. A autonomia financeira do Poder Judiciário. São Paulo: MP Editora, 2006.

CSP. Court Statistics Project. State Court Structure Charts [Acesso em 8 de dezembro de 2015] < http://www.courtstatistics.org/Other-Pages/State_Court_Structure_Charts.aspx>.

CNJ. Conselho Nacional de Justiça. Justiça em Números 2015 (ano-base 2014). Variáveis e Indicadores da Resolução n. 76/2009. Brasília-DF [Acesso em 8 de dezembro de 2015] <http://www.cnj.jus.br/files/conteudo/arquivo/2015/10/ddc698fd91379c-539513cf5e2416f131.zip> .

DINAMARCO, Cândido Rangel. A instrumentalidade do Processo, 11ª ed. São Paulo: Malheiros, 2003.

FERGUSON, William Scott. Judicial Financial Autonomy and Inherent Power, n. 57, Cornell L. Rev. 975 (1972), p. 975. Disponível em: http://scholarship.law.cornell.edu/clr/vol57/iss6/3, acesso em novembro de 2015.

FISS, Owen. Um novo processo civil. São Paulo: Revista dos Tribunais, 2004.

HESS, Heliana Coutinho. O princípio da eficiência e o Poder Judiciário. In. Revista da Faculdade de Direito da Universidade de São Paulo, v. 105, p. p. 206, 2010. Disponível em http://www.revistas.usp.br/rfdusp/article/viewFile/67899/70507, acesso em 12 de dezembro de 2015.

LAFOUNTAIN, R. et al. eds. Last updated 12 February 2015. Court Statistics Project DataViewer [Acesso em 8 de dezembro de 2015] <www.courtstatistics.org> .

STRICKLAND, S. et al. eds. State Court Organization. Last updated 9 January 2015. National Center for State Courts. [Acesso em 8 de dezembro de 2015] <www.ncsc.org/sco>.

KYCKELHAHN, T. Justice Expenditure And Employment Extracts, 2012 – Preliminary. February 26, 2015. BJS – Bureau of Justice Statistics. [Acesso em 20 de novembro de 2015] <http://www.bjs.gov/index.cfm?ty=pbdetail&iid=5239>.

ILLINOIS. Criminal Justice Information Authority. State Courts Backlogs in Illinois and the Uni-ted States. Research Bulletin. Acesso em 15 de dezembro de 2015. http://www.icjia.state.il.us/assets/pdf/Bulletins/State%20Court%20Backlogs%20in%20Illinois%20and%20the%20United%20States.pdf.

MARINONI, Luiz Guilherme. Teoria Geral do Processo, 2ª ed, v. 1. São Paulo: Revista dos Tribunais, 2007.

POSNER, Richard A. Judicial Autonomy in a Political Environment. 38 Arizona State Law Journal 1 (2006). Disponível em http://chicagounbound.uchicago.edu/cgi/viewcontent.cgi?article=2796&context=journal_articles, acesso em dezembro de 2015

TOMIO, Fabrício Ricardo de Limas and ROBL FILHO, Ilton Norberto. Accountability e independência judiciais: uma análise da competência do Conselho Nacional de Justiça (CNJ). Rev. Sociol. Polit. online. 2013, vol.21, n.45, pp. 29-46. ISSN 0104-4478. http://dx.doi.org/10.1590/S0104-44782013000100004.

WEBB, G. Gregg. WHITTINGTON, Keith E. Judicial Independence, the Power of the Purse and Inherent Judicial Powers. In.: Judicatura, v. 88, n. 1, Jul/Ago 2004, disponível em http://www.princeton.edu/~kewhitt/inherent_judicature.pdf, acesso em dezembro de 2015

Parcerias público-privadas no poder judiciário: uma necessária revisão da atual orientação do Conselho Nacional de Justiça[1]

André Castro Carvalho
Bacharel, Mestre e Doutor em Direito pela Universidade de São Paulo. Professor da pós-graduação "lato sensu" da FGV Direito SP

Introdução

Muito provavelmente o Poder Judiciário brasileiro deve ser um dos maiores do mundo em termos de números de servidores e magistrados: segundo o censo do Poder Judiciário elaborado pelo Conselho Nacional de Justiça em 2014, está-se falando de um universo de 285.328 servidores e 16.812 magistrados[2].

Apenas para fins de comparação, nos Estados Unidos, com quase mais de 100 milhões de habitantes do que no Brasil, no último *Federal Employee Viewpoint Survey*, em 2014 (que envolve o Poder Executivo federal), foi registrado o número de 839.788 funcionários públicos federais[3]. Se no Brasil há algo próximo de 750 mil cargos no Poder Executivo Federal[4], então se pode

[1] Gostaria de agradecer a leitura e os pertinentes comentários de Murilo Ruiz Ferro a este artigo.
[2] Cf. CONSELHO NACIONAL DE JUSTIÇA. *Censo do Poder Judiciário – VIDE: Vetores iniciais e dados estatísticos*, p. 7. Disponível em: <http://www.cnj.jus.br/images/dpj/CensoJudiciario.final.pdf>. Acesso em: 13 jul. 2015.
[3] Cf. UNITED STATES OFFICE OF PERSONNEL MANAGEMENT. *Federal Employee Viewpoint Survey 2014*, p. 4. Disponível em: < http://www.fedview.opm.gov/2014FILES/2014_Governmentwide_Management_Report.PDF>. Acesso em: 13 jul. 2015.
[4] Cf. G1. *Planejamento divulga número de servidores públicos no Executivo*. Disponível em: <http://g1.globo.com/concursos-e-emprego/noticia/2014/07/planejamento-divulga-numero-de-servidores-publicos-no-executivo.html>. Acesso em: 13 jul. 2014.

estimar a importância que é conferida ao Poder Judiciário brasileiro ao se comparar com outros Poderes da federação brasileira.

O Brasil ocupa, no entanto, uma posição intermediária no *World Justice Project Rule of Law Index* de 2015 (46º lugar de 102 países avaliados), e é o quinto colocado no *ranking* regional da América Latina e Caribe, atrás de países de menor renda, como Jamaica, além de também estar em desvantagem em comparação a outros países do continente africano, como Senegal e Gana[5]. É difícil traduzir, para o português, a expressão inglesa *rule of law* – inclusive, o conceito utilizado para a elaboração do índice é *ad hoc* e envolve, *inter alia*, ausência de corrupção, garantia de cumprimento das leis e contenção dos demais Poderes por parte do Judiciário[6].

Certa "insatisfação" com os serviços jurisdicionais prestados, como pode se depreender da pesquisa mencionada, é oriunda de inúmeras razões que não cabem aqui em uma apertada análise. Entretanto, pode-se focalizar a discussão em um ponto cuja reclamação é bem presente por parte de servidores públicos e magistrados, advogados, promotores, procuradores e defensores, e os cidadãos em geral: a precária situação atual do *complexo material* do Poder Judiciário.

Esse complexo ou estrutura material – aqui não se emprega o termo *infraestrutura física*[7] por razões metodológicas já tratadas anteriormente – envolve desde os edifícios públicos (construção e manutenção predial) até os móveis e serviços administrativos, englobando, também, segurança, vigilância e portaria, alimentação, serviços de escritório, viaturas, etc. Há um grande potencial de melhora nesse complexo material, conforme se observará nesse texto, o que pode ser almejado por meio de contratos administrativos de Parcerias Público-Privadas – PPPs.

Todavia, o Conselho Nacional de Justiça, em 2014, em um caso hipotético de consulta quanto à possibilidade de uso de PPPs no Judiciário brasileiro, vetou a utilização desse instrumento que poderia, ao menos, criar um *benchmark* (paradigma) para se saber se, realmente, essa modalidade de gestão pública no Poder Judiciário pode trazer maiores benefícios do que a atual aplicada. E o grande complicador é que os argumentos utilizados foram acerca de questões superficiais que impediram a evolução de discussões mais substanciais

---

[5] Cf. WORLD JUSTICE PROJECT. *Rule of law Index 2015*, p. 69. Disponível em: < http://worldjusticeproject.org/sites/default/files/roli_2015_0.pdf>. Acesso em: 13 jul. 2015.

[6] Cf. WORLD JUSTICE PROJECT. *Rule of law Index 2015*, p. 14, table 1.

[7] Cf. CARVALHO, André Castro. *Direito da infraestrutura: perspectiva pública*. São Paulo: Quartier Latin, 2014, p. 133 et seq.

quanto à (in)viabilidade de PPPs no âmbito do Poder Judiciário, o que seria o desenrolar natural no prosseguimento da utilização desses contratos administrativos no âmbito do Judiciário.

É essa a ideia que será desenvolvida a seguir: estabelecer a importância das PPPs para o Poder Judiciário, traçando inicialmente o seu conceito, a sua utilização para o complexo material e a sua utilidade em um processo de *benchmarking*, para, em seguida, analisar o atual posicionamento no seio desse Poder, trazido pela Consulta nº 002583-36.2010.2.00.0000 no Conselho Nacional de Justiça, o qual estaria obstando a evolução e aprofundamento dessa discussão no Judiciário brasileiro.

1. Complexo material: gestão e criação de *benchmarkings*

1.1. O que é parceria público-privada – PPP?

Em apertada síntese, uma Parceria Público-Privada – PPP, no Brasil, é uma concessão *subsidiada*. Por conta de uma limitação jurídica existente na Lei de Concessões (Lei nº 8.987/1995), que exigia que um projeto de concessão fosse "autossustentável"[8], ou seja, custeado pelo próprio particular que assumiria o risco do negócio em questão (art. 2º, incisos II e III), houve a necessidade, quase dez anos depois, de edição de uma nova lei de concessões mais específica

---

[8] Cf. MOREIRA, Egon Bockmann. *Direito das concessões de serviço público: inteligência da Lei 8.987/1995 (Parte Geral)*. São Paulo: Malheiros, 2010, p. 328-329: "Se antes havia dúvidas quanto às hipóteses de pagamento feitos pelo concedente ao concessionário, elas se dissiparam desde a Lei 11.079/2004: nos termos do art. 2º, § 3º, da Lei das PPPs, às concessões ditas comuns é vedada a 'contraprestação pecuniária do parceiro público ao parceiro privado'. A partir de então, 'a noção de 'concessão comum' se qualifica: não é apenas o que se define por exclusão às concessões previstas na legislação setorial, mas também o que se opõe a concessão patrocinada e administrativa'. As concessões regidas exclusivamente pela Lei Geral não podem albergar transferência de verba pública para o concessionário, nem mesmo a título de subsídio. Em termos gerais, subsídios são auxílios em dinheiro efetivados pelo Poder Público para manter o preço pago pelo consumidor num nível abaixo do real. Esta espécie de favores dá-se de modo ativo, a implicar desembolso e transferência de verba pública que ingressa como receita para o concessionário, com a finalidade de o custo da prestação não ser arcado integralmente pelos usuários (mas em parte pelos contribuintes). Ocorre em projetos que não são autossustentáveis. Isso importa dizer que nas concessões comuns não são mais permitidos os ingressos que tomem a forma de concreta de contraprestação pecuniária pública".

PODER JUDICIÁRIO

– o que ilustrou a própria evolução administrativa das modelagens propostas pela Administração Pública durante toda essa década[9].

Essa nova norma é a Lei das Parcerias Público-Privadas (Lei nº 11.079/2004 – doravante Lei das PPPs), a qual, no art. 2º, deixa bem evidente que a PPP é o contrato administrativo de concessão, na modalidade patrocinada ou administrativa. É, portanto, a figura da concessão *subsidiada* que agora passava a estar prevista em lei específica. Com essa peculiaridade legal, a Lei de PPPs denominou de *concessão administrativa* o contrato de prestação de serviços em que a Administração Pública é usuária, direta ou indireta (art. 2º, § 2º), ainda que envolva o fornecimento de bens ou execução de obra.

Na verdade, internacionalmente, esse modelo de contratação aproxima-se muito do *Private Finance Initiative* – PFI, pois o principal critério que o diferencia das concessões ditas *comuns* ou *patrocinadas* é que não há cobrança de tarifa diretamente ao usuário do serviço[10]: quem o custeia são todos os cidadãos, por meio do orçamento público, não havendo, por exemplo, a incidência do princípio do benefício[11].

Quando se discute a possibilidade de PPPs nos edifícios públicos – *in casu*, os fóruns – e outros serviços associados a esse complexo material, coloca-se relevo a essa hipótese de PFI, é dizer, de uma "concessão administrativa", visto que não haveria como modelar, juridicamente, um projeto de cobrança de tarifas diretamente aos usuários no caso da prestação jurisdicional – sobretudo em razão da indelegabilidade de tal atividade a particulares. Em observância a essa problemática, a própria Lei de PPPs previu a indelegabilidade da função jurisdicional no seu art. 4º, inciso III.

Em resumo, ao se discutir a viabilidade de PPPs no âmbito do Poder Judiciário, deve-se cingir a discussão às concessões administrativas, previstas no art. 2º, § 2º, da Lei nº 11.079/2004, para se superar essa questão inicial.

---

[9] Cf. SUNDFELD, Carlos Ari. Guia jurídico das Parcerias Público-Privadas. In: _____. (coord.). *Parcerias Público-Privadas*. São Paulo: Malheiros, 2005, p. 19.

[10] Cf. CARVALHO, André Castro. Legal aspects of highway PPPs in Brazil. *Latin American Regional Forum*. v. 7. n. 2. Dec. 2014, p. 49.

[11] Cf., quanto ao princípio do benefício e ao *user-fee principle*, CARVALHO, André Castro. *Vinculação de receitas públicas*. São Paulo: Quartier Latin, 2010, p. 24-25.

1.2. O que é complexo material?

Consoante exposto, o que se vislumbra como passível de concessão no Poder Judiciário não é o "serviço público"[12] jurisdicional em si, mas sim os equipamentos públicos e suas atividades acessórias, relacionadas indiretamente à prestação jurisdicional – essas, sim, dentro do escopo da Lei das PPPs. É o que denominamos, para facilitar a estruturação do raciocínio, de *complexo material* que orbita a atividade jurisdicional – para não haver confusão com o *complexo imaterial*, que é o próprio serviço público jurisdicional, indelegável pela sua própria natureza.

Envolveria, em suma, os *edifícios públicos* e os *equipamentos administrativos* no que concerne às intervenções como obras públicas, na classificação de Hely Lopes Meirelles[13], bem como todos os serviços acessórios a esses edifícios e equipamentos, tais como segurança e controle de entrada de pessoas, alimentação, endereçamento postal e *courier*, material de escritório e serviços de digitalização e fotocópias, elevadores, iluminação, tecnologia da informação – TI, limpeza e primeiros socorros. Trata-se de apenas uma lista exemplificativa do que poderia ser delegável dentro desse complexo material, podendo envolver outros serviços dentro de uma modelagem de PPP para edifícios públicos e equipamentos administrativos relacionados à prestação jurisdicional.

Fato é que, atualmente, a grande maioria dos serviços listados acima é executada por empregados terceirizados ou empresas de prestação de serviços, em ambos os casos contratados mediante processo de licitação, sem que os empregados estejam regidos pelo Estatuto dos Servidores Públicos do respectivo Estado da federação (ou União). Em suma, serviços que já são prestados por empresas privadas por intermédio de contratos administrativos, muitas vezes licitados na modalidade de pregão (Lei nº 10.520/2002).

Uma concessão administrativa serviria para agrupar todos esses serviços, juntamente com as obras de *construção, reforma e ampliação* do edifício público[14], sob a responsabilidade e gestão uniforme de uma empresa, na forma de Sociedade de Propósito Específico (SPE), que passaria a ser a responsável por entregar os mesmos serviços segundo parâmetros de qualidade definidos contratualmente – podendo, inclusive, subcontratar os serviços se entender

---

[12] Aqui não se adentrará na discussão do conceito de serviço público, sobretudo referente à atividade jurisdicional e se essa estaria dentro do conceito de serviço público.

[13] *Direito administrativo brasileiro*. 37. ed. Atualizada por Eurico de Andrade Azevedo, Délcio Balestero Aleixo, José Emmanuel Burle Filho. São Paulo: Malheiros, 2011, p. 262.

[14] Ainda seguindo a terminologia de Hely Lopes Meirelles (*Direito...*, p. 263).

PODER JUDICIÁRIO

que eles possam ser oferecidos de maneira mais eficiente e econômica à Administração Pública – sem se eximir, evidentemente de sua responsabilidade perante o contratante.

A principal vantagem é que essa concentração em uma empresa no formato de SPE, em um único contrato administrativo de longo prazo, para um tomador exclusivo dos serviços (o Poder Judiciário em questão, visto que a SPE não poderá prestar serviços para qualquer outro tomador), traz ganhos de eficiência que não são possíveis quando os serviços do complexo material estão pulverizados nas mãos – e responsabilidades – de vários prestadores de serviços.

Dentro dessa explanação, percebe-se que a concessão administrativa *em nada inova no que já ocorre dentro da gestão do Poder Judiciário*. Não é imprescindível, embora altamente desejável. Seria, por derradeiro, uma maneira de trazer *maior eficiência administrativa ao concentrar tais serviços em um único contrato, com um único prestador particular e dentro de um horizonte de longo prazo (mais de cinco anos) – facilitando, inclusive, a própria fiscalização do cumprimento do contrato e imposição de sanções pelo seu inadimplemento.*

Eis que, quando se for referir às possibilidades de PPPs no Poder Judiciário, a discussão estará restrita a essa hipótese aventada. *Complexo material, portanto, significa todas as atividades de função administrativa do Poder Judiciário que não englobam a atividade jurisdicional.*

1.3. Por que há a criação de um processo de *benchmarking*?

Benchmarking é um conceito amplamente empregado em administração quando uma empresa compara processos com outra e, dessa forma, percebe pontos em que o seu desempenho pode ser melhorado em relação às melhores práticas observadas em sua "concorrente" utilizada como parâmetro[15].

O fato de o Poder Judiciário ser fragmentado dentro do federalismo brasileiro (dividido em Poder Judiciário Federal e Estaduais), bem como por

---

[15] O processo de *benchmarking* tem tido bastante aceitação na literatura econômica no sentido de se estabelecer parâmetros para o setor de utilidades públicas. Cf., no que concerne à sua utilização no setor elétrico, DIEWERT, W. Erwin; NAKAMURA, Alice O. Benchmarking and the measurement of best practice efficiency: an electricity generation application. *The Canadian Journal of Economics / Revue canadienne d'Economique*. Vol. 32. No. 2, Special Issue on Service Sector Productivity and the Productivity Paradox (Apr., 1999), pp. 570-588. Cf., quanto ao conceito básico de *benchmarking*, WIKIPEDIA. *Benchmarking*. Disponível em: <https://pt.wikipedia.org/wiki/Benchmarking>. Acesso em: 17 jul. 2015.

matéria/competência (Comum, Trabalho, Eleitoral, Militar), faz com que haja a possibilidade de comparação de desempenho na gestão entre as diversas Justiças no que concerne à administração e gestão dos edifícios e equipamentos administrativos relacionados à atividade jurisdicional, bem como a própria gestão financeira desse complexo material.

Isso significa que existe a possibilidade em que a gestão e administração de um fórum ou tribunal em específico, por exemplo, possa servir como comparação para todos os demais do País, o que traz um efeito benéfico de "competição" para a melhoria da prestação da própria atividade jurisdicional. Não por acaso, foi um Tribunal de um Estado específico da Federação (o Tribunal de Justiça do Estado do Maranhão) quem teve a iniciativa de apresentar a consulta que deu origem ao atual entendimento do CNJ sobre a matéria. É só imaginar como o TJ-MA poderia auferir as vantagens de uma PPP ao isso se refletir em melhor qualidade ou celeridade dos serviços associados à prestação jurisdicional, criando *benchmarks* para os demais Tribunais, que teriam que também cogitar novos modelos mais eficientes de administração e gestão do complexo material jurisdicional.

Nos casos em que é possível a eleição de foro, como na Justiça comum, a criação de *benchmarks* pode, inclusive, influenciar a decisão dos particulares interessados na atividade jurisdicional. *Mutatis mutandis*, isso é algo que já ocorre no federalismo norte-americano com o fenômeno do *vote with your feet* em matéria de serviços públicos[16] – seria a aplicação da teoria de Charles Tiebout ao Poder Judiciário, guardadas as devidas diferenças. Em larga escala, a consequência negativa é que isso também poderia fomentar a figura do *free rider* ou *efeito carona* entre os Tribunais: poderia ser uma forma de alguns foros "livrarem-se" do excesso de volume de certas ações pela existência de outro mais eficiente e abrigado pela cláusula de eleição de foro. Porém, o Código de Processo Civil, de certa forma, mitiga esse efeito negativo ao restringir a cláusula de eleição do foro a circunstâncias muito específicas (Seção III do Capítulo II, Título IV do CPC). Logo, a princípio, a criação de um processo de *benchmarking* tem mais a beneficiar do que prejudicar a atividade jurisdicional entre os entes federativos do país.

Por conseguinte, *a possibilidade de haver um processo de* benchmarking *– isto é, um processo de estabelecimento de parâmetros para melhores práticas – serviria,*

---

[16] Cf. CARVALHO, André. Mecanismos para a otimização do federalismo fiscal brasileiro. In: BRAGA, Carlos Eduardo Faraco, SCAFF, Fernando Facury, e CONTI, José Mauricio (Org.) *Federalismo fiscal: questões contemporâneas*. Florianópolis: Conceito, 2010, p. 173.

PODER JUDICIÁRIO

principalmente, como uma excelente ferramenta de avaliação da administração e gestão dentro do planejamento no Poder Judiciário, a fim de se aferir o resultado final de cada Justiça, dentro de sua competência, na questão dos serviços acessórios à esfera jurisdicional – ou, em outras palavras, qual estaria entregando a prestação jurisdicional com mais qualidade ao jurisdicionado.

O Conselho Nacional de Justiça – CNJ, por exemplo, poderia se aproveitar dessa "competição" saudável entre os diversos Judiciários a fim de aferir a qualidade do serviço entregue ao jurisdicionado a cada ano, o que criaria um círculo virtuoso em matéria de gestão pública no Poder Judiciário.

Todavia, conforme será delineado, o próprio CNJ, quem se beneficiaria sobremaneira no exercício de sua competência constitucional (controle da atuação administrativa e financeira do Poder Judiciário, nos termos do § 4º do art. 103-B da Constituição Federal) com o uso disseminado das PPPs, aparentemente não vislumbrou os benefícios de gestão administrativa oriundos do uso das concessões administrativas no Poder Judiciário – ou, em outras palavras, parece ter ignorado a possibilidade de estabelecimento de um processo de *benchmarking* importante para a gestão e administração do complexo material, o qual tem impacto direto na qualidade da prestação jurisdicional oferecida aos cidadãos.

2. Análise dos argumentos expostos no voto da consulta nº 002583--36.2010.2.00.0000 AO CNJ

2.1. Origem e o resultado da consulta

A Consulta nº 002583-36.2010.2.00.0000 no âmbito do Conselho Nacional de Justiça, apresentada pelo Tribunal de Justiça do Estado do Maranhão, sob relatoria do Conselheiro Paulo Tamburini, pronunciou-se, em tese, quanto à possibilidade de uso das PPPs nas "atividades-meio" do Poder Judiciário – excluindo a atividade jurisdicional. Ou seja, dentro de seu plano de melhoria da gestão do complexo material, o TJ-MA vislumbrava a utilização dessa ferramenta como alternativa à sua disposição pela legislação brasileira.

A dúvida quanto à viabilidade do uso da ferramenta fez com que houvesse uma consulta, em tese, ao CNJ. Ao final do processo, a Consulta chegou à conclusão pela negativa do uso da ferramenta, sob os seguintes argumentos, exarados no voto do Vice-Presidente Ayres Britto:

a) Uso da ferramenta seria possível apenas por parte do Poder Executivo, pelo uso da expressão órgãos da "Administração Pública" em maiúsculo, conforme art. 1º da Lei das PPPs, o que não englobaria o Poder Judiciário;

b) Inviabilidade de enquadramento, tanto da concessão patrocinada como da concessão administrativa, no conceito de prestação desses serviços que não envolvessem a atividade jurisdicional, à luz do liame intrínseco entre usuário e tarifa – dado que a fonte constitucional de financiamento do Judiciário é o orçamento público e as custas e emolumentos, incompatível, portanto, com a exploração econômica do serviço;

c) Exigência da Lei das PPPs para a expedição de decreto pelo Chefe do Executivo para instituição do órgão gestor de PPPs, o que levaria a uma violação à separação de poderes (art. 2º, CF) em virtude de esse órgão ser composto de servidores públicos vinculados ao Poder Executivo.

Como se depreende da linha de raciocínio exarada no Voto, houve um foco mais cuidadoso nas discussões formais que circundam as PPPs. Outras questões materiais de maior relevância, que poderiam ser ventiladas – tais como limites de despesas por parte do Poder Judiciário com PPPS, atividades do complexo material passíveis de delegação, estruturas de garantias possíveis, entre inúmeras outras –, foram evitadas. Ressalte-se que essas outras questões poderiam, por si só, justificar a inviabilidade de PPPs no Poder Judiciário, mas nem sequer se chegou ao mérito de se amadurecer o uso das PPPs para se partir para discussões mais específicas e peculiares do instituto.

Ao final, as discussões centraram-se em aspectos formais a fim de justificar a inviabilidade do instituto para o Poder Judiciário, obstando a evolução da matéria e praticamente sepultando a polêmica tanto para fins acadêmicos como para os operadores do Direito nessa área de concessões e PPPs. Consoante será debatido a seguir, tal posicionamento não pode prosperar e deve ser superado a fim de dar espaço a discussões mais relevantes quanto à (in)viabilidade de PPPs no Poder Judiciário.

2.2. A análise de cada um dos pontos aventados no voto

2.2.1. A expressão "administração pública" em maiúscula

De início, suprime-se da análise o uso da expressão "órgãos da Administração Pública", haja vista que todos os Poderes da Federação são, em última instância, considerados órgãos por si só, é dizer, como órgãos independentes[17]. Por conseguinte, seria inconclusivo se extrair quaisquer conclusões pelo uso do termo "órgãos" pela Lei de PPPs.

Quanto ao uso da expressão "Administração Pública" em maiúsculo ou minúsculo, a despeito dessa discussão ortográfica, é preferível adotar a distinção conceitual de Maria Sylvia Zanella Di Pietro[18] entre Administração Pública *em sentido objetivo* e *em sentido subjetivo*, muito mais completa para a compreensão do tema. Em sentido objetivo, significa as atividades exercidas pelas pessoas jurídicas, órgãos ou agentes, as quais representam a própria *função administrativa* – envolvendo fomento, polícia administrativa e serviço público.

Ou, em um sentido mais amplo, qualquer atividade estatal residual que não esteja englobada na atividade legislativa/normativa ou jurisdicional, e exercível por qualquer um dos Poderes do Estado, conforme conceito de Diogo de Figueiredo Moreira Neto[19].

Em sentido subjetivo, são os sujeitos que exercem a função administrativa – a qual, conforme ressalta a autora, pode ser exercida por todos os Poderes, visto que a Constituição Federal não adota o regime da separação absoluta, mas sim o da *especialização de funções*, as quais são exercidas por órgãos dentro dos demais dois Poderes que não o Executivo[20].

José Mauricio Conti[21] também adverte que o uso da expressão "Administração Pública" não pode se resumir à atividade do Poder Executivo, sob pena de se ignorar o que ocorre, na prática, no Estado brasileiro. Sustenta o jurista que, sob o aspecto financeiro e administrativo, o Poder Judiciário integra, sim, a Administração Pública.

Percebe-se, ao final, que essa distinção gráfica entre os vocábulos apresentados em maiúsculo ou em minúsculo não se coaduna com a doutrina

---

[17] Cf. MEIRELLES, Hely Lopes. *Direito...*, p. 71.

[18] *Direito administrativo*. 25. ed. São Paulo: Atlas, 2012, p. 50-58.

[19] *Curso de direito administrativo*. 15. ed. Rio de Janeiro: Forense, 2009, p. 23.

[20] Essa é a opinião quase que majoritária da doutrina. Cf., por todos, JUSTEN FILHO, Marçal. *Curso de direito administrativo*. 8 ed. Belo Horizonte: Fórum, 2012, p. 89.

[21] Cf. *A autonomia financeira do Poder Judiciário*. São Paulo: MP Editora, 2005, p. 37-38.

majoritária ao definir Administração Pública, e o próprio exercício da função administrativa. Essa distinção supostamente conceitual exacerbou-se, sobretudo, com o conceito dado a *Administração Pública* para fins do disposto na Lei nº 8.666/1993, a Lei de Licitações (art. 6º, XI).

Há que se considerar, igualmente, que a Constituição Federal apenas grafou a expressão em maiúsculo no art. 81 do ADCT, incluído pela Emenda Constitucional nº 31/2000, o qual não faz parte do Poder Constituinte Originário. Em todo o resto do corpo constitucional, a expressão é usada em minúsculo. A própria expressão aparece somente duas vezes, em maiúsculo, no Decreto-Lei nº 200/1967 – em uma delas acompanhada do termo "Federal". Fosse relevante essa distinção, todo o texto constitucional teria que ser alterado a fim de comportar Administração Publica em maiúsculo (vinculada ao Poder Executivo) e administração publica em minúsculo (que abrigaria os demais Poderes do Estado).

Por outro lado, ainda que haja um conceito na Lei de Licitações de *Administração Pública* em maiúsculo – e que pudesse suscitar essa discussão gráfica –, não existe um conceito normativo do termo em minúsculo, mas tão somente doutrinário. Por essa razão que essa distinção de grafia passou a se apresentar mais em discussões teóricas do que, efetivamente, na prática administrativa brasileira.

Poder-se-ia sustentar que o conceito da Lei nº 8.666/1993 é aplicável subsidiariamente à Lei das PPPs – muito embora exista a ressalva no art. 3º, §3º, da Lei das PPPs, de que os contratos administrativos que não sejam oriundos de concessões continuam regidos pela Lei de Licitações. Entretanto, em se considerando a aplicação subsidiária da Lei de Licitações como norma geral em contratação pública (art. 22, inciso XXVII, da CF), ter-se-ia a aplicação do conceito normativo de Administração Pública, em maiúsculo, para os contratos de PPPs. Esse poderia ser um caminho interpretativo a fim de se defender tal distinção gráfica.

Ocorre que, em se imaginando que o vocábulo "Administração Pública" somente seria aplicável às contratações públicas por parte do Poder Executivo, o Brasil estaria, há pelo menos vinte e dois anos, contratando irregularmente obras e serviços para o Poder Legislativo e o Poder Judiciário sob a égide da Lei de Licitações, haja vista a necessidade de norma específica para esses dois Poderes poderem contratar obras e serviços como "administração pública". A prova de que esta situação irônica – e irregular – não se verifica na prática é que o conceito dado por Administração Pública para fins de contratação administrativa prescinde dessa distinção ortográfica, fazendo com que tanto

Poder Legislativo como Poder Judiciário se utilizem da Lei de Licitações nas contratações públicas.

Apenas para fins de registro, a diferenciação mais importante que advém da teoria das contratações públicas é entre os termos *Administração* e *Administração Pública*, os quais são ambos conceituados pela Lei de Licitações, trazendo uma consequência importante no que concerne à aplicação das penalidades de suspensão temporária e declaração de inidoneidade do contratado[22]. Contudo, distinções entre *administração pública* e *Administração Pública* costumam não ter maior relevância nas contratações públicas, sendo apenas uma discussão teórica que não pode se sobrepor à *intentio legis*.

Portanto, mesmo raciocínio deveria ser aplicado na interpretação da Lei das PPPs, ignorando-se tal distinção, visto que a ementa da Lei de Licitações é específica ao expressar que "[r]egulamenta o art. 37, inciso XXI, da Constituição Federal, institui normas para licitações e contratos da *Administração Pública* e dá outras providências." Em síntese, ambas as leis usam a expressão em maiúsculo – e se é permitido ao Poder Judiciário contratar via Lei de Licitações, por que não o seria via Lei de PPPs?

À guisa de conclusão, *não assiste razão, legal ou doutrinária, à distinção da grafia "Administração Pública" em maiúsculo ou minúsculo para fins de aceitação ou não das PPPs como modalidade de contratação administrativa no âmbito do Poder Judiciário.*

2.2.2. A inviabilidade de enquadramento como concessão administrativa

A ressalva feita alhures[23] foi ao encontro da argumentação sustentada no Voto para descrever a inviabilidade das concessões patrocinadas no Poder Judiciário. É que, como não se trata de um "serviço público" remunerado mediante tarifa, além de a própria atividade jurisdicional ser indelegável, não haveria condições de se modelar juridicamente uma PPP para a atividade jurisdicional. Essa linha de raciocínio, portanto, não merece qualquer reproche.

É por essa razão que se centrou a discussão na hipótese dos serviços que orbitam e incluem o que se chamou inicialmente de *complexo material* da atividade jurisdicional, que são aquelas atividades acessórias e não conectadas intrinsecamente com a atividade jurisdicional – o que se denominou, no Voto, como *atividade-meio* do Poder Judiciário, em alusão à distinção feita no Direito

---

[22] Cf., por todos, NIEBUHR, Joel de Menezes. *Licitação pública e contrato administrativo*. 3. Ed. Belo Horizonte: Fórum, 2013, p. 1012 et seq.

[23] Cf. item 1.1 supra.

do Trabalho. A preferência por uma expressão diferente – *complexo material* – ao invés da consagrada expressão "atividade-meio" serve para não acarretar confusões conceituais em referência ao instituto típico do Direito do Trabalho com o que se ora discute.

De fato, da mesma maneira que o argumento exposto no item anterior[24] invalida juridicamente vinte e dois anos de prática de contratações públicas feitas no Poder Judiciário sob a Lei de Licitações, a mesma defesa aqui inviabilizaria milhares de contratos administrativos firmados com particulares para fornecimentos de serviços e obras ao Poder Judiciário, como segurança, vigilância, limpeza, etc.

Seria o caso de se rescindir todos esses contratos de terceirização de serviços, e o Poder Judiciário criar diversos cargos para preenchimento por meio de concursos públicos para tais atividades – inclusive, até o próprio CNJ se encontraria em tal situação. Não parece, por evidência, que essa seja a melhor solução para aumentar a eficiência administrativa do Poder Judiciário.

Ao se entender que esses serviços não são passíveis de contratos de PPPs por razão de estarem "submetidos a regime igualmente vinculante das figuras de usuário e da tarifa", como exarado no Voto, há um equívoco na compreensão da figura da concessão administrativa, o PFI brasileiro, e sua função e sistemática dentro da contratação publica sob a lógica de contrato de longo prazo.

Nessa modalidade de contratação, o custeio não é feito pelo "usuário" ou por qualquer outra fonte de financiamento externa relacionada diretamente ao serviço do qual a Administração Pública é usuária direta ou indireta: aqui, o custeio é feito pelo próprio Estado, com base nas verbas orçamentárias disponíveis[25], indo exatamente na direção do que sustenta o Voto. O seu custeio, portanto, é promovido da mesma forma que os atuais contratos de prestação de serviços são arcados atualmente pelo Poder Judiciário. Tal argumento, ao invés de invalidar, somente reforça a utilização das PPPs administrativas – o que demonstra a existência de uma má-compreensão do instituto da concessão administrativa.

Enfim, não haverá alteração da sistemática orçamentária e de remuneração pelos serviços e obras ofertados, seja por meio de contratos de prestação de serviços, seja por meio de contratos de concessão administrativa. A principal

---

[24] Cf. item 2.2.1 supra.

[25] Pode-se conceber também o uso das custas e emolumentos em uma estrutura de garantia pública para a concessão administrativa – mas essa discussão quanto à sua viabilidade jurídica não vem ao caso neste texto e merece maior aprofundamento.

PODER JUDICIÁRIO

diferença – que serve, inclusive, de fundamento para severas críticas a essa modalidade de contratação, por se tratar de um contrato de prestação de serviços travestido de concessão[26] – é que se estará diante de um contrato de prestação de serviços com mais de cinco anos de vigência, trazendo, por consequência, algumas preocupações fiscais quanto às despesas no médio e longo prazo, bem como na estruturação de garantias ao prestador do serviço – conforme se verá adiante[27].

Em síntese, as *concessões administrativas são modalidades de contratação pública possíveis no Poder Judiciário, haja vista que outros contratos de prestação de serviços já são realizados no âmbito do próprio Poder, não havendo alterações na respectiva fonte de financiamento, seguindo-se a sistemática orçamentária própria de tais contratos administrativos.*

2.2.3. a submissão do poder judiciário aos órgãos gestores de PPPs

Finalmente, em um tom um tanto quanto de *cherry picking*, o argumento final do Voto que sacramenta a inviabilidade de PPPs no Poder Judiciário é a existência do órgão gestor de PPPs previsto no art. 14 da Lei das PPPs, o qual é composto, basicamente, por representantes do Poder Executivo, incluindo o responsável pelo Ministério da Fazenda e do Orçamento, Planejamento e Gestão (na esfera federal), o que violaria o princípio da tripartição dos Poderes. Isso porque, na esteira do argumento, as atividades do Judiciário não podem estar submetidas a um órgão instituído por decreto por parte do Poder Executivo. Tal concepção, embora não exposta no Voto, poderia ser estendida aos órgãos gestores de PPPs na esfera estadual.

O argumento está correto, mas sustentando as razões equivocadas, trazendo o tom *cherry picking* que aparentemente inviabilizaria a existência de PPPs no Poder Judiciário. Ocorre que, justamente em homenagem ao princípio da tripartição dos Poderes, esse e outros dispositivos da Lei das PPPs devem ser concebidos sob uma interpretação conforme a constituição para não serem aplicáveis nessa forma restritiva quando se tratar de PPPs no âmbito do Poder Legislativo ou Poder Judiciário[28].

---

[26] Cf. BANDEIRA DE MELLO, Celso Antonio. *Curso de direito administrativo*. 25. ed. São Paulo: Malheiros, 2008, p. 764-765

[27] Cf. item 2.2.3 infra.

[28] É pertinente a observação de Lucas Rocha Furtado (*Curso de direito administrativo*. 4. ed. Belo Horizonte: Fórum, 2013, p. 79): "O aplicador das normas do Direito Administrativo, bem como de qualquer outro ramo do Direito, deve procurar solução que concilie os princípios. Se a lei permite

Um dos tópicos é com relação ao órgão gestor de PPPs, criado com uma finalidade, entre outras, de trazer controle fiscal ao uso das PPPs pelo Poder Executivo, tendo em vista que membros da Fazenda e Orçamento, Planejamento e Gestão têm voz ativa nos processos de PPPs. Outros exemplos são o art. 22, que permite que a União somente possa contratar PPPs quando a soma das despesas de caráter continuado derivadas do conjunto de parcerias não tiver excedido a 1% da receita corrente líquida do exercício, e a regra do art. 28, que veda à União oferecer garantia ou realizar transferências voluntárias aos Estados quando as despesas de caráter continuado derivadas do conjunto de parcerias desses entes tiver excedido 5% da receita corrente líquida do exercício.

Porém, para uma interpretação conforme a constituição, não se pode conceber PPPs por parte do Poder Judiciário ou do Poder Legislativo que estejam submetidas a certas limitações ou ingerências por parte do Poder Executivo, em homenagem à autonomia financeira que esses Poderes desfrutam na gestão das suas respectivas verbas orçamentárias. Até porque essa limitação de despesas ocorre no processo de elaboração da peça orçamentária, quando do envio do Projeto de Lei de Diretrizes Orçamentárias ao Poder Legislativo, elaborado pelo Poder Executivo[29]. Ou seja, algumas limitações e restrições foram estabelecidas se pensando no Poder Executivo, e não no Estado propriamente dito (que envolve também o Judiciário e o Legislativo).

É evidente que a preocupação fiscal do legislador, ao incluir essas regras fiscais ao Poder Executivo, deve se refletir nas PPPs realizadas por outros Poderes do Estado brasileiro. Por essa razão que, para que as PPPs possam ser viabilizadas nesses Poderes, haveria a necessidade de edição de normas próprias em conformidade com as estabelecidas ao Poder Executivo, adequadas, cada uma, à situação do Poder em questão. Isso é plenamente possível dentro do exercício da competência normativa atípica (função administrativa) desses dois Poderes para a autorregulação de suas funções típicas no Estado brasileiro.

Fato é que tal sugestão de edição normativa específica poderia ser veiculada no Voto, ainda que servisse para justificar a impossibilidade de PPPs no Judiciário por ausência de norma específica, tendo em vista que se tratava

---

mais de uma solução de agir, deve o administrador buscar aquela que melhor realize a eficiência. [...]. Ao interpretar a lei, deve o gestor buscar a solução mais eficiente, de modo a realizar os dois princípios (legalidade e eficiência), e não apenas um deles."

[29] Cf. CONTI, José Mauricio. *A autonomia ...*, p. 102-106.

de um procedimento de posicionamento hipotético mediante uma consulta formulada ao CNJ.

Cingindo-se à análise do órgão gestor de PPPs, é plenamente possível que o próprio Poder Judiciário defina o seu órgão gestor, que poderia estar sob a coordenação do Conselho Nacional de Justiça, para a análise de viabilidade das PPPs que intenciona fazer dentro de sua atribuição constitucional. Por exemplo, o Poder Judiciário de um Estado da Federação poderia criar um órgão gestor de PPPs dentro de seu próprio Poder Judiciário, com participação de representantes do CNJ, a fim de avaliar os seus respectivos projetos de PPPs, sem que haja a subordinação do Poder Judiciário ao órgão gestor de PPPs do Poder Executivo – este, sim, com o precípuo escopo de avaliar os seus respectivos projetos –, respeitando-se, dessa forma, a autonomia dos Poderes.

Como conclusão, *a existência de órgão gestor no Poder Executivo* não inibe a realização de PPPs no Poder Judiciário, porquanto será *possível que o próprio Poder Judiciário estruture o seu órgão gestor de PPPs, sendo viável a colaboração e participação do Conselho Nacional de Justiça nesse processo, a fim de analisar o mérito das propostas de PPPs apresentadas nos respectivos Tribunais.*

Conclusão

O objetivo desse breve artigo foi o de trazer alguns novos elementos para uma melhor reflexão, com a consequente sugestão de revisão do atual posicionamento do Conselho Nacional de Justiça quanto à inviabilidade de utilização de PPPs no âmbito do Poder Judiciário.

Conforme ficou observado no texto, os argumentos levantados, explorados não extensivamente e focados nos aspectos formais, não se prestam a invalidar a aplicação do instituto no âmbito do Poder Judiciário. Pelo contrário: devem ser superados para que questões mais relevantes e polêmicas acerca das PPPs no Judiciário possam amadurecer e ganhar corpo.

Uma delas é quanto à submissão ao Poder Judiciário das regras e limitações fiscais impostas ao Poder Executivo. A peculiaridade das PPPs no Poder Judiciário – objeto mais estrito e que exibe menor leque de opções em comparação ao Executivo – talvez faça com que essas considerações não tenham reflexos nas regras e limitações fiscais às quais o Poder Executivo se sujeita. Afinal, não haveria como o Poder Executivo de um Estado da federação sofrer as restrições do art. 28 da Lei das PPPs por conta de uma PPP realizada pelo Tribunal de Justiça de seu Estado ter feito com que o limite indicado fosse extrapolado – até porque a decisão de concretizar ou não a PPP estaria dentro da competência do Presidente do Tribunal, e não do Governador do Estado (em respeito ao art. 2º da Constituição Federal).

No entanto, isso não significa que o Poder Judiciário pode prescindir dessa preocupação fiscal em suas PPPs: o modo de como essa preocupação deve ser amadurecida dentro desse Poder (submissão às mesmas limitações, a outras limitações, ou a total ausência de submissão) são questões a serem desenvolvidas com mais cuidado para conformar a autonomia financeira do Poder Judiciário com as regras de responsabilidade fiscal impostas ao Estado brasileiro.

Outro ponto é no tocante à estruturação de garantias para os contratos de prestação de serviços sob a modalidade de PPP. Poderiam as custas e emolumentos ser utilizadas como garantias de curto prazo na programação dos pagamentos da contraprestação administrativa (por exemplo, dentro de um período de inadimplência de três a seis meses por parte do Poder Judiciário), por meio de uma vinculação de receitas, conforme prevê o art. 8º, I, da Lei das PPPs?

E quais seriam os limites dos serviços do complexo material passíveis de delegação? Somente aqueles que já vêm sendo terceirizados pelo Poder Judiciário, como limpeza, vigilância e a gestão do edifício público, ou outros serviços relacionados mais intimamente à atividade jurisdicional – como os sistemas de TI, transporte em viaturas, serviços de digitalização e fotocópia, aplicativos de celular e manutenção de sites na Internet, gestão de armazenamento em nuvem, dentre outros?

Por fim, o Conselho Nacional de Justiça poderia regulamentar a possibilidade de apresentação de propostas de PPPs, por parte de particulares interessados, aos mais diversos Tribunais da Federação? São os atualmente denominados Procedimento de Manifestação de Interesse – PMIs ou Manifestação de Interesse da Iniciativa Privada – MIPS, muito úteis para suscitar essas e outras questões que podem se tornar problemáticas no curso de uma PPPs, e que já seriam submetidas à ampla discussão em uma etapa inicial, envolvendo Poder Público e iniciativa privada.

O fato é que a evolução de tais discussões, muito interessante e relevante do ponto de vista acadêmico e da prática profissional dos operadores do Direito, fica obstada pelo atual entendimento do CNJ, que não proporcionou dar esse passo adiante para se discutir, efetivamente, se as PPPs são ou não viáveis juridicamente dentro do Poder Judiciário. Esperamos que possa haver o amadurecimento e a revisão do atual entendimento com o passar do tempo, para que a ciência jurídica possa fazer o seu papel de apresentar soluções a fim de aprimorar a prestação da atividade jurisdicional no País.

Referências

BANDEIRA DE MELLO, Celso Antonio. *Curso de direito administrativo*. 25. ed. São Paulo: Malheiros, 2008.

CARVALHO, André Castro. *Direito da infraestrutura: perspectiva pública*. São Paulo: Quartier Latin, 2014.

_____. Legal aspects of highway PPPs in Brazil. *Latin American Regional Forum*. v. 7. n. 2. p. 48. Dec. 2014.

_____. Mecanismos para a otimização do federalismo fiscal brasileiro. In: BRAGA, Carlos Eduardo Faraco, SCAFF, Fernando Facury, e CONTI, José Mauricio (Org.) *Federalismo fiscal: questões contemporâneas*. Florianópolis: Conceito, 2010, p. 165-95.

_____. *Vinculação de receitas públicas*. São Paulo: Quartier Latin, 2010.

CONSELHO NACIONAL DE JUSTIÇA. *Censo do Poder Judiciário – VIDE: Vetores iniciais e dados estatísticos*. Disponível em: <http://www.cnj.jus.br/images/dpj/CensoJudiciario. final.pdf>. Acesso em: 13 jul. 2015.

CONTI, José Mauricio. *A autonomia financeira do Poder Judiciário*. São Paulo: MP Editora, 2005.

DIEWERT, W. Erwin; NAKAMURA, Alice O. Benchmarking and the measurement of best practice efficiency: an electricity generation application. *The Canadian Journal of Economics/Revue canadienne d'Economique*. Vol. 32. No. 2, Special Issue on Service Sector Productivity and the Productivity Paradox (Apr., 1999), pp. 570-588.

FURTADO, Lucas Rocha. *Curso de direito administrativo*. 4. ed. Belo Horizonte: Fórum, 2013.

G1. *Planejamento divulga número de servidores públicos no Executivo*. Disponível em: <http://g1.globo.com/concursos-e-emprego/noticia/2014/07/planejamento-divulga-numero--de-servidores-publicos-no-executivo.html>. Acesso em: 13 jul. 2014.

JUSTEN FILHO, Marçal. *Curso de direito administrativo*. 8. ed. Belo Horizonte: Fórum, 2012.

MEIRELLES, Hely Lopes. *Direito administrativo brasileiro*. 37. ed. Atualizada por Eurico de Andrade Azevedo, Délcio Balestero Aleixo, José Emmanuel Burle Filho. São Paulo: Malheiros, 2011.

MOREIRA, Egon Bockmann. *Direito das concessões de serviço público: inteligência da Lei 8.987/1995 (Parte Geral)*. São Paulo: Malheiros, 2010.

MOREIRA NETO, Diogo de Figueiredo. *Curso de direito administrativo*. 15. ed. Rio de Janeiro: Forense, 2009.

NIEBUHR, Joel de Menezes. *Licitação pública e contrato administrativo*. 3. ed. Belo Horizonte: Fórum, 2013.

SUNDFELD, Carlos Ari. Guia jurídico das Parcerias Público-Privadas. In: _____. (coord.). *Parcerias Público-Privadas*. São Paulo: Malheiros, 2005, p. 15-44.

UNITED STATES OFFICE OF PERSONNEL MANAGEMENT. *Federal Employee Viewpoint Survey 2014*. Disponível em: < http://www.fedview.opm.gov/2014FILES/2014_Governmentwide_Management_Report.PDF>. Acesso em: 13 jul. 2015.

WIKIPEDIA. *Benchmarking*. Disponível em: <https://pt.wikipedia.org/wiki/Benchmarking>. Acesso em: 17 jul. 2015.

WORLD JUSTICE PROJECT. *Rule of law Index 2015*. Disponível em: < http://worldjusticeproject.org/sites/default/files/roli_2015_0.pdf>. Acesso em: 13 jul. 2015.

Precatórios e requisitórios no Brasil

Paulo Cezar Neves Junior

1. Introdução

Um dos maiores obstáculos existentes há anos para a eficácia da jurisdição em relação aos atos do próprio Estado tem nome: precatórios.

Com efeito, a forma especial de execução judicial adotada em nosso sistema jurídico contra a Fazenda Pública vem sendo objeto de inúmeros problemas, sendo o principal deles a inadimplência contumaz de diversos entes federativos.

O presente estudo buscará aprofundar os conhecimentos sobre a origem e o estado atual do sistema de precatórios no direito brasileiro, passando pela análise das suas vantagens e desvantagens para, após brevemente verificar regimes existentes em outros países para a execução de obrigações de pagar quantia certa contra a Fazenda Pública, apresentar ideias e possíveis soluções para os problemas enfrentados no Brasil a respeito.

2. Precatórios

Precatório vem do latim "precatorĭus", "precata", que é relativo a súplica, sendo o "precator" aquele que pede ou implora algo. Assim, o significado de precatório é, segundo os léxicos, "aquilo que solicita algo"[1].

---

[1] HOUAISS, Antônio; VILLAR, Mauro de Salles. **Dicionário Houaiss da Língua Portuguesa**. Rio de Janeiro: Objetiva, 2001, p. 2280.

A origem etimológica da palavra acaba, infelizmente, por retratar uma realidade difícil enfrentada pelos credores, que, no mais das vezes em nosso país, acabam se sentindo como alguém que deve implorar verdadeiramente para conseguir receber o crédito que possui contra o Estado, dada a patológica situação de inadimplência de muitos entes públicos.

Na área técnico-jurídica, não há uniformidade no uso das palavras precatório, precatório-requisitório ou da expressão ofício precatório.

Vejamos algumas definições doutrinárias.

Pontes de Miranda diz que precatório é um ato processual mandamental[2]. Por sua vez, Humberto Theodoro Junior diz que precatório não passa de uma carta de sentença processada perante o presidente do Tribunal conforme normas regimentais[3]. Na definição de Regis de Oliveira, "precatório ou ofício precatório é a solicitação que o juiz da execução faz ao presidente do tribunal respectivo para que este requisite verba necessária ao pagamento de débito de pessoa jurídica de direito público, em face de decisão judicial transitada em julgado"[4]. Já Caldas Furtado define precatório como "o instrumento que representa uma requisição judicial de pagamento, consubstanciado no ofício requisitório expedido pelo juiz da execução de sentença ao Presidente do Tribunal que proferir a decisão exequenda, em face de a Fazenda Pública ter sido condenada ao pagamento de determinada soma em processo transitado em julgado"[5].

Na verdade, devem ser distinguidos dois momentos para melhor compreensão dos precatórios: 1) a comunicação feita pelo juiz da execução ao presidente do Tribunal a que está vinculado e 2) a comunicação feita pelo presidente do Tribunal ao ente público devedor.

Essa diferenciação é feita no Regimento Interno do Tribunal de Justiça de São Paulo (arts. 266 a 270), sendo denominado ofício requisitório a comunicação feita pelo juízo da execução ao Presidente do Tribunal e de precatório a comunicação feita pelo Presidente ao ente público.

Também a Resolução do Conselho da Justiça Federal nº 168, de 05 de dezembro de 2011, fala em ofício requisitório, referindo-se à comunicação

---

[2] MIRANDA, Pontes. **Comentários ao Código de Processo Civil**. Rio de Janeiro: Forense, 1976, t. X, arts. 612-735, p. 471.

[3] THEODORO JUNIOR, Humberto. **Comentários ao Código de Processo Civil**. Rio de Janeiro: Forense, 1979, 4 v., n. 415, p. 536.

[4] OLIVEIRA, Regis Fernandes de. **Curso de Direito Financeiro**. São Paulo: Editora Revista dos Tribunais, 2006, p. 523.

[5] FURTADO, J. R. Caldas. **Elementos de Direito Financeiro**. Belo Horizonte: Fórum, 2009, p. 204.

feita pelo juízo da execução ao Presidente do Tribunal (art. 8º). Fala, ainda, que essa requisição pode referir-se a obrigação a ser satisfeita por meio de precatório ou de RPV (requisição de pequeno valor).

Considerando esses dois momentos, Américo Silva define precatório como "uma carta [espécie de carta precatória] expedida pelo juízo do processo de execução, em virtude dos limites de sua competência funcional, dirigida ao presidente do Tribunal a que é imediatamente subordinado, a fim de que seja, por seu intermédio, autorizado e expedido ofício à pessoa jurídica de direito público executada, através do qual determina o pagamento da quantia requisitada pelo juízo de origem" [6].

Com efeito, podemos dizer que o precatório é um documento veiculador de uma ordem judicial para que seja cumprida determinada obrigação de pagar quantia certa imposta a uma pessoa jurídica de direito público ou a esta equiparada por meio de dotações orçamentárias específicas e respeito à ordem de apresentação.

Esta ordem emana do juízo da execução, mas somente pode ser comunicada ao devedor por meio do Presidente do Tribunal a que está vinculado aquele juízo.

Trata-se, assim, de um instrumento especial que deve ser utilizado para a cobrança judicial da obrigação de pagar quantia certa, cujo devedor seja um ente público (dívida pública) conforme art. 100 da Constituição Federal, destacando-se que a jurisprudência do STF determina a utilização do precatório para a cobrança de dívidas decorrentes de títulos executivos judiciais e extrajudiciais, mas também quando os devedores forem entidades paraestatais desde que prestadoras de serviços públicos e, assim, sujeitas ao regime jurídico equiparado ao da Fazenda Pública[7].

---

[6] SILVA, Américo Luís Martins da. **Precatório-requisitório e Requisição de Pequeno Valor (RPV)**. 4 ed. São Paulo: Editora Revista dos Tribunais, 2010, p. 166.

[7] "Esta Corte possui jurisprudência firmada no sentido de que as entidades paraestatais que possuem personalidade de pessoa jurídica de direito privado não fazem jus aos privilégios processuais concedidos à Fazenda Pública." (AI 841.548-RG, Rel. Min. Presidente Cezar Peluso, julgamento em 9-6-2011, Plenário, DJE de 31-8-2011, com repercussão geral.) No mesmo sentido: AI 783.136-AgR, Rel. Min. Eros Grau, julgamento em 20-4-2010, Segunda Turma, DJE de 14--5-2010. Vide: AI 349.477-AgR, Rel. Min. Celso de Mello, julgamento em 11-2-2003, Segunda Turma, DJ de 28-2-2003. "Os privilégios da Fazenda Pública são inextensíveis às sociedades de economia mista que executam atividades em regime de concorrência ou que tenham como objetivo distribuir lucros aos seus acionistas. Portanto, a empresa Centrais Elétricas do Norte do Brasil S.A. (ELETRONORTE) não pode se beneficiar do sistema de pagamento por precatório de dívidas

PODER JUDICIÁRIO

No entanto, o ordenamento jurídico brasileiro também prevê um outro documento veiculador desta ordem de pagamento aos entes públicos, o requisitório.

Temos atualmente, portanto, duas espécies de execução de obrigações de pagar quantia certa contra entes públicos: a realizada por meio dos precatórios e a levada a efeito por meio dos requisitórios.

Mais adiante analisaremos a evolução e o quadro atual da execução feita contra os entes públicos em nosso país.

Por ora, vejamos o que são os requisitórios a fim de bem definirmos nosso objeto de estudo.

3. Requisitórios

De acordo com a Constituição Federal[8], requisitórios podem ser compreendidos como gênero e espécie, tendo os diplomas normativos utilizados a palavra para englobar tanto os precatórios quanto os requisitórios em sentido estrito.

Com efeito, a partir da Emenda Constitucional nº 20, de 15 de dezembro de 1998, passou a existir em nosso sistema jurídico uma segunda forma de se executar judicialmente créditos contra os entes públicos por meio dos chamados requisitórios ou requisições de pequeno valor, que seria aplicada "aos pagamentos de obrigações definidas em lei como de pequeno valor que a Fazenda Federal, Estadual ou Municipal deva fazer em virtude de sentença judicial transitada em julgado"[9].

Assim, para créditos de até determinado valor fixado em lei[10] a execução é feita por meio de requisições de pequeno valor; acima de tal valor é obrigatório o sistema de pagamento por meio de precatórios.

---

decorrentes de decisões judiciais (art. 100 da Constituição)." (RE 599.628, Rel. p/ o ac. Min. Joaquim Barbosa, julgamento em 25-5-2011, Plenário, DJE de 17-10-2011, com repercussão geral.)

[8] Vide § 12, do art. 100, da Constituição Federal de 1988 e §§ 6º e 16, do art. 97 do Atos das Disposições Constitucionais Transitórias da mesma Constituição.

[9] Parágrafo 3º, do art. 100, da Constituição Federal com redação dada pela EC nº 20/98.

[10] No âmbito federal, as Leis n.º 10.099, de 19-12-2000 (cujo art. 1º deu nova redação ao art. 128 da Lei 8.213, de 1991) e n.º 10.259/2001, trataram do tema definindo que as obrigações de pequeno valor são as de até 60 salários mínimos, devendo ser pagas em até 60 dias sob pena de sequestro do valor. Para os demais âmbitos, os entes políticos podem fixar o valor de suas obrigações de pequeno valor conforme suas diferentes capacidades financeiras, mas estas devem ser, no mínimo, iguais ao valor do teto da previdência social. No caso do Estado de São Paulo, as obrigações de pequeno valor são as inferiores a 1.135,2885 Unidades Fiscais do Estado de São Paulo, conforme disposição

Vistos os conceitos e as definições, passemos à análise da evolução histórica dos precatórios e requisitórios no Brasil.

4. Histórico dos requisitórios no Brasil

Em nosso país, durante o período de vigência das Ordenações Afonsinas, Manuelinas e Filipinas a execução contra a Fazenda Pública era realizada da mesma forma que as execuções civis contra particulares, inclusive com a possibilidade de penhora, estando a salvo apenas bens que gozavam de impenhorabilidade absoluta, tais como as edificações públicas e seus respectivos solos, sendo, porém, penhoráveis seus frutos e rendimentos.

Nenhuma alteração nesse quadro foi observada com o advento da Constituição do Império em 1824, salvo quanto à necessidade de autorização da Assembleia Geral para que os bens nacionais fossem alienados.

Em 1851, todos os bens da Fazenda Pública tornaram-se impenhoráveis. Segundo registro de Américo Silva, "o art.14 da instrução de 10.4.1851, editada pelo Directorio do Juízo Fiscal e Contencioso dos Feitos da Fazenda, estabeleceu que 'em bens da Fazenda Nacional não se faz penhora'"[11]. Neste mesmo período, a cobrança de dívidas contra a Fazenda Pública poderia se dar administrativa e judicialmente. No caso de sentença transitada em julgado, o pagamento era requerido ao Procurador Fiscal que, se não tivesse dúvida, expedia precatório à Tesouraria em favor do exequente. No entanto, não havia uma ordem de preferência para a realização dos pagamentos e qualquer autoridade administrativa ordenava a liberação, o que podia ser feito pelo Presidente da República, Ministro de Estado, Câmara dos Deputados, Senado Federal ou até pelo Tribunal de Contas. Diante disso, era comum a prática da advocacia administrativa com graves prejuízos à impessoalidade, à isonomia e à probidade da Administração Pública. Afinal, credores mais abastados podiam contratar advogados influentes a fim de serem pagos antes dos demais, provocando verdadeira desmoralização do sistema.

---

da Lei Estadual n.º 11.377/03, sendo o pagamento efetuado em até 90 (noventa) dias da data de apresentação da requisição à entidade devedora.

No município de São Paulo, atualmente, as obrigações de pequeno valor são as que não excedem R$ 17.363,41, sendo o pagamento feito em até 90 dias, conforme Lei Municipal n.º 13.179/2001 e Portaria Intersecretarial SF/SNJ nº 01, de 16 de janeiro de 2015.

[11] SILVA, Américo Luís Martins da. **Precatório-requisitório e Requisição de Pequeno Valor (RPV)**. 4 ed. São Paulo: Editora Revista dos Tribunais, 2010, p. 65.

No período do Brasil-República, a Constituição de 1891 conferiu aos estados poder para organizar sua própria justiça e para legislar sobre processo. Com isso, os estados começaram a promulgar seus próprios Códigos de Processo Civil, criando distintos regimes, por exemplo, para as execuções contra a Fazenda Pública[12].

A Constituição de 1934, com o intuito de acabar com a disparidade e confusão existente no campo processual, bem como objetivando moralizar o sistema de pagamento das dívidas dos entes públicos, determinou o retorno da unidade processual com a competência exclusiva da União para legislar sobre processo, conferindo ainda tratamento constitucional aos precatórios. Nela, foi expressamente determinado que os pagamentos devidos pela Fazenda Pública Federal deveriam obedecer à ordem de apresentação dos precatórios, cabendo inclusive ao Presidente da Suprema Corte, a requerimento do credor que alegar preterição do seu direito de preferência, autorizar o sequestro da verba necessária para satisfazer seu direito de crédito. Assim, prestigiou os princípios ético-jurídicos da moralidade, igualdade e impessoalidade, uma vez que o pagamento dos débitos da Fazenda Pública não mais ficaria sujeito a interferências políticas para favorecimento de casos e pessoas e perseguições de toda ordem[13]. Porém, essas normas alcançavam apenas a Fazenda Pública Federal, continuando estados e municípios realizando pagamentos de suas dívidas oriundas de sentenças transitadas em julgado sem a necessidade de observância da ordem de apresentação dos precatórios.

Esse quadro foi mantido na Constituição Federal de 1937, mas com o advento do Código de Processo Civil de 1939 todos os estados e municípios passaram a adotar o regime federal dos precatórios, sendo que, em linhas gerais, a execução judicial contra a Fazenda Pública passou a ser realizada de forma muito semelhante ao que ocorre atualmente.

A Constituição de 1946 expressamente determinou que a União, os estados e os municípios deveriam seguir o regime dos precatórios.

---

[12] O primeiro a promulgar seu próprio Código de Processo Civil foi o Estado da Bahia, em 1915, seguido do Estado de Minas Gerais, em 1922.

[13] Assim, o artigo 182 e seu parágrafo único da Constituição de 16.7.1934 dispunham: "Art. 182. Os pagamentos devidos pela Fazenda federal, em virtude de sentença judiciária, far-se-ão na ordem de apresentação dos precatórios e à conta dos créditos respectivos, sendo vedada a designação de caso ou pessoas nas verbas legais. Parágrafo único. Estes créditos serão consignados pelo Poder Executivo ao Poder Judiciário, recolhendo-se as importâncias ao cofre dos depósitos públicos. Cabe ao Presidente da Corte Suprema expedir as ordens de pagamento, dentro das forças do depósito, e, a requerimento do credor que alegar preterição da sua precedência, autorizar o sequestro da quantia necessária para o satisfazer, depois de ouvido o Procurador-Geral da República."

Com o escopo de evitar comportamentos negligentes ou dolosos de administradores públicos em detrimento dos credores, a Constituição de 1967 disse ser obrigatória a inclusão, no orçamento das entidades de direito público, de verba necessária ao pagamento dos seus débitos constantes de precatórios judiciários, apresentados até primeiro de julho.

Atualmente, a Constituição Federal de 1988 trata dos precatórios em seu artigo 100 e respectivos parágrafos, com redação originária já bastante alterada pelas Emendas Constitucionais nºs 20/98, 30/00, 37/02, 62/09 e 94/16.

Em relação à Constituição de 1967, o texto originário da Constituição de 1988 não trouxe grandes inovações, mas determinou em seu art. 100, *caput* (redação originária), que "à exceção dos créditos de natureza alimentícia, os pagamentos devidos pela Fazenda Pública Federal, Estadual ou Municipal, (..) far-se-ão exclusivamente na ordem de apresentação dos precatórios[...]".

Apesar da celeuma causada por tal norma, atualmente é pacífico o entendimento segundo o qual os créditos de natureza alimentar também obedecem à expedição de precatório, mas, tendo preferência sobre os demais créditos comuns, seguem uma ordem cronológica própria[14].

Como visto, a partir de 1998 foram editadas emendas à Constituição Federal, que alteraram diversos pontos do regime de precatórios no Brasil.

Vejamos as inovações por elas trazidas.

A Emenda Constitucional nº 20, de 15 de dezembro de 1998, como acima destacado, introduziu uma nova forma de se executar créditos contra os entes públicos, incluindo o parágrafo 3º no art. 100 da Constituição Federal, que disse não se aplicar o regime do precatório aos pagamentos de obrigações definidas em lei como de pequeno valor que a Fazenda Pública Federal, Estadual ou Municipal deva fazer em virtude de sentença judicial transitada em julgado.

Por sua vez, a Emenda Constitucional nº 30, de 13 de setembro de 2000, incluiu a Fazenda Pública distrital quanto às obrigações de pequeno valor, a qual não constava expressamente no texto anterior. Além disso, autorizou que as requisições de pequeno valor tivessem limites diferentes de acordo com a capacidade econômica de cada ente público. Também determinou que fosse feita a correção monetária dos valores do precatório automaticamente até a data do seu pagamento, evitando-se, assim, a perda do valor real do

---

[14] Súmula nº 655 do Supremo Tribunal Federal: "a exceção prevista no art. 100, caput, da Constituição, em favor dos créditos de natureza alimentícia, não dispensa a expedição de precatório, limitando-se a isentá-los da observância da ordem cronológica dos precatórios decorrentes de condenações de outra natureza".

crédito decorrente da inflação e do longo prazo constitucional fixado para seu pagamento, bem como a necessidade de expedição de precatórios complementares. Por fim, criou a possibilidade de um parcelamento compulsório de precatórios pendentes de pagamento na data de promulgação da Emenda e dos que decorressem de ações iniciais ajuizadas até 31 de dezembro de 1999.

A Emenda Constitucional 37, de 12 de junho de 2002, vedou expressamente a expedição de precatório complementar ou suplementar de valor pago, bem como fracionamento, repartição ou quebra do valor da execução, a fim de que sejam utilizados para o mesmo crédito os regimes do precatório e da requisição de pequeno valor. Ademais, criou exceções às dívidas que poderiam ser objeto do parcelamento compulsório criado pela EC 30/00 e definiu valores para a expedição de requisições de pequeno valor até que fossem publicadas as respectivas leis pelos entes federativos (40 salários mínimos para estados e distrito federal e 30 salários mínimos para os municípios).

Por sua vez, a Emenda Constitucional nº 62, de 09 de dezembro de 2009, alterou o art. 100 da Constituição Federal e acrescentou o art. 97 ao Ato das Disposições Constitucionais Transitórias, instituindo um regime especial de pagamento de precatórios pelos Estados, Distrito Federal e Municípios, bem como provocando amplas modificações relacionadas aos precatórios.

Dentre outras inovações, a EC n.º 62/2009 introduziu o instituto da compensação obrigatória quando da expedição dos precatórios, determinando que, independentemente de regulamentação, deles deveria ser abatido valor correspondente a débitos líquidos e certos, inscritos ou não em dívida ativa e constituídos contra o credor original pela Fazenda Pública devedora, incluídas parcelas vincendas de parcelamentos, ressalvados aqueles cuja execução estivesse suspensa em virtude de contestação administrativa ou judicial. Para tanto, antes da expedição dos precatórios, o juiz deveria solicitar à Fazenda Pública devedora que, em até 30 (trinta) dias, sob pena de perda do direito de abatimento, manifestasse-se a respeito. Tal norma (§§ 9 e 10 do art. 100, da CF) foi questionada no STF juntamente com outras da mesma emenda, as quais, como se verá adiante, foram consideradas em boa parte inconstitucionais.

A EC nº 62/2009 estabeleceu também um novo direito de preferência na ordem de pagamento dos precatórios. Conforme nova redação do art.100, §2º, da CF dada pela referida Emenda, os precatórios, limitados a determinado valor e com possibilidade de fracionamento para tais fins, cujos credores tivessem idade igual ou superior a 60 anos na data de expedição do precatório ou que fossem portadores de doença grave (rol de doenças do art. 6º da Lei nº 7.713, de 22 de dezembro de 1988, com a redação dada pela Lei nº 11.052/2004), seriam pagos prioritariamente sobre todos os demais créditos.

Além disso, a Emenda facultou ao credor, conforme estabelecido em lei da entidade federativa devedora, a entrega de créditos em precatórios para compra de imóveis públicos do respectivo ente federado (art. 100, § 11, da CF), assim como introduziu o § 13 ao art. 100 da CF, autorizando o credor a ceder, total ou parcialmente, seus créditos em precatórios a terceiros, independentemente da anuência do devedor. Neste caso, o cessionário não se beneficiaria das seguintes preferências: precatório alimentar preferencial e obrigações de pequeno valor. Esta cessão somente produziria efeitos após comunicação ao tribunal de origem e também à entidade devedora.

A Emenda diz ainda que o sequestro de valores devidos pelos entes públicos poderia ocorrer não apenas para os casos de preterimento do direito de precedência, mas também na hipótese de não alocação orçamentária do valor necessário à satisfação do seu débito (§ 6º do art. 100).

Outrossim, o art. 100 prevê, em seu §7º (com a redação dada pela EC 62/2009), que o Presidente do Tribunal que retardar ou tentar frustrar o pagamento dos precatórios incorrerá em crime de responsabilidade, além de responder perante o Conselho Nacional de Justiça por falta funcional.

A EC nº 62/2009, ao introduzir ao art. 100 da CF o §12, fez com que os juros moratórios passassem a ser expressamente previstos pela CF, determinando, de outro lado, a exclusão da incidência de juros compensatórios.

Com a promulgação desta Emenda, os precatórios, independentemente de sua natureza, passariam a ter os seus valores corrigidos, após a sua expedição, com base no índice oficial de remuneração básica da caderneta de poupança. Os juros de mora também incidiriam em percentual igual ao dos juros incidentes sobre a caderneta de poupança.

No entanto, podemos dizer que a principal modificação foi a possibilidade de se adotar, conforme estabelecido por lei complementar, um regime especial para pagamento de precatórios de Estados, do Distrito Federal e dos municípios, prevendo vinculações à receita corrente líquida, bem como forma e prazo de liquidação (art. 100, § 15, da CF).

Por outro lado, a Emenda diz que a União poderia assumir débitos de precatórios de Estados, Distrito Federal e Municípios, refinanciando-os diretamente, a seu exclusivo critério e na forma definida em lei (art. 100, § 16, da CF).

Em linhas gerais, esse regime especial de precatórios teria as seguintes características:

PODER JUDICIÁRIO

- salvo quanto à União, uma vez que não apresentava problemas para o pagamento de precatórios, uma lei complementar poderia estabelecer regime especial para pagamento de crédito de precatórios dos entes federativos, dispondo sobre vinculações à receita corrente líquida e forma e prazo de liquidação;
- enquanto não fosse editada tal lei complementar, os Estados, o Distrito Federal e os Municípios que, na data de publicação da Emenda, estivessem em mora na quitação de precatórios vencidos, relativos às suas administrações direta e indireta, inclusive os emitidos durante o período de vigência do regime especial instituído, fariam esses pagamentos de acordo com as normas estabelecidas pelo art. 97 do ADCT, que instituiu o regime especial provisório, sendo inaplicável para eles o disposto no art. 100 da Constituição Federal, exceto em seus §§ 2º, 3º, 9º, 10, 11, 12, 13 e 14, e sem prejuízo dos acordos de juízos conciliatórios já formalizados na data de promulgação da Emenda.

Os detalhes do regime especial provisório não serão analisados, tendo em vista a delimitação do objeto deste estudo.

Cumpre destacar que o Supremo Tribunal Federal reconheceu a inconstitucionalidade de diversas das normas veiculadas pela Emenda Constitucional 62/2009, sendo importante identificarmos todas a fim de concluirmos como está atualmente o regime de precatórios e requisições de pequeno valor em nosso país.

Tal julgamento foi realizado com apreciação simultânea das Ações Diretas de Inconstitucionalidade nºs 4.357, 4.372, 4.400 e 4.425, restando decidido o seguinte, em síntese[15]: (i) não pode haver limitação temporal para a aquisição do direito à preferência no pagamento do precatório alimentar; (ii) é inconstitucional o regime de compensação compulsória dos precatórios; (iii) é inconstitucional a determinação de utilização da Taxa Referencial para correção monetária dos débitos dos entes públicos; (iv) os juros moratórios fixados em precatórios que tratem de questões tributárias devem seguir os mesmos índices aplicados em benefício da Fazenda Pública; (v) é inconstitucional o regime especial dos precatórios.

---

[15] Conforme acórdão lavrado na ADI 4425, Relator(a): Min. AYRES BRITTO, Relator(a) p/ Acórdão: Min. LUIZ FUX, Tribunal Pleno, julgado em 14/03/2013, PROCESSO ELETRÔNICO DJe-251 DIVULG 18-12-2013 PUBLIC 19-12-2013.

PRECATÓRIOS E REQUISITÓRIOS NO BRASIL

Destaque-se que o Supremo Tribunal Federal declarou a inconstitucionalidade por arrastamento, na mesma extensão do que considerou quanto à Emenda 62/2009, do art. 1º-F da Lei nº 9.494/97, com redação dada pela Lei nº 11.960/09, quanto à atualização monetária e à fixação de juros moratórios de créditos inscritos em precatórios.

Os efeitos dessas decisões do Supremo Tribunal Federal foram modulados[16], mantendo-se a vigência desse regime especial de pagamento de precatórios por 5 (cinco) exercícios financeiros a contar de primeiro de janeiro de 2016. Além disso, quanto à questão da correção monetária, decidiu-se que: "(i) fica mantida a aplicação do índice oficial de remuneração básica da caderneta de poupança (TR), nos termos da Emenda Constitucional nº 62/2009, até 25.03.2015, data após a qual (a) os créditos em precatórios deverão ser corrigidos pelo Índice de Preços ao Consumidor Amplo Especial (IPCA-E) e (b) os precatórios tributários deverão observar os mesmos critérios pelos quais a Fazenda Pública corrige seus créditos tributários; e (ii) ficam resguardados os precatórios expedidos, no âmbito da administração pública federal, com base nos arts. 27 das Leis nº 12.919/13 e nº 13.080/15, que fixam o IPCA-E como índice de correção monetária". Por fim, no que pertine às formas alternativas de pagamento previstas no regime especial, definiu o Supremo Tribunal Federal: "(i) consideram-se válidas as compensações, os leilões e os pagamentos à vista por ordem crescente de crédito previstos na Emenda Constitucional nº 62/2009, desde que realizados até 25.03.2015, data a partir da qual não será possível a quitação de precatórios por tais modalidades; (ii) fica mantida a possibilidade de realização de acordos diretos, observada a ordem de preferência dos credores e de acordo com lei própria da entidade devedora, com redução máxima de 40% do valor do crédito atualizado".

Mais recentemente, a Emenda Constitucional nº 94, de 15 de dezembro de 2016, alterou o regime de precatórios, em especial: a) determinando que o precatório alimentar preferencial existirá para toda pessoa que completar 60 anos de idade, ou que seja portadora de doença grave, ou ainda que tenha deficiência, na forma da lei; b) permitindo o financiamento para fins de pagamento de precatórios, sempre que o montante total de débitos em precatórios e requisitórios, num período de 12 meses, ultrapassar a média do comprometimento percentual da receita corrente líquida nos 5 anos imediatamente anteriores (§ 19 do art. 100); c) autorizando o ente público a realizar

---

[16] ADI 4425 QO, Relator(a): Min. LUIZ FUX, Tribunal Pleno, julgado em 25/03/2015, PROCESSO ELETRÔNICO DJe-152 DIVULG 03-08-2015 PUBLIC 04-08-2015

PODER JUDICIÁRIO

parcelamento compulsório ou redução por acordo de precatórios de valor elevado (§ 20 do art. 100); d) instituindo regime especial de pagamento de precatórios com o objetivo de ver a quitação de pagamentos atrasados até 31 de dezembro de 2010 (arts. 101 a 105 do ADCT); e e) permitindo excepcional compensação de créditos de precatórios (art. 105 do ADCT)

5. Quadro atual dos precatórios e requisitórios

5.1. Espécies

Após a evolução normativa e jurisprudencial analisada, fixemos o quadro atual do regime brasileiro de precatórios e requisitórios.

Assim, podemos dizer que temos hoje as seguintes espécies de instrumentos de execução da Fazenda Pública:

1. Precatórios comuns (art. 100, "caput", da CF) – são os documentos que o juiz da execução utiliza, solicitando ao presidente do tribunal respectivo para que este requisite a alocação orçamentária de verba necessária ao pagamento do débito pelo ente público.

É a forma comum de pagamento dos débitos dos entes públicos, que não se enquadra nas demais espécies previstas na Constituição e, assim, segue ordem cronológica sem nenhuma preferência.

2. Precatórios alimentares (art. 100, § 1.º, da CF) – são precatórios decorrentes de salários, vencimentos, proventos, pensões e suas complementações, benefícios previdenciários e indenizações por morte ou por invalidez, fundadas em responsabilidade civil. A enumeração é meramente exemplificativa. São pagos com preferência sobre todos os demais débitos, exceto sobre os precatórios alimentares preferenciais e sobre as obrigações de pequeno valor.

3. Precatórios alimentares preferenciais (art. 100, § 2.º, da CF) – são precatórios oriundos de débitos de natureza alimentícia cujos titulares: a) tenham 60 (sessenta) anos de idade ou mais; ou b) sejam portadores de doença grave ou deficientes, definidos na forma da lei. Assim, considerando-se a idade avançada, a precária situação de saúde ou a deficiência dos credores, serão pagos com preferência sobre todos os demais débitos, até o valor equivalente ao triplo do fixado em lei para as obrigações de pequeno valor, admitido o fracionamento para essa

finalidade. O montante que superar tal limite será pago na ordem cronológica de apresentação do precatório alimentar, sendo possível, então, o fracionamento do precatório nesses casos.

4. Requisições de pequeno valor (art. 100, §§ 3.º e 4.º, da CF) – As chamadas obrigações de pequeno valor não são incluídas em precatórios, e devem ser pagas em dinheiro por meio de requisições de pequeno valor. Posteriormente, a Emenda Constitucional nº 37, de 2002, vedou o fracionamento, repartição ou quebra do valor da execução para tal fim. No entanto, a exequente pode renunciar ao crédito do valor excedente, para que possa optar pelo pagamento do saldo sem o precatório, da forma prevista no § 3º do art. 100. A Constituição determina ainda que a lei pode fixar valores distintos para o fim previsto no § 3º deste artigo, segundo as diferentes capacidades das entidades de direito público. O art. 87 do ADCT (Incluído pela Emenda Constitucional nº 37, de 2002) determinou que fossem "considerados de pequeno valor", até que se desse a publicação oficial das respectivas leis definidoras pelos entes da Federação, os débitos ou obrigações consignados em precatório judiciário, que tenham valor igual ou inferior a: I – quarenta salários-mínimos, perante a Fazenda dos Estados e do Distrito Federal; II – trinta salários-mínimos, perante a Fazenda dos Municípios. Sobre este tema, o STF entendeu que os entes políticos podiam fixar valor inferior ao do art. 87 do ADCT para a caracterização de suas obrigações de pequeno valor (ADI 2.868, Rel. p/ o ac. Min. Joaquim Barbosa, julgamento em 2-6-2004, DJ de 12-11-2004.). Após tal julgamento, a EC n.º 62/2009 definiu que, apesar da liberdade dos entes políticos fixarem o valor de suas obrigações de pequeno valor conforme suas diferentes capacidades financeiras, o mínimo seria o valor do maior benefício do regime geral de previdência social. A EC n.º 62/2009 inseriu o art. 97 no ADCT cujo § 12 repetiu o previsto no art. 87 do ADCT dando novo prazo de 180 (cento e oitenta) dias, contados da data de sua publicação para que os entes políticos definissem suas "obrigações de pequeno valor"[17].

---

[17] Como consignado no início deste trabalho, atualmente temos os seguintes limites fixados: no âmbito federal, as Leis n.º 10.099, de 19-12-2000 (cujo art. 1º deu nova redação ao art. 128 da Lei 8.213, de 1991) e n.º 10.259/2001, trataram do tema definindo que as obrigações de pequeno valor são as de até 60 salários mínimos, devendo ser pagas em até 60 dias sob pena de sequestro do valor; no Estado de São Paulo, as obrigações de pequeno valor são as inferiores a 1.135,2885 Unidades Fiscais do Estado de São Paulo, conforme disposição da Lei Estadual n.º 11.377/03, sendo o pagamento

5.2. Procedimento

Definida obrigação de pagamento de quantia em dinheiro contra ente público e apurado seu "quantum", o credor deve dar início à execução.

O precatório deve, assim, refletir uma obrigação líquida, certa e exigível, sendo admitido o fracionamento do seu valor de forma a pagar parcelas incontroversas, desde que isso não implique alteração de regime de pagamento, que é definido pelo valor global da obrigação[18]. Além disso, há independência entre os créditos executados, de forma que, por exemplo, o crédito principal pode ser executado por meio de instrumento distinto do referente a honorários advocatícios[19].

No processo civil, o credor deve apresentar memória discriminada do cálculo de seu crédito e requerer a citação do devedor para, se quiser, apresentar embargos no prazo de 30 dias à luz do art. 1.º – B da Lei nº 9.494/97. Não são devidos honorários advocatícios se a Fazenda Pública não apresentar embargos (art. 1.º-D da Lei nº 9.494/97).

Após o julgamento de improcedência definitiva dos embargos ou se os mesmos não forem opostos, a execução segue com a expedição do precatório pelo juiz da execução que será encaminhado à Fazenda Pública por intermédio do presidente do respectivo tribunal de justiça.

O presidente do tribunal, ao receber o precatório, confere os requisitos formais, numera-o e comunica à Fazenda Pública para que efetue o pagamento, sendo os pagamentos efetuados na ordem rigorosa do protocolo dos precatórios.

É obrigatória a inserção, pelo Poder Público, de recursos suficientes no orçamento para atender aos pagamentos. Quando a ordem for recebida até o dia 1º de julho, deverá ser incluída no orçamento seguinte, mas quando recebida após esta data, deverá ser incluída não no próximo orçamento, mas no orçamento do ano imediatamente posterior.

---

efetuado em até 90 (noventa) dias da data de apresentação da requisição à entidade devedora; no município de São Paulo, atualmente, as obrigações de pequeno valor são as que não excedem R$ 17.363,41, sendo o pagamento feito em até 90 dias, conforme Lei Municipal n.º 13.179/2001 e Portaria Intersecretarial SF/SNJ nº 01, de 16 de janeiro de 2015.

[18] RE 484.770, Rel. Min. Sepúlveda Pertence, julgamento em 6-6-2006, DJ de 1º-9-2006.

[19] REsp 1347736 RS, Rel. Ministro CASTRO MEIRA, Rel. p/ Acórdão Ministro HERMAN BENJAMIN, PRIMEIRA SEÇÃO, julgado em 09/10/2013, DJe 15/04/2014 (recurso repetitivo).

PRECATÓRIOS E REQUISITÓRIOS NO BRASIL

Com a liberação dos recursos pelo Executivo, o Judiciário é informado na pessoa do presidente do tribunal, que encaminha o numerário à disposição dos juízes.

Os valores são atualizados até o dia da liberação dos recursos pelo Executivo de modo que não há necessidade do chamado precatório suplementar ou complementar, o qual está vedado nos termos do § 8.º, do art. 100, da CF (incluído pela EC n.º 62/2009).

Como visto, de acordo com o definido pelo Supremo Tribunal Federal, atualmente, a correção monetária dos precatórios expedidos é feita com a aplicação do índice oficial de remuneração básica da caderneta de poupança (TR), nos termos da Emenda Constitucional nº 62/2009, até 25.03.2015, data após a qual os créditos em precatórios deverão ser corrigidos pelo Índice de Preços ao Consumidor Amplo Especial (IPCA-E), salvo os precatórios tributários que deverão observar os mesmos critérios pelos quais a Fazenda Pública corrige seus créditos tributários.

No mais, entende o STF (RE 298.616/SP, Rel. Min. Gilmar Mendes) que, não havendo atraso na satisfação do débito, não incidem juros moratórios desde a elaboração da conta[20].

Diante da notícia de liberação dos valores, os juízes da execução autorizam seu levantamento pelos credores.

Como já mencionado, os precatórios são inscritos em uma fila, por ordem de inscrição, e o seu não pagamento permite, em tese, o pedido de intervenção no ente devedor pelo ente maior (art. 34, IV e, V, "a", bem como art. 35, I e IV, todos da CF). O STF tem negado a intervenção se o descumprimento for involuntário – por falta de recursos (Intervenções Federais 5050 e 4979).

Repita-se que, no caso de pagamento fora de ordem ou de não alocação orçamentária do valor necessário à satisfação do seu débito, a requerimento do credor, o Presidente do Tribunal autorizará o sequestro da quantia respectiva. Depende de provocação de credor, portanto.

O STF entende que a possibilidade de sequestro da quantia devida por mera falta de pagamento, prevista no § 4.º, do art. 78, do ADCT, aplica-se

---

[20] "Durante o período previsto no § 1º do art. 100 da Constituição, não incidem juros de mora sobre os precatórios que nele sejam pagos." (Súmula Vinculante n.º 17 do STF). A questão da incidência de juros de mora e de correção monetária entre a data da conta e a expedição do precatório vem sendo novamente debatida no STF.
AI 713.551-AgR, Rel. Min. Ricardo Lewandowski, julgamento em 23-6-2009, Primeira Turma, DJE de 14-8-2009; RE 591085 QO-RG, Rel. Min. Ricardo Lewandowski, julgamento em 04-12-2008, Repercussão Geral, DJe-035 19-02-2009, LEXSTF v. 31, n. 363, 2009, p. 313-323.

PODER JUDICIÁRIO

apenas "aos casos de parcelamento de que cuida o caput do dispositivo" (Rcl 2.452, Rel. Min. Ellen Gracie, julgamento em 19-2-2004, Plenário, DJ de 19-3-2004.).

Por fim, deve ser destacado que os incidentes surgidos no curso do precatório devem ser solucionados, em regra, pelo juiz da execução, tendo em vista que o presidente do tribunal tem apenas função administrativa e de fiscalização para efeito de sequestro nos precatórios.

Quanto à requisição de pequeno valor, o documento é expedido pelo juiz da execução diretamente para o próprio ente público devedor após o trânsito em julgado da sentença, fixando-se o prazo para respectivo cumprimento conforme dispuser a lei. Por sua vez, o devedor deverá fazer o respectivo pagamento diretamente ao devedor ou efetuar depósito à disposição do juízo, respeitando-se o prazo mencionado sob pena de sequestro do numerário suficiente para o cumprimento da decisão. No caso de crédito de pequeno valor de responsabilidade da União e de suas autarquias ou fundações de direito público, o juiz deve encaminhar o requisitório ao tribunal respectivo, que organizará mensalmente a relação das requisições em ordem cronológica encaminhando-a à Secretaria de Planejamento, Orçamento e Finanças do Conselho da Justiça Federal e ao representante legal da entidade devedora (art. 6º da Resolução CJF nº 168/2011).

6. Vantagens e desvantagens do regime de precatórios

O regime de precatórios que, como visto, foi adotado em nosso país no início do século passado, tem inúmeras virtudes, mas também tem apresentado sérios problemas para a eficácia de cobrança de dívidas dos entes públicos.

Como já destacou o Min. Celso de Mello: "A norma consubstanciada no art. 100 da Carta Política traduz um dos mais expressivos postulados realizadores do princípio da igualdade, pois busca conferir, na concreção do seu alcance, efetividade à exigência constitucional de tratamento isonômico dos credores do Estado" (ADI 584-MC, Rel. Min. Celso de Mello, julgamento em 26-3-1992, Plenário, DJ de 22-5-1992).

De fato, essa exigência constitucional que atribuiu precedência jurídica ao credor do Poder Público que tivesse precedência cronológica tem como finalidade assegurar a igualdade de tratamento entre os credores, impedir favorecimentos pessoais indevidos e evitar injustas perseguições ou preterições motivadas por razões destituídas de legitimidade jurídica, ou seja, prestigiam-se os princípios constitucionais da isonomia, mas também os da moralidade, da probidade e da eficiência da Administração Pública[21].

Além disso, o regime de precatórios, ao determinar a obrigatoriedade da inclusão dos valores requisitados no orçamento, pretendeu evitar que administradores colocassem à disposição do Judiciário numerário insignificante ou, pior, nenhuma dotação orçamentária para fazer frente aos débitos dos entes públicos.

Por sua vez, a definição de prazo para os pagamentos foi importante para que houvesse um limite à desídia dos devedores.

Esse regime, por outro lado, diante da impossibilidade de penhora de bens públicos, permite aos entes públicos uma programação de suas despesas anuais totais, incluindo os valores que deverá pagar em decorrência de precatórios. Assim, o planejamento orçamentário é feito com mais qualidade, permitindo-se fazer a divisão dos recursos disponíveis, já considerando todas as despesas obrigatórias, dentre as quais se incluem as dos precatórios.

No entanto, temos observado consideráveis desvantagens na utilização do regime de precatórios.

A primeira delas é o longo lapso temporal para o efetivo pagamento dos débitos em decorrência do regime de precatórios adotado no Brasil.

Com efeito, após longa tramitação dos feitos, transitada em julgado a sentença ou acórdão, o credor deverá ainda esperar até quase dois anos para receber o que lhe é devido, como, por exemplo, no caso de precatório expedido no dia 02 de julho, o qual poderá ser pago até o final do segundo ano vindouro.

Não bastasse isso, há o problema da inadimplência contumaz de alguns entes públicos, que, apesar de fazerem a devida dotação orçamentária ao

---

[21] Américo Silva destaca a respeito: "Portanto, até a vigência da Constituição Federal de 1934, os pagamentos devidos pela Fazenda Pública Federal realizados em função de condenação prevista em sentença judiciária processavam-se perante as autoridades administrativas federais (Ministério da Fazenda e Tesouro Nacional), as quais, por sua vez, enviavam ao Congresso Nacional a inclusão dos respectivos valores no Orçamento da União, a fim de ali serem votados os créditos extraordinários necessários ao pagamento das dívidas judiciais. Tais pagamentos não obedeciam a nenhum critério de ordem, ou cronológico, motivo pelo qual se verificavam as mais variadas espécies de abusos. No entanto, para pôr termo a tais irregularidades, Temístocles Brandão Cavalcanti propôs na Comissão que elaborou o anteprojeto da Constituição, que tais pagamentos fossem realizados por ordem rigorosa de antiguidade dos precatórios, dentro de um único crédito aberto para pagamento de sentenças judiciárias, e por determinação do Presidente da Corte Suprema. Além disso, a advocacia administrativa no âmbito do Congresso Nacional foi outro motivo que colaborou para a constitucionalização do instituto do precatório" (SILVA, Américo Luís Martins da. Precatório-requisitório e Requisição de Pequeno Valor (RPV). 4 ed. São Paulo: Editora Revista dos Tribunais, 2010, p. 73).

receberem os precatórios, simplesmente deixam de pagá-los alegando falta de recursos durante a execução de seu orçamento naquele exercício.

Tal conduta gera efeitos perversos como um efeito de cumulação constante e crescente do passivo do ente público, um financiamento indevido por conta da utilização de recursos de terceiros (os credores) para pagamento de despesas diversas dos entes públicos e o aumento disfarçado da dívida pública.

Segundo levantamento feito pelo Conselho Nacional de Justiça, havia um acúmulo em junho de 2014 de uma dívida já de R$ 97,3 bilhões em precatórios emitidos pelas Justiças estadual, federal e trabalhista[22].

Diante desse grave problema, observamos uma constante tentativa de equacioná-lo por meio de proposta de emenda constitucional.

Como último resultado de um acordo político envolvendo governadores, prefeitos e parlamentares federais com o objetivo de, uma vez mais, buscar solução para a grave crise de inadimplência quanto a precatórios, vimos a aprovação da já mencionada EC 94/2016.

Como se observa, não há propriamente solução para o problema, mas apenas medidas paliativas que procuram reduzir as nefastas consequências da inobservância do direito dos credores perante o Estado.

Assim, diante da gravidade e do agravamento contínuo da situação, cumpre pensarmos na possibilidade de passarmos para um regime diferente dos precatórios para a execução de obrigações de pagar dos entes públicos.

Vejamos alguns regimes distintos vigentes em outros países.

7. Regimes estrangeiros de execução contra a fazenda pública

O estudo do direito comparado fornece interessantes soluções existentes para a questão da execução de obrigações de pagar dos entes públicos.

Em Portugal, apesar de ter se afastado do sistema de jurisdição única, seu sistema contencioso administrativo, no que se refere à execução de suas sentenças, é muito parecido com o sistema brasileiro de execução contra a Fazenda Pública[23]. Com efeito, as sentenças proferidas pelos Tribunais Administrativos portugueses devem ser cumpridas, a rigor, voluntariamente pelo

---

[22] Disponível em: http://www.cnj.jus.br/noticias/cnj/77269-o-que-sao-os-precatorios. Verificado em 14/10/2015.

[23] Essa execução em Portugal foi disciplinada pelo Decreto-lei 256-A, de 17 de junho de 1977. Revogado pela Lei 15 de 22 de fevereiro de 2002, que aprovou o Código de Processo nos Tribunais Administrativos, em vigor atualmente.

PRECATÓRIOS E REQUISITÓRIOS NO BRASIL

Estado-Administração[24], no prazo de 30 dias. Caso isso não ocorra, poderá haver um incidente de causa legítima de inexecução, no qual se discute eventual óbice ao cumprimento voluntário da obrigação, que poderá ser impossibilidade de pagamento ou grave prejuízo ao interesse público com o cumprimento da sentença. Decidido este incidente, passa-se para uma fase de pagamento que é muito parecida com a do precatório brasileiro. Afinal, os dois sistemas têm sua origem nas Ordenações Portuguesas. As diferenças são: (a) em Portugal admite-se, excepcionalmente, a penhora de alguns bens públicos não afetados a serviços públicos, (b) admite-se compensação de créditos e débitos entre administrado e Administração e (c) o prazo para pagamento é de até 30 dias contados da apresentação do requerimento. No entanto, tal como no Brasil, não há sanção caso, apesar da alocação orçamentária, não haja o efetivo pagamento ao credor no prazo legal, podendo, no entanto, ser aplicado o regime de execução regulado na lei processual civil comum nestes casos[25].

Nos Estados Unidos da América, a atividade jurisdicional não alcança a execução dos julgados, que é feita no âmbito administrativo e regida por legislação estadual[26]. Quanto à execução de sentenças proferidas contra o Estado, há uma divisão quanto ao valor, sendo que as condenações envolvendo mais do que cem mil dólares são conferidas pelo Congresso e, após, é enviado um documento ao equivalente a nosso Ministério da Fazenda para que emita um cheque em favor do credor para pagamento. Nas condenações de até cem mil dólares, não há necessidade desta análise pelo Congresso, devendo ser encaminhada a documentação necessária diretamente ao órgão do Executivo competente para, após uma verificação interna, realizar o pagamento por meio de cheque enviado ao credor. Para viabilizar tais pagamentos, há um fundo específico com recursos orçamentários previa e preventivamente destinados. Ademais, há direito subjetivo do credor em obter compensação de seus débitos com os créditos decorrentes de sentenças judiciais.

Por sua vez, na Alemanha, em razão da divisão de sua jurisdição em ordinária (civil e penal), administrativa geral, social e de finanças, cumpre destacar que a execução contra os entes públicos decorre de sentenças oriundas da jurisdição ordinária civil ou administrativa. Quanto se tratar de sentença proferida pela jurisdição civil contra a Fazenda Pública, é aplicável o Código

---

[24] CAETANO, Marcelo. Manual de Direito Administrativo. V. 2. Coimbra: Almedina, 1991, p. 1251.
[25] AMARAL, Diogo Freitas do. **Execução das sentenças nos Tribunais Administrativos**. 2 ed. Coimbra: Almedina, 1977, p. 9.
[26] KANE, Mary Kay. **Civil Procedure in a nutshell**. Saint Paul: West Publishining, 1996, p. 207.

de Processo Civil alemão (ZPO). Para as demais sentenças proferidas na jurisdição administrativa, aplicam-se os dispositivos do Código de Direito Administrativo. Em linhas gerais, entende-se que a execução forçada somente é feita contra o ente público se este não tem vontade de fazer o pagamento ou não é capaz de fazê-lo. A rigor, deve já haver dotação orçamentária prévia para que o ente público possa imediatamente fazer os pagamentos de seus débitos decorrentes de sentenças. Caso os recursos constantes do orçamento sejam insuficientes, a prestação será considerada uma despesa extraordinária. De qualquer forma, no âmbito da jurisdição administrativa, exige-se que o pagamento seja feito dentro de um prazo não superior a um mês. Na jurisdição civil, admite-se a penhora de bens públicos desde que não se tratem de coisas que sejam indispensáveis para a realização dos serviços públicos.

Assim, vemos que tais países vão de um sistema próximo ao nosso (Portugal), com previsões orçamentárias feitas após a comunicação dos débitos, passando por um regime de dotação feita previamente (EUA e Alemanha), mas também havendo casos em que a própria impenhorabilidade do bem público é relativizada (Alemanha) e permitida a compensação livremente (EUA).

8. Conclusões

Em síntese, um Estado Democrático de Direito deve ter como fundamento e objetivo o cumprimento integral de seu próprio sistema normativo, sendo então inconcebível o mero descumprimento de sentenças judiciais, ou melhor, o descumprimento de suas obrigações nelas reconhecidas.

Nesse contexto, sendo garantido a todos expressamente pela Constituição Federal, no âmbito judicial e administrativo, "a razoável duração do processo e os meios que garantam a celeridade de sua tramitação" (art. 5º, LXXVIII), não nos parece adequado, de imediato, impor ao jurisdicionado uma espera de até dois anos para pagamento de precatórios.

Não bastasse isso, a experiência tem demonstrado a ineficácia do sistema de precatórios baseado na reserva de numerários feita apenas após a comunicação da existência das obrigações pecuniárias dos entes públicos.

Por outro lado, é bem verdade que há necessidade de se permitir um adequado planejamento financeiro e orçamentário às pessoas jurídicas de direito público.

No entanto, é imperioso reestabelecer o equilíbrio entre os direitos e as necessidades dos entes públicos e dos particulares que lhes são credores.

PRECATÓRIOS E REQUISITÓRIOS NO BRASIL

Os sistemas jurídicos estrangeiros possuem soluções que, *de lege ferenda*, podem ser adotadas em nosso país, cumprindo-se o mandamento constitucional decorrente da opção pelo Estado Democrático de Direito, mas também considerando a necessidade de se manter o equilíbrio das contas públicas: autorização constitucional para a compensação de créditos e débitos envolvendo mutuamente o Estado e os particulares, ainda que se fixe algum limite para fins de evitar insolvências sobretudo de entes federativos com baixa arrecadação; formação de fundo específico para o pagamento de precatórios, permitindo-se, assim, o adimplemento em poucos dias a contar da sua expedição; e fixação de valores mínimos para a destinação orçamentária para tais fundos com mecanismos de obrigatória abertura de créditos extraordinários no caso de ser verificada a sua necessidade num determinado exercício financeiro.

Nossa experiência com as requisições de pequeno valor demonstra a possibilidade de termos um regime mais justo para o adimplemento de obrigações pecuniárias pelos entes públicos, contribuindo-se, assim, para um maior respeito pelas instituições e por nosso sistema jurídico.

Com essas análises e considerações, espera-se contribuir para uma solução que não pode ser mais postergada em nosso país.

Referências

AMARAL, Diogo Freitas do. **Execução das sentenças nos Tribunais Administrativos.** 2 ed. Coimbra: Almedina, 1977, p. 9.

ASSIS, Araken de. **Manual da Execução.** 12 ed. São Paulo: Revista dos Tribunais, 2009.

BARBOSA, D. B. **Caminhos paralelos dos precatórios.** Consulex – Informativo Jurídico, Brasília, ano XXI, nº 12, p. 16, mar/2007.

BATISTA, C. R. **Utilização de precatórios para quitação de débitos tributários.** Revista Dialética de Direito Tributário, nº 129, p. 17-25, jun/2006.

CAETANO, Marcelo. **Manual de Direito Administrativo.** V. 2. Coimbra: Almedina, 1991, p. 1251.

CÂMARA, Alexandre Freitas. **Lições de Direito Processual Civil.** 15 ed. rev. e atual. Rio de Janeiro: Lumen Juris, 2008, v. 2.

CANTOARIO, Diego Martinez Fervenza. **A execução por quantia certa em face de entes públicos: um estudo sob a perspectiva do direito à execução das decisões judiciais.** Dissertação de Mestrado em Direito Processual. Rio de Janeiro: Faculdade de Direito da Universidade do Estado do Rio de Janeiro, 2011. p. 161.

COLE, Charles D. **Imunidade soberana e responsabilidade civil do governo federal dos Estados Unidos da América. Execução contra a Fazenda Pública.** Brasília:

PODER JUDICIÁRIO

Centro de Estudos Judiciários (Conselho da Justiça Federal, série Cadernos do CEJ, n. 23), 2003, p. 90.

CUNHA, Leonardo José Carneiro da. **A Fazenda Pública em juízo.** 8 ed. rev. e atual. São Paulo: Dialética, 2010.

_____. **Os precatórios e a prioridade aos processos de idosos.** Repertório IOB de Jurisprudência, nº 14, caderno 3, julho/2001. p. 280.

_____. **Execução contra a Fazenda Pública e as Alterações Impostas pela Emenda Constitucional nº 62/2009.** In: Revista Dialética de Direito Processual, nº 85. São Paulo: Dialética, Abril 2010. p. 27.

DIDIER JR, Fredie; CUNHA, Leonardo José Carneiro da; BRAGA, Paula Sarno; OLIVEIRA, Rafael. **Curso de Direito Processual Civil.** 2 ed. rev. e atual. Salvador: Jus Podivm, 2010, v. 5.

FLORENZANO, V. D. **A Emenda Constitucional N.30, de 13.9.2000, sob a perspectiva da análise econômica do direito.** In: VAZ, O. (Coord.). Precatórios: problemas e soluções. Belo Horizonte: Del Rey; Centro Jurídico Brasileiro, 2005.

FURTADO, J. R. Caldas. **Elementos de Direito Financeiro.** Belo Horizonte: Fórum, 2009.

HARADA, K. **Precatório Judicial.** Boletim de Direito Municipal, ano XXIII, nº 11, p. 809-818, nov/2007.

HOUAISS, Antônio; VILLAR, Mauro de Salles. **Dicionário Houaiss da Língua Portuguesa.** Rio de Janeiro: Objetiva, 2001.

JUSTEN FILHO, Marçal. **Emenda dos precatórios: calote, corrupção e outros defeitos.** Informativo Justen, Pereira, Oliveira e Talamini, nº 34, dez./09. Disponível em: <http://www.justen.com.br/informativo>. Acesso em: 03 set. 2015.

_____. **Estado Democrático de Direito e responsabilidade civil do Estado: a questão dos precatórios.** Revista de Direito Público da Economia – RDPE, Belo Horizonte, ano 5, n. 19, p. 159-208, jul./set. 2007. Disponível em: <http://www.justen. com.br/informativo34/artigos/marcal.pdf>. Acesso em: 03 set. 2015.

_____. **Emenda Constitucional nº 62/2009: Estado Democrático de Direito e Responsabilidade Civil do Estado.** In: JUSTEN FILHO, Marçal; NASCIMENTO, Carlos Valder do. Emenda dos precatórios. Fundamentos de sua inconstitucionalidade. Belo Horizonte: Fórum, 2010. p. 76.

KANE, Mary Kay. **Civil Procedure in a nutshell.** Saint Paul: West Publishining, 1996, p. 207.

MARINONI, Luiz Guilherme. **Curso de Processo Civil.** 2 ed. rev. e atual. São Paulo: Editora Revista dos Tribunais, 2007, v. 3.

MIRANDA, Pontes. **Comentários ao Código de Processo Civil.** Rio de Janeiro: Forense, 1976, t. X, arts. 612-735.

MORRISON, Alan B. **Fundamentals of American Law.** New York: Oxford University Press, 2010.

OLIVEIRA, Regis Fernandes de. **Curso de Direito Financeiro.** São Paulo: Editora Revista dos Tribunais, 2006.

SCAFF, Fernando Facury. **O uso de precatórios para pagamento de tributos após a EC 62.** In: Revista Dialética de Direito Tributário, n. 175, abril/2010. p. 91 e 92.

SILVA, Américo Luís Martins da. **Precatório-requisitório e Requisição de Pequeno Valor (RPV)**. 4 ed. São Paulo: Editora Revista dos Tribunais, 2010.

SILVA, Ricardo Pelingeiro Mendes da. **Execução contra a fazenda pública**. São Paulo: Malheiros, 1999. p. 127-30.

SOMMERNAN, Karl-Peter. **A execução por quantia certa contra a Fazenda Pública no Direito Alemão**. Tradução de Leonardo Greco. Rio de Janeiro: Renovar, 1999, p. 107.

THEODORO JUNIOR, Humberto. **Comentários ao Código de Processo Civil**. Rio de Janeiro: Forense, 1979, 4 v., n. 415.

VIANA, Juvêncio Vasconcelos. **Novas considerações acerca da execução contra a Fazenda Pública**. Revista Dialética de Direito Processual (RDDP), n. 5, ago-2003, p. 54-68.

Precatórios, Também um Problema de Gestão do Judiciário

Glaura Cristina Garcia De Souza de Carvalho e Silva

1. Introdução

Como é sabido e consabido, a execução para pagamento de quantia certa contra a Fazenda Pública tem lugar nos arts. 730 e 731 do Código de Processo Civil de 1973 que, a bem da verdade, reproduz texto constitucional[1] quanto à forma prevista para o efetivo cumprimento das obrigações cujo conteúdo seja pagar quantia certa[2] pelo ente Fazendário.

A primeira raiz do problema – ponto até aqui desprovido de qualquer novidade, ao contrário – reside exatamente na impenhorabilidade do bem público o que resulta, consequência lógica, na impossibilidade material de que a execução contra a Fazenda Pública siga o curso natural de expropriação forçada e indireta como prevê a lei adjetiva para os casos comuns, envolvendo os entes particulares.

Não por outra razão, a doutrina é tranquila em admitir que a execução contra a Fazenda seria uma *falsa* execução[3], de modo que formado um título

---

[1] Art. 100. Os pagamentos devidos pelas Fazendas Públicas Federal, Estaduais, Distrital e Municipais, em virtude de sentença judiciária, far-se-ão exclusivamente na ordem cronológica de apresentação dos precatórios e à conta dos créditos respectivos, proibida a designação de casos ou de pessoas nas dotações orçamentárias e nos créditos adicionais abertos para este fim. (Redação dada pela Emenda Constitucional nº 62, de 2009).

[2] Seja o título judicial ou extrajudicial, este último por força da Súmula 279 do STJ, segundo a qual "é cabível a execução por título extrajudicial contra a Fazenda Pública".

[3] DINAMARCO, Candido Rangel. *Instituições de Direito Processual Civil*. 3a ed, v. IV. São Paulo: Malheiros Editores Editores, 2009.p. 707;

executivo em desfavor da Fazenda Pública, o veículo para exigência e obtenção do valor a que tenha direito o exequente por força de decisão judicial é o *precatório judicial*[4], que é requisição de pagamento endereçada à Fazenda devedora, expedido pelo presidente do Tribunal competente pela execução da ordem judicial, a partir de solicitação oriunda do juiz de primeiro grau, a quem compete dirigir a execução no que toca ao desenvolvimento dela, dirimindo questões outras, afetas, por exemplo, a atualização de valores. Após recepcionado, o precatório é registrado pela Fazenda competente e, nos exatos termos dos parágrafos 1º e 2º do art. 100 da Constituição Federal, ele passará a integrar uma lista cujo atendimento se dá (ou melhor, deveria se dar) atendendo à ordem cronológica considerada a apresentação do mesmo. De todo modo, seja a execução contra a Fazenda Pública "falsa" ou verdadeira no que concerne à forma matriz adotada e tida como ordinária, o fato é que ela contribui e muito à somatória dos procedimentos executivos que tramitam em primeiro grau em volumes para lá de expressivos, por todo território nacional, seja competência estadual ou federal.

Ademais, insta desde já estabelecer premissa fundamental: o precatório não consiste em ato de natureza administrativa a despeito da atipia noticiada quanto à divergência na forma executiva. O precatório é, acima de tudo, instrumento de natureza jurisdicional, inserido no contexto de um processo de execução[5].

Pois bem, a descrição sumaríssima deste procedimento que, aliás, neste viés não traz questões mais profundas de cunho processual, é o suficiente para servir de base ao quanto se propõe discutir, a saber, como e quando a gestão (ou falta dela) do judiciário interfere não apenas nesse *iter processual,* mas principalmente na consecução do resultado efetivo do processo, que deveria ser, dar àquele que o busca o bem da vida pretendido tal e qual se pudesse obtê-lo de forma independente à interferência jurisdicional ou, noutras palavras, o direito processual está a serviço do direito material[6], de modo que, uma ciência processual que não atinja este escopo, ao fim e ao cabo, pode ser considerada inócua.

De modo que, não por acaso, nos últimos dez anos, o CNJ – Conselho Nacional de Justiça – vem, por intermédio de seu núcleo de pesquisas jurídicas,

---

[4] op. cit. p. 709;

[5] JUSTEN FILHO, Marçal. NASCIMENTO, Carlos Valder. *Emenda dos precatórios – fundamentos de sua inconstitucionalidade.* Belo Horizonte: Editora Forum, 2010. p. 98.

[6] BEDAQUE, José Roberto dos Santos. *Direito e Processo, influência do direito material sobre o processo.* São Paulo: ed malheiros, 3ª. Ed. 2003. p. 17, 18 e 19.

aprimorando e avançando na coleta e estudo de dados empíricos que denotam níveis alarmantes de congestionamento no Poder Judiciário, além de demonstrar que a litigiosidade vem crescendo e forma como as partes litigam – sobremaneira o ente Público – por certo, também interferem na razão causa/consequência de todo travamento da máquina judiciária.

Não apenas o núcleo do CNJ como também outras instituições ligadas ao desenvolvimento da pesquisa empírica, dentre elas, o IPEA – Instituto de Pesquisa Econômica Avançada – vêm contribuindo em parcerias com o próprio CNJ no sentido de trazer à lume a real fotografia para que haja condições, ou melhor, ampliação do modo como o problema pode ser visto.

Nem de longe o problema do não pagamento dos precatórios está atrelado a uma única causa. De modo algum. O represamento dos inúmeros casos sujeitos ao não cumprimento destas obrigações pecuniárias pelo Estado (administração) perpassam zonas das mais variadas que este estudo não cuidará de trazer à tona, senão a tentativa de elucidar a correlação da falta de gestão e planejamento do Estado (judiciário) para contribuição (agravamento) do problema.

Como os problemas que afetam o desenrolar das engrenagens judiciárias, o modo de litigar dos atores envolvidos, tocam e contribuem sensivelmente para as consequências que vêm sendo tratadas, ou cujas tentativas de tratamento vêm se dando na órbita constitucional, por meio de emendas que a cada edição procuram fechar uma das comportas, quando na verdade, muitas outras estão abertas e em pleno extravasamento.

E não é só. Aqui se vê e se estudará o Estado (administração), no capítulo do problema atinente ao represamento e não pagamento dos precatórios, como mau pagador quando, infelizmente, ainda, ele lidera o ranking de pior credor e fiel contribuidor para o congestionamento judiciário, observada a medição feita em 2010 pelo CNJ[7], os executivos fiscais federais contribuiriam com o índice de 92% da taxa de congestionamento do poder judiciário. O mesmo

---

[7] Este estudo em conjunto com a UFRGS e IPEA, apontando neste detalhamento que ... "Os dados referentes à taxa de congestionamento de execução fiscal revelam um quadro preocupante. Em média, no 1o Grau da Justiça estadual, de cada cem processos em tramitação em 2010, aproximadamente quinze foram finalizados no mesmo período. Já no caso das execuções fiscais, esse número cai ainda mais, ou seja, de cem execuções fiscais em andamento na 1a instância estadual no exercício de 2010, apenas oito foram finalizadas no mesmo ano. Tomando a Justiça Federal por base, os dados apontam que a taxa de congestionamento foi de 77% quando não considerados os executivos fiscais. Porém, ao contabilizar apenas os processos de execução fiscal esse valor sobe para 92%, uma diferença de 15 pontos percentuais". http://www.cnj.jus.br/images/pesquisas-judiciarias/Publicacoes/pesq_sintese_exec_fiscal_dpj.pdf, acesso em 18.11.15. p. 17.

PODER JUDICIÁRIO

estudo mostra ainda que o tempo médio de tramitação destes processos é de 8 (oito) anos e 2 (dois) meses, a probabilidade é idêntica de obter êxito ou fracassar e outro detalhe absolutamente relevante aponta para o fato de que apenas três quintos destes processos executivos avançam para além da etapa de citação (identificado como grande gargalo), dos quais 25% conduzem à penhora mas apenas um sexto desta parte em leilão. Os números apontam o afunilamento e insuficiência do procedimento a par do longo tempo, sem falar no custo havido.

Isso apenas para pincelar o outro lado da moeda, na tentativa igual de provocar à reflexão para problema neste contraponto da balança.

2. Gestão do Poder Judiciário: perfil do congestionamento

Notoriamente a sociedade contemporânea vivencia um alto grau de litigiosidade nas relações das mais variadas ordens, carreando à apreciação do Poder Judiciário a solução destes conflitos.

A começar pelo desenho institucional da Constituição Federal de 1988, em que ocorre uma própria alteração do Judiciário, então, como Poder e apto a dizer sobre conflitos entre os próprios Poderes Executivos e Legislativo, certo ainda que não é só. Passa-se a um número expressivo de direito sociais protegidos, além dos individuais, causando a ampliação da atuação Estatal, num primeiro momento do Executivo e do Legislativo no atendimento a todos estes direitos, onde, em tese, não haveria lugar para a omissão do Estado.[8]

Nesta esteira, é inafastável a constatação de que o Poder Judiciário vive dias de protagonista potencializado desta arena social, fruto, ainda, do incremento humano, desenvolvimento dos direitos e porque não dizer, nas duas últimas décadas, do fortalecimento do consumidor, a partir do nascimento e enraizamento do diploma protetivo deste direito, dando cada vez mais a consciência e detenção destes direitos para os cidadãos.

Quanto a este último aspecto, deveras, haveria de ser visto com bons olhos este evolutivo dos direitos materiais que, a nosso ver, perde parte do brilhantismo quando constatada o desenfreamento que resulta, também, do mau uso da judicialização das questões, quiçá uma banalização deste direito de acesso à justiça.

---

[8] SADEK, Maria Teresa. *Judiciário e Arena Pública*, in O controle jurisdicional.de políticas públicas, coord. Ada Pellegrini Grinover e Kazuo Watanabe, Rio de Janeiro, Gen-Forense, 2012, 2ª ed, p. 15.

No entanto, a par da existência deste cenário, nem de longe poder-se-ia pensar neste ponto como único algoz do Poder Judiciário ao atingir níveis drásticos de congestionamento no desenvolvimento de sua atividade fim, composição e solução de litígios. Não, como dito alhures, o problema tem conotação multifacetada e multidisciplinar, o que nos obriga ao menos cogitar a existência de parte dos coadjuvantes. A solução certamente não será única e demandará a mobilização de várias frentes.

Como bem anota Marco Antonio Garcia Lopes Lorencini[9], o apego do jurisdicionado à adjudicação como forma preferida de obtenção do serviço encontra raízes na presença forte do Estado na história brasileira, de modo a incutir no cidadão esta preferência a outros meios como leitura da inafastabilidade do acesso à justiça.

Ano a ano, desde 2008, o Conselho Nacional de Justiça vem promovendo campanhas em prol do crescimento da Conciliação na tentativa de redução do acervo litigioso, colimando exatamente o ganho de tempo nas soluções das controvérsias, além, é claro, de incentivar uma mudança de paradigma na cultura da litigiosidade, movimento este corroborado a edição da Resolução 125, de novembro de 2010, fomentando a consensualidade.

Segundo o Departamento de Pesquisas Judiciárias do CNJ[10], ao pesquisar os 100 maiores litigantes, identificou-se que os bancos e os Setores Públicos municipal, federal e estadual representam aproximadamente 31% do total de processos novos (ingressados) nas justiças estadual, federal e do trabalho, no ano de 2011 (1º grau), dos quais 18% representavam o polo ativo e 13% o polo passivo.

Ainda em 2011, julho, em outro relatório do Departamento de Pesquisas Jurídicas do CNJ[11], intitulado *Demandas Repetitivas e morosidade na justiça cível*

---

[9] LORENCINI, Marco Antonio Garcia Lopes. *A contribuição dos meios alternativos para a solução das controvérsias. In* As grandes transformações do processo civil brasileiro, estudos em homenagem ao prof. Kazuo Watanabe. Coordenação do Prof. Carlos Alberto de Salles. São Paulo: Ed. Quartier Latin do Brasil. 2009. p. 621 e 622.

[10] http://www.cnj.jus.br/images/pesquisas-judiciarias/Publicacoes/100_maiores_litigantes.pdf, p. 10. Acesso em 20.11.15.

[11] http://www.cnj.jus.br/images/pesquisas-judiciarias/Publicacoes/pesq_sintese_morosidade_dpj. pdf, p. 21.

"Diante desse cenário, o efetivo combate às causas da morosidade da justiça pressupõe um conjunto de ações para eliminar as razões por detrás da excessiva litigância, concentrada em alguns atores, que, na maioria das vezes, utilizam o sistema desnecessariamente. Uma das vertentes de atuação nesse sentido demandaria a atuação mais coordenada e harmônica do setor público (principal litigante nacional conforme levantamento deste CNJ) que colabora com a criação de "zonas

brasileira, o Poder Público foi mais uma vez apontado como principal litigante nacional, tendo o relatório recomendado atuação coordenada deste Setor, colaborador nato das chamadas "zonas cinzentas", contribuindo com o nascimento de controvérsias a partir da edição de atos normativos discordantes com a jurisprudência dos Tribunais, o que à primeira vista permite concluir com aumento direto da judicialização e, consequentemente, com o congestionamento.

O relatório de 2015[12] confirma o cenário dos anos anteriores em que os processos em fase de execução continuam sendo um dos principais entraves do Poder Judiciário, responsáveis por 51% dos 70,83 milhões de processos do acervo de 2014. A maior parte do acervo de execução está na Justiça Estadual, que concentra 82,5% dos casos. Mas não é só. A fase de execução também contabiliza a pior posição do ranking em relação a taxa de congestionamento, apontando para 85,6% em relação a fase de conhecimento que é de 62,5%.

2.1. A forma como o Poder Público litiga e o congestionamento do judiciário como fator de contribuição à inadimplência desta dívida pública – os precatórios

Não se ignora que os problemas relativos à ineficiência da execução contra a Fazenda Pública tenha natureza multidisciplinar, perpassando pelo nevrálgico ponto de interligação do papel dos Poderes do Estado e a relação entre si, na medida em que cabe ao Estado (jurisdição) determinar ao Estado (administração) o cumprimento de decisão judicial, mas não seria só isso, ou melhor,

cinzentas" de regulamentação ao editar uma profusão de atos normativos muitas vezes em discordância com a jurisprudência dos tribunais, o que só acarreta a necessidade de o Judiciário voltar a se manifestar em grande número de situações, agravando os níveis de congestionamento. Uma coordenação de ações no setor público precisa envolver a formatação de uma regulação administrativa e legislativa que desestimule a judicialização dos conflitos e o quadro de insegurança jurídica que muitas vezes é colocado diante dos cidadãos. Nesse sentido, há que se observar melhor a trajetória dos conflitos antes de sua chegada ao Judiciário. A criação pura e simples de novas portas de acesso ao Judiciário deve ser encarada com cautela, uma vez que na medida em que são abertas, surgem novos volumes de demandas para a apreciação da Justiça que tão somente aumentam o congestionamento judicial. Os Juizados Especiais Cíveis e Federais, por exemplo, não implicaram redução de demandas, mas sim o aumento na visibilidade de demandas latentes que antes não chegavam ao Judiciário. Se a ampliação do acesso à justiça não for conjugada à capacidade de processamento das demandas judiciais, a morosidade se torna inevitável, com reflexos sérios sobre a efetividade do sistema, já que como Rui Barbosa apontava "justiça tardia não é justiça"".
[12] http://www.cnj.jus.br/noticias/cnj/80431-numero-de-processos-baixados-no-poder-judiciario--cresce-pelo-4-ano-seguido, acesso em 19.11.2015

não estaria aí exatamente o grande problema, senão na consequência deste ato, que seria o Poder Judiciário na função determinante de dar cumprimento às garantias constitucionais mediante a alegada insuficiência de recursos[13] para quitação desta dívida pública, oriunda de uma condenação do Estado, perante o jurisdicionado. Notadamente, o cidadão comum nutre um fundo descrédito em decorrência deste cenário.

Mas, a nosso ver, não só deste ponto advém tal descrédito. Aliado a esta ineficiência do Poder Judiciário em "fazer cumprir" efetivamente uma ordem judicial (que sabemos todos, neste caso dos precatórios tem fator multidisciplinar – econômico/financeiro/orçamentário – e de organização e administração das finanças públicas pelo ente executivo), ainda existe a demora com que a prestação é entregue e executada!

Não é à toa que o íncide de confiabilidade da população na Instituição Judiciária, hoje, toca, infelizmente, nos últimos lugares junto aos Partidos Políticos e Parlamentares, decorrência direta da extrema morosidade na prestação jurisdicional, segundo mencionado pelo atual Presidente do Tribunal de Justiça, Desembargador José Renato Nalini[14].

E em relação a este ponto da execução – como visto um pouco atrás, o processo executivo lidera o ranking de congestionamento – vemos pontos de interferência que alongam ainda mais todo este percurso como são exemplos os infindáveis pedidos de complementação de correção monetária e juros em relação a valores originários dos precatórios emitidos, mas que será assunto que logo adiante discorreremos com mais vagar.

O fato é que um assunto, nesta seara, está tão imiscuido em outro que se corre o grande risco de que nuances importantes de todo esse "processo ineficiente" passe despercebido.

De cunho grave e com relação direta ao ponto da efetividade das decisões do Poder Judiciário, a forma como litiga o Poder Público constitui ponto de observação do fenômeno. A considerar minimamente e de largada dois institutos, a saber, o reexame necessário e a execução provisória.

---

[13] FRANCO, Fernão Borba. *Execução em face da Fazenda Pública*. São Paulo: Editora Juarez de Oliveira, 2002. p.126.

[14] Palestra proferida em 17.08.2015, em aula inaugural da disciplina Poder Judiciário: Orçamento, Gestão e Políticas Públicas (DEF 5859), intitulada *Os desafios na gestão do Poder Judiciário*, proferida pelo Desembargador Presidente do Tribunal de Justiça de São Paulo, José Renato Nalini, na faculdade de direito da USP, quando se referiu à pesquisa feita pela Fundação Getúlio Vargas, inerente ao Ranking de confiabilidade das instituições do País.

Consoante o §1º do art. 100 da Constituição Federal dispõe claramente que a execução contra a Fazenda Pública só tem início após o trânsito em julgado, trata-se de dispositivo que vai além de simplesmente vedar a possibilidade de uma execução provisória, na medida em que os recursos extremos aos Tribunais de direito, via de regra, são desprovidos de efeito suspensivo. No entanto, somado a isso, como fato agravador, a figura do reexame necessário dá às figuras de direito público o direito de recurso gratuito ao superiores tribunais, postergando ao máximo e à exaustão, já que o sistema de refreamento previsto no art. 557, §2º do CPC não as atinge[15].

A consequência desta diferenciação congrega fartamente elementos para que o Poder Público em juízo tenha esta representação tão expressiva nos estatísticos e no alto grau de ineficiência dos resultados das lides tramitantes pelo Poder Judiciário, em que seja parte.

E, mesmo que existam razões defensáveis para o tratamento diferenciado ou privilegiado da Fazenda Pública em juízo – como o fato de seu patrimônio ser constituído de bens públicos (art. 20 e 26 da CF), e em decorrência disso serem inalienáveis (arts. 98 e 100 do Codigo Civil de 2002) e impenhoráveis (art. 649, I, do CPC), ou ainda, a diferenciação havida quando comparada aos entes particulares, em virtude da regra da vinculação dos atos administrativos, já que à Administração Pública só é permitido fazer o que lei permite no modo como venha apontado[16] – ainda assim, indubitavelmente, existirão consequências a serem suportadas e a pergunta que se coloca é: por quem?

Na última sessão de julgamento do RE 579.431[17], em que se discutiu se são ou não devidos juros moratórios no período compreendido entre a data de elaboração da conta de liquidação e a expedição do precatório ou requisição de

---

[15] BUENO, Cassio Scarpinella. *Poder Público em Juízo: uma proposta de sistematização*. Disponível em: http://www.scarpinellabueno.com.br/Textos/Poder%20Público%20em%20Ju%C3%ADzo%20_palestra-Jornadas_.pdf. p. 15. Acesso em 28.10.2015.

[16] MANCUSO, Rodolfo de Camargo. *A Fazenda Pública em juízo*. In Execução Civil: Estudos em homenagem ao professor Humberto Theodoro Junior. Coordenação de Ernane Fidelis dos Santos, Luiz Rodrigues Wambier, Nelson Nery Junior, Teresa Arruda Alvim Wambier. São Paulo: Revista dos Tribunais, 2007. p. 361.

[17] O caso teve repercussão geral reconhecida pelo STF. De acordo com o presidente da Corte, ministro Ricardo Lewandowski, existem pelo menos 22.873 processos sobrestados, sobre o mesmo tema, aguardando a decisão do Supremo no caso paradigma. A sessão foi interrompida pelo Min. Dias Tofolli que pediu vista do caso na sessão mencionada de 29.10.2015. O caso já conta com seis votos, todos favoráveis aos contribuintes (Ministro Marco Aurélio – Relator – no que foi acompanhado pelos Ministros Edson Fachin, Roberto Barroso, Teori Zavascki, Rosa Weber e Luiz Fux). http://www.aasp.org.br/aasp/noticias/visualizar_noticia.asp?id=47698&tipo=N. Acesso em 30.10.2015.

pequeno valor, merecem transcrição dois trechos, proferidos pelos Ministros Marco Aurelio Mello e Luis Roberto Barroso, a respeito exatamente desta relação entre a delonga do *iter* processual, a contribuição do Poder Público (estado-administração) no volume litigioso e o impacto e consequência destes dois elementos nas soluções das questões afetas ao pagamento dos precatórios, a exemplo da incidência dos juros. A saber:

> Voto do Ministro Marco Aurélio (Relator):
> "Vou adentrar o campo da redundância. A mora decorre da demora. E há um responsável pela demora. E esse responsável não é o credor, esse responsável é o devedor. Argumento em termos de dificuldade de caixa, em que pese a carga tributaria massacrante, é um argumento metajurídico. Não é um argumento jurídico. **Não se pode apostar na morosidade da justiça. Aqui a aposta foi feita pelo Estado.** ...
> O regime previsto no art. 100 da CF consubstancia sistema de liquidação de débito que nada tem a ver com moratória. ..." (saliências não são do original).

> Voto do Ministro Roberto Barroso:
> "Estou acompanhando. Embora Sua Excelência tenha uma posição contrária à súmula vinculante 17, a tese proposta é compatível com a súmula vinculante porque se refere a cômputo de juros relativamente a período anterior.
> **O Ministro Marco Aurélio fez uma observação a propósito da litigiosidade existente e a presença do poder público nessa litigiosidade. O processo é de 2002 e estamos julgando em 2015. Nós todos achamos que em um mundo civilizado os processos devem levar de 6 meses a 1 ano e, em casos complexos, 18 meses e estamos distante disso. A presença do poder público em juízo é responsável por 1/3 desses processos (100 milhões).**
> **O poder público vai ter que mudar o modo como litiga porque a cultura que existe, também da parte do poder publico, é a da judicialização de todas as questões, e nós vamos ter que partir para mecanismos de desjudicialização".**
> (salientou-se).

Sem dúvida, a forma como litiga hoje a Fazenda Pública, o grau de congestionamento no Poder Judiciário e a ineficiência da fase de execução são elementos que interferem consideravelmente no acumúlo e inadimplência dos precatórios e, a nosso ver, todo este contexto deve, obrigatoriamente, contribuir com a pauta para os debates em busca de alternativas que amenizem o impacto social do problema no seio da sociedade.

2.2. Alguns apontamentos sobre parte da trajetória das emendas constitucionais na tentativa de resolver o problema da inadimplência e do volume de demandas na fase executiva

Possivelmente, e muito provavelmente por algumas das razões ditas até então, o artigo 100 da Constituição Federal é o que tenha sofrido o maior número de modificações na história do constitucionalismo, todas polêmicas e multifacetadas, contabilizando até o momento quatro Emendas ao texto constitucional como originariamente concebido: (i) Emenda n. 20, de 15 de dezembro de 1998; (ii) Emenda n. 30, de 13 de setembro de 2000; (iii) Emenda n. 37, de 12 de junho de 2002; e (iv) Emenda n. 62, de 09 de dezembro de 2009[18].

A questão que nos põe a refletir reside no fato de que todas as mudanças, de uma forma ou de outra, vieram ao socorro da tentativa de redução dos desdobramentos complementares das demandas e da inadimplência que se avolumou, em maior ou menor grau, em quaisquer dos âmbitos da federação (estadual, municipal ou federal).

Pois bem, quanto ao primeiro ponto, o §1º do art. 100 da CF, com o advento da emenda 30/2000, passou a dispor de forma expressa acerca da obrigatoriedade de recomposição monetária do crédito quando o efetivo pagamento, buscando solucionar, então, o grande problema dos incontáveis pedidos de complementação subsequentes à expedição e referente ao tempo transcorrido entre o ingresso no orçamento e o pagamento[19].

Ainda a Emenda 30 trouxe uma alteração reconhecida como um divisor de águas na estrutura até aquele momento vigente, ao alterar o §3º do art. 100[20], que passou a afastar a dinâmica de expedição do precatório para quitação de dívidas de pequeno valor, cujo critério para esta aferição haveria de ser definida em lei[21]. Notória, portanto, a tentativa, já há uma década e meia, de reduzir o acervo de precatórios represados, buscando ao menos não aumentar

---

[18] AMARAL Júnior, José Levi Mello. Precatórios: o direito fundamental a receber valores devidos pelo Estado, segurança jurídica e federalismo. In CLÈVE, Clèmerson M.; FREIRE, Alexandre (coords.). *Direitos fundamentais e jurisdição constitucional*: análise, crítica e contribuições. São Paulo: Revista dos Tribunais, 2014, pp. 509-522. (p. 511).

[19] CIMARDI, Cláudia A. *Execução contra Fazenda Pública após EC 30/2000*. In Execução Civil: Estudos em homenagem ao professor Humberto Theodoro Junior. Coordenação de Ernane Fidelis dos Santos, Luiz Rodrigues Wambier, Nelson Nery Junior, Teresa Arruda Alvim Wambier. São Paulo: Revista dos Tribunais, 2007. p. 341.

[20] Op. cit. p. 344.

[21] A título de exemplo, o Estado de São Paulo, por meio da lei estadual 11.377 estabeleceu sendo de pequeno valor 1.135,288 Ufesps, já o município de São Paulo, pela lei municipal 13.179/01,

o estoque por meio de casos pagos imediatamente, no orçamento vigente, os de pequeno valor.

Aliado a estes dois movimentos, ainda, o texto da Emenda 30 toca no segundo ponto mencionado, a criação de mecanismo para reduzir a formação do estoque por meio do parcelamento, popularmente conhecido como "a moratória", ao acrescentar o art. 78 da ADCT, que estabeleceu que os precatórios ainda pendentes quando da promulgação da Emenda (13.09.2000) e aqueles decorrentes de ações ajuizadas até 31.12.99 seriam pagos pelo prazo máximo de 10 anos, em 10 parcelas iguais e sucessivas, por consequência, anuais[22].

Em novembro de 2010 o parcelamento decorrente da conhecida moratória do art. 78 teve a eficácia suspensa, com o julgamento das ADI 2.356-MC e ADI 2.362-MC[23], porquanto o parcelamento proposto violaria o direito adquirido do beneficiário do precatório, o ato jurídico perfeito e a coisa julgada, bem como atentaria contra a independência do Poder Judiciário, máxime ao poder de resolver litígios e fazer cumprir as decisões oriundas da prestação jurisdicional.[24]

A Emenda Constitucional 37/2002 estabeleceu que para os valores complementares – decorrentes de juros de mora de pagamentos for a do prazo constitucional – não seria mais exigida a expedição de precatório, chamado complementar ou suplementar[25], bem assim, se tais valores fossem resultantes de precatório expedido após a Emenda, deveria ser intimada a Fazenda para pagamento do valor correspondente, o que denota em certa medida a desburocratização do fluxo e, com isso, redução do volume de precatórios tanto na emissão quanto no estoque.

---

estabeleceu o teto para consideração de pequeno valor R$ 7.200,00, estipulando o IPCA como índice de ajuste anual para os períodos subsequentes.

[22] Não estariam compreendidos nesta condição: os precatórios alimentares, os de pequeno valor e também aqueles já atingidos pela moratória anterior constante no art. 33 da ADCT (prazo de 8 anos).

[23] Quando do julgamento das ADIs 4357 e 4425 – que reconheceu a inconstitucionalidade da Emenda 62, foi mencionado que a cautelar que suspendeu a moratória da Emenda 30 teria cunho satisfativo, na medida em que feito isso nada mais haveria de se fazer, a não ser regular situações ocorridas no período.

[24] FAIM FILHO, Eurípedes G. *Requisitórios. Precatórios e Requisições de Pequeno Valor*: Um Tema de Direito Financeiro. Tese de Doutorado. Universidade de São Paulo. Faculdade de Direito. Departamento de Direito Econômico e Financeiro. São Paulo: 2014, p. 38 e ss.

[25] CIMARDI, Cláudia A. *Execução contra Fazenda Pública após EC 30/2000*. In Execução Civil: Estudos em homenagem ao professor Humberto Theodoro Junior. Coordenação de Ernane Fidelis dos Santos, Luiz Rodrigues Wambier, Nelson Nery Junior, Teresa Arruda Alvim Wambier. São Paulo: Revista dos Tribunais, 2007. p. 344.

PODER JUDICIÁRIO

Por fim, a Emenda Constitucional 62/2009, que ficou conhecida como a "Emenda do calote" e que trouxe como núcleo da reforma pontos com conotações de mudanças mais agressivas e abrangentes em relação às reformas anteriores, sobremaneira e crucialmente acerca de uma excessiva liberalidade de disposição orçamentária: (i) a liberação da obrigação de incluir nas leis orçamentarias verbas necessárias e suficientes para a liquidação integral dos precatórios, é dizer, deixaria de existir o dever jurídico dos entes devedores de previsão em suas leis orçamentárias os recursos públicos em valor equivalente às dívidas objeto da requisição; (ii) indeterminação dos montantes a serem alocados, já que condicionados à receita corrente líquida – em percentual – e, portanto, uma dissociação, desvinculação entre os valores das dívidas a serem pagas e as verbas a serem alocadas; ainda, (iii) indeterminação quanto à data do pagamento (o que se dá exatamente pela desvinculação acima mencionada entre os valores das dívidas e os valores das verbas alocadas para o pagamento), o que acabaria por tornar impossível estimar quando o débito seria liquidado ou pior, o prazo necessário para a liquidação seria variável e dependente de circunstâncias políticas. Por fim, o §2º da EC 62 ampliou o rol dos pagamentos prioritários, nele incluídos, os idosos com 60 anos ou mais e os portadores de deficiência, na data da expedição do precatório.

Pois bem, a inconstitucionalidade das alterações foi questionada por meio das ADIs 4357 e 4425, cuja conclusão foi de parcial reconhecimento da inconstitucionalidade a começar pela prioridade dos idosos, que foi tida por inconstitucional somente quanto ao termo inicial do cômputo, considerando como melhor adequação a universalidade de idosos que completasse 60 anos na pendência do pagamento de precatório de natureza alimentícia, justificativa essa que se fundou no princípio da igualdade.

Foram ainda considerados inconstitucionais: (i) o mecanismo automático entre precatório e crédito líquido e certo porventura existente em favor da Fazenda Pública em face do beneficiário do precatório (§9 do art. 100), sob a justificativa de superioridade processual da parte pública no que concerne aos créditos privados reconhecidos em decisão judicial trânsita. Isso afetaria o princípio da separação dos poderes; (ii) correção do precatório pelo índice aplicável a caderneta de poupança (§12 do art. 100), tendo sido justificado que a atualização dos débitos inscritos em precatório deveria corresponder ao índice de desvalorização da moeda no fim de certo período, afrontaria a garantia a coisa julgada e reflexamente a separação dos poderes, por fim (iii) o parcelamento vinculado a um certo limite de destinação percentual da receita liquida do ente – a ser disciplinado por lei complementar, combinado com uma espécie de leilão invertido, por meio do qual poderiam ser quitados precatórios ofertados com deságio (§15 do 100), solução esta que subverteria os valores do estado de direito, do devido processo legal, do livre e eficaz acesso ao poder judiciário[26].

O julgamento pelo Supremo Tribunal Federal, em março de 2015 foi concluído com a definição dos critérios de modulação dos efeitos[27], a par da inconstitucionalidade reconhecida, que, por fim, restaram modulados da seguinte forma: (i) vigência por 5 (cinco) exercícios financeiros a contar de 1º de janeiro de 2016 (sobrevida do regime especial); (ii) a conclusão para julgamento em 25.03.2015 será o marco inicial para conferência de eficácia prospectiva da declaração de inconstitucionalidade dos seguintes aspectos: a) mantida aplicação do índice da TR caderneta de poupança até 25.04.2015, após corrigido por índice oficial de inflação a critério do ente federativo competente (depois votaram IPCA-e); b) quanto à forma de pagamento prevista no regime especial consideram-se válidas as compensações e leilões e pagamentos à vista em ordem crescente de créditos feitos até 25.03.15, data a partir da qual não serão permitidas quitações de precatórios nestas modalidades; c) fica mantida a possibilidade de acordos diretos, observada a ordem de preferência dos credores e de acordo com a lei própria da entidade devedora com redução máxima de 40% do valor do credito atualizado; d) durante o período fixado no item 1 (5 exercícios) ficam mantidas vinculações de percentuais das receitas correntes líquidas bem como sanções de não liberação tempestiva de recursos.

Ponto que chamou à atenção foi o estabelecimento de delegação de competência ao CNJ para que discipline a atualização compulsória de 50% de recursos de contas de depósitos judiciais tributários para o pagamento de precatórios, bem como para disciplinar a compensação com créditos tributários inscritos até esta data 25.03.15 – data do julgamento da modulação.

Como mencionado no início da descrição das mudanças sugeridas pela EC 62, sem dúvida, foi a que maior reflexo trouxe no cenário dos precatórios, acreditando-se, não haver até o momento, a real dimensão do que significará a modulação feita na circunstância fática do problema, mas tendo ficado bem claro a importância do CNJ na administração desta crise a partir da competência delegada no referido julgamento do Supremo Tribunal Federal.

---

[26] FAIM FILHO, Eurípedes G. *Requisitórios. Precatórios e Requisições de Pequeno Valor*: Um Tema de Direito Financeiro. Tese de Doutorado. Universidade de São Paulo. Faculdade de Direito. Departamento de Direito Econômico e Financeiro. São Paulo: 2014, p. 43.

[27] http://www.stf.jus.br/arquivo/cms/noticiaNoticiaStf/anexo/ADI4357QO.pdf. Acesso em 17.11.2015.

3. O sistema de gestão dos precatórios ditado pelas resoluções do Conselho Nacional de Justiça – CNJ

Por meio da resolução 115[28], de 29 de junho de 2010, que dispõe sobre a gestão de precatório no âmbito do Poder Judiciário, o CNJ, a partir da identificação da necessidade de maior controle não só dos precatórios expedidos como também de tornar efetivos os instrumentos de cobrança dos créditos em desfavor do Poder Público, implementou medidas tendentes a estas consecuções.

Dentre tais medidas previu-se a criação de um cadastro de entidades devedoras inadimplentes, bem como a orientação aos Tribunais no sentido de adotar providências voltadas à padronização de formulários para a expedição de ofício requisitório, facultado o meio eletrônico de envio – o que à primeira vista, nos parece, representa um avanço sobremaneira na economia de tempo e despesa no trato da informação, também da diminuição burocrática no trâmite – bem como registro de entrada da requisição no Tribunal para controle do recebimento.

Para viabilizar à compensação de créditos, nesta resolução o juízo da execução está orientado a intimar o órgão de representação judicial da entidade executada, antes mesmo de encaminhar o precatório ao Tribunal para que no prazo de 30 dias diga sobre débitos que atendam aos requisitos dos §9º e 10º [29] do art. 100 da CF.

Tais regulamentações, trazidas como exemplos procedimentais que permitem visualizar o sistema proposto pelo CNJ, dentre outras ainda previstas na resolução em comento, tem sido acompanhadas e destas observações já consta um relatório intitulado *Reestruturação da Gestão nos Tribunais*[30], correspondente

---

[28] http://www.cnj.jus.br///images/atos_normativos/resolucao/resolucao_115_29062010_27022013 123456.pdf

[29] § 9º No momento da expedição dos precatórios, independentemente de regulamentação, deles deverá ser abatido, a título de compensação, valor correspondente aos débitos líquidos e certos, inscritos ou não em dívida ativa e constituídos contra o credor original pela Fazenda Pública devedora, incluídas parcelas vincendas de parcelamentos, ressalvados aqueles cuja execução esteja suspensa em virtude de contestação administrativa ou judicial. (Incluído pela Emenda Constitucional nº 62, de 2009).

§ 10. Antes da expedição dos precatórios, o Tribunal solicitará à Fazenda Pública devedora, para resposta em até 30 (trinta) dias, sob pena de perda do direito de abatimento, informação sobre os débitos que preencham as condições estabelecidas no § 9º, para os fins nele previstos. (Incluído pela Emenda Constitucional nº 62, de 2009).

[30] http://www.cnj.jus.br/corregedoria/reesprec/documentos/Realtorio_Precatorios_CNJ_FINAL. PDF. Acesso em 19.11.2015.

ao período de março de 2011 a agosto de 2012, para uniformização de procedimentos na gestão de precatórios, em que foram analisados os Tribunais de Justiça dos seguintes Estados: Alagoas, Amazonas, Bahia, Ceará, Mato Grosso, Pernambuco, Piauí, Paraná, Rio de Janeiro, Rio Grande do Norte, São Paulo e Tocantins.

Pois bem, a partir deste estudo foi possível o levantamento de valores nominais, percentuais, divididos por Estados, Municípios, Jurisdição, de modo a identificar os pontos mais problemáticos e estabelecer diretrizes iniciais neste processo de gestão.

Número que salta aos olhos é o valor histórico do débito acumulado em precatórios nos Tribunais de Justiça analisados (acima nomeados), classificado por devedor e atualizado até julho/12 (exceto BA que informou valores até dezembro 2011, consoante relatório).

Nesta apuração identificou-se que os Estados lideram o ranking dos devedores com 55% do valor total (nominal de R$ 48.130.428.721,92), seguidos pelos Municípios e Administração Indireta com 37% (R$ 6.881.461.150,27) e 8% (R$ 32.558.603.051,74), respectivamente.

O relatório traz ainda outros cortes metodológicos para identificação de números cruciais à compreensão dos problemas e sugere condutas, comuns e específicas, a exemplo de edição de norma administrativa interna voltada à gestão, ainda, designação de juiz para atuar como juiz auxiliar do setor de precatório e destinação de espaço físico próprio com a criação de protocolos eletrônicos dos requisitórios de precatórios iniciais, todos estes mencionados, apenas alguns exemplos de muitas outras condutas lá descritas.

4. Conclusões

Um dos propósitos do CNJ é exatamente a realização da gestão estratégica e do controle administrativo do Poder Judiciário, em prol do desenvolvimento de ações a partir da identificação das maiores carências organizacionais[31], a exemplo dos precatórios e o breve relato de medições e planos de ação trazidos no tópico imediatamente anterior deste ensaio.

---

[31] CHAER, Ana Carolina; AZEVEDO, Joel S. F., BONIFÁCIO, Ivan G. *Projeto de gestão estratégica do Poder Judiciário do Brasil.* II Congresso Consad de Gestão Pública – painel 24. Disponível em www.seplag.rs.gov.br. p. 02.

PODER JUDICIÁRIO

O CNJ aniversaria 10 anos. Os números para análise e reflexão trazidos acerca do congestionamento do Judiciário, morosidade do trâmite e sobremaneira o sistema de gestão e administração dos precatórios parecem representar um grande avanço no quesito administração estratégica do serviço de Justiça.

Basta um segundo de atenção para notar-se que os estudos empíricos trazidos pelo departamento de pesquisas jurídicas do CNJ e outros institutos, que subsidiaram o enfoque estatístico dado para análise do tema abrangem período médio de 6 anos. É dizer, o movimento é recente, mas já existe e queiramos todos, não perca forças de aceleração em avançar na melhoria das compilações numéricas e metodológicas para coletas futuras confiáveis e úteis à vital necessidade de gestão do segmento e tomada de decisões que culminem em melhorias reais.

As dimensões dos problemas ligados ao alto grau de litigiosidade do Brasil e às severas deficiências estruturais dão nota segura de que o caminho para visualização de alternativas é exatamente este e nele é preciso avançar.

O Presidente do Tribunal de Justiça de São Paulo, Desembargador Renato Nalini, em palestra proferida na faculdade de direito da USP, em 17.08.2015[32], afirmou em tom de desabafo que o grande problema enfrentado hoje, e que já dava fortes sinais no passado (décadas 80 e 90 do século passado), é a falta de gestão, dada a inexistência (no passado ainda) de projetos tendentes a uma efetiva gestão, circunstância facilitada pela característica institucional de troca de comando bienal, período curto, segundo ele[33], para que haja a criação de uma política com cunho de permanência.

Trata-se, o TJSP, da maior corte judiciária do mundo, contando hoje com aproximadamente 50 mil funcionários, dos quais 2500 são magistrados e 26 milhões de processos, representando ¼ da movimentação judiciária no Brasil (dos quase 100 Tribunais existentes no território nacional), muito embora o Estado de São Paulo não conte com o mesmo ¼ da população brasileira.

Ainda segundo o Presidente Nalini, a situação é agravada pelo vultoso orçamento do TJSP que a cada exercício já é proposto aquém das reais necessidades e ao ser submetido à Assembleia para enquadramento na Lei de diretrizes orçamentárias, acaba sempre ainda mais reduzido. Segundo o Presidente do TJSP, o que equilibra a situação é boa arrecadação. É dizer, havendo excesso

---

[32] aula inaugural da disciplina Poder Judiciário: Orçamento, Gestão e Políticas Públicas (DEF 5859), intitulada *Os desafios na gestão do Poder Judiciário*.

[33] Considerando sobremaneira que o Presidente assume a partir de um orçamento que não foi idealizado por ele. Assim, as políticas que o Tribunal possa adotar são muito intermitentes.

de arrecadação é fácil obter do Executivo uma complementação, para que o Tribunal termine o ano em dia com seus compromissos. No entanto, em 2015 houve drástica redução na arrecadação e diante de um orçamento que é bilionário, como é o do judiciário de SP, com capacidade de atingir 9 bilhões, sendo maior que o de 17 Estados da Federação reunidos, ainda assim o déficit hoje é de 900 milhões de reais.

A partir daqui não é nada difícil perceber a premência que deve haver na gestão do Poder Judiciário.

E muito embora o foco que até aqui tenha se dado fora explorado sob o viés da condução processual, sem dúvida alguma, a forma como se administra o acervo sob o ponto de vista técnico-processual e gerencial tudo diz com a consequente melhoria na organização financeira-orçamentária.

Recente notícia veiculada na mídia econômica[34], aponta gasto total com o sistema de justiça da ordem de 1,8% do PIB (Produto Interno Bruto), em números inteiros, isso representa R$ 121bilhões.

Segundo este mesmo estudo " ... o que foge ao padrão é o corpo de servidores, assessores, terceirizados, dentre outros, que totalizam 412,5 mil funcionários. São 205 funcionários para cada 100 mil habitantes, número muito superior aos 150 na Argentina, 66,9 na Alemanha, 42,1 no Chile, 41,6 na Colômbia ou 40,5 na Itália".

Notoriamente energias precisam ser investidas para que haja uma necessária profissionalização desta gestão, o que muito provavelmente não acontecerá sem drásticas mudanças institucionais.

O presente estudo valeu-se da problemática dos precatórios como fio condutor para exercitar a visita aos números que delineiam um cenário, neste capítulo, ainda pouco auspicioso, para tentar demonstrar que o problema é também produto de toda uma cadeia influenciada por muitas variantes, mas a maioria delas ligadas macroscopicamente à falta de uma condução estratégica e planejada de gestão.

Buscou-se evidenciar que a reforma legislativa (no caso constitucional, dos precatórios) pode ser bem-vinda desde que não descontextualizada da leitura maior de todo o problema e apegada às soluções pragmáticas reais como intenciona o CNJ a partir das recentes resoluções voltadas às medições e proposições de condutas.

---

[34] http://www.direitoprocessual.org.br/download.php?f=6eeb3ee8715959bb98634b0bb983d006, em 30.09.2015, e fruto de mais um estudo empírico da lavra da Universidade Federal do Rio Grande do Sul, intitulado "o custo da justiça no Brasil: uma análise comparativa exploratória).

Em linhas finais, a nosso sentir, há uma profunda necessidade de atenção ao fato de que os números vistos apontam muito mais ao cuidado de gestão quantitativo do problema – o que é absolutamente compreensível a considerar os alarmantes números fruto dos estudos de morosidade do Poder Judiciário –, mas, haverá a necessidade irrefutável de exercitar a árdua tarefa para condução de estudos e propostas de soluções que contemplem os aspectos qualitativos do serviço de justiça. É preciso evoluir, não ignorando que o primeiro passo possivelmente tenha sido dado. Afinal, e para que não se interrompa esta marcha, é preciso ter em mente, a não inédita, mas inafastável pergunta: Qual o serviço de justiça que queremos?

5. Referências

AMARAL Júnior, José Levi Mello. Precatórios: o direito fundamental a receber valores devidos pelo Estado, segurança jurídica e federalismo. In CLÈVE, Clèmerson M.; FREI-RE, Alexandre (coords.). *Direitos fundamentais e jurisdição constitucional*: análise, crítica e contribuições. São Paulo: Revista dos Tribunais, 2014, pp. 509-522.

BARBOSA, Daniela Barreiro. *Caminhos paralelos dos precatórios*. Informativo Jurídico In Consulex, v.21, n.12, p.16, mar. 2007.

BARROSO, Luis Roberto. *O Direito Constitucional e a Efetividade de suas Normas*. 3ª. ed. Rio de Janeiro: Renovar 1996.

BEDAQUE, José Roberto dos Santos. *Direito e Processo, influência do direito material sobre o processo*. São Paulo: ed malheiros, 3ª. Ed. 2003.

BUENO, Cassio Scarpinella. *Poder Público em Juízo: uma proposta de sistematização*. http://www.scarpinellabueno.com.br/Textos/Poder%20Público%20em%20Ju%C3%ADzo%20_palestra-Jornadas_.pdf. p. 15. Acesso em 28.10.2015.

CIMARDI, Cláudia A. *Execução contra Fazenda Pública após EC 30/2000*. In Execução Civil: Estudos em homenagem ao professor Humberto Theodoro Junior. Coordenação de Ernane Fidelis dos Santos, Luiz Rodrigues Wambier, Nelson Nery Junior, Teresa Arruda Alvim Wambier. São Paulo: Revista dos Tribunais, 2007.

CONTI, José Mauricio. *Poder Judiciário: 2014 é o ano do planejamento estratégico*. Revista Consultor Jurídico (www.conjur.com.br), publicado em 4 de fevereiro de 2014.

DINAMARCO, Cândido Rangel. *Instituições de Direito Processual Civil*. 6a ed, v. II. São Paulo: Malheiros Editores Editores, 2001.

_____. *Instituições de Direito Processual Civil*. 6a ed, v. III. São Paulo: Malheiros Editores Editores, 2009.

_____. *Instituições de Direito Processual Civil*. 3a ed, v. IV. São Paulo: Malheiros Editores Editores, 2009.

_____. "Nova era do Processo civil". São Paulo: Malheiros, 2003.

PRECATÓRIOS, TAMBÉM UM PROBLEMA DE GESTÃO DO JUDICIÁRIO

FAIM FILHO, Eurípedes G. *Requisitórios. Precatórios e Requisições de Pequeno Valor: Um Tema de Direito Financeiro.* Tese de Doutorado. Universidade de São Paulo. Faculdade de Direito. Departamento de Direito Econômico e Financeiro. São Paulo: 2014.

FRANCO, Fernão Borba. *Execução em face da Fazenda Pública.* São Paulo: Editora Juarez de Oliveira, 2002.

FREIRE, Alexandre (coords.). Direitos fundamentais e jurisdição constitucional: análise, crítica e contribuições. São Paulo: Revista dos Tribunais, 2014.

GRAU, Eros R. *Despesa pública – princípio da legalidade – decisão judicial.* In Revista de Direito Administrativo, Rio de Janeiro, Renovar-FGV, n. 191, p. 315-331, jan/mar 1993.

JÚNIOR, Humberto Theodoro. *A execução contra a Fazenda Pública e os crônicos problemas do precatório.* In: Precatórios: problemas e soluções Belo Horizonte: 2005.

JUSTEN FILHO, Marçal. NASCIMENTO, Carlos Valder. *Emenda dos precatórios – fundamentos de sua inconstitucionalidade.* Belo Horizonte: Editora Forum, 2010.

LIEBMAN, Enrico Tullio. *Eficácia e autoridade da sentença* – e outros escritos sobre a coisa julgada. 2a ed. Rio de Janeiro: Forense. Notas ao direito vigente por Ada Pellegrini Grinover. 1981.

LORENCINI, Marco Antonio Garcia Lopes. *A contribuição dos meios alternativos para a solução das controvérias. In* As grandes transformações do processo civil brasileiro, estudos em homenagem ao prof. Kazuo Watanabe. Coordenação do Prof. Carlos Alberto de Salles. São Paulo: Ed. Quartier Latin do Brasil. 2009. p. 621 e 622.

MANCUSO, Rodolfo de Camargo. *A Fazenda Pública em juízo.* In Execução Civil: Estudos em homenagem ao professor Humberto Theodoro Junior. Coordenação de Ernane Fidelis dos Santos, Luiz Rodrigues Wambier, Nelson Nery Junior, Teresa Arruda Alvim Wambier. São Paulo: Revista dos Tribunais, 2007. p. 361.

MARTINS, Ives Gandra da Silva. *Ordem judicial de pagamento – ausência de recursos orçamentários – teoria da impossibilidade material.* In Revista de Direito Administrativo, Rio de Janeiro, Renovar-FGV, n. 187, pp. 351-368, jan/mar 1992.

NERY JR., Nelson. *Princípios do processo civil na constituição federal.* 6ª. Ed., vol 21 Coleção Estudos de Direito de Processo (Enrico Tullio Liebman). São Paulo: Revista dos Tribunais, 2001.

RIBEIRO, Rafael de Almeida. *Contornos jurídicos sobre a Fazenda Pública em juízo e o pagamento dos precatórios judiciais.* Boletim de Direito Administrativo, v.23, n.1, p.50-71, jan. 2007.

SADEK, Maria Teresa. *Judiciário e Arena Pública,* in O controle jurisdicional.de políticas públicas, coord. Ada Pellegrini Grinover e Kazuo Watanabe, Rio de Janeiro, Gen-Forense, 2012, 2° ed.

SALLES, Carlos Alberto. *Mecanismos alternativos de solução de controvérsias e acesso à justiça: inafastabilidade da tutela jurisdicional recolocada.* In: FUZ, Luiz et al. (coord.). Processo e Constituição: estudos em homenagem ao professor José Carlos Moreira. São Paulo: 2006.

SAVOIA, José Roberto Ferreira. *O administrador público e o pagamento de precatórios.* Revista do Advogado, v.31, n.111, p.81-82, abr. 2011.

SCOFANO, Priscilla Souza e Silva Menário. *Execução contra a Fazenda Pública e o Projeto de Código de Processo Civil à luz da interpretação Constitucional.* Revista Emerj V. 18. N. 68. Março-maio 2015. P.178 e ss. Disponível em: http://www.emerj.tjrj.jus.br/revistaemerj_online/edicoes/revista68/versao-digital/revista-da-emerj-68.html#178/z. Acesso em 08.09.2015.

SILVA, Sandoval Alves da. *Aspectos orçamentários e constitucionais da Requisição de Pequeno Valor – RPV*. In: CONTI, José Mauricio; SCAFF, Fernando Facury. (Org.). Orçamentos públicos e direito financeiro. São Paulo: Revista dos Tribunais, 2011, pp. 461-490.

SILVEIRA, Rubens Curado. *Gestão judiciária: o que gritam os números da Justiça*. In STOCO, Rui; PENALVA, Janaína. *Dez anos de reforma do Judiciário e o nascimento do Conselho Nacional de Justiça*. São Paulo: Revista dos Tribunias, 2015, pp. 405-425

TARUFFO, Michele. *Observações sobre os modelos processuais de civil law e de common Law*. In: Revista de Processo, nº 110, trad. port. José Carlos Barbosa Moreira, São Paulo, RT, abr./jun. 2003, p. 141/158.

VAZ, José Otávio de Vianna. *Liquidação do precatório: pagamento, compensação e poder liberatório*. In: Precatórios: problemas e soluções Belo Horizonte: 2005. p. 77-137

ZANETI JUNIOR, Hermes. A teoria da separação dos poderes e o Estado Democrático Constitucional: funções de governo e funções de garantia. In: GRINOVER, Ada Pellegrini et al (coords.). O controle jurisdicional de políticas públicas. coord. Ada Pellegrini Grinover e Kazuo Watanabe, Rio de Janeiro, Gen-Forense, 2012, 2° ed.

Precatórios alimentícios: intervenção judicial em prol do planejamento orçamentário e da efetivação dos direitos fundamentais

Sérgio Assoni Filho
Doutor e Mestre em Direito Financeiro pela Universidade de São Paulo – USP
Professor Doutor da Universidade Nove de Julho – UNINOVE
Advogado e Parecerista

1. Bens públicos e seu regime jurídico

Nosso Código Civil conceitua os "bens públicos" como os bens nacionais que pertençam às pessoas jurídicas de direito público interno, sendo chamados todos os demais de "bens particulares", por exclusão.[1]

Contudo, o estrito alinhamento a tal conceito civilista não pode prevalecer, pois ele abrange apenas os bens da Administração direta, autárquica e fundacional, negligenciando a situação jurídica dos bens particulares afetados ao atendimento dos anseios coletivos.

Em outras palavras, o referido conceito não confere o adequado tratamento aos bens particulares que estão voltados à prestação de serviços públicos, quais sejam: a) aqueles pertencentes às pessoas jurídicas de direito privado que integram a Administração indireta, ou seja, os bens das empresas estatais (empresas públicas e sociedades de economia mista); b) aqueles pertencentes

---

[1] Cf. Art. 98 da lei nº 10.406/02 (Código Civil): "São públicos os bens do domínio nacional pertencentes às pessoas jurídicas de direito público interno; todos os outros são particulares, seja qual for a pessoa a que pertencerem".

aos particulares que atuam como delegatários do Poder Público (concessionários, permissionários e autorizados).

Desse modo, embora não haja absoluto consenso doutrinário em torno da questão, entendemos ser mais apropriado considerar sob a alcunha da expressão "bens públicos" o conjunto das coisas materiais e imateriais, móveis ou imóveis, afetadas à consecução de alguma *finalidade pública*, razão pela qual deverão estar submetidas a um regime total ou parcialmente de direito público, isto é, a um regime jurídico que confira poderes e deveres especiais a quem os detenha, em nome do interesse público subjacente, independentemente da natureza pública ou privada do respectivo detentor.

Assim sendo, são bens públicos tanto os pertencentes às pessoas jurídicas de direito público interno (entes federativos, autarquias e fundações públicas), quanto os bens nacionais pertencentes aos particulares, desde que estejam destinados ao atendimento de alguma finalidade pública, por exemplo, os bens das empresas estatais e os bens dos delegatários do Poder Público, quando, em ambos os casos, tais bens sejam utilizados diretamente na prestação de serviços públicos.[2]

A diferenciação do regime jurídico dos bens públicos, em relação aos bens privados, decorre justamente da afetação daqueles à consecução de uma finalidade pública, é dizer, a alcançar algum objetivo socialmente relevante, que deve prevalecer quando contraposto a interesses meramente individuais. Daí serem consideradas as vigas mestras do *regime jurídico de direito público* tanto a supremacia do interesse público sobre o privado quanto a indisponibilidade do interesse público.

O singular tratamento jurídico conferido pelo nosso ordenamento aos bens públicos se materializa pela existência de quatro atributos ou cláusulas protetivas especiais, as quais vêm reconhecidas pela doutrina publicística como as características gerais que lhes são distintivas dos demais bens. São elas: a) imprescritibilidade; b) inalienabilidade; c) não onerabilidade; d) impenhorabilidade.[3]

Os bens públicos são *imprescritíveis*, ou seja, não estão sujeitos à prescrição aquisitiva do direito de propriedade em virtude do decurso do tempo.

---

[2] Cf. MELLO, Celso Antônio Bandeira de. **Curso de direito administrativo**. 30ª ed. São Paulo: Malheiros, 2013, p. 929-930; GASPARINI, Diógenes. **Direito administrativo**. 17ª ed. São Paulo: Saraiva, 2012, p. 956-957.

[3] Cf. GASPARINI, Diógenes. **Direito administrativo**. 17ª ed. São Paulo: Saraiva, 2012, p. 965-967.

Dito de outro modo, os bens públicos não podem ser adquiridos mediante usucapião, tendo em vista a ideia de que a sua não utilização por parte dos gestores públicos não pode beneficiar eventuais possuidores particulares em detrimento do bem comum, uma vez que, em última instância, a legítima proprietária destes bens é a coletividade, a qual não pode ser penalizada pela desídia de seus representantes.

Há tempos, tal concepção a respeito da imprescritibilidade dos bens públicos está pacificada em nossos tribunais, tendo sido cristalizada a partir da edição da Súmula nº 340 do Supremo Tribunal Federal[4]. Além disso, a imprescritibilidade dos bens públicos encontra expresso fundamento em nosso ordenamento, tanto constitucional[5] quanto infraconstitucional[6].

Assim sendo, nenhuma espécie de bem público poderá ser objeto da usucapião, mesmo que, no caso concreto, estiverem preenchidos os requisitos legais para a configuração da prescrição aquisitiva do direito de propriedade no âmbito privado.

Como regra, os bens públicos também são *inalienáveis*, estando fora do comércio jurídico, pois não podem ser livremente negociados enquanto mantiverem sua afetação, isto é, enquanto permaneçam destinados à consecução de alguma finalidade pública.

Nessa direção, a dicção do art. 100 do Código Civil, o qual estabelece que "os bens públicos de uso comum do povo e os de uso especial são inalienáveis, enquanto conservarem a sua qualificação, na forma que a lei determinar".

Entretanto, o art. 101 do CC preceitua que "os bens públicos dominicais podem ser alienados, observadas as exigências da lei".

Desse modo, a inalienabilidade dos bens públicos não é absoluta, ressalvados aqueles bens indisponíveis pela sua própria natureza, os quais, por não possuírem caráter patrimonial, serão sempre inalienáveis, estando permanentemente fora do comércio jurídico, tais como os rios, os mares, as ruas, as praças etc.

Já no que concerne aos bens públicos com natureza patrimonial, a inalienabilidade diz respeito apenas àqueles que estejam afetados à consecução de alguma finalidade pública genérica ou específica, é dizer, somente abrange os bens de uso comum do povo ou os bens de uso especial, desde que não

---

[4] Vide o enunciado da Súmula nº 340 do STF, que foi editada ainda sob a égide do Código Civil anterior (lei nº 3.071, de 1º de janeiro de 1916): "Desde a vigência do Código Civil, os bens dominicais, como os demais bens públicos, não podem ser adquiridos por usucapião".

[5] Vide o art. 183, § 3º e o art. 191, § único, ambos da nossa Constituição.

[6] Vide o art. 102 do Código Civil (lei nº 10.406/02).

percam esta qualidade, ou seja, enquanto não for realizada a sua desafetação por parte do Poder Público.[7]

Ressaltando que "afetar" um bem público é atribuir-lhe uma destinação pública, ou seja, significa empregá-lo no atendimento de alguma finalidade pública genérica (uso comum do povo) ou específica (uso especial). Exemplo: passar bem dominical para a categoria de bem de uso comum do povo ou para a categoria de bem de uso especial.

Por outro lado, "desafetar" um bem público é realizar o processo inverso, isto é, retirar a destinação pública que o bem antes possuía, de modo que ele não seja mais empregado na consecução de nenhuma finalidade pública, nem genérica (uso comum do povo) e nem específica (uso especial). Exemplo: passar bem de uso comum do povo ou de uso especial para a categoria de bem dominical.

Assim sendo, os bens públicos serão considerados "dominicais", portanto, disponíveis ou alienáveis, apenas quando estiverem despidos de destinação pública, ou seja, somente se o Poder Público lhes tenha conferido uma "estrutura de direito privado", nos precisos termos do parágrafo único do art. 99 do Código Civil.

Desse modo, caberá aos gestores o manejo do patrimônio público por meio dos institutos da afetação e da desafetação, definindo a qual categoria pertence cada bem público, conforme a sua respectiva destinação, o qual será revestido ou não de alienabilidade.

Atente-se para o fato de que a regra continua sendo a inalienabilidade, pois partimos do pressuposto de que todo bem público pode ser útil ou necessário à consecução de alguma finalidade pública (genérica ou específica). Portanto, somente serão alienáveis os bens públicos categorizados como "dominicais",

---

[7] Quanto à *afetação*, também chamada de *destinação* ou *consagração*, os bens públicos classificam--se em três categorias, nos termos do art. 99 do Código Civil: a) *bens de uso comum do povo*, tais como rios, mares, estradas, ruas e praças, que pertencem a toda coletividade e estão afetados à consecução de finalidades públicas genéricas (objetivos diversos); b) *bens de uso especial*, tais como edifícios ou terrenos destinados a serviços prestados pela Administração direta, autárquica e fundacional, estando afetados à consecução de finalidades públicas específicas (objetivos precípuos); c) *bens dominicais*, tais como as terras devolutas, os móveis inservíveis e as repartições públicas desativadas, os quais integram o patrimônio das pessoas jurídicas de direito público, mas que não estão atualmente afetados à consecução de finalidades públicas, nem genéricas, nem específicas. Desse modo, estes últimos, pela falta de afetação, constituem um patrimônio disponível, habilitando o Poder Público a aliená-los, observadas as condições e requisitos especificados pelo nosso ordenamento.

entretanto, devido à excepcionalidade do procedimento da desafetação, nestes casos, deverá haver autorização legal expressa.

Nesse sentido, a alienação dos bens públicos dominicais dependerá da observância aos requisitos fixados pelo ordenamento jurídico, os quais costumam variar conforme a natureza do bem e a pessoa jurídica a que pertença.[8]

Frise-se, no que tange aos bens de uso comum do povo e os bens de uso especial será preservada a sua inalienabilidade, permanecendo tais bens fora do comércio jurídico, ainda que possuam caráter patrimonial.

Os bens públicos são *não oneráveis*, isso porque não podem ser oferecidos como "garantia real" de adimplemento das obrigações assumidas pelo Poder Público, é dizer, eles não podem ser gravados ou onerados pelos seus respectivos detentores.

Onerar ou gravar um bem é oferecê-lo como garantia de adimplemento de uma obrigação assumida pelo devedor em face de seu credor, a fim de assegurar que a dívida contraída será saldada. Sendo certo que, nos termos do art. 1.225 do Código Civil, três são as espécies de *direitos reais de garantia* previstos em nosso ordenamento:

a) *hipoteca*: oferecimento ao credor, como garantia real de adimplemento da obrigação assumida, de bens imóveis ou bens legalmente equiparados a imóveis;

b) *penhor*: oferecimento ao credor, como garantia real de adimplemento da obrigação assumida, de bens móveis;

c) *anticrese*: oferecimento ao credor, como garantia real de adimplemento da obrigação assumida, da posse e dos frutos advindos da exploração de bens imóveis.

Assim sendo, a não onerabilidade é o atributo impeditivo da submissão dos bens públicos a este tipo de ônus ou gravame, sendo nula de pleno direito qualquer hipoteca, penhor ou anticrese que recaia sobre bens públicos, mesmo porque eles não se prestam à alienação forçada em hasta pública, o

---

[8] Vide, por exemplo, o art. 17 da lei nº 8.666/93 (lei regente das licitações e contratos da Administração Pública), em que são estabelecidos diversos requisitos para a alienação de bens públicos, tais como a motivação de interesse público, a necessidade de avaliação prévia, a especificação da modalidade licitatória a ser empregada em cada procedimento ou mesmo a dispensa de licitação em determinadas situações, os casos em que o Poder Executivo necessitará da autorização do Poder Legislativo etc.

que tornaria inútil, aos credores do Poder Público, a constituição de garantias reais sobre tais bens.

Portanto, a não onerabilidade de um bem público é decorrência lógica da própria regra de sua inalienabilidade, nos termos explicitados pelo legislador ordinário no art. 1.420 do Código Civil.[9]

Os bens públicos também são *impenhoráveis*, ou seja, são insusceptíveis de sofrerem uma constrição judicial.

A penhora é um procedimento, resultante de uma ordem judicial, por meio do qual será promovida a execução forçada dos bens de um devedor inadimplente, tendo em vista o não cumprimento voluntário da obrigação por ele assumida em face de seu respectivo credor.

Assim sendo, a fim de satisfazer o direito do credor, como regra, nossa ordem jurídica viabiliza a efetivação da penhora dos bens do devedor, que serão alienados compulsoriamente em hasta pública, isto é, serão levados à praça ou leilão público e vendidos a quem oferecer o maior lance, observado o valor da avaliação, a fim de pagar o credor com o montante obtido neste procedimento judicial. Ressalte-se que este procedimento só será levado a cabo se, a despeito da cientificação formal sobre a realização da constrição de seus bens, o devedor persistir em situação de inadimplência.

Contudo, quando o Poder Público for o devedor inadimplente, isto é, quando houver sentença judicial transitada em julgado em favor de terceiro, a qual reconheça a existência de um crédito a ser saldado pela respectiva Fazenda Pública, os bens públicos não servirão de garantia deste credor, uma vez que nosso ordenamento impede a constrição judicial destes bens, ou seja, a sistemática da alienação forçada em hasta pública, mediante a penhora, a eles não se aplica por vedação da nossa própria ordem jurídica, e é exatamente nesta proibição que reside aquilo que a doutrina denomina "impenhorabilidade dos bens públicos".

A referida impenhorabilidade também é uma decorrência lógica da inalienabilidade dos bens públicos, haja vista que a alienação compulsória dos bens do devedor em leilão público tem o escopo de adimplir sua obrigação para com o credor, de modo que, quando impedida esta alienação pelo ordenamento, a efetivação da penhora que lhe antecede ficaria automaticamente despida de qualquer utilidade.

---

[9] Cf. Art. 1.420 da lei nº 10.406/02 (Código Civil): "Só aquele que pode alienar poderá empenhar, hipotecar ou dar em anticrese; só os bens que se podem alienar poderão ser dados em penhor, anticrese ou hipoteca".

Assim sendo, a cláusula da impenhorabilidade coloca os bens públicos a salvo da realização do procedimento comum de execução forçada, pois estes não podem ser objeto de alienação compulsória e, via de consequência, não haveria qualquer efeito prático em fazer recair a penhora sobre tais bens.

A impenhorabilidade também decorre do fato de que, em nossa ordem jurídica, a satisfação dos créditos de terceiros perante o Poder Público inadimplente possui um regramento próprio, de estatura constitucional e excepcional em relação às demais execuções forçadas, pois o pagamento se dá mediante a observância do *regime especial dos precatórios,* nos termos do art. 100 da Constituição.

A existência do regime especial dos precatórios se fundamenta na necessidade de *preservar a continuidade da atividade administrativa.* Desse modo, tal regime permite que todo o patrimônio destinado à consecução das finalidades públicas fique imune às execuções forçadas, sendo aplicável: a) aos bens da Administração direta, autárquica e fundacional; b) aos bens empregados diretamente na prestação de serviços públicos, ainda que pertencentes às empresas estatais ou aos delegatários do Poder Público.

No dizer de Floriano de Azevedo Marques Neto: "mais do que um regramento específico de execução (mesmo que de âmbito constitucional), o que parece arrimar a restrição à penhora do bem público é a impossibilidade de, mesmo por ordem judicial, se suprimir um bem consagrado a uma finalidade pública, submetendo-o ao regime de praça e leilão sem a preocupação com a continuidade da atividade à qual ele se encontra consagrado".[10]

Nessa qualidade, os precatórios são títulos emitidos pelo Poder Judiciário, após o trânsito em julgado da sentença judicial que reconheceu a obrigação da Fazenda Pública, sendo representativos do valor a ser recebido pelos credores do *Poder Público inadimplente,* cujo pagamento do montante será levado a efeito mediante uma sistemática diferenciada, melhor detalhada a seguir.

2. Impenhorabilidade e sistemática dos precatórios

O juiz de direito responsável pela prolação da sentença, que transitou em julgado e que reconheceu a existência de um crédito de terceiro a ser adimplido pelo Poder Público, expede um *ofício requisitório,* que é encaminhado ao Presidente

---

[10] MARQUES NETO, Floriano de Azevedo. **O regime jurídico das utilidades públicas: função social e exploração econômica dos bens públicos**. São Paulo: FDUSP (Tese de Livre Docência), 2008, p. 365-366.

de seu respectivo Tribunal, o qual funciona como uma espécie de solicitação formal para que este magistrado, por sua vez, expeça um *ofício precatório*, desta feita em caráter mandamental, pois este último é remetido à Fazenda Pública devedora como uma determinação judicial de pagamento do referido crédito.

A determinação judicial materializada no "ofício precatório" será recebida pela Fazenda Pública destinatária, a qual deverá providenciar seu cumprimento observando, no momento do pagamento, a estrita *ordem cronológica de sua apresentação*, bem como a proibição de designação de casos ou de pessoas nas dotações orçamentárias reservadas para a efetivação destes pagamentos, de forma a assegurar a impessoalidade administrativa.[11]

Salientando que os ofícios precatórios de *natureza alimentícia* terão prioridade no pagamento em relação à ordem cronológica de apresentação dos outros ofícios que não possuem tal natureza, conforme a expressa determinação do § 1º do art. 100 da Constituição, que contém a seguinte expressão de cunho imperativo: "serão pagos com preferência sobre todos os demais débitos, exceto sobre aqueles referidos no § 2º deste artigo".

A disposição constitucional que estabelece tal preferência no pagamento dos ofícios precatórios de caráter *alimentício*[12] se deve ao fato de que, na acepção da palavra, a própria subsistência do credor depende deste adimplemento fazendário, sendo inegável que o seu pagamento não só é prioritário, mas também emergencial.

Aliás, tal prioridade é veemente, pois a parte final do dispositivo que aparenta excepcioná-la, em verdade a reafirma, pois a intenção do legislador constituinte foi a de melhor protegê-la, isto é, de atender com ainda maior proficiência aqueles credores beneficiários de créditos de natureza alimentícia que estão em situação de evidente fragilidade, quais sejam: *idosos* e *portadores de doença grave*.[13]

---

[11] Conforme a inteligência do art. 100, *caput*, da Constituição: "Os pagamentos devidos pelas Fazendas Públicas Federal, Estaduais, Distrital e Municipais, em virtude de sentença judiciária, far-se-ão exclusivamente na ordem cronológica de apresentação dos precatórios e à conta dos créditos respectivos, proibida a designação de casos ou de pessoas nas dotações orçamentárias e nos créditos adicionais abertos para este fim".

[12] Na forma do art. 100, § 1º da Constituição: "Os débitos de natureza alimentícia, compreendem aqueles decorrentes de salários, vencimentos, proventos, pensões e suas complementações, benefícios previdenciários e indenizações por morte ou invalidez, fundadas em responsabilidade civil, em virtude de sentença judicial transitada em julgado, e serão pagos com preferência sobre todos os demais débitos, exceto sobre aqueles referidos no § 2º deste artigo".

[13] Conforme o art. 100, § 2º da Constituição: "Os débitos de natureza alimentícia cujos titulares tenham 60 (sessenta) anos de idade ou mais na data da expedição do precatório, ou sejam portadores

PRECATÓRIOS ALIMENTÍCIOS

Dessa forma, os precatórios alimentícios gozarão de preferência no recebimento dos créditos em face das Fazendas Públicas, formando-se duas "filas específicas", em que também deverão ser observadas as respectivas ordens cronológicas de apresentação.[14]

Assim sendo, a primeira fila prioritária se formará para o recebimento dos créditos alimentícios de que sejam seus titulares as pessoas idosas e as pessoas portadoras de doenças graves (art. 100, § 2º, da Constituição).

Na sequência, segue-se a segunda fila prioritária, formada por aqueles credores que também são titulares de créditos alimentícios, mas que não são nem idosos e nem portadores de doenças graves (art. 100, § 1º, da Constituição).

Por último, será formada a terceira fila, que não é prioritária, portanto, pode ser chamada de "fila geral", pois é constituída pelos credores fazendários que detêm precatórios que não são de natureza alimentícia, ou seja, é aquela fila estabelecida para dar cumprimento à regra geral de observância da ordem cronológica de apresentação dos precatórios convencionais (art. 100, *caput*, da Constituição).

Lembrando que ainda existem as condenações da Fazenda Pública consideradas de *pequeno valor*, as quais serão pagas de forma direta e imediata, sem a observância de qualquer ordem cronológica de apresentação, é dizer, sem a observância de nenhuma das três filas referidas (nem as duas prioritárias de caráter alimentício e nem a geral), cabendo ao juiz responsável pela prolação da sentença transitada em julgado expedir um mero ofício requisitório, que será encaminhado diretamente ao órgão fazendário inadimplente, sendo desnecessária a intervenção do Presidente do respectivo Tribunal, uma vez que, nestes casos, a expedição propriamente dita de um ofício precatório é dispensável.[15]

---

de doença grave, definidos na forma da lei, serão pagos com preferência sobre todos os demais débitos, até o valor equivalente ao triplo do fixado em lei para os fins do disposto no § 3º deste artigo, admitido o fracionamento para essa finalidade, sendo que o restante será pago na ordem cronológica de apresentação do precatório ".

[14] De acordo com o enunciado da Súmula nº 655 do Supremo Tribunal Federal: "A exceção prevista no art. 100, caput, da Constituição, em favor dos créditos de natureza alimentícia, não dispensa a expedição de precatório, limitando-se a isentá-los da observância da ordem cronológica dos precatórios decorrentes de condenações de outra natureza".

[15] Na forma do art. 100, § 3º da Constituição: "O disposto no *caput* deste artigo relativamente à expedição de precatórios não se aplica aos pagamentos de obrigações definidas em leis como de pequeno valor que as Fazendas referidas devam fazer em virtude sentença judicial transitada em julgado".

As leis próprias de cada ente federativo é que definirão o que deva ser entendido pela expressão "pequeno valor", aplicáveis às respectivas esferas de competência, evidentemente, levando em consideração as suas diferentes capacidades econômicas de pagamento. Contudo, o montante fixado não pode ser inferior ao valor do maior benefício mensal percebido pelo regime geral de previdência social.[16]

Na ausência de lei federativa específica, que venha a definir o alcance da expressão "pequeno valor", supletivamente, na esfera *federal*, tem sido utilizado o parâmetro fixado no art. 3º, *caput* e no art. 17, § 1º, ambos da lei nº 10.259/01 (lei dos Juizados Especiais Federais), correspondente ao valor de sessenta salários mínimos.

Quanto às demais esferas federativas, utilizava-se o parâmetro supletivo fixado no art. 97, § 12, incisos I e II, do Ato das Disposições Constitucionais Transitórias – ADCT: a) esfera *estadual* e *distrital*: valor de quarenta salários mínimos; b) esfera *municipal*: valor de trinta salários mínimos. Entretanto, o art. 97 do ADCT foi declarado inconstitucional pelo Supremo Tribunal Federal, por ocasião do julgamento de duas ações diretas de inconstitucionalidade (ADI nº 4.357 e ADI nº 4.425)[17], de modo que este parâmetro legal deixou de existir para a definição supletiva dos precatórios de "pequeno valor" nas esferas federativas subnacionais.

O legislador constituinte estabeleceu a obrigatoriedade das entidades de direito público realizarem *alocação orçamentária* de verba suficiente ao integral pagamento dos precatórios. Além disso, foi fixada uma *limitação temporal* a ser observada pelas Fazendas Públicas inadimplentes, as quais deverão cumprir tal desígnio, no máximo, em um ano e meio, uma vez que todos os valores constantes dos precatórios recebidos pelos órgãos fazendários até o dia 1º de julho de cada exercício financeiro[18] deverão ser saldados até o final do exercício financeiro seguinte, incluída a correção monetária.[19]

---

[16] Conforme o art. 100, § 4º da Constituição: "Para os fins do disposto no § 3º, poderão ser fixados, por leis próprias, valores distintos às entidades de direito público, segundo as diferentes capacidades econômicas, sendo o mínimo igual ao valor do maior benefício do regime geral de previdência social".

[17] Vide o completo teor do julgamento: ADI nº 4.357/DF e ADI nº 4.425/DF – Tribunal Pleno. Relator originário: Ministro Carlos Ayres Britto. Relator para acórdão: Ministro Luiz Fux.

[18] Na forma do art. 34 da lei nº 4.320/64: "O exercício financeiro coincidirá com o ano civil". Portanto, em nosso ordenamento, o exercício financeiro corresponde ao ano do calendário civil, isto é, inicia-se em 1º de janeiro e se finda em 31 de dezembro.

[19] Consoante o disposto no art. 100, § 5º da Constituição: "É obrigatória a inclusão, no orçamento das entidades de direito público, de verbas necessárias ao pagamento de seus débitos, oriundos

PRECATÓRIOS ALIMENTÍCIOS

No mais, o texto constitucional determina que as dotações orçamentárias destinadas ao pagamento dos precatórios serão consignadas diretamente ao Poder Judiciário, assim como os eventuais créditos adicionais abertos para tal fim, de modo a inexistirem maiores óbices ao cumprimento destas ordens judiciais, cabendo ao Presidente do Tribunal apenas determinar o pagamento integral do respectivo montante constante de cada ofício precatório.[20]

Assim sendo, as Fazendas Públicas inadimplentes deverão se organizar para cumprir meticulosamente o que está disposto nesse aparato normativo de magnitude constitucional, com redobrada atenção no que concerne à observância da sequência de recebimento de cada ofício precatório, visto que o seu respectivo pagamento deve ser realizado em estrita conformidade com tal ordem cronológica de apresentação, respeitadas as mencionadas situações preferenciais estabelecidas em favor dos precatórios alimentícios.

Até porque, caso o Poder Público dê causa ao descumprimento da sistemática prevista, o próprio texto constitucional apresenta uma alternativa drástica, pois fica facultado ao credor requerer, ao Presidente do Tribunal, o *sequestro* da respectiva quantia que lhe é devida.

O requerimento de sequestro é um direito subjetivo do credor e um "poder-dever" do Presidente do Tribunal, que deverá autorizá-lo quando verificadas duas situações específicas: a) preterição do direito de precedência no recebimento; b) não alocação orçamentária do valor necessário à satisfação do débito a ser saldado pelo Poder Público.[21]

Ademais, a inobservância da sistemática voltada ao pagamento dos ofícios precatórios leva os agentes públicos a responderem pela prática de *crime de responsabilidade*, previsto no art. 85, *caput*, VI e VII da Constituição (aplicável a todas as esferas federativas por simetria), em razão do descumprimento das leis orçamentárias e das decisões judiciais. Sem falar que este comportamento pode acarretar a *intervenção federal* ou *intervenção estadual* no respectivo ente federativo, nos moldes do art. 34, VI e do art. 35, IV, ambos da Constituição.

O regime especial dos precatórios foi engendrado no intuito de conjugar, de um lado, a continuidade administrativa na gestão do patrimônio público, o qual foi colocado a salvo das execuções forçadas, e, de outro lado, a garantia

---

de sentenças transitadas em julgado, constantes de precatórios judiciários apresentados até 1º de julho, fazendo-se o pagamento até o final do exercício seguinte, quando terão seus valores atualizados monetariamente".

[20] Nos termos do art. 100, § 6º, primeira parte, da Constituição.

[21] Nos termos do art. 100, § 6º, parte final, da Constituição.

do direito dos credores fazendários, que devem ter seus créditos saldados, quando reconhecidos em sentença judicial transitada em julgado.

Nesse cenário, o *planejamento financeiro-orçamentário* emerge como imprescindível ao Poder Público, pois dele depende a efetividade de todo esse arranjo jurídico-institucional estabelecido no texto constitucional.

3. Decisões alocativas e planejamento orçamentário

Notório é o caráter político de toda a atividade financeira estatal, em face da escassez de recursos materiais, pois o cabal atendimento das demandas coletivas se mostra impossível na atualidade, não só porque vivenciamos uma verdadeira sociedade de massas, mas também porque as seguidas conquistas da cidadania, nos chamados "Estados democráticos de direito", foram sendo progressivamente incorporadas aos ordenamentos jurídicos.

O quadro geral de insuficiência financeira da contemporânea Administração Pública obriga os seus gestores a elegerem prioridades de atuação, as quais, muitas vezes, configuram verdadeiras *escolhas trágicas*[22], pois algumas prestações estatais acabam sendo precarizadas ou mesmo omitidas, ainda que os cidadãos-administrados as reputem relevantes.

Desse modo, há uma margem de discricionariedade concernente à alocação dos recursos disponíveis, é dizer, o atendimento das necessidades públicas passa por um processo decisório de índole política.

Contudo, as escolhas discricionárias que envolvem recursos financeiros devem vir respaldadas pela ordem jurídica vigente, pois a utilização do substrato material coletivo deve estar voltada à concreção dos *objetivos fundamentais*, isto é, os gestores devem pautar as suas decisões alocativas na observância das prioridades estabelecidas na *Constituição*.

Nessa direção, merecem destaque as *leis orçamentárias*, legítimas "leis de meios", pois elas contêm o planejamento financeiro de todas as ações governamentais para um determinado período, de modo que não podem mais ser encaradas como peças financeiras de índole meramente técnica e/ou contábil, conforme aquela ultrapassada concepção de que serviam apenas para a fixação das previsões de receitas e das autorizações de despesas.[23]

---

[22] Cf. CALABRESI, Guido; BOBBITT, Philip. **Tragic choices: the conflicts society confronts in the allocation of tragically scarce resources**. New York: Norton, 1978.

[23] Cf. Alberto Deodato, que preconiza o seguinte: "Todo o orçamento é um estado de previsão. Orçar é prever receita e fixar despesa" (DEODATO, Alberto. **Manual de ciência das finanças**. 3ª ed. São Paulo: Saraiva, 1949, p. 215).

Em vez disso, as leis orçamentárias possuem conteúdo político, econômico e jurídico[24], conforme a ideia de "orçamento-programa" [25], tendo em vista que as autorizações de despesas seguem critérios funcionais e as previsões de receitas visam ao cumprimento de metas.

A nosso ver, as leis orçamentárias se tornaram o principal instrumento de planejamento da atuação estatal, pois elas materializam as escolhas financeiras para cada exercício e, nesta medida, apresentam o resultado do processo decisório governamental sobre os recursos disponíveis à concretização dos escopos públicos.

A atividade financeira estatal tem no orçamento o *plano de atuação governamental*, por isso, afirmamos que "o orçamento público é a expressão material do plano de atuação governamental em um determinado período, que adquire concreção na realização de todo um programa de implementação de políticas públicas".[26]

O planejamento financeiro segmentado em ciclos orçamentários foi encampado pelo nosso ordenamento jurídico, uma vez que a nossa Constituição adotou a tripartição da programação orçamentária, na forma do art. 165, a saber: a) plano plurianual; b) lei de diretrizes orçamentárias; c) lei orçamentária anual. Frise-se que, por simetria constitucional, tais espécies orçamentárias estão presentes em todas as esferas federativas pátrias.

As três modalidades de leis orçamentárias (PPA, LDO e LOA) devem ser editadas de forma harmônica, isto é, com perfeita compatibilidade entre si, pois a elaboração da lei orçamentária anual será baseada tanto no que foi fixado na lei de diretrizes orçamentárias quanto no plano plurianual.[27]

---

[24] Cf. OLIVEIRA, Régis Fernandes de. **Curso de direito financeiro**. 5ª ed. São Paulo: Revista dos Tribunais, 2013, p. 401.

[25] Cf. SILVA, José Afonso da. **Orçamento-programa no Brasil**. São Paulo: Revista dos Tribunais, 1973, p. 01-03; DUVERGER, Maurice. **Finances publiques**. 8ª ed. Paris: PUF, 1975, p. 215-217.

[26] ASSONI FILHO, Sérgio. **Transparência fiscal e democracia**. Porto Alegre: Núria Fabris, 2009, p. 16.

[27] Cf. O *plano plurianual* (PPA) estabelece as diretrizes, objetivos e metas da Administração Pública, de forma regionalizada, atinentes às despesas de capital e aos programas de duração continuada, válidos por quatro anos. Ele é elaborado no primeiro ano do mandato do chefe do Poder Executivo, cujo projeto de lei deve ser encaminhado ao Poder Legislativo até quatro meses antes do encerramento do primeiro exercício financeiro e devolvido para sanção até o encerramento da sessão legislativa (art. 165, I e § 1º da Constituição; art. 35, § 2º, I, do ADCT). A *lei de diretrizes orçamentárias* (LDO) estatui as metas e prioridades estatais para o exercício financeiro seguinte, buscando orientar a elaboração da lei orçamentária anual. O seu projeto de lei deve ser encaminhado ao Poder Legislativo até oito meses e meio antes do encerramento do exercício financeiro e devolvido para sanção até o encerramento do primeiro período da sessão legislativa (art. 165, II e § 2º da Constituição; art. 35, § 2º, II, do ADCT). A *lei orçamentária anual* (LOA) compreende o orçamento fiscal, o orçamento de investimentos das empresas estatais e o orçamento da seguridade

PODER JUDICIÁRIO

Infraconstitucionalmente, enfatizamos o que estabelece a lei nº 4.320, de 17 de março de 1964, conhecida como "lei dos orçamentos públicos", pois seu art. 2º, *caput*, expressamente se refere ao "programa de trabalho do Governo" no que respeita à discriminação de receitas e despesas nas leis orçamentárias.

Por sua vez, a lei complementar nº 101, de 04 de maio de 2000, conhecida como "lei de responsabilidade fiscal", também aderiu à concepção de orçamento-programa, estabelecendo como padrão de gestão fiscal a "ação planejada" dos gestores. Além disso, o seu Capítulo II (artigos 3º a 10), voltado às leis orçamentárias, foi chamado "Do planejamento".

No mais, o Decreto-lei nº 200, de 25 de fevereiro de 1967, que estabelece normas gerais aplicáveis à Administração Federal, dedicou seu Título III (artigos 15 a 18) ao planejamento da atividade financeira estatal, o qual veio denominado "Do planejamento, do orçamento-programa e da programação financeira".

Assim sendo, o paradigma do *planejamento financeiro-orçamentário* foi adotado pela nossa ordem jurídica, funcionando as leis orçamentárias como instrumentos de programação financeira, por meio das quais as prioridades da gestão fiscal ficam bem explícitas, ou seja, tornam-se evidentes as escolhas alocativas feitas em nome do interesse público.

Desse modo, urge o comprometimento dos gestores públicos com a fiel aplicação da referida programação financeira projetada nas leis orçamentárias, uma vez que a redução do orçamento público ao papel de "peça contábil fictícia", mais do que uma noção ultrapassada, representa uma ameaça ao ideal republicano, pois enseja a sobreposição de relações de caráter clientelista[28] à própria racionalidade inerente ao planejamento orçamentário.

4. Planejamento orçamentário e efetividade dos direitos fundamentais

Na esteira do entendimento de que nosso ordenamento adotou a concepção de planejamento orçamentário ou orçamento-programa, devemos vislumbrar

---

social, valendo para o exercício financeiro seguinte. O seu projeto de lei deve ser encaminhado ao Poder Legislativo até quatro meses antes do encerramento do exercício financeiro e devolvido para sanção até o encerramento da sessão legislativa (art. 165, III e § 5º e art. 166, §§ 3º e 4º da Constituição; art. 35, § 2º, III, do ADCT).

[28] Cf. MUELLER, Bernardo; PEREIRA, Carlos. **Comportamento estratégico em presidencialismo de coalizão: as relações entre Executivo e Legislativo na elaboração do orçamento brasileiro**. Disponível em: < http://www.scielo.br/scielo.php?pid=S0011-52582002000200004&script=sci_arttext >. Acesso em: 05.01.2016.

nas dotações orçamentárias o resultado de todo o processo decisório que envolve a implementação das políticas públicas, cuja finalidade primordial deve ser a consecução dos objetivos tidos como *fundamentais*, na forma do art. 3º, I a IV, da Constituição[29].

Como preconiza Fernando Facury Scaff: "as limitações aos gastos públicos também podem ser materiais, pois o uso de recursos públicos deve se dar de forma a permitir que os objetivos estabelecidos no art. 3º da Constituição sejam alcançados. Para tanto é imprescindível que sejam realizados gastos públicos em direitos fundamentais sociais (...). Logo, os gastos públicos não permitem que o legislador, e muito menos o administrador, realizem gastos de acordo com suas livres consciências, de forma desvinculada aos objetivos impostos pela Carta".[30]

Até porque, como fundamento de validade de toda a ordem jurídica, a Constituição deve ser o cerne irradiador das *decisões financeiras fundamentais*, de modo que as decisões alocativas, constantes das dotações orçamentárias, só serão válidas quando observada a *hierarquia de prioridades* constitucionalizada.

Esse também é o parecer de Pedro Germano dos Anjos, ao afirmar que "a força constitucional de imposição de satisfação, pelo Estado, de determinadas necessidades são os pontos de partida para a interpretação normativa realizada pelos administradores e legisladores, ao perfazerem a lei orçamentária. Em seu bojo recorrem a escolhas, em vista da interpretação dos fatos sociais de necessidade e de uma hierarquia de prioridades." [31]

Clara Cardoso Machado propõe a seguinte hierarquia de prioridades alocativas, a partir de uma classificação das necessidades públicas: a) *necessidades primárias*: correspondem ao mínimo existencial, pois são indispensáveis à sobrevivência do indivíduo com dignidade; b) *necessidades secundárias*:

---

[29] O art. 3º da Constituição determina: "Constituem objetivos fundamentais da República Federativa do Brasil: I – construir uma sociedade livre, justa e solidária; II – garantir o desenvolvimento nacional; III – erradicar a pobreza e a marginalização e reduzir as desigualdades sociais e regionais; IV – promover o bem de todos, sem preconceitos de origem, raça, sexo, cor, idade e quaisquer outras formas de discriminação".

[30] SCAFF, Fernando Facury. **Reserva do possível, mínimo existencial e direitos humanos**. In: PIRES, Adilson Rodrigues; TORRES, Heleno Taveira (org.). **Princípios de direito financeiro e tributário – Estudos em homenagem ao professor Ricardo Lobo Torres**. Rio de Janeiro: Renovar, 2006, p. 125.

[31] ANJOS, Pedro Germano dos. **A filosofia hermenêutica de Hans-Georg Gadamer e as escolhas orçamentárias de políticas públicas**. Disponível em: < http://www.unisc.br/portal/upload/com_arquivo/ a_filosofia_hermeneutica_de_hans_georg_gadamer_e_as_escolhas_orcamentarias_de_politicas_publicas.pdf >. Acesso em: 05.01.2016.

relacionam-se com os direitos e interesses fundamentais de toda coletividade, não abrangidos pelo mínimo vital; c) *necessidades terciárias*: dizem respeito aos interesses da coletividade que estejam relacionados com a própria administração do Estado.[32]

A despeito de nos parecer demasiadamente abstrato estabelecer uma completa hierarquização de prioridades constitucionais, por outro lado, consideramos bastante simples a tarefa de identificar quais sejam as "necessidades primárias", representativas da máxima prioridade a ser observada no exercício da gestão financeira, a qual, a nosso juízo, é a garantia do *mínimo existencial* a todos os cidadãos viventes sob a égide da Constituição.

O texto constitucional estabelece parâmetros à observância do mínimo existencial, nos termos do art. 7º, IV, ao estatuir como inerente à *dignidade humana* que todo indivíduo consiga obter uma remuneração mínima, como produto de seu trabalho, capaz de atender a suas necessidades vitais básicas e às de sua família: moradia, alimentação, educação, saúde, lazer, vestuário, higiene, transporte e previdência social.

Além disso, dispõe o art. 6º constitucional que são *direitos sociais*: educação, saúde, alimentação, trabalho, moradia, lazer, segurança, previdência social, proteção à maternidade e à infância, e assistência aos desamparados.

Os referidos parâmetros demonstram que não há prioridade que se sobreponha à tarefa da Administração Pública de proporcionar uma sobrevivência digna aos seus administrados, uma vez que a dignidade humana é o principal valor a ser concretizado por qualquer ordem constitucional que se preze. Aliás, tal dever está expresso, no art. 1º, *caput* e III, da nossa Constituição, inclusive, elevado ao patamar de *fundamento* da República Federativa do Brasil.

A garantia do mínimo existencial é a condição primacial para que se possa falar em respeito à dignidade humana, cuja concretização, a nosso ver, requer que as leis orçamentárias sejam vistas como instrumentos jurídicos de limitação da atuação discricionária dos gestores públicos, sempre que estes se afastarem de sua função precípua de assegurar este mínimo existencial aos cidadãos-administrados.

Salientando que o quadro geral de escassez financeira de um ente federativo não pode ser usado como argumento fácil à preterição dos direitos

---

[32] MACHADO, Clara Cardoso. **Controle jurisdicional de constitucionalidade em abstrato de lei orçamentária: análise da ADI 4.048-I/DF**. Disponível em: < http://portalciclo.com.br/ downloads/artigos /direito/controle_de_lei_orcamentaria_clara_cardoso.pdf >. Acesso em: 28.05.2010.

garantidores da dignidade humana, especialmente quando a insuficiência de meios materiais é comprovadamente *relativa*, ou seja, quando a carência de recursos decorre das próprias decisões tomadas pelos gestores.

Exemplificando, paradigmática é a decisão de destinar recursos públicos à construção de ginásios e estádios para eventos desportivos, em detrimento de outras atuações muito mais relevantes, tais como a construção de moradias populares e a extensão das redes de coleta de esgoto e resíduos para saneamento básico, quando estas são inexistentes ou insuficientes nas mesmas municipalidades contempladas com a edificação daqueles complexos desportivos. Portanto, este tipo de decisão política agride a nossa Constituição, visto que transgressora daquele parâmetro prioritário de garantia ao mínimo existencial.

Assim sendo, nenhuma decisão alocativa constante das leis orçamentárias pode descurar do ideal de efetivação dos direitos fundamentais, em nome da própria legitimidade do planejamento orçamentário realizado, em todas as suas sucessivas fases.[33]

Em tal direção, escolhas financeiras que negligenciam o atendimento aos direitos garantidores da dignidade humana denotam a existência de um abismo entre as burocráticas decisões tomadas no frescor dos gabinetes estatais e as genuínas "necessidades públicas", quando estas são entendidas na mais perfeita acepção da expressão.

A razoabilidade na ponderação sobre as prioridades alocativas é evidenciada quando os gestores mantêm *reservas orçamentárias* suficientes à garantia dos direitos fundamentais da cidadania, sem as quais, ficará configurada a ofensa imediata ao mínimo existencial e mediata à concepção de orçamento-programa hodiernamente adotada em nossa ordem jurídica, tornando-se imperioso restabelecer a ordem constitucional violada, ainda que, para tanto, se faça necessário provocar a intervenção do Poder Judiciário.

5. Intervenção judicial e pagamento dos precatórios alimentícios

As escolhas políticas refletidas nas dotações orçamentárias não podem descurar das prioridades constitucionais garantidoras do mínimo existencial, cabendo ao Poder Judiciário o oferecimento de guarida ao clamor daqueles

---

[33] A este respeito, vide: ASSONI FILHO, Sérgio. *Processo orçamentário*. In: SERRANO, Mônica de Almeida Magalhães; SILVA, Alessandra Obara Soares da. (org.). **Teoria geral do processo administrativo**. São Paulo: Verbatim, 2013, p. 677-702.

PODER JUDICIÁRIO

que pretendam restaurar a sua dignidade, quando esta vem maculada em meio ao processo decisório de índole financeira.

Afinal, a gestão do patrimônio público está voltada à realização dos anseios coletivos e não existe objetivo mais notável que o atendimento das necessidades primárias da cidadania, razão pela qual, inclusive, tanto a *cidadania* quanto a *dignidade humana* foram elevadas ao patamar de fundamentos da República, nos termos do art. 1º, *caput*, II e III da Constituição.

Até porque, existe todo um regime jurídico diferenciado aplicável aos bens públicos, uma vez que a utilização dos meios materiais disponíveis deve estar afetada à consecução das finalidades públicas, em particular, daquelas tornadas prioritárias pelo legislador constituinte.

Daí evidenciarmos a impenhorabilidade dos bens públicos e a adoção constitucional do pagamento das obrigações do Poder Público por meio da sistemática especial dos precatórios, como forma de conciliar a necessidade de continuidade administrativa com a observância dos direitos de terceiros em face dos órgãos fazendários.

Ressalte-se, como antes mencionado, que a sistemática constitucional exige reserva orçamentária para o *pagamento integral* dos precatórios recebidos pelas Fazendas Públicas até 1º de julho de cada exercício financeiro, os quais deverão ser pagos, com correção monetária, dentro do prazo fatal de um ano e meio, observadas as filas de apresentação cronológica dos ofícios e consignada tal reserva orçamentária diretamente ao Poder Judiciário.

Entretanto, a despeito dos precatórios serem ordens judiciais de pagamento, ou seja, embora eles tenham um caráter mandamental, os gestores pátrios os encaram com desdém, reservando pífias quantias nas leis orçamentárias para o cumprimento destas determinações.

A complacência do Judiciário, diante da reiterada inobservância gestora das ordens contidas em tais ofícios precatórios, tem transformado este Poder em um eficiente instrumento de rolagem da dívida pública de origem litigiosa e até mesmo de enriquecimento ilícito estatal, quando desta dinâmica advier algum deságio do valor a ser recebido por quem de direito.[34]

Isso se deve ao fato de que, além da pesada estrutura judicial, com múltiplas instâncias, as quais, por si sós, tornam moroso o pronunciamento da decisão definitiva que condena o Poder Público, os órgãos fazendários ganham

---

[34] Cf. BARROS, Humberto Gomes de. **Execução contra a fazenda pública**. Disponível em: < http://www. stj.jus.br/publicacaoinstitucional/index.php/informativo/article/viewFile/321/284 >. Acesso em: 05.01.2016.

PRECATÓRIOS ALIMENTÍCIOS

enorme sobrevida em seu intento de se manter em estado de inadimplência, quando se valem dos argumentos fáceis da discricionariedade e da permanente carência de recursos e estes, por sua vez, são prontamente aceitos em juízo. Tal permissividade judicial serve de estímulo à efetivação de reservas orçamentárias insuficientes ao pagamento dos precatórios, inclusive daqueles prioritários de caráter alimentício.

Essa não é a atuação judicial esperada pela cidadania, a qual vislumbra provocar a sua intervenção no intento de ver o gestor cumprindo estritamente seu dever, qual seja: realizar um planejamento financeiro-orçamentário capaz de cumprir a sistemática dos precatórios prevista no art. 100 da Constituição, após a oportuna ponderação a respeito das finalidades públicas prioritárias, sendo estas identificáveis com as verdadeiras necessidades públicas.

Salientando que a dignidade humana é o valor supremo de um Estado Democrático de Direito, de forma que não existe discricionariedade gestora quando o que está em jogo é a observância do mínimo existencial que a propicia.

Corroboram esse entendimento as palavras de Carla Gonçalves Lobato: "Não se pode, desse modo, compreender o princípio da supremacia do interesse público sobre o particular em uma interpretação além daquela que avalize a busca pela satisfação do interesse público primário, com a possibilidade de mitigação da amplitude do exercício dos direitos privados, sem a aniquilação dos direitos fundamentais. Nesse sentido, não é possível sustentar a validade de um regime de pagamento que objetiva a infinita prorrogação da efetividade de um direito individual reconhecido por sentença judicial transitada em julgado".[35]

Nesse sentido, não preconizamos a "judicialização" de todas as escolhas políticas financeiras, mas apenas eventuais atentados à dicção do texto constitucional[36], máxime no que se refere ao pagamento dos precatórios alimentí-

---

[35] LOBATO, Carla Gonçalves. **A supremacia do interesse público sobre o privado e o regime de precatórios**. Disponível em: < http: //www.http://dspace.idp.edu.br:8080/xmlui/bitstream/ handle /123456789/1518/ Monografia _Carla%20Gon%E7alves%20Lobato.pdf?sequence=1 > Acesso em: 16.10.2015.

[36] No dizer de Ana Paula de Barcellos: "se a Constituição contém normas nas quais estabeleceu fins públicos prioritários, e se tais disposições são normas jurídicas, dotadas de superioridade hierárquica e de centralidade no sistema, não haveria sentido em concluir que a atividade de definição de políticas públicas – que irá, ou não, realizar esses fins – deve estar totalmente infensa ao controle jurídico" (BARCELLOS, Ana Paula de. **Neoconstitucionalismo, direitos fundamentais e controle das políticas públicas**. Disponível em: < http:// www.direitopublico.com.br/pdf_ seguro/artigo_controle_pol_ticas_p_blicas_.pdf >. Acesso em: 02.06.2010).

cios, pois, de seu recebimento depende a própria subsistência de seus credores e de suas famílias.

Aliás, as decisões alocativas constantes das dotações orçamentárias, que tenham algum grau de generalidade e abstração, isto é, que possuam "densidade normativa", estão sujeitas ao *controle jurisdicional de constitucionalidade*, a fim de aferir se elas encontram supedâneo nos parâmetros constitucionais que tutelam o mínimo existencial.[37]

Assim sendo, na aplicação das normas vigentes, o Poder Judiciário deve velar pela preservação da dignidade humana e, nestes termos, reconhecer a inconstitucionalidade da atuação gestora que, a pretexto de exercer discricionariedade administrativa, financeira e orçamentária, de fato, não atende ao balizamento necessário para que os gastos públicos sejam considerados eficientes.

A nosso ver, a ideia de *eficiência alocativa* deve guiar tanto as decisões gestoras quanto as decisões judiciais que tenham aquelas como objeto de análise, sendo paradigma desta eficiência a realização de um planejamento orçamentário apto a autorizar gastos públicos em conformidade com as prioridades da cidadania.

Evidentemente, toda atuação estatal em prol da cidadania implica custos[38], razão pela qual encontra na existência de disponibilidades orçamentárias um correspondente limite fático. Entretanto, a insuficiência financeira não pode servir como uma espécie de "desculpa-padrão", estrategicamente trazida à baila sempre que os gestores forem confrontados pela coletividade a respeito das suas decisões alocativas.

A limitação material ao atendimento dos anseios coletivos, identificada com a invocação da chamada "teoria da reserva do possível"[39], demanda um *ônus argumentativo*, pois os gestores só estarão legitimados a rogar pela sua aplicação prática quando capazes de demonstrar que houve uma adequada

---

[37] Vide a respeito: ASSONI FILHO, Sérgio. **Controle de constitucionalidade da lei orçamentária**. In: CONTI, José Maurício; SCAFF, Fernando Facury (org.). **Orçamentos públicos e direito financeiro**. São Paulo: Revista dos Tribunais, 2011, p. 21-40.

[38] Cf. HOLMES, Stephen; SUNSTEIN, Cass R. **The cost of rights: why liberty depends on taxes**. New York: Norton, 1999.

[39] A "teoria da reserva do possível" surgiu de uma decisão da Corte Constitucional alemã – BVerfGE 33, 303 (333), em que um cidadão pleiteava ingresso no ensino superior público e gratuito, embora não existissem vagas suficientes para todos os interessados, usando como fundamento a garantia constitucional de liberdade de escolha da profissão. A Corte Constitucional alemã decidiu que uma prestação estatal deve corresponder àquilo que o indivíduo pode razoavelmente exigir da sociedade, ou seja, não é possível impor ao Estado uma prestação que fuja aos limites do razoável.

PRECATÓRIOS ALIMENTÍCIOS

ponderação entre as disponibilidades financeiras e as necessidades públicas, ou seja, tal teoria só tem lugar quando objetivamente comprovada a razoabilidade das decisões financeiras em face do esgotamento orçamentário.

Segundo o parecer de Daniel Wang: "Não é uma opção dos administradores ou do Poder Legislativo cumprir a Constituição. Embora possa haver discricionariedade quanto aos meios para se efetivar um direito social, sua efetivação é uma obrigação constitucional e, para não a cumprir, há um ônus argumentativo da parte dos poderes políticos. E, dentro desse ônus argumentativo, pode caber a discussão a respeito dos custos dos direitos e dos recursos escassos. Importa lembrar que a escassez de recursos não pode ser tomada de forma absoluta, a ponto de se sobrepor totalmente à fundamentalidade dos direitos, ela é apenas um dos elementos a ser levado em consideração, mas nunca o único".[40]

Nessa senda, elogiável é a decisão da lavra do Superior Tribunal de Justiça, da qual extraímos o seguinte excerto: "Releva notar que uma Constituição Federal é fruto da vontade política nacional, erigida mediante consulta das expectativas e das possibilidades do que se vai consagrar, por isso que cogentes e eficazes suas promessas, sob pena de restarem vãs e frias enquanto letras mortas no papel. Ressoa inconcebível que direitos consagrados em normas menores como Circulares, Portarias, Medidas Provisórias, Leis Ordinárias tenham eficácia imediata e os direitos consagrados constitucionalmente, inspirados nos mais altos valores éticos e morais da Nação sejam relegados a segundo plano. (...) A determinação judicial desse dever pelo Estado não encerra suposta ingerência do Judiciário na esfera da Administração. Deveras, não há discricionariedade do administrador frente aos direitos consagrados, quiçá constitucionalmente".[41]

Desse modo, quando a exiguidade financeira resultar da ineficiência na realização dos gastos públicos, mediante deliberações alocativas apartadas do parâmetro constitucional prioritário (preservação do mínimo existencial), a alusão à "teoria da reserva do possível", por parte das Fazendas Públicas, deve ser veementemente refutada pelas autoridades judiciais.[42]

---

[40] WANG, Daniel Wei Liang. **Escassez de recursos, custos dos direitos e reserva do possível na jurisprudência do STF.** Disponível em: < http://escholarship.org/uc/item/ 26q0r0ns > Acesso em: 05.01.2016.

[41] Cf. RESP nº 577.836/SC – Primeira Turma. Relator Ministro Luiz Fux.

[42] Vide a arguição de descumprimento de preceito fundamental julgada pelo STF, que trata do confronto existente entre "reserva do possível" e "mínimo existencial", na implementação de políticas públicas (ADPF nº 45).

PODER JUDICIÁRIO

No mais, conforme a inteligência do § 1º do art. 5º da Constituição, as normas definidoras dos direitos e garantias fundamentais têm aplicação imediata em nossa ordem jurídica, de modo que propiciar acesso ao Poder Judiciário não significa tão somente assegurar o direito à obtenção de um pronunciamento judicial desprovido de resultados práticos, o que subverteria a lógica da sistemática dos precatórios, concebida para ser idônea e efetiva.

No caso dos precatórios de caráter alimentício, há absoluta prioridade de pagamento, pois é imperioso garantir a subsistência do credor, o que justifica a preocupação do legislador constituinte ao lhe conferir um peculiar tratamento no texto magno, e este jamais poderá passar ao largo das interpretações judiciais que envolvam a matéria.

Ademais, o regime dos precatórios foi engendrado para racionalizar os pagamentos devidos pelas Fazendas Públicas, em vez de procrastiná-los indefinidamente, tanto é assim que o legislador constituinte fixou sanções institucionais ao descumprimento de sua sistemática.

Com tal escopo, foi estabelecido o *sequestro* de verbas públicas aplicável tanto às situações de insuficiência de alocação orçamentária para pagamento dos precatórios quanto às hipóteses de preterição do direito de preferência dos respectivos recebimentos (art. 100, § 6º, parte final, da Constituição).

Não olvidemos também a possibilidade de *intervenção federal* ou *intervenção estadual* no respectivo ente federativo descumpridor de ordem ou decisão judicial (art. 34, VI e art. 35, IV, da Constituição), plenamente aplicável à pessoa política relutante em cumprir seu dever de adimplência reconhecido em juízo e materializado na expedição do ofício precatório.

Além disso, a inobservância do aparato voltado ao pagamento dos precatórios ainda acarreta sanção pessoal, pois leva o gestor a responder pelo *crime de responsabilidade*, com fulcro no art. 85, *caput*, VI e VII da Constituição, e nos termos do art. 12 da lei nº 1.079/50[43], em decorrência do descumprimento às determinações judiciais contidas nestes ofícios.

A nosso juízo, as referidas sanções institucionais e pessoais, presentes no ordenamento, conferem adequado *caráter coercitivo* ao pagamento dos precatórios, restando ao Judiciário aplicá-las, implacavelmente, quando o mínimo

---

[43] Na forma do art. 12 da lei nº 1.079/50: "São crimes de responsabilidade contra as decisões judiciárias: 1) impedir, por qualquer meio, o efeito dos atos, mandados ou decisões do Poder Judiciário; 2) recusar o cumprimento das decisões do Poder Judiciário no que depender do exercício das funções no Poder Executivo; 3) deixar de atender a requisição de intervenção federal do Supremo Tribunal Federal ou do Tribunal Superior Eleitoral; 4) impedir ou frustrar pagamento determinado por sentença judiciária".

existencial não figurar como prioridade alocativa no planejamento orçamentário realizado.

Ressaltando que o orçamento público é a sede do embate político existente em torno do substrato material de uma coletividade organizada, justamente porque as leis orçamentárias são o produto das decisões financeiras que evidenciam todo o programa governamental para um determinado período, tornadas as dotações orçamentárias mecanismos fáticos de execução das políticas públicas adotadas.

Como preleciona José Reinaldo de Lima Lopes: "Há sim limites orçamentários que se podem alegar, mas como orçamentos não são coisas da natureza, mas frutos de decisões políticas, é bem possível que eles também estejam sujeitos a regras de elaboração e que, portanto, possam ser jurídica e judicialmente impugnados".[44]

Capitanear tal planejamento financeiro, ou seja, esse processo decisório alocativo, é obra precípua do Poder Legislativo e do Poder Executivo, os quais possuem certa margem discricionária para o cumprimento de seu papel constitucional de elaboração e execução das políticas públicas transpostas para o ordenamento pelo viés orçamentário, contudo, isso não os imuniza do controle de legalidade dos gastos públicos autorizados, pois esta tarefa, igualmente constitucional, compete ao Poder Judiciário.

Assim sendo, a provocação do Poder Judiciário pelos cidadãos deve ocasionar uma resposta empírica à atuação arbitrária dos gestores que se distanciaram da realização daquela prioridade constitucional, ainda que, para tanto, se faça necessário abrir créditos adicionais, remanejar e/ou contingenciar dotações orçamentárias.

Nas palavras de Fernando Facury Scaff: "No Brasil, o constituinte não concedeu ao legislador tão ampla discricionariedade sobre quanto deve destinar do montante arrecadado para os gastos sociais. Isto porque a própria Constituição traz uma série de obrigatórias vinculações da receita às despesas sociais. Trata-se de um 'orçamento mínimo social' ou de 'garantias constitucionais de financiamento dos direitos sociais' a ser utilizado para sua implementação".[45]

---

[44] LOPES, José Reinaldo de Lima. *Em torno da reserva do possível*. In: SARLET, Ingo Wolfgang; TIMM, Luciano Benetti (org.). **Direitos fundamentais: orçamento e reserva do possível**. 2ª ed. Porto Alegre: Livraria do Advogado, 2010, p. 160.

[45] SCAFF, Fernando Facury. *Orçamento público, direitos sociais e escolhas políticas ou reserva do possível e escolhas trágicas na implementação dos direitos sociais*. In: LUCCA, Newton de; MEYER-PFLUG, Samantha Ribeiro; NEVES, Mariana Barboza Baeta (coord.). **Direito constitucional**

O *critério normativo* a ser utilizado pelo Judiciário, na análise da constitucionalidade das escolhas políticas refletidas nas leis orçamentárias, deve ser a eficiência alocativa, isto é, toda autorização de gasto público deve ser norteada pela realização dos direitos fundamentais. Em particular, haja vista a temática em análise, isso se efetiva quando há o integral pagamento dos precatórios alimentícios, pois seu credor está em posição de vulnerabilidade, uma vez que a persistência do inadimplemento fazendário coloca em risco a sua subsistência, tornando temerário o atendimento ao mínimo existencial garantidor de sua dignidade.

6. Conclusão

O patrimônio estatal é gerido de forma ímpar, pois a consecução das finalidades públicas demanda um regime jurídico diferenciado, com atributos capazes de assegurar a continuidade administrativa, desde que não haja nulificação dos direitos fundamentais da cidadania em face da atuação dos órgãos fazendários.

Nesse intento, destacamos a engenhosa elaboração da sistemática dos precatórios, resultante da impenhorabilidade dos bens públicos, os quais, em nome do interesse público adjacente, foram colocados a salvo da execução judicial forçada.

A compleição da referida sistemática se deu a partir do texto constitucional, que lhe confere estrito balizamento, fixadas limitações temporais e prioridades a serem atendidas, de maneira que a sua observância, por parte dos agentes públicos, requer muita diligência e um adequado planejamento orçamentário.

Para ser proficiente, tal planejamento deve seguir a concepção de orçamento-programa, devendo os entes federativos decidir sobre a destinação dos meios materiais disponíveis em consonância com a hierarquia de prioridades erigidas pelo próprio ordenamento, inclusive, com o preciso dimensionamento de seus respectivos impactos nas leis orçamentárias vigentes (LOA, LDO e PPA).

Ressaltando que atender às necessidades primárias dos cidadãos é a prioridade máxima de um Estado Democrático de Direito, sendo inconcebível

---

contemporâneo – homenagem ao professor Michel Temer. São Paulo: Quartier Latin, 2012, p. 573.

que o processo político de cunho decisório-alocativo negligencie o mínimo existencial dos membros da coletividade.

Nessa direção, crucial é a existência de reservas orçamentárias suficientes ao pagamento integral dos precatórios alimentícios, uma vez que eles se destinam à subsistência do credor, além de decorrerem de decisões judiciais definitivas.

Portanto, quando a Fazenda Pública não conseguir comprovar que ocorreu um limite fático incontornável, isto é, que houve seu cabal esgotamento financeiro, estará configurada a violação à dignidade daquele credor alimentar.

Até porque, muito frequentemente, a alegada "insuficiência de meios" tem raiz em sucessivas falhas dos gestores na aplicação dos recursos disponíveis, ou seja, sua origem mais remota é, de fato, a ineficiência alocativa.

Em tal circunstância, objetivamente verificável quando os Poderes Legislativo e Executivo deixam de atentar para os parâmetros constitucionais prioritários, o credor do precatório alimentício tem legitimado o seu propósito de recorrer ao Poder Judiciário, a fim de buscar a reparação desta inconstitucionalidade cometida.

O hígido planejamento orçamentário é pressuposto para a adoção de políticas públicas satisfatórias, incumbindo ao Poder Judiciário o controle de legalidade dos gastos públicos, sendo providencial a responsabilização dos gestores que não se mobilizaram conforme tal paradigma, mediante a aplicação das sanções institucionais e pessoais previstas em nosso ordenamento, mesmo porque elas têm nítido caráter coercitivo.

Infelizmente, em paralelo a tudo o que foi dito, neste instante, titulares de precatórios alimentícios continuam morrendo à espera de recebimento nas filas "prioritárias", mesmo após o reconhecimento judicial e definitivo da legitimidade de seu crédito perante o erário.

Na atualidade, a desídia para com a efetivação dos direitos fundamentais é inaceitável, seja pela ação ou omissão dos Poderes instituídos, os quais devem encarar o planejamento orçamentário com a seriedade inerente ao atendimento das necessidades públicas, de forma a coibir a contínua negação das condições materiais indispensáveis à sobrevivência digna dos cidadãos.

Referências

ABRAMOVICH, Victor; COURTIS, Christian. **Los derechos sociales como derechos exigibles**. Madrid: Trotta, 2002.

ALEXY, Robert. **Teoria dos direitos fundamentais**. Trad. Virgílio Afonso da Silva. São Paulo: Malheiros, 2008.

AMARAL, Gustavo. **Direito, escassez e escolha: em busca de critérios para lidar com a escassez de recursos e as decisões trágicas**. Rio de Janeiro: Renovar, 2001.

ANJOS, Pedro Germano dos. **A filosofia hermenêutica de Hans-Georg Gadamer e as escolhas orçamentárias de políticas públicas**. Disponível em: < http://www.unisc.br/portal/upload/com_arquivo/a_filosofia_hermeneutica_de_hans_georg_gadamer_e_as_escolhas_orcamentarias_de_politicas_publicas.pdf >. Acesso em: 05.01.2016.

ASSONI FILHO, Sérgio. *Artigos 58 a 70*. In: CONTI, José Maurício (coord.). **Orçamentos públicos: a lei 4.320/1964 comentada**. 3ª ed. São Paulo: Revista dos Tribunais, 2014.

ASSONI FILHO, Sérgio. *Controle de constitucionalidade da lei orçamentária*. In: CONTI, José Maurício; SCAFF, Fernando Facury. (coord.). **Orçamentos públicos e direito financeiro**. São Paulo: Revista dos Tribunais, 2011.

ASSONI FILHO, Sérgio. *Processo orçamentário*. In: SERRANO, Mônica de Almeida Magalhães; SILVA, Alessandra Obara Soares da. (org.). **Teoria geral do processo administrativo**. São Paulo: Verbatim, 2013.

ASSONI FILHO, Sérgio. **Transparência fiscal e democracia**. Porto Alegre: Núria Fabris, 2009.

AZEVEDO, Márcia Maria Corrêa de. **Prática do processo legislativo: jogo parlamentar, fluxos de poder e idéias no Congresso**. São Paulo: Atlas, 2001.

BALEEIRO, Aliomar. **Uma introdução à ciência das finanças**. 4ª ed. Rio de Janeiro: Forense, 1968.

BARCELLOS, Ana Paula de. **Neoconstitucionalismo, direitos fundamentais e controle das políticas públicas**. Disponível em: < http://www.direitopublico.com.br/ pdf_seguro/artigo_controle_pol_ticas_p_blicas_.pdf >. Acesso em: 05.01.2016.

BARROS, Humberto Gomes de. **Execução contra a fazenda pública**. Disponível em: < http://www.stj.jus.br/publicacaoinstitucional/index.php/informativo/article/viewFile/321/284 >. Acesso em: 05.01.2016.

BIGOLIN, Giovani. **A reserva do possível como limite à eficácia e efetividade dos direitos sociais**. Disponível em: < http://www.egov.ufsc.br/portal/sites/default/files/anexos/ 15658-15659-1-PB.pdf >. Acesso em: 05.01.2016.

BINENBOJM, Gustavo. **Uma teoria do direito administrativo: direitos fundamentais, democracia e constitucionalização**. 2ª ed. Rio de Janeiro: Renovar, 2008.

CALABRESI, Guido; BOBBITT, Philip. **Tragic choices: the conflicts society confronts in the allocation of tragically scarce resources**. New York: Norton, 1978.

CANOTILHO, José Joaquim Gomes. **Direito constitucional e teoria da constituição**. 5ª ed. Coimbra: Almedina, 2001.

CONTI, José Maurício. **A autonomia financeira do Poder Judiciário**. São Paulo: MP, 2006.

DEODATO, Alberto. **Manual de ciência das finanças**. 3ª ed. São Paulo: Saraiva, 1949.

DUVERGER, Maurice. **Finances publiques**. 8ª ed. Paris: PUF, 1975.

GASPARINI, Diógenes. **Direito administrativo**. 17ª ed. São Paulo: Saraiva, 2012.

HOLMES, Stephen; SUNSTEIN, Cass R. **The cost of rights: why liberty depends on taxes**. New York: Norton, 1999.

KRELL, Andreas Joachim. **Direitos sociais e controle judicial no Brasil e na Alemanha: os (des)caminhos de um direito constitucional comparado**. Porto Alegre: Fabris, 2002.

LOBATO, Carla Gonçalves. **A supremacia do interesse público sobre o privado e o regime de precatórios**. Disponível em: < http://www. http://dspace.idp.edu.br:8080/ xmlui/ bitstream/handle/123456789/1518/Monografia_Carla%20Gon%E7alves%20 Lobato.pdf?sequence=1 > Acesso em: 16.10.2015.

LOPES, José Reinaldo de Lima. *Em torno da reserva do possível*. In: SARLET, Ingo Wolfgang; TIMM, Luciano Benetti (org.). **Direitos fundamentais: orçamento e reserva do possível**. 2ª ed. Porto Alegre: Livraria do Advogado, 2010.

MACEDO, Elaine Harzheim; CARVALHO, Fabrício de Farias. *A execução por quantia certa contra a fazenda pública à luz do direito fundamental à efetividade da tutela jurisdicional*. In: **Direito e Democracia – Canoas**, v.15, nº 2, jul./dez. 2014.

MACHADO, Clara Cardoso. **Controle jurisdicional de constitucionalidade em abstrato de lei orçamentária: análise da ADI 4.048-1/DF**. Disponível em: < http:// portalciclo. com.br/downloads/artigos/direito/controle_de_lei_orcamentaria_clara_cardoso.pdf >. Acesso em: 28.05.2010.

MÂNICA, Fernando Borges. **Teoria da reserva do possível: direitos fundamentais a prestações e à intervenção do poder judiciário na implementação de políticas públicas**. Disponível em: < http://revistas.facbrasil.edu.br/cadernosdireito/index. php/direito/article/view/ 694/650 >. Acesso em: 05.01.2016.

MARQUES NETO, Floriano de Azevedo. **O regime jurídico das utilidades públicas: função social e exploração econômica dos bens públicos**. São Paulo: FDUSP (Tese de Livre Docência), 2008.

MELLO, Celso Antônio Bandeira de. **Curso de direito administrativo**. 30ª ed. São Paulo: Malheiros, 2013.

MUELLER, Bernardo; PEREIRA, Carlos. **Comportamento estratégico em presidencialismo de coalizão: as relações entre Executivo e Legislativo na elaboração do orçamento brasileiro**. Disponível em: < http://www.scielo.br/scielo.php?pid=S0011- -52582002000200004&script=sci_arttext >. Acesso em: 05.01.2016.

NABAIS, José Casalta. **A face oculta dos direitos fundamentais: os deveres e os custos dos direitos**. Disponível em: < http://editorarevistas.mackenzie.br/ index.php/rmd/ article/viewFile/7246/4913 >. Acesso em: 05.01.2016.

OLIVEIRA, Régis Fernandes de. **Curso de direito financeiro**. 5ª ed. São Paulo: Revista dos Tribunais, 2013.

OLIVEIRA, Régis Fernandes de; HORVATH, Estevão; CONTI, José Maurício; SCAFF, Fernando Facury (coord.). **Lições de direito financeiro**. São Paulo: Revista dos Tribunais, 2016.

SARLET, Ingo Wolfgang. **A eficácia dos direitos fundamentais**. 8ª ed. Porto Alegre: Livraria do Advogado, 2007.

SCAFF, Fernando Facury. *Orçamento público, direitos sociais e escolhas políticas ou reserva do possível e escolhas trágicas na implementação dos direitos sociais*. In: LUCCA, Newton de; MEYER-PFLUG, Samantha Ribeiro; NEVES, Mariana Barboza Baeta (coord.). **Direito constitucional contemporâneo – homenagem ao professor Michel Temer**. São Paulo: Quartier Latin, 2012.

SCAFF, Fernando Facury. *Reserva do possível, mínimo existencial e direitos humanos*. In: PIRES, Adilson Rodrigues; TORRES, Heleno Taveira (org.). **Princípios de direito financeiro e tributário – estudos em homenagem ao professor Ricardo Lobo Torres**. Rio de Janeiro: Renovar, 2006.

SILVA, José Afonso da. **Curso de direito constitucional positivo**. 15ª ed. São Paulo: Malheiros, 1998.

SILVA, José Afonso da. **Orçamento-programa no Brasil**. São Paulo: Revista dos Tribunais, 1973.

SILVA, Sandoval Alves da. **Direitos sociais: leis orçamentárias como instrumento de implementação**. Curitiba: Juruá, 2007.

TORRES, Ricardo Lobo. *O mínimo existencial, os direitos sociais e os desafios de natureza orçamentária*. In: SARLET, Ingo Wolfgang; TIMM, Luciano Benetti (org.). **Direitos fundamentais: orçamento e reserva do possível**. 2ª ed. Porto Alegre: Livraria do Advogado, 2010.

WANG, Daniel Wei Liang. **Escassez de recursos, custos dos direitos e reserva do possível na jurisprudência do STF**. Disponível em: < http://escholarship.org/uc/item/26q0r0ns > Acesso em: 05.01.2016.

Notas sobre a fiscalização financeira e orçamentária e o Poder Judiciário; controle interno, controle externo, controle social e a atuação do Conselho Nacional de Justiça

"O objetivo do Estado de Direito é limitar o poder do Estado pelo Direito".
(Jacques Chevalier).

Wanderley José Federighi
Desembargador da Seção de Direito Público do Tribunal de Justiça do Estado de São Paulo. Professor Assistente da Escola Paulista da Magistratura (EPM). Bacharel e Mestre em Direito Civil pela Faculdade de Direito da Universidade de São Paulo (USP)

Introdução

A importância da *fiscalização,* no que tange às despesas públicas, é absolutamente cabal. O próprio ato de *fiscalizar,* como se vê da sua definição léxica, tem o sentido de *velar por algo, vigiar,* tarefas que denotam a dignidade da função exercida e, em especial no que tange ao dinheiro público, vê-se o quanto é imprescindível a sua seriedade.

Em verdade, os recentes (e chocantes) episódios referentes aos escândalos nomeados *mensalão* e *petrolão* falam por si próprios, denotando a imensa necessidade de um controle rígido das finanças públicas. De outra banda, o também recente e estarrecedor caso das denominadas *pedaladas fiscais,* tão referido na Imprensa escrita e televisada, já com manifestação unânime do Tribunal de Contas da União no sentido da rejeição das contas da Presidência da República do ano de 2014, mostra a cabal importância do mencionado controle, inclusive sob o aspecto da observância dos princípios constitucionais da *moralidade* e da *transparência,* a que todos os atos dos representantes do Poder Público estão vinculados.

Dissertando sobre o tema, Celso Ribeiro Bastos dizia que a regra básica do Estado de Direito "é que a Administração se subordina à lei. Esse princípio amplo de legalidade que informa toda Administração restaria letra morta se não houvesse um sistema destinado a garantir-lhe a eficácia. Daí surgir a necessidade do desempenho de uma função fiscalizadora" (1991, p. 86).

Controlar a execução orçamentária, lembra Kiyoshi Harada:

significa acompanhar e obter condições para, se for o caso, otimizar os meios de arrecadação da receita pública, de um lado, e adotar medidas de contenção dos gastos, de outro lado, ainda no decorrer do exercício. Trata-se de verificar a compatibilidade entre o planejado e o que está sendo executado. Daí por que as metas anuais de receitas são desdobradas em metas bimestrais de **arrecadação,** como determina o art. 13 da LRF, exatamente para possibilitar a elaboração da programação financeira com o respectivo cronograma de execução mensal de reembolso (2015, p. 105)[1].

O Poder Judiciário, como um dos Poderes da República, em qualquer de suas esferas, igualmente é guindado à boa administração das verbas públicas que lhe são confiadas, seja pela União, no caso da Justiça Federal, Trabalhista e outras, seja pelo Estado, no caso da Justiça Estadual comum. Inadmite-se, decerto, que haja malversação de dinheiro público por parte do Judiciário, guardião-mor da Constituição e de todas as leis em vigor[2].

Hão de existir, portanto, sistemas de fiscalização que se apliquem ao Poder Judiciário, Poder este mais afeito à ação de *fiscalização* do que a *ser fiscalizado.*

---

[1] Por seu turno, José Maurício Conti lembra a lição sempre presente de Hely Lopes Meirelles, que afirmava: "controle, em tema de administração pública, é a faculdade de vigilância, orientação e correção que um Poder, órgão ou autoridade exerce sobre a conduta funcional de outro" (*Direito Administrativo Brasileiro,* p. 562; *apud A Autonomia Financeira do Poder Judiciário,* p. 109).

[2] É cabível lembrar-se, a propósito, do disposto no parágrafo único do art. 70 da Constituição Federal (anotando-se que o parágrafo único do art. 32 da Constituição do Estado de São Paulo tem redação praticamente idêntica), que aduz: *"Prestará contas qualquer pessoa física ou jurídica, pública ou privada, que utilize, arrecade, guarde, gerencie ou administre dinheiros, bens e valores públicos ou pelos quais a União responda, ou que, em nome desta, assuma obrigações de natureza pecuniária".* A redação desse dispositivo constitucional torna inequívoco o fato de que os representantes do Poder Judiciário, como gestores de verbas públicas que são, igualmente respondem perante a fiscalização, interna, externa e social, como adiante se verá.

Contudo, impossível que o mesmo mantenha-se acima da referida fiscalização, mesmo porque é obrigação sua a boa gestão financeira dos recursos que lhe são confiados – e, ademais, por ser obrigado a seguir os princípios sobreditos, além daquele da *legalidade*, que deve permear todos os seus atos.

1. A fiscalização; seu conceito. As várias formas de controle da Administração Pública

Indaga-se, inicialmente, a que corresponde a referida *fiscalização* a que está sujeita a Administração Pública, no que toca à questão financeira.

A resposta encontra-se no texto do art. 70, *caput*, da Constituição Federal, que afirma:

> Art. 70. A fiscalização contábil, financeira, orçamentária, operacional e patrimonial da União e das entidades da administração direta e indireta, quanto à legalidade, legitimidade, economicidade, aplicação das subvenções e renúncia de receitas, será exercida pelo Congresso Nacional, mediante controle externo, e pelo sistema de controle interno de cada poder.

Houve clara alteração, no que toca à Constituição Federal anterior (a Constituição Federal de 1967, com a Emenda Constitucional de 1969), cujo art. 70 dispunha apenas sobre a *fiscalização financeira e orçamentária*, referindo-se apenas à *União* (sem referência às "entidades da administração indireta"), sem qualquer observação no que tange à *legalidade, legitimidade, economicidade, aplicação de subvenções* e *renúncia de receita*, tópicos encontrados no art. 70, *caput*, da atual Carta.

Verifica-se, outrossim, da leitura do dispositivo constitucional sobredito, que a fiscalização a ser exercida terá três diferentes elementos como seu objeto; ou seja, a *legalidade*, a *legitimidade* e a *economicidade*.

Quanto ao aspecto da *legalidade*, lembra Tathiane Piscitelli que:

> a pergunta que deve ser respondida é aquela relativa não apenas à existência de previsão legal para que a despesa pública fosse realizada, mas também, de um ponto de vista mais amplo, ao cumprimento dos requisitos normativos para a verificação do gasto público. Ou seja, a despesa deve estar de acordo com as normas previstas na Constituição e na LRF (2014, p. 242)[3].

[3] Kiyoshi Harada lembra que nada pode ser pago "sem previsão orçamentária nem além dos créditos orçamentários ou adicionais (art. 167, II, da CF), sob pena de caracterização do crime de

Uadi Lammêgo Bulos afirma que a fiscalização sob o aspecto da legalidade "vincula o administrador público ao império da lei, verificando a validade formal e material dos atos administrativos em face da Constituição e do ordenamento infraconstitucional" (2011, p. 1209).

No que toca ao aspecto da *legitimidade,* verifica-se algum dissídio na doutrina.

Tathiane Piscitelli afirma ser a legitimidade "medida pela eficiência do gasto em atender as necessidades públicas. Para Régis Fernandes de Oliveira, é uma análise de mérito, em que se verifica se a despesa atingiu o bem jurídico valorado pela norma ao autorizá-la" (2014, p. 242)[4].

Rodrigo Oliveira de Faria, por seu turno, em seu artigo denominado *Conteúdo do controle e princípios incidentes,* o qual foi publicado na obra *Orçamentos Públicos,* cuja organização ficou a cargo de José Maurício Conti, diz que o princípio da legitimidade:

> apresenta certa dificuldade de um delineamento preciso de seu conteúdo. De modo geral, porém, a doutrina tem asseverado que tal princípio é mais amplo do que o da legalidade. Nesse sentido, Celso Bastos defende que 'um ato pode ser legal, mas não ser legítimo por estar em descompasso com os valores fundamentais da coletividade' (BASTOS, 1995, p. 91). Manoel Gonçalves Ferreira Filho, por sua vez, assinala que a legitimidade concerne à 'substância do ato' (FERREIRA FILHO, 1992, p. 125). (...) Desta forma, a veiculação expressa do princípio da legitimidade no plano constitucional empresta maior força à fiscalização orçamentária a ser realizada pelos órgãos de controle interno e externo, visto que estes poderão inquinar de ilegítimos certos atos realizados por administradores públicos que se mostrem em franca dissonância com os valores albergados pela sociedade (2008, p. 225).

Quanto à *economicidade,* como acertadamente lembra Kiyoshi Harada, diz a mesma respeito "ao exame da despesa feita sob o enfoque custo-benefício, para verificar se foi escolhido, pelo agente público responsável, o meio menos oneroso ao erário, acolhendo a melhor proposta, enfim, refere-se ao exame da

---

responsabilidade (art. 85, VI, da CF). A realização de despesa pública impõe, ainda, a observância do procedimento estabelecido na Lei n. 4.320/64, art. 58 e seguintes" (*Direito Financeiro e Tributário,* p. 101).

[4] Kiyoshi Harada lembra que, sob o enfoque da legitimidade, "a fiscalização examina o mérito do ato praticado pelo agente público para detectar possível desvio de finalidade. Filosoficamente, a legitimidade precede a legalidade" (*Direito Financeiro e Tributário,* p. 106).

despesa para saber se ela foi realizada com modicidade" (2015, p. 106)[5]. No mesmo sentido é o escólio de Uadi Lammêgo Bulos (2011, p. 1209).

Como pode ser *classificado* o *controle* da Administração Pública, para os fins referidos?

José Maurício Conti aduz, a propósito:

> Há várias formas de se classificar o controle da Administração Pública, podendo ser utilizado o critério do Poder que o exerce (controles administrativo, legislativo e judiciário), o momento em que ocorre (controles prévio, concomitante e subsequente), o conteúdo e o objeto do controle (controles programático, administrativo e financeiro), bem como o órgão controlador – ou localização do órgão que o realiza (controles interno e externo), como explicamos em obra anterior (2006, p. 109).

Para os fins deste modesto estudo, outrossim, ainda que se enalteça a importância de todos os critérios de classificação verificados, concentrar-se-á o referido estudo na análise da forma de controle de acordo com o *órgão realizador do mesmo.*

2. O poder judiciário; objeto do controle de suas finanças

Há, como observado linhas atrás, diversas *formas de controle* que podem ser empregadas na fiscalização da Administração Pública, em especial no que tange à questão da forma como as verbas públicas são utilizadas pelos diferentes órgãos que compõem a imensa teia de aranha que é a referida Administração, considerada aqui *lato sensu.*

Lembrava Hely Lopes Meirelles que o referido controle,

> no âmbito da Administração direta ou centralizada decorre da *subordinação hierárquica,* e, no campo da Administração indireta ou descentralizada, resulta da *vinculação administrativa,* nos termos da lei instituidora das entidades que a

---

[5] Rodrigo de Oliveira Faria aduz que a execução orçamentária encetada pelo Executivo "não prescinde de uma análise da relação custo-benefício dos projetos a serem desenvolvidos para o integral cumprimento da lei do orçamento, e, da mesma forma, a fiscalização contábil, financeira, orçamentária e patrimonial a ser desenvolvida deverá considerar tais fatores ao cumprir seus misteres de controle sobre os atos do Poder Público" (Conteúdo do controle e princípios incidentes, in *Orçamentos Públicos,* p. 227).

PODER JUDICIÁRIO

compõem. Daí porque o *controle hierárquico* é pleno e ilimitado e o controle das autarquias e das empresas estatais em geral, sendo apenas um *controle finalístico*, é sempre restrito e limitado aos termos da lei que o estabelece. E justifica-se essa diferença, porque os órgãos centralizados são *subordinados* aos superiores, ao passo que os entes descentralizados são administrativamente *autônomos* e simplesmente *vinculados* a um órgão da entidade estatal que os criou (2015, p. 778-779).

Uadi Lammêgo Bulos lembra do *princípio do autogoverno* da magistratura, a respeito do qual se elaborará mais adiante, aduzindo, contudo, que, malgrado a existência do referido princípio, isso "não coloca o Judiciário como órgão imune ao controle da legalidade de seus dispêndios, abertos ao Tribunal de Contas, ao Legislativo ou a qualquer do povo" (2011, p. 1265)[6].

Está o Judiciário, como administrador das verbas que lhe são confiadas, como já referido, sujeito aos diversos *tipos de controle* verificados na disciplina do Direito Financeiro; ou seja, o *controle interno*, o *controle externo* e o *controle privado* ou *social,* como formas de evitar-se eventual mau uso das verbas que lhe são confiadas.

3. O controle interno

Como pode ser *definido* o denominado *controle interno?*

Segundo José Maurício Conti, é aquele "realizado pela própria Administração, a quem cabe manter órgãos destinados a avaliar o cumprimento das normas financeiras, verificando a regularidade dos atos realizados e controlando as operações financeiras, além de prestar auxílio ao controle externo quando necessário" (1998, p. 09) [7].

---

[6] O mesmo jurista traz à baila a seguinte decisão do STF a respeito da matéria: "**Poder Judiciário – Independência – Autogoverno e controle.** A administração financeira do Judiciário não está imune ao controle, na forma da Constituição, da legalidade dos dispêndios dos recursos públicos; sujeita-se, não apenas à fiscalização do Tribunal de Contas e do Legislativo, mas também as vias judiciais de prevenção e repressão de abusos, abertas não só aos governantes, mas a qualquer do povo, incluídas as que dão acesso à jurisdição do Supremo Tribunal (CF, art. 102, I, *n*). O que não admite transigências é a defesa da independência de cada um dos Poderes do Estado, na área que lhe seja constitucionalmente reservada, em relação aos demais, sem prejuízo, obviamente, da responsabilidade dos respectivos dirigentes pelas ilegalidades, abusos ou excessos cometidos" (STF, ADIn 691-MC, Rel. Min. Sepúlveda Pertence, *DJ* de 19-6-1992).

[7] A existência desse controle interno igualmente é prevista em nível estadual, pela Constituição do Estado de São Paulo, de 1989, em seu art. 32, *caput, in fine,* de redação extremamente assemelhada à do art. 70 da Constituição Federal.

Também conhecido como *controle primário*, segundo Carlos Alberto de Moraes Ramos Filho, é aquele

que a administração de cada um dos Poderes exerce *interna corporis*, isto é, sobre seus próprios atos.

Diz-se controle interno porque feito no âmbito da própria Administração que tem a seu cargo a execução orçamentária. Consoante leciona José Nilo de Castro, trata-se de um 'controle eminentemente *técnico*, que se contrapõe ao controle externo, de dosagem *política*' (2015, p. 535) [8].

Hely Lopes Meirelles, com sua habitual autoridade, lembrava que o controle interno é

todo aquele realizado pela entidade ou órgão responsável pela atividade controlada, no âmbito da própria Administração. Assim, qualquer controle efetivado pelo Executivo sobre seus serviços ou agentes é considerado *interno*, como *interno* será também o controle do Legislativo ou do Judiciário, por seus órgãos de administração, sobre seu pessoal e os atos administrativos que pratique (2015, p. 699).

O mesmo autor lembra que o controle interno

objetiva a criação de condições indispensáveis à eficácia do controle externo e visa assegurar a regularidade da realização da receita e da despesa, possibilitando o acompanhamento da execução do orçamento, dos programas de trabalho, e a avaliação dos respectivos resultados. É, na sua plenitude, um controle de *legalidade, conveniência, oportunidade* e *eficiência* (MEIRELLES, 2015, p. 824-825).

O *controle interno* encontra-se previsto no art. 74 da Constituição Federal de 1988, que reza:

---

[8] Também Kiyoshi Harada, comentando o assunto, assim se pronuncia: "Pelo controle interno, a ser implementado por meio de seções, órgãos ou departamentos próprios, cada Poder exerce a autotutela da legalidade e da eficácia e eficiência da gestão financeira, orçamentária e patrimonial, sem prejuízo da atuação do Tribunal de Contas competente. Esse controle interno pressupõe a conjugação de uma boa estrutura organizacional com os diversos mecanismos de controle fixados pela administração como instruções, ordens internas etc. definindo as responsabilidades pela execução das tarefas, bem como estabelecendo rotinas de trabalho e procedimentos de revisão, aprovação e registro das operações" (*Direito Financeiro e Tributário*, p. 110).

Art. 74. Os Poderes Legislativo, Executivo e Judiciário manterão, de forma integrada, sistema de controle interno com a finalidade de:

I – avaliar o cumprimento das metas previstas no plano plurianual, a execução dos programas de governo e dos orçamentos da União;

II – comprovar a legalidade e avaliar os resultados, quanto à eficácia e eficiência, da gestão orçamentária, financeira e patrimonial nos órgãos e entidades da administração federal, bem como da aplicação de recursos públicos por entidades de direito privado;

III – exercer o controle das operações de crédito, avais e garantias, bem como dos direitos e haveres da União;

IV – apoiar o controle externo no exercício de sua missão institucional.

Tathiane Piscitelli aduz ser o mesmo um *sistema integrado de fiscalização dos três Poderes,* valendo-se da lição de Ricardo Lobo Torres, que afirma ser o controle interno "o que exerce cada um dos Poderes na missão de autotutela da legalidade e da eficácia da gestão financeira" (2014, p. 245).

A matéria também é objeto de outros textos legais.

Assim, a Lei n. 4.320, de 17 de março de 1964, estatui normas gerais de direito financeiro para elaboração e controle dos orçamentos e balanços da União, dos Estados, dos Municípios e do Distrito Federal, tendo os seus artigos 76 a 80 disposto sobre o referido controle interno, que é atribuição do Poder Executivo.

Outrossim, o Decreto-lei n. 200/67 estabelece, em seu art. 13, que o *"controle das atividades da Administração Federal deverá exercer-se em todos os níveis e em todos os órgãos".*

A propósito, Hely Lopes Meirelles aduzia, sob a égide da Constituição Federal anterior (de 1967, com a Emenda n. 1, de 1969) que o controle interno correspondia à fiscalização financeira e orçamentária atribuída ao próprio Executivo, compreendendo os controles de *legalidade, fidelidade* e de *execução.* E afirmava:

> O *controle interno da legalidade* é exercido sobre os atos pertinentes à arrecadação da receita e à realização das despesas, bem como sobre os que acarretem ou possam acarretar nascimento ou extinção de direitos e obrigações; *o controle interno da fidelidade* visa à conduta funcional dos agentes responsáveis por bens e valores públicos; o *controle interno da execução* tem por objetivo o cumprimento do programa de trabalho do Governo, considerado em seus aspectos financeiros, de realização de obras e prestação de serviços (Lei 4.320/64, arts. 75 e 76).

O *controle interno da legalidade* deverá ser exercido prévia, concomitante e subsequentemente aos atos de execução orçamentária (arrecadação da receita e realização das despesas), cabendo aos serviços competentes a verificação da exata observância dos limites das quotas trimestrais atribuídas a cada unidade orçamentária, na programação de desembolso (1979, p. 194-195).

Como é realizado o denominado *controle interno?*

Nesse sistema, a Administração efetua o controle *sobre os seu próprios atos;* tanto incidente é o referido controle sobre os atos da chamada Administração Direta (onde se inclui o Poder Judiciário) e sobre os da chamada Administração Indireta, o que José Maurício Conti denomina de "controle excêntrico" (2006, p. 111).

O mesmo autor aduz que houve inovação nessa área, por conta da Constituição Federal de 1988, estabelecendo que:

cada um dos poderes deverá manter, de forma integrada, sistema de controle interno, haja vista que, até então, esse controle era organizado apenas na esfera do Poder Executivo. Em razão disso, verifica-se não estar ainda completamente implantado em todos os poderes, nas três esferas de Governo.

Assim, toda a Administração Pública, incluído os três poderes, deve manter órgãos destinados a realizar este tipo de controle e fiscalização, de modo a aferir a legalidade, legitimidade e economicidade de seus atos, nos termos dos arts. 70 e 74 da CF (CONTI, 2006, p. 111).

4. O controle externo. Os diferentes sistemas de tal tipo de controle

O *controle externo,* por seu turno, é exercido, em nosso País, pelo Poder Legislativo, incidindo tal controle sobre *todos os demais Poderes e órgãos da Administração Pública.*

É o mesmo cabível, como dispõe o parágrafo único do art. 70 da CF, com relação a "*qualquer pessoa física ou jurídica, pública ou privada, que utilize, arrecade, guarde, gerencie ou administre dinheiro, bens e valores públicos ou pelos quais a União responda, ou que, em nome desta, assuma obrigações de natureza pecuniária*".

É mais uma vez Hely Lopes Meirelles que definia o controle externo como o que se realiza

por um Poder ou órgão constitucional independente funcionalmente sobre a atividade administrativa de outro Poder estranho à Administração responsável pelo ato

PODER JUDICIÁRIO

controlado, como, p. ex., a apreciação das contas do Executivo e do Judiciário pelo Legislativo; a auditoria do Tribunal de Contas sobre a efetivação de determinada despesa do Executivo; a anulação de um ato do Executivo por decisão do Judiciário; a sustação de ato normativo do Executivo pelo Legislativo (CF, art. 49, V); a instauração de inquérito civil pelo Ministério Público sobre determinado ato ou contrato administrativo, ou a recomendação, por ele feita, 'visando à melhoria dos serviços públicos', fixando 'prazo razoável para a adoção das providências cabíveis' (art. 6º, XX, da Lei Complementar 75, de 2.5.93) (2015, p. 699-700).

José Maurício Conti afirma existirem, no que toca a tal tipo de controle, dois grandes sistemas, de acordo com o tipo de órgão adotado para auxiliar o Legislativo: o *modelo inglês* ou "anglo-saxônico" e o *modelo francês* ou "continental europeu" (2006, p. 112).

O referido *modelo inglês* foi analisado com profundidade por Aliomar Baleeiro, que afirmava:

> Desde o *Exchequer and Audit Departments Act of 1886* (29 e 30 Vict. C. 391), emendado em 1921 e em 1939, foi criado, na Inglaterra, o cargo do *Comptroller and Auditor General*, nomeado pela Coroa, sob a cláusula *during good behaviour* e somente demissível depois do pronunciamento expresso de ambas as Casas do Parlamento.
>
> (...)
>
> Por seus subordinados, ou diretamente, esse alto funcionário acompanha a execução do orçamento e, 'se um ministro tenta conduzir o governo fora do apoio do Parlamento e da Nação', é ele 'quem pode frustrar a tentativa, recusando a autorização para a saída dos fundos', como comenta Kemp Allen.
>
> Vigia, assim, à frente de pequeno batalhão de cerca de 400 a 500 funcionários, em Londres e em outros pontos da Grã-Bretanha, a realidade das contas, sem nenhuma subordinação de qualquer natureza ao Gabinete de Ministros, embora deva colaborar com o Tesouro (2012, p. 564-565).

O *Comptroller* trabalha, com frequência, em contato com a Comissão de Contas da Câmara dos Comuns, apresentando-lhe relatório geral sobre a execução orçamentária e, se necessário, apontando desperdícios, duplicação de despesas ou outros desvios, "ainda que não haja excesso ou estorno de dotações" (BALEEIRO, 2012, p. 565).

José Maurício Conti aduz que a fiscalização, no modelo inglês, é exercida

> por um órgão não colegiado, do tipo Controladoria ou Auditoria-geral. É o que ocorre nos Estados Unidos com o General Accounting Office (GAO); no Reino

NOTAS SOBRE A FISCALIZAÇÃO FINANCEIRA E ORÇAMENTÁRIA E O PODER JUDICIÁRIO

Unido, com o National Audits Office; na Austrália, o Australian National Audit Office; e no Canadá, o Office of the Auditor General of Canada – entre outros (2006, p. 112).

Aliomar Baleeiro critica o sistema adotado nos Estados Unidos, que afirma ser uma distorção do protótipo inglês, verificando-se a existência do *Comptroller General* e do *General Accounting Office,* que seria uma contadoria central da União, "o que conduz à anomalia de controlar os próprios lançamentos" (2012, p. 567).

Quanto ao *modelo francês* ou "continental europeu", verifica-se a existência da *Cour des Comptes,* criada por lei de 16.09.1807, tratando-se de típica

jurisdição administrativa, pois suas decisões podem ser reformadas em grau de cassação, pelo Conselho de Estado, o grande órgão administrativo que no sistema francês goza de poder jurisdicional somente comparável ao nosso Supremo Tribunal Federal ou à Corte Suprema dos Estados Unidos. Não obstante, ela comunica as irregularidades administrativas ao Legislativo para os efeitos da conta geral financeira e responsabilidade dos ministros (BALEEIRO, 2012, p. 567-568).

Tal sistema foi largamente difundido, tendo sido adotado na Bélgica e na Itália; na Espanha, em Portugal, na Alemanha, no Japão e em vários outros países, adotou-se o referido sistema, ainda que com algumas diferenças. É o mesmo adotado também no Brasil, como se vê pelo texto do art. 71 da CF, que prevê o controle externo exercido com o auxílio do Tribunal de Contas da União[9].

Ana Carla Bliacheriene e Renato Jorge Brown Ribeiro lembram, à guisa de histórico, que o Tribunal de Contas da União (TCU)

foi criado pelo Decreto n. 966-A, de 7 de novembro de 1890. Já na primeira Constituição da República, em 1891, adquiriu *status* constitucional, condição que nunca

---

[9] A Constituição de Portugal também aborda o tema em seu art. 216º, que diz:
"1. O Tribunal de Contas é o órgão supremo de fiscalização da legalidade das despesas públicas e de julgamento das contas que a lei mandar submeter-lhe, competindo-lhe nomeadamente:
"a) Dar parecer sobre a Conta Geral do Estado, incluindo a da segurança social e a das regiões autónomas;
"b) Efectivar a responsabilidade por infracções financeiras, nos termos da lei;
"c) Exercer as demais competências que lhe forem atribuídas por lei.
"2. O Tribunal de Contas pode funcionar descentralizadamente, por secções regionais, nos termos da lei".

PODER JUDICIÁRIO

mais perdeu. Na atual Constituição, suas atribuições e competências encontram-se descritas nos arts. 33, § 2º, 71 a 74 e 161, parágrafo único (2014, p. 13)[10].

Na esfera *federal*, quem exerce o controle externo no Brasil é o Congresso Nacional, com o auxílio do referido Tribunal de Contas da União (TCU); na esfera *estadual*, contudo, quem exerce o controle externo são as *Assembleias Legislativas*, correspondentes locais do Congresso Nacional, contando, para tanto, com o auxílio dos Tribunais de Contas dos respectivos Estados. Nos Municípios, outrossim, verifica-se a existência de variações, de acordo com o Estado. Como bem lembra José Maurício Conti, alguns Estados

> têm um único Tribunal de Contas Estadual, que auxilia a Assembleia Legislativa no controle das contas estaduais e as Câmaras Municipais no controle das contas dos Municípios. Outros têm dois Tribunais de Contas Estaduais; um denominado Tribunal de Contas do Estado, que auxilia a Assembleia Legislativa no controle das contas na Administração Pública estadual; outro, usualmente denominado Tribunal de Contas dos Municípios, ou Conselho de Contas dos Municípios, presta auxílio às Câmaras Municipais no controle externo das finanças dos municípios (2006, p. 113).

Malgrado denominados de "Tribunais", tanto os Tribunais de Contas dos Estados como os dos Municípios *não tem função jurisdicional*, mas meramente *administrativa*. Eles não julgam *pessoas*, mas sim as *contas* dos entes públicos. Eventuais punições decorrentes de julgamentos negativos vêm de outra seara.

Os Tribunais de Contas *não são órgãos do Poder Judiciário*. São órgãos *auxiliares do Poder Legislativo*, que tem atribuições correcionais específicas. Suas decisões não tem natureza jurisdicional, mas sim meramente *administrativa*. Outrossim, cumpre à Administração a observância dessas decisões, ainda que possam as mesmas ser questionadas perante o judiciário[11].

---

[10] E completam, referentemente à sua definição e atribuições: "É um órgão administrativo, autônomo e independente, vinculado ao Poder Legislativo federal, auxiliando-o nas funções inerentes ao controle externo. Ressalte-se que, apesar de estar vinculado ao Poder Legislativo, não pertence a nenhum dos três Poderes e tem competências exclusivas e independentes de qualquer atuação ou requerimento do Poder Legislativo.
"Possui jurisdição própria e privativa em todo o território nacional e também, como dito, competências específicas e próprias, conforme disposto no art. 73 da CF e nos arts. 4º e 5º da Lei Orgânica do Tribunal de Contas da União (LOTCU), sendo necessária para sua atuação a destinação de bens ou recursos públicos federais" (*Direito Financeiro Atual* , p. 13).
[11] Vide, nesse sentido, A. J. Ferreira Custódio, Eficácia das decisões dos Tribunais de Contas, *Revista dos Tribunais*, v. 685, p. 7-14. Também é de se lembrar a lição de José Cretella Júnior: "A *terminologia*, antes de tudo, é a responsável pela classificação do Tribunal de Contas, outorgando-lhe

NOTAS SOBRE A FISCALIZAÇÃO FINANCEIRA E ORÇAMENTÁRIA E O PODER JUDICIÁRIO

Sobre a *natureza jurídica* desses Tribunais, pronuncia-se José Maurício Conti no sentido de que

não se trata de órgão judicial, e sim *administrativo.* Embora seus integrantes – Ministros ou Conselheiros – tenham as mesmas garantias da Magistratura, não faz parte do Poder Judiciário. As decisões do Tribunal de Contas podem ter, dependendo das circunstâncias, caráter de definitividade no âmbito da Administração Pública, sem a mesma força atribuída às decisões com trânsito em julgado oriundas do Poder Judiciário. Suas decisões, portanto, não fazem "coisa julgada judicial", embora seja correto dizer que constituam "coisa julgada administrativa", ou seja, não podem mais ser objeto de discussão na esfera da Administração Pública, e não poderá o Poder Judiciário alterá-las no tocante ao mérito, cabendo, ao apreciá-las, examinar apenas e tão somente o aspecto de legalidade da decisão, especialmente se foi observado o devido processo legal quando da sua formação (1988, p. 21-22)[12].

Atualmente, apenas os Municípios de São Paulo e do Rio de Janeiro, os dois maiores municípios do País, contam com Tribunais de Contas Municipais. Por expressa disposição constitucional, não mais é cabível a criação de outros Tribunais, Conselhos ou órgãos de Contas Municipais (vide o § 4º do art. 31

---

natureza jurisdicional, mas sabemos quão enganosas são as palavras, *flatus vocis.* Assim, os vocábulos 'tribunal', 'julgar', 'julgamento', 'jurisdição' induziram alguns juristas à tese que inclui a Corte de Contas entre os órgãos do Poder Judiciário; a seguir, concorre, ainda, para a indução o atributo da *vitaliciedade* conferido aos integrantes daquela Corte, ministros e conselheiros, qualificação da qual derivam os dois corolários, o da *inamovibilidade* e o da *irredutibilidade de vencimentos,* determinação constitucional que apenas quis dar aos apreciadores das contas a necessária imparcialidade de verifica-las, com independência, quanto ao Poder Executivo; depois, a aparência, a possibilidade da organização da Corte, que poderá ser dividida em Câmaras e criar delegações ou órgãos destinados a auxiliá-la no exercício de suas funções e na descentralização de seus trabalhos, é outra aparência estrutural que deforma a realidade" (Natureza das decisões dos Tribunais de Contas, *Revista dos Tribunais,* v. 631, p. 14-23).

[12] É curioso observar-se que, malgrado no Brasil seja praticamente unânime tal posição, em Portugal J. J. Gomes Canotilho e Vital Moreira referem-se às "funções jurisdicionais" do Tribunal de Contas, embora reconheçam que lhe assistem outras, de outra natureza, como "'dar parecer sobre a Conta Geral do Estado' e outras contas públicas de grande relevância económica e orçamental, como as contas das regiões autónomas e da segurança social" (*Constituição da República Portuguesa Anotada,* p. 818).

Sobre o tema, pertinente, ainda, que se lembre a lição de José Cretella Júnior: "A *atividade jurisdicional* é atividade pública, constituindo, no sistema jurídico brasileiro, monopólio do Poder Judiciário, exceto alguns pouquíssimos casos de jurisdições anômalas. Assim, *requisito formal da jurisdição é a existência de órgão integrante do Poder Judiciário*" (*Natureza das decisões do Tribunal de Contas,* p. 21).

da Constituição Federal)[13], disposição esta que Régis Fernandes de Oliveira considera como constrangedora à autonomia dos Municípios, afirmando que aqueles que já possuem Tribunais de Contas "podem mantê-los. Todavia, não mais é permitida sua criação, inclusive em capitais que não o possuam ou em que não esteja instituído" (2013, p. 662).

5. O controle social ou privado

A doutrina do Direito Financeiro vem admitindo, de maneira pacífica, ao lado dos já conhecidos controles *interno* e *externo,* o denominado *controle social* ou *controle privado,* como mais uma das formas de se manter efetiva a fiscalização financeira e orçamentária da Administração Pública.

Hely Lopes Meirelles referia-se ao mesmo como *controle externo popular,* ainda que dirigisse sua atenção mais para a questão das contas municipais, apenas, trazendo à baila o disposto no art. 31, parágrafo 3º, da CF (2015, p. 700).

Seu embasamento constitucional encontra-se no § 2º do art. 74 da CF, que afirma: *"Qualquer cidadão, partido político, associação ou sindicato é parte legítima para, na forma da lei, denunciar irregularidades ou ilegalidades perante o Tribunal de Contas da União".*

Malgrado refira-se o dispositivo em questão unicamente ao TCU, é evidente que a denúncia em questão poderá ser levada, em outros níveis da Administração, aos Tribunais de Contas dos Estados; aos Tribunais de Contas dos Municípios (onde existirem, por óbvio) ou aos Conselhos Municipais, conforme o caso.

Tal forma de *controle* decorre da maior abertura democrática, verificada na Carta de 1988, que busca assegurar uma transparência mais ampla na Administração Pública, o que se verifica, entre outras providências, com a adoção do princípio da *publicidade,* constante do art. 37, *caput,* da Carta da República.

A expressão *"na forma da lei",* constante do dispositivo em comento, não pode, como lembra Kiyoshi Harada, "servir de pretexto para condicionar o exercício desse direito à prévia regulamentação da matéria por lei" (2015, p. 113).

Sobre o tema, lembra José Afonso da Silva:

---

[13] Essa é a conclusão, entre outros, de José Afonso da Silva (*Comentário Contextual à Constituição,* p. 314, nota n. 5 ao dispositivo referido), e José Maurício Conti (*A Autonomia Financeira do Poder Judiciário,* p. 113).

NOTAS SOBRE A FISCALIZAÇÃO FINANCEIRA E ORÇAMENTÁRIA E O PODER JUDICIÁRIO

O parágrafo (2º) está, contudo, mal-situado, pois, ligado ao controle externo, vem vinculado ao artigo que trata do controle interno. Falha técnica. 'Cidadão' é o eleitor. 'Na forma da lei', diz o texto – como se para esse tipo de denúncia aquelas partes legítimas dependessem de lei que as autorizasse. Ora, primeiro, existe o direito de petição, que independe de lei e pode ser utilizado no caso; segundo, a denúncia poderá ser feita sempre, e o Tribunal a terá na conta que merecer. Será realmente de pasmar se não tomar conhecimento do fato só porque eventualmente não existe lei que autorize aquela legitimação para agir perante ele. Se ele pode tomar conhecimento e tomar as providências cabíveis *de ofício*, então não há como recusar conhecer da denúncia (2008, p. 471).

Outra forma de *controle social* ou *privado* poderá se dar por meio da utilização da *ação popular.*

A *origem* da AP remonta à antiga Roma. Apesar de não haver uma noção de "Estado" bem definida, já havia um espírito cívico do cidadão romano, que poderia dirigir-se ao magistrado para a defesa da tutela de um bem.

O interesse no resguardo da *res publica* era levado extremamente a sério. Contudo, o primeiro *texto legal* sobre a AP surgiu na Bélgica, com o advento da lei comunal de 30 de março de 1836; em seguida, surgiu na França, com a lei comunal de 18 de julho de 1837. O mesmo ocorreu na Itália, com a previsão da ação popular em matéria eleitoral, na lei de 20 de setembro de 1859, referente às eleições propriamente ditas, e, logo em seguida, com a lei de 26 de outubro do mesmo ano, sobre as eleições administrativas.

No Brasil, a primeira menção deu-se na Constituição Imperial de 1824, cujo art. 157 previa a possibilidade de AP por "suborno, peita, peculato e concussão", podendo ser ajuizada pelo próprio queixoso ou por "qualquer do povo".

A primeira Constituição da República, de 1891, não tratou do tema. A Constituição Federal de 1934 voltou a cuidar do referido tema, prevendo o seu art. 113, n. 38, que: *"Qualquer cidadão será parte legítima para pleitear a declaração de nulidade ou anulação dos atos lesivos do patrimônio da União, dos Estados ou dos Municípios"*. Durou pouco; a CF de 1937 revogou-a e não tratou do assunto.

Ressurgiu com a Constituição democrática de 1946, cujo art. 141, § 38 dizia: *"Qualquer cidadão será parte legítima para pleitear a anulação ou a declaração de nulidade de atos lesivos do patrimônio da União, dos Estados, dos Municípios, das entidades autárquicas e das sociedades de economia mista"*. Foi a primeira vez que a expressão AP apareceu em uma Constituição da República.

A Constituição Federal de 1967, com a Emenda Constitucional n. 1, de 1969, em seu art. 150, § 31, aduzia que: *"Qualquer cidadão será parte legítima para propor ação popular que vise a anular atos lesivos ao patrimônio de entidades públicas"*. Vê-se que a referida ação só era cabível para a defesa do *patrimônio público*.

A título de *conceito*, pode-se dizer que a ação popular é o *meio constitucional, posto à disposição de qualquer cidadão, para obter a invalidação de atos e contratos administrativos,* ou a estes equiparados, *ilegais e lesivos ao patrimônio federal, estadual ou municipal,* ou de suas autarquias, entidades paraestatais e pessoas jurídicas subvencionadas com dinheiro público.

A CF/88 aumentou sua abrangência: o cidadão pode *"anular ato lesivo ao patrimônio público ou de entidade de que o Estado participe, (ofendendo) a moralidade administrativa, ao meio ambiente e ao patrimônio histórico e cultural"* (art. 5º., LXXIII). Cabível, assim, também contra atos praticados por *entidades paraestatais (sociedades de economia mista, empresas públicas, serviços sociais autônomos e entes de cooperação).*

Hely Lopes Meirelles oferecia o seguinte conceito:

> **É um instrumento de defesa dos interesses da coletividade, utilizável por qualquer de seus membros. Por ela não se amparam direitos individuais próprios, mas sim interesses da comunidade. O beneficiário direto e imediato desta ação não é o autor; é o povo, titular do direito subjetivo ao governo honesto** (2013, p. 174) (grifo meu).

Maria Sylvia Zanella Di Pietro também oferece o seu conceito:

> **É a ação civil pela qual qualquer cidadão pode pleitear a invalidação de atos praticados pelo poder público ou entidades de que participe, lesivos ao patrimônio público, ao meio ambiente, à moralidade administrativa ou ao patrimônio histórico e cultural, bem como a condenação por perdas e danos dos responsáveis pela lesão** (2002, p. 655) (grifo meu).

A ação popular é regida pela *Lei n. 4717, de 29.06.1965.* Subsidiariamente, aplicam-se as normas do Código de Processo Civil, no que não conflitarem com as da Lei sobredita.

É anterior aos textos das duas Constituições Federais (a atual e a de 1967, com a Emenda Constitucional n. 1, de 1969). Deve, portanto, ser entendida à luz do texto da CF/88 e às suas disposições.

Como requisitos da ação, vê-se, primeiramente, que o autor da ação popular deve *ser cidadão brasileiro.* Deve ser, assim, ***pessoa humana, no gozo de seus direitos cívicos.*** Assim, comprova tais qualidades demonstrando *ser eleitor.*

Não se admite a propositura de ação popular por *pessoa jurídica*. Inalistáveis, inalistados, partidos políticos, entidades de classe também não tem legitimidade ativa para a propositura da AP (vide Súmula 365 do STF). Funda-se a ação popular essencialmente no direito político do cidadão. Se pode escolher seus governantes, deve ter a faculdade de lhes fiscalizar os atos da administração.

O *segundo requisito*: é a *ilegalidade ou ilegitimidade do ato a invalidar*. O ato deve ser *contrário ao direito*, por infringir as normas específicas que regem a sua prática ou por se desviar dos princípios gerais que norteiam a Administração Pública (vide art. 37, *caput*, da CF). A ilegitimidade pode provir de *vício formal ou substancial*, inclusive *desvio de finalidade* (art. 2º, parágrafo único, letras "a" a "e", da Lei n. 4717/65).

O *terceiro requisito*: é a *lesividade do ato ao patrimônio público*. *Lesivo* é todo *ato ou omissão administrativa* que *desfalca o erário ou prejudica a Administração*, assim como o que *ofende bens ou valores artísticos, cívicos, culturais, ambientais* ou *históricos* da comunidade. A *lesão* pode ser *efetiva* quando *legalmente presumida*.

A Lei n. 4717/65 estabelece casos de presunção de lesividade (art. 4º.). Basta a prática do ato em tais circunstâncias para presumir-se que o ato causou lesão ao patrimônio público. Nos *demais casos* impõe-se a *dupla demonstração* de *ilegalidade* e *lesividade* do ato praticado.

Sem os três requisitos, *não se viabiliza a ação popular*.

Entende-se estar protegido o *patrimônio público "lato sensu"*. Não apenas os bens materiais, corpóreos, estão sob a proteção da legislação e da AP, mas também o patrimônio *moral, estético, espiritual, histórico*.

Hely Lopes Meirelles lembra, contudo, que a ação popular

> não autoriza o Judiciário a invalidar opções administrativas ou substituir critérios técnicos por outros que repute mais convenientes ou oportunos, pois essa valoração refoge da competência da Justiça e é privativa da Administração. O pronunciamento do Judiciário, nessa ação, fica limitado à legalidade do ato e à sua lesividade ao patrimônio público. Sem a ocorrência desses dois vícios no ato impugnado não procede a ação (2013, p. 178).

Por fim, é cabível lembrar-se que a ação popular tem fins *preventivos* e *repressivos*.

Como meio *preventivo* de lesão ao patrimônio público, pode ser ajuizada *antes* da consumação dos efeitos lesivos do ato. Como meio *repressivo*, pode ser ajuizada *depois* de consumada a lesão, para reparação do dano.

PODER JUDICIÁRIO

O *ato lesivo* é toda manifestação de vontade da Administração, danosa aos bens e interesses da comunidade.

A AP pode ter finalidade *corretiva da atividade administrativa* ou *supletiva da inatividade do Poder Público,* nos casos em que devia agir por expressa imposição legal.

Sua finalidade é a *obtenção da correção nos atos administrativos ou nas atividades subvencionadas pelo poder Público.* Reconhece-se o **direito subjetivo do cidadão a um governo honesto**.

6. O controle interno do poder judiciário

Como funciona o *controle interno do Poder Judiciário?*

Na esfera *federal,* tal controle tem se realizado de forma *difusa,* verificando--se a existência de órgãos de controle em cada um dos Tribunais Superiores.

No que diz respeito ao Supremo Tribunal Federal, lembra José Maurício Conti que o controle interno "está a cargo da Secretaria de Controle Interno, instituída pelo Ato Regulamentar 32/01 e prevista atualmente no Regulamento da Secretaria do STF, arts. 60 a 62" (2006, p. 114), ainda em vigor. Tal Secretaria Federal de Controle Interno teve as suas atividades absorvidas pela Controladoria Geral da União (CGU), criada pela Lei n. 10.683/2003, órgão este que atua na defesa do patrimônio público e no incremento da transparência da gestão, por meio das atividades de controle interno, auditoria pública, correição, prevenção e combate à corrupção e ouvidoria. A referida Secretaria (SFC) era vinculada ao Ministério da Fazenda, passando a ser vinculada à Corregedoria-Geral da União em 28 de março de 2002, com a publicação do Decreto n. 4.177/2002.

Cada Corte federal tem o seu próprio órgão de controle interno, verificando--se que o Superior Tribunal de Justiça tem a Secretaria de Controle Interno (Resolução n. 1, de 1998)[14]; a Justiça Federal tem o Conselho da Justiça Federal, que funciona junto ao STJ (Lei n. 8.472/92, art. 2º, posteriormente revogada

---

[14] Tal órgão é uma unidade especializada de controle, orientação e auditoria, que tem por finalidade: I – acompanhar a execução dos programas de trabalho e a gestão orçamentária, financeira, contábil, operacional, patrimonial e de pessoal no Tribunal quanto aos princípios legais e constitucionais que regem a administração pública; II – orientar a atuação dos gestores; III – verificar a utilização regular dos recursos e bens públicos; avaliar os resultados obtidos pela Administração quanto à efetividade, economicidade, eficiência e eficácia; IV – dar suporte ao exercício pleno da supervisão da gestão do Tribunal a cargo do seu Presidente.

pela Lei n. 11.798/2008, estabelecendo seu art. 1º que a tal órgão cabe a supervisão orçamentária e administrativa da Justiça Federal de primeiro e segundo graus, como órgão central do sistema, nos termos do art. 105, parágrafo único, II, da CF); o TSE tem a sua Secretaria de Controle Interno, transposta mais recentemente para a Presidência do Tribunal, de acordo com o inciso VI do art. 1º da Resolução TSE n. 21.243/2003 (vide art. 8º-A da Seção VI-A do Regulamento Interno da Secretaria de tal Tribunal)[15].

A situação é diferente nos Estados. Existe, à evidência, uma autonomia administrativa, razão pela qual verifica-se a existência de formas diferentes de organização do referido controle interno. Novamente José Maurício Conti é quem lembra que, "em alguns Estados, o Poder Judiciário dispõe de controle em cada um dos Tribunais que o compõe, e em outros, há um sistema de controle interno único" (2006, p. 115).

No Estado de São Paulo, a Resolução n. 504/2009, do Órgão Especial da Corte, criou a Unidade de Controle Interno, com competência específica nas áreas financeira e orçamentária do Tribunal. No ano seguinte, a Portaria n. 7800/2010 instituiu a Diretoria de Controle Interno – DCI, com as mesmas competências da anterior Unidade de Controle Interno. A Portaria n. 7826, do mesmo ano, definiu ser o responsável pela mesma um Diretor Técnico de Departamento e, por fim, a Portaria n. 8.764/2013, da Presidência do Tribunal, que dispôs sobre a estruturação da DCI[16].

No que tange ao controle interno, a Constituição do Estado de São Paulo, de 1989, traz disposições específicas no seu art. 35, bastante assemelhadas às do art. 74 da Constituição Federal[17].

Ainda no que tange à Justiça Estadual de São Paulo, é importante frisar-se que há também um *"controle difuso"*, como referiu alhures José Maurício Conti, espalhado por diversas das Secretarias do Tribunal de Justiça do Estado, que buscam manter os referidos números sob controle, em atuação de reconhecida

---

[15] Vide novamente José Maurício Conti, *A Autonomia Financeira do Poder Judiciário*, p. 114.

[16] Ver o Diário da Justiça do Estado eletrônico de 17.06.2013.

[17] Diz o referido artigo: *"Os Poderes Legislativo, Executivo e Judiciário manterão, de forma integrada, sistema de controle interno com a finalidade de: I – avaliar o cumprimento das metas previstas no plano plurianual, a execução dos programas de governo e dos orçamentos do Estado; II – comprovar a legalidade e avaliar os resultados quanto à eficácia e eficiência da gestão orçamentária, financeira e patrimonial nos órgãos e entidades da administração estadual, bem como da aplicação de recursos públicos por entidades de direito privado; III – exercer o controle sobre o deferimento de vantagens e a forma de calcular qualquer parcela integrante do subsídio, vencimento ou salário de seus membros ou servidores; IV – exercer o controle das operações de crédito, avais e garantias, bem como dos direitos e haveres do Estado; V – apoiar o controle externo, no exercício de sua missão institucional".*

PODER JUDICIÁRIO

austeridade. Da mesma forma, conta o Tribunal de Justiça com a atuação da Comissão de Orçamento, Planejamento e Finanças, cuja atividade busca respaldar a fiscalização efetuada pelas Secretarias sobreditas[18].

7. O controle externo do Poder Judiciário

Como se dá o *controle externo do Poder Judiciário?*

À mesma maneira do restante dos diversos órgãos da Administração Pública, o controle externo das finanças dos Tribunais se dá com a atuação do Poder Legislativo, o qual, com o auxílio do Tribunal de Contas competente, deverá efetuar a fiscalização contábil, financeira, orçamentária operacional e patrimonial. A Constituição Federal, como observado páginas atrás, ao ser transcrito o seu art. 70, mostra competir ao referido Poder Legislativo exercer a fiscalização das contas e do patrimônio públicos. Outrossim, verifica-se, pelo disposto no art. 48, inciso II, da CF, que ao Congresso Nacional compete dispor sobre o *"plano plurianual, diretrizes orçamentárias, orçamento anual, operações de crédito, dívida pública e emissões de curso forçado"*, enquanto que, no art. 49, vê-se que o Congresso tem a competência para *"julgar anualmente as contas prestadas pelo Presidente da República e apreciar os relatórios sobre a execução dos planos de governo"* (inciso IX) e para *"fiscalizar e controlar, diretamente, ou por qualquer de suas Casas, os atos do Poder Executivo, incluídos os da administração indireta"* (inciso X). Assim, as contas do Poder Judiciário *também estão sujeitas a controle externo*, com a atuação, *in casu*, do Tribunal de Contas respectivamente competente para tanto.

Entretanto, não se cuida de uma intercessão *direta* do Poder Legislativo no Poder Judiciário, fato este que poderia redundar em *autêntica violação da independência entre os Poderes da República*.

As contas, em verdade, são apresentadas ao Poder Legislativo de forma *global;* ou seja, elas abrangem *toda a Administração Pública.*

Exemplificando: na esfera Federal, o Presidente da República,

---

[18] O art. 53 do novo Regimento Interno do Tribunal de Justiça do Estado de São Paulo dispõe sobre as matérias de atribuição da referida Comissão, aduzindo que compete-lhe: *"a) emitir parecer sobre a proposta orçamentária e sobre os relatórios periódicos da execução do orçamento, podendo solicitar informações e auxílio da respectiva Secretaria do Tribunal; b) oferecer sugestões à direção do Tribunal e ao Órgão Especial".* Não se cuida, à evidência, de comissão que tenha poder de veto quanto às referidas questões financeiras e orçamentárias da Corte, poder este que compete à Presidência da mesma.

consolidando todas as contas da Administração Pública federal, elabora o balanço geral das contas do exercício financeiro findo e o remete ao Tribunal de Contas da União, que emitirá parecer prévio, para, em seguida, encaminhar as contas apresentadas ao Congresso Nacional (CF, arts. 71, I, e 84, XXIV). Do exposto, infere-se que as contas do Poder Judiciário são submetidas ao Poder Legislativo enquanto parte das contas gerais do Estado, apresentadas pelo chefe do Poder Executivo, que as terá julgadas. Não há, pois, um julgamento específico das contas do Poder Judiciário, enquanto tal, pelo Poder Legislativo, analisando-se sob o aspecto ora considerado. O que existe, neste caso, é um julgamento das contas do Estado, que, nesta situação, é representado pelo chefe do Poder Executivo, o qual tem a incumbência de prestar as contas, na forma da Constituição, como dispõem os artigos constitucionais citados (CONTI, 2006, p. 115-116).

Importante lembrar-se, ainda, no que tange às contas do Judiciário, a regra constante do art. 56, *caput*, da Lei de Responsabilidade Fiscal:

Art. 56. As contas prestadas pelos Chefes do Poder Executivo incluirão, além das suas próprias, as dos Presidentes dos órgãos dos Poderes Legislativo e Judiciário e do Chefe do Ministério Público, referidos no art. 20, as quais receberão parecer prévio, separadamente, do respectivo Tribunal de Contas.

Ou seja; haveria *parecer prévio separado,* no que diz respeito às contas do Judiciário.

Entretanto, é cabível trazer-se à baila o fato de que a eficácia do referido artigo da LRF foi suspensa, em virtude de medida liminar concedida pelo Supremo Tribunal Federal, em 09.08.2007, na Ação Direta de Inconstitucionalidade n. 2.238-5, estando a aguardar-se, ainda, o desfecho da mesma.

Outrossim, como os Presidentes de Tribunais, além de outras pessoas que estejam envolvidas na administração financeira e orçamentária do Judiciário administram "dinheiro, bens e valores públicos", estão "sujeitos ao julgamento de suas contas pelos Tribunais de Contas e suscetíveis às punições aplicáveis pela referida instituição, entre as quais está a multa" (CONTI, 2006, p. 116).

Por fim, cabível lembrar-se que o Judiciário está sujeito, também, ao *controle privado ou social,* como uma espécie de *controle externo* que é, também, sendo aplicáveis ao mesmo as considerações feitas linhas atrás, quando se abordou a questão do que é esse tipo de controle, feito por qualquer do povo, a partir do disposto no § 2º do art. 74 da Constituição Federal, possibilitando-se a denúncia de irregularidades aos órgãos competentes; o uso do *direito de petição* e da *ação popular,* mesmo, nos casos em que se verificar a sua pertinência.

8. O CNJ e a fiscalização das finanças do Poder Judiciário

O CNJ pode efetuar a referida fiscalização das finanças do Judiciário?

A Emenda Constitucional n. 45, de 2004, atendendo a forte pressão popular, instigada, principalmente, por órgãos da Imprensa brasileira, veio a criar o CNJ – o Conselho Nacional de Justiça, como forma de instituir-se o que o vulgo nominou um *"controle externo"* do Poder Judiciário.

Tal órgão, cuja existência já completa 10 anos, aparentemente veio para ficar, malgrado a resistência de alguns setores do Judiciário, tendo o mesmo recebido competências específicas no art. 103-B ($\S\S$ 1º a 4º) da Constituição Federal.

É o mesmo composto por quinze membros, dele fazendo parte o Presidente do Supremo Tribunal Federal; um Ministro do Superior Tribunal de Justiça; um Ministro do Tribunal Superior do Trabalho; um desembargador de Tribunal de Justiça; um juiz estadual; um juiz de Tribunal Regional Federal; um juiz federal; um juiz de Tribunal Regional do Trabalho; um juiz do trabalho; um membro do Ministério Público da União; um membro do Ministério Público estadual; dois advogados e dois cidadãos de notável saber jurídico e reputação ilibada, indicados um pela Câmara dos Deputados e outro pelo Senado Federal (art. 103-B, incisos I a XIII).

O $\S$ 4º do art. 103-B da Constituição Federal, introduzido no texto da Carta da República pela mencionada Emenda Constitucional n. 45/2004, estabelece que: *"Compete ao Conselho o controle da atuação administrativa e **financeira** do Poder Judiciário e do cumprimento dos deveres funcionais dos juízes..."* (grifo meu). Destarte, o referido Conselho tem competência constitucionalmente outorgada para efetuar o controle sobredito.

José Maurício Conti, abordando o tema, afirma vislumbrar inconstitucionalidade na criação de um órgão de *controle externo* do Poder Judiciário, em especial pela inclusão, no mesmo, de membros de fora da carreira da Magistratura; isto, malgrado o referido Conselho *já tenha sido incluído entre os órgãos do Poder Judiciário*, como se vê pelo texto do art. 92, inciso I-A, da Constituição Federal (o que leva a considerar-se tal órgão como sendo incumbido mais de um *controle interno* do que de um *controle externo* do Judiciário). Cita as lições de Alexandre de Moraes e Sérgio Pinto Martins, que respaldariam seu entendimento (2006, p. 120-121). Da mesma forma, cita decisões do Supremo Tribunal Federal, da lavra dos Ministros Octávio Galotti e Sepúlveda Pertence, que iriam no mesmo sentido (ADIn 135/PB; STF Pleno; j. 21.11.1996 e ADIn 98-5/MT; Sessão Plenária; j. 7.8.1997; *DJU* 31.10.1997) (2006, p. 121-122).

NOTAS SOBRE A FISCALIZAÇÃO FINANCEIRA E ORÇAMENTÁRIA E O PODER JUDICIÁRIO

Outrossim, malgrado insista na existência da referida inconstitucionalidade, conclui sua exposição por afirmar que,

> ao apreciar a ADIn 3.367-1/DF, movida pela Associação dos Magistrados Brasileiros (AMB) e protocolada em 9.12.2004, que pleiteou o reconhecimento da inconstitucionalidade da criação do Conselho Nacional de Justiça nos termos previstos pela EC 45/04, o mesmo STF, em decisão tomada em 13.4.2005, julgou-a improcedente, por maioria de votos, reconhecendo constitucional o Conselho Nacional de Justiça (CONTI, 2006, p. 124).

A questão é efetivamente polêmica. Também André Ramos Tavares a aborda. O mencionado autor afirma que o CNJ tem três sortes de *atribuições primárias*, assim enumeradas: "(i) exercer um controle da atuação administrativa do Poder Judiciário; (ii) exercer um controle da atuação financeira deste mesmo poder; e (iii) verificar o cumprimento, por parte dos magistrados, de seus deveres funcionais" (2005, p. 172).

Quanto à *segunda atribuição primária*, ou seja, a de exercer controle da atuação financeira do Poder Judiciário, o mesmo autor lembra que o seu objetivo é "controlar *no que* e *como* são gastos os recursos econômicos destinados a esse Poder" (TAVARES, 2005, p. 172). Esse há de ser, efetivamente, o objetivo da *fiscalização orçamentária*, no que toca ao Poder Judiciário.

Não é descabido lembrar-se, a propósito, de que o art. 99, § 1º, da Constituição Federal, estabelece que *"os tribunais elaborarão suas propostas orçamentárias dentro dos limites estipulados conjuntamente com os demais Poderes na Lei de Diretrizes Orçamentárias"*, disposição que encontra eco no inciso II do art. 165 da CF. André Ramos Tavares afirma, sobre a questão, que , "por meio deste preceptivo constitucional, condiciona-se a autonomia financeira do Poder Judiciário aos rígidos limites da lei de diretrizes orçamentárias. A fiscalização é uma palavra de ordem" (2005, p. 174).

Malgrado tenha havido resistência por parte de setores da doutrina e dos Tribunais, o fato é que a constitucionalidade da criação do CNJ veio a ser reconhecida, como já referido alhures, pelo Acórdão proferido pelo STF, nos autos da Adin n.3.367/DF, em que foi relator o Ministro Cézar Peluso. Alexandre de Moraes foi um dos juristas que chegou a explicitamente defender a *inconstitucionalidade* da criação de semelhante Conselho, aduzindo que a mesma violaria o disposto nos arts. 2º e 60, § 4º, III, da CF (1998, p. 59-64)[19].

---

[19] Aliás, referentemente ao tema, Uadi Lammêgo Bulos aduz ter sido inadequada a inserção do CNJ no art. 92, inciso I-A, da CF, na medida em que suas atribuições são exclusivamente administrativas

PODER JUDICIÁRIO

Contudo, o mesmo autor veio a abrandar seu posicionamento, com o passar do tempo, tendo afirmado mais recentemente que a atuação do CNJ, inclusive no que tange ao controle da atuação administrativa e financeira do Poder Judiciário, pode sofrer diversos limites, limites estes que prendem-se à impossibilidade de análise, pelo Conselho, do *mérito* das decisões administrativas dos Tribunais (entendido este como juízo de conveniência e oportunidade do administrador), restringindo-se tal controle à *legalidade e moralidade* das mesmas; ou seja, se o ato administrativo foi praticado "conforme ou contrariamente ao ordenamento jurídico". Admite, destarte, a legitimidade desse controle, desde que o mesmo se limite às referidas questões de inobservância da legalidade e da moralidade nos atos administrativos praticados pelas Cortes, também no que tange à sua atividade financeira e orçamentária (MORAES, 2012, p. 554/555).

Dissertando sobre o tema, Uadi Lammêgo Bulos aduz que uma das missões do CNJ é *controlar a atuação administrativa e financeira dos órgãos jurisdicionais*, e que, nesse aspecto,

> o Conselho poderá desconstituir ou, até, revisar os atos administrativos praticados pelos membros do Judiciário, verificando-lhes a legalidade, sem, contudo, adentrar no mérito, no juízo de conveniência e oportunidade do administrador, que praticou determinado ato com vistas ao interesse público (2011, p. 1330)[20].

Cabível, desta forma, que se conclua ter a jurisprudência da maior Corte de justiça do País decidido pela *constitucionalidade* da criação do CNJ (o que coloca uma pá de cal sobre a polêmica verificada), havendo, contudo, *limites* à atuação de tal órgão no que se refere ao Poder Judiciário, tendo o mesmo poder para proceder à fiscalização financeira e orçamentária dos órgãos jurisdicionais, mas cingida essa atividade à verificação da *legalidade* e da *moralidade* dos atos administrativos em questão, não podendo adentrar aspectos de *mérito administrativo*, como a *conveniência, oportunidade* e *eficácia* de tais atos.

---

e não jurisdicionais, razão pela qual o mesmo não se incluiria no organograma do Poder Judiciário; teria tal órgão sido inserido onde foi por motivos de *política legislativa*, mas o referido autor entende que melhor seria se fosse o mesmo disciplinado num parágrafo único do mencionado art. 92 (*Curso de Direito Constitucional*, p. 1326).

[20] No mesmo sentido é a lição de José Afonso da Silva, que afirma que ao Conselho "compete o controle da atuação administrativa e financeira do Poder Judiciário e do cumprimento dos deveres funcionais dos juízes..." (*Comentário Contextual à Constituição*, p. 564).

9. As atribuições do CNJ na área financeira

A referida atividade de fiscalização, por parte do CNJ, pode verificar-se de diversas maneiras.

A Resolução n. 159, de 12 de novembro de 2012, que *"dispõe sobre as diretrizes administrativas e financeiras para a formação de magistrados e servidores do Poder Judiciário"*, por exemplo, em seus *considerando*, após trazer à baila o disposto no já citado e transcrito § 4º do art. 103-B da Constituição Federal, abre com o art. 1º a dizer que o mencionado Conselho *"é órgão de controle da atuação administrativa e financeira do Poder Judiciário, podendo expedir atos regulamentares no âmbito de sua competência"*. Em seu art. 7º, a referida Resolução aborda a questão das Escolas Judiciais, lembrando a necessidade dos Tribunais incluírem em seus orçamentos rubrica específica para atender às necessidades de tais Escolas, as quais remeterão à Presidência dos respectivos Tribunais as propostas orçamentárias de acordo com suas necessidades, *"considerando as ações que desenvolverão no ano e o planejamento estratégico plurianual"* (§ 1º). Tais escolas se constituirão como *unidade gestora responsável, "ou por conceito equivalente ao previsto nos orçamentos dos Estados da Federação, com competência para ordenação de despesa, podendo a execução ficar a cargo da unidade executora do respectivo Tribunal"* (§ 2º).

O Conselho tem várias atribuições e tem apresentado grande número de metas, visando implementar medidas para uma prestação jurisdicional mais célere, o que se desdobra em um vasto número de ações; entre elas, promover a modernização tecnológica do Judiciário; garantir a infraestrutura apropriada às atividades judiciárias; o desenvolvimento de conhecimentos, habilidades e atitudes dos conselheiros, magistrados e servidores; aprimorar a comunicação com públicos externos, entre muitas outras atribuições.

Entre elas, verifica-se ter o Conselho, também, a atribuição de *buscar a excelência na gestão de custos operacionais* (o que redunda em garantir a economicidade dos recursos por meio da racionalização na aquisição e utilização de todos os materiais, bens e serviços (promover ações de Responsabilidade Ambiental), e da melhor alocação dos recursos humanos necessários à prestação jurisdicional), e, ainda, *assegurar recursos orçamentários necessários para a execução dos objetivos da estratégia* (o que implica em promover ações orçamentárias visando assegurar recursos que viabilizem as ações e metas necessárias à execução da Estratégia, além de garantir a disponibilização dos recursos orçamentários necessários para a execução dos projetos estratégicos, de acordo com os cronogramas estabelecidos para cada iniciativa).

PODER JUDICIÁRIO

Para o acompanhamento orçamentário do Judiciário, o CNJ dispõe do *Departamento de Acompanhamento Orçamentário*, que se subdivide em *Coordenadoria de Acompanhamento Orçamentário do Judiciário da União* (com uma Seção de Informações e Avaliação Orçamentária do Judiciário da União) e *Coordenadoria de Acompanhamento Orçamentário do Judiciário Estadual* (com uma Seção de Informações e Avaliação Orçamentária do Judiciário Estadual). Tem ele, por suposto, a sua própria Secretaria de Orçamento e Finanças, para cuidar do próprio orçamento...

Tem o CNJ, assim, atuação em muitas áreas, o que redunda em busca de excelência para a prestação jurisdicional, legitimando a atribuição de competência para a fiscalização financeira e orçamentária, inclusive para o fim de verificação de não haver desperdício ou desvio dos fundos endereçados ao Judiciário para tais finalidades.

O entendimento referente à *natureza* de sua atividade, outrossim, é no sentido de ser a mesma *meramente administrativa*. A decisão proferida pelo Supremo Tribunal Federal na já mencionada ADIn 3.367-1/DF é clara nesse sentido[21].

O CNJ elabora relatórios anuais a respeito da gestão orçamentária do Poder Judiciário, para o fim de desempenhar a função referida no parágrafo 4º do art. 103-B da CF; ou seja, o controle da atuação financeira do Judiciário.

Nessa atividade, verifica qual foi o orçamento aprovado pelas leis orçamentárias da União e dos Estados membros para o período de um ano, buscando observar o quanto o referido orçamento representa perante o produto interno bruto e quanto é destinado para o Judiciário da União e quanto o é para o

---

[21] "(...) 2. **INCONSTITUCIONALIDADE. Ação direta. Emenda Constitucional n. 45/2004. Poder Judiciário. Conselho Nacional de Justiça. Instituição e disciplina. Natureza meramente administrativa. Órgão interno de controle administrativo, financeiro e disciplinar da Magistratura. Constitucionalidade reconhecida. Separação e independência dos Poderes. História, significado e alcance concreto do princípio. Ofensa a cláusula constitucional imutável (*cláusula pétrea*). Inexistência. Subsistência do núcleo político do princípio, mediante preservação da função jurisdicional, típica do Judiciário, e das condições materiais do seu exercício imparcial e independente. Precedentes e súmula 649. Inaplicabilidade ao caso. Interpretação dos arts. 2º e 60, § 4º, III, da CF. Ação julgada improcedente. Votos vencidos.** São constitucionais as normas que, introduzidas pela Emenda Constitucional n. 45, de 8 de dezembro de 2004, instituem e disciplinam o Conselho Nacional de Justiça, como órgão administrativo do Poder Judiciário nacional" (Pleno; rel. Min. Cézar Peluso; j. 13.04.2005).
Veja-se, ainda, a respeito: "O CNJ, embora seja órgão do Poder Judiciário, nos termos do art. 103-B, § 4º, II, da CF, possui, tão somente, atribuições de natureza administrativa e, nesse sentido, não lhe é permitido apreciar a constitucionalidade dos atos administrativos, mas somente sua legalidade" (MS 28.872-AgR; rel. Min. Ricardo Lewandowski; j. 24.02.2011; Plenário, *DJE* de 18.03.2011).

NOTAS SOBRE A FISCALIZAÇÃO FINANCEIRA E ORÇAMENTÁRIA E O PODER JUDICIÁRIO

dos Estados. Da mesma forma, busca efetuar uma análise da destinação das verbas em questão, para o fim de verificar quais são as maiores carências dos Tribunais, com o fito de fazer frente às mesmas[22].

Importante observar-se que a atuação do CNJ, nessa área, tem grande importância, na medida em que busca verificar não apenas a existência de carências, como também a de eventuais abusos que possam vir a ocorrer. O Judiciário também está sob o jugo da Lei de Responsabilidade Fiscal (Lei Complementar n. 101, de 04.05.2000), que busca justamente a responsabilidade na gestão fiscal do dinheiro público, trazendo normas específicas quanto à fiscalização da gestão (art. 59 e parágrafos), apontando graves consequências ao seu descumprimento, com relação aos gestores. O parágrafo 1º, inciso II, do mencionado artigo, exemplificativamente, determina que os Tribunais de Contas deverão alertar os órgãos referidos no art. 20 da LRF sempre que o montante das despesas com pessoal ultrapasse 90%[23].

Destarte, malgrado a polêmica referente à constitucionalidade da atuação do Conselho, polêmica esta que, a esta altura, já se pode considerar como ultrapassada, o fato é que o mesmo tem tido atuação no controle financeiro

---

[22] O *Relatório Anual CNJ 2014*, por exemplo, mostrou que, tanto no que diz respeito ao Judiciário da União como ao Judiciário dos Estados, a predominância das dotações é destinada ao pagamento da folha de pessoal, que, na área Federal, correspondeu a 75,24% da dotação total, dotação esta que, por seu turno, representou 10,8% do total aprovado no orçamento fiscal e da seguridade social para o mesmo tipo de despesa. A Justiça do Trabalho se destacou na participação percentual no orçamento do Judiciário da União, detendo 44,2%, seguido da Justiça Federal, com 25,8% e da Justiça Eleitoral, com 17,43%.

Da mesma forma, destacou-se o gasto com a folha de pagamento de pessoal, verificando-se que, a partir do ano 2000, o percentual oscila na faixa de 80% e 85%. Contudo, constatou-se decréscimo nesse percentual a partir de 2009, chegando a apenas 75,2% em 2014, o que estaria a indicar a falta de recomposição da remuneração de magistrados e servidores.

No Judiciário Estadual, verificou-se a existência de dotação mais significativa para as despesas com pessoal, absorvendo 74,8% do orçamento. O Tribunal de Justiça do Estado de São Paulo é, em termos absolutos, o que lidera, com R$ 8,4 bilhões, seguido dos Tribunais de Minas Gerais (R$ 4,4 bilhões) e do Rio de Janeiro (R$ 3,8 bilhões). No extremo oposto estariam, em ordem crescente, os Estados de Roraima, Acre, Amapá e Alagoas. *Contudo,* considerada a participação de cada Tribunal no orçamento do Estado, lideram em participação os Tribunais de Justiça do Distrito Federal e dos Territórios (8,61%), de Rondônia (8,41%), Santa Catarina (7,39%) e Maranhão (7,31%). Tais dados demonstram que, malgrado o Estado de São Paulo, com a maior arrecadação do País, lidere, como referido, em termos absolutos, em termos percentuais inexiste correspondência entre tal arrecadação e a destinação de verbas ao Judiciário local. Evidencia-se situação de clara injustiça fiscal.

[23] O Relatório Anual CNJ 2014 anota que, no exercício referido, dois Estados ultrapassaram tais limites; os Tribunais de Justiça dos Estados do Rio de Janeiro e da Bahia.

e orçamentário do Judiciário, o que igualmente vem ao encontro da maior transparência na gestão das contas públicas. O Relatório Anual CNJ 2014 bem mostra a importância desse trabalho e as diversas gestões efetuadas[24].

10. A autonomia financeira do Poder Judiciário

Questiona-se, por fim, tema referente à *autonomia* do Judiciário, no que toca ao aspecto financeiro, assegurada que foi esta pela Constituição Federal de 1988 – não tendo, contudo, *jamais sido inteiramente implementada*[25].

Entra ano e sai ano, o que se tem é apenas a mesma situação que precedeu a entrada em vigor da referida Constituição; ou seja, ainda que busque o Judiciário cumprir com as suas obrigações constitucionalmente impostas,

[24] É do referido Relatório: "O CNJ, com o apoio do Comitê Técnico de Orçamento e Finanças (CTOF), composto por representantes dos tribunais e Conselhos Superiores e do Tribunal de Justiça do Distrito Federal e dos Territórios, participou do processo de elaboração e aprovação dos projetos da Lei de Diretrizes Orçamentárias (LDO) e da Lei Orçamentária Anual (LOA) para o exercício 2015, tarefa realizada em associação com os representantes do Poder Executivo. No decurso dos trabalhos, foram apresentadas sugestões de redação aos textos das leis, visando especialmente ao aperfeiçoamento dos instrumentos que viabilizam as correções de rumo durante a execução dos créditos orçamentários aprovados na LOA.

"Cabe destacar o retorno do dispositivo da LDO que exige o parecer prévio do CNJ sobre os projetos de lei dos órgãos do Poder Judiciário que impliquem aumento de gastos com pessoal e encargos sociais. Na LDO para o exercício de 2014, por emenda parlamentar, o texto da lei havia sido alterado para permitir o encaminhamento desses projetos de lei apenas com a comprovação da solicitação de parecer.

"Retoma-se, assim, importante papel deste Conselho, alinhado com sua atribuição constitucional de controle da atuação administrativa e financeira do Poder Judiciário, que não fere a autonomia administrativa e financeira dos tribunais e resulta em melhor e mais racional utilização dos recursos públicos.

"O CNJ acompanhou a execução orçamentária 2014 dos tribunais. Como ferramenta para esse acompanhamento, foi utilizado o SIAFI – Sistema Integrado de Administração Financeira do Governo Federal, no que se refere ao orçamento da União, além das publicações exigidas pela Resolução CNJ n. 102 em relação aos orçamentos dos Tribunais de Justiça.

"Acompanhou, também, as publicações quadrimestrais do relatório de gestão fiscal – RGF, em especial quanto à verificação da observância dos limites estabelecidos pela Lei de Responsabilidade Fiscal para as despesas com pessoal e encargos sociais, a fim de adotar eventuais medidas corretivas. Do limite de 6% da Receita Corrente Líquida, destinado às despesas com pessoal dos órgãos do Poder Judiciário, estão sendo utilizados 48,3%" (*Relatório Anual CNJ 2014*, p. 42).

[25] Volta-se, aqui, ao disposto no art. 99 e §§ da Constituição Federal, em especial ao *caput* do referido artigo, que diz que ao Poder Judiciário é "*assegurada autonomia administrativa e financeira*". Porque a impressão, então, de que, da época da vigência da Constituição Federal de 1967, com a Emenda n. 1, de 1969, tão pouco mudou, no que tange a tal aspecto...?

elaborando os projetos de Lei de Diretrizes Orçamentárias (LDO) e o Plano Plurianual (PPA), o que se tem verificado é que o Executivo é que continua a comandar o espetáculo, agindo, muitas vezes, com indisfarçável soberba, em relação a um Judiciário que tem dificuldades de se impor e de se firmar como autêntico Poder, comparecendo repetidas vezes à presença de Governadores e administradores públicos com o pires na mão, para fins de obter recursos considerados como indispensáveis para a boa administração da Justiça[26].

Buscou o constituinte de 1988 prestigiar a autonomia do Poder Judiciário, tanto administrativa como financeira, como se vê pelos textos dos arts. 99 e 168 da Constituição; contudo, pouco mudou de 1987 até os dias atuais, no que toca a essa questão. E a necessidade da autonomia referida é primordial para uma boa prestação de serviços públicos. Como lembrava José Cretella Júnior:

> Em todo setor da atividade humana, a autonomia financeira, regra geral, é condicionante dos outros tipos de autonomias, a administrativa, a didática, a funcional, o mesmo ocorrendo em relação aos três Poderes do Estado. Se ao Poder Executivo cabe a distribuição de recursos aos outros dois Poderes, a falta de autonomia financeira do Poder Judiciário e do Poder Legislativo poderá comprometer, em grau maior ou menor, o desempenho das respectivas funções. Precisamente a autonomia do Poder Legislativo e a do Poder Judiciário, bem como a do Ministério Público, é que levaram o legislador constituinte a redigir o art. 168 da Constituição vigente, assinalando prazo fixo para a entrega, aos órgãos das três entidades citadas, dos recursos correspondentes às dotações orçamentárias, compreendidos os créditos suplementares (1992, p. 3829).

Por seu turno, André Ramos Tavares aduz que a autonomia do Poder Judiciário

> não deve ser compreendida apenas como uma fórmula para, pura e simplesmente, concretizar uma abstrata 'separação de Poderes', sem maiores significados práticos para a sociedade e com a invocação sempre ligeira e imprecisa de doutrina formatada em meados do século XVIII.
>
> (...)

---

[26] Aliás, fato que se verifica amiúde é a existência dos cortes significativos efetuados pelo Poder Executivo nas propostas orçamentárias encaminhadas pelo Tribunal de Justiça do Estado de São Paulo, como se tem acompanhado no exercício das funções desempenhadas na Comissão de Orçamento e Finanças da referida Corte. O fato verificou-se de maneira concreta ao menos nos dois últimos exercícios (2014 e 2015), constatando-se cortes de cifras vultosas, necessárias, outrossim, para a boa gestão do funcionamento dos serviços do Judiciário Paulista de ambas as instâncias.

Nessa perspectiva, quebrar a autonomia do Poder Judiciário é enfraquecer uma *garantia da própria sociedade*. Não se estará apenas subvertendo uma teórica e distante cláusula de 'separação dos Poderes': de uma perspectiva eminentemente prática, é preciso observar que tal ação prejudica o controle sob a atuação estatal e desequilibra o arranjo institucional que fora arquitetado para assegurar direitos a partir da chamada 'independência' dos Poderes da República (2015, p. 21-22).

Uadi Lammêgo Bulos lembra, a propósito, do *princípio do autogoverno da magistratura,* citando os arts. 96, 99 e 101 da CF, bem como o fato de que os órgãos colegiados do Poder Judiciário devem elaborar suas propostas orçamentárias "nos limites estabelecidos pela lei de diretrizes orçamentárias, conjuntamente com os Poderes Executivo e Legislativo" (2011, p. 1264-1265), afigurando-se como inconstitucional lei de diretrizes orçamentárias que fixar o orçamento do Poder Judiciário, "sem que haja a sua *obrigatória* participação" (2011, p. 1265). Vê-se, assim, que, malgrado a situação real não tenha sofrido maiores alterações na prática, ao menos existe a consagração, no papel, da obrigatoriedade da presença do Judiciário na elaboração da referida lei de diretrizes orçamentárias, o que leva à esperança de tempos melhores, quiçá em um futuro não tão distante.

Ou, como acertadamente aduz André Ramos Tavares: "Para garantir à própria sociedade que a aplicação do Direito se dará de maneira imparcial, as autonomias do Poder Judiciário mostram-se indispensáveis para evitar a indesejável subjugação de Poderes e, mais do que isto, da própria sociedade" (2015, p. 27).

Que se permita, portanto, uma efetiva autonomia maior para o Judiciário, em termos financeiros – autonomia esta, outrossim, não limitada pelas usuais mesquinharias da política, mas pela *lei,* pelo *direito,* permitindo-se a exata *fiscalização* da atividade financeira do Judiciário, como autêntico Poder que é, não se encontrando, contudo, *acima* da lei, mas concretamente jungido à sua estrita observância, bem como aos demais princípios constitucionais que norteiam a atividade da Administração Pública; em especial, aos princípios da *publicidade,* da *moralidade* e da *eficiência,* impondo-se-lhe sempre a conduta de máxima transparência e probidade.

Vigilante eterno da sociedade e mesmo das atividades dos outros dois Poderes, sob o prisma da legalidade, também será, ainda que dotado da propalada autonomia, um Judiciário isento de qualquer mácula aquele que tiver suas portas abertas à fiscalização de suas finanças e orçamento, fiscalização esta interna, externa ou da sociedade, demonstrando assim nada ter a temer.

Conclusões

Tendo-se em vista o que aqui foi analisado, é cabível concluir-se que: a) o Poder Judiciário, como administrador que é, também, de verbas públicas, encontra-se sujeito à fiscalização financeira e orçamentária, em face dos princípios constitucionais da legalidade, da moralidade, da publicidade e da transparência; b) tal fiscalização pode se dar por meio do chamado *controle interno*, quando serão os órgãos do próprio Poder Judiciário a efetuar a referida fiscalização, existindo diversos desses órgãos nos diferentes ramos do Judiciário do País, cada qual atuando à sua maneira, dentro das disposições específicas; c) também poderá ocorrer a fiscalização por meio do *controle externo*, que se dará com a atuação dos Tribunais de Contas, auxiliares do Poder Legislativo, ainda que referidos Tribunais sofram de diversas limitações no alcance de sua atuação; d) outra forma de controle externo será o *controle privado* ou *social*, quando então se admitirá a intercessão de elementos da própria sociedade civil na referida fiscalização, o que poderá dar-se, por exemplo, por meio de representações, do exercício do direito de petição ou do ajuizamento de ações populares; e) o Conselho Nacional de Justiça (CNJ) tem poderes para efetuar o controle financeiro e orçamentário do Poder Judiciário, a teor do disposto na própria Constituição Federal, tendo o próprio STF admitido a constitucionalidade desse controle; f) a autonomia financeira do Poder Judiciário, constitucionalmente assegurada mas ainda incipientemente implantada, não isenta o Judiciário da fiscalização financeira e orçamentária, que pode se dar por qualquer dos meios aqui referidos.

Referências

BALEEIRO, Aliomar. *Uma Introdução à Ciência das Finanças*. 18ª ed. (atualizada por Hugo de Brito Machado Segundo). Rio de Janeiro: GEN/Forense, 2012.

BASTOS, Celso Ribeiro. *Curso de Direito Financeiro e de Direito Tributário*. 1ª ed. São Paulo: Saraiva, 1991.

BLIACHERIENE, Ana Carla; RIBEIRO, Renato Jorge Brown. *Direito Financeiro Atual*. 1ª ed. São Paulo: Elsevier, 2014.

BULOS, Uadi Lammêgo. *Curso de Direito Constitucional*. 6ª ed., 2ª tiragem. São Paulo: Saraiva, 2011.

CANOTILHO, J. J. Gomes; MOREIRA, Vital. *Constituição da República Portuguesa Anotada*. 3ª ed. revista. Coimbra: Portugal, 1993.

CONTI, José Maurício. *A Autonomia Financeira do Poder Judiciário*. 1ª ed. São Paulo: MP Editora, 2006.

_____. *Direito Financeiro na Constituição de 1988.* 1ª ed. São Paulo: Oliveira Mendes, 1998.

_____. (Org.). *Orçamentos Públicos.* 1ª ed. São Paulo: Revista dos Tribunais, 2008.

CRETELLA JÚNIOR, José. *Comentários à Constituição 1988.* 1ª ed. Rio de Janeiro/São Paulo: Forense Universitária, 1992, VII volume.

_____. Natureza das decisões do Tribunal de Contas. *Revista dos Tribunais,* São Paulo, vol. 631, p. 14-23, maio 1988.

CUSTÓDIO, A. J. Ferreira. Eficácia das decisões dos Tribunais de Contas. *Revista dos Tribunais,* São Paulo, vol. 685, p.7-14, novembro 1992.

DI PIETRO, Maria Sylvia Zanella. *Direito Administrativo.* 14ª ed. São Paulo: Atlas, 2002.

HARADA, Kiyoshi. *Direito Financeiro e Tributário.* 24ª ed. São Paulo: Atlas, 2015.

MEIRELLES, Hely Lopes. *Direito Administrativo Brasileiro.* 41ª ed. (atualizada por Délcio Balestero Aleixo e José Emmanuel Burle Filho). São Paulo: Malheiros, 2015.

_____. *Finanças Municipais.* 1ª ed. São Paulo: Revista dos Tribunais, 1979.

_____. *Mandado de Segurança e Ações Constitucionais.* 35ª ed. (atualizada por Arnoldo Wald e Gilmar Ferreira Mendes). São Paulo: Malheiros, 2013.

MORAES, Alexandre de. Controle externo do Poder Judiciário – inconstitucionalidade. *Revista de Informação Legislativa,* Brasília, n. 140, p. 59-64, out./dez. 1998.

_____. *Direito Constitucional;* 28ª ed. São Paulo: Atlas, 2012.

OLIVEIRA, Régis Fernandes de. *Curso de Direito Financeiro.* 5ª ed. São Paulo: Revista dos Tribunais, 2013.

_____. HORVATH, Estevão. *Manual de Direito Financeiro.* 5ª ed. São Paulo: Revista dos Tribunais, 2002.

PISCITELLI, Tathiane. *Direito Financeiro Esquematizado.* 4ª ed. São Paulo: GEN/Método, 2014.

RAMOS FILHO, Carlos Alberto de Moraes. *Direito Financeiro Esquematizado.* 1ª ed. São Paulo: Saraiva, 2015.

SILVA, José Afonso da. *Comentário Contextual à Constituição.* 5ª ed. São Paulo: Malheiros, 2008.

TAVARES, André Ramos. As autonomias do Poder Judiciário. *Cadernos Jurídicos da Escola Paulista da Magistratura,* São Paulo, ano 16, n. 40, p. 21-28, abril/junho 2015.

_____. *Reforma do Judiciário no Brasil pós-88.* 1ª ed. São Paulo: Saraiva, 2005.

Fiscalização financeira e orçamentária do poder judiciário na era da sociedade da informação: controle interno, externo e social e a atuação do Conselho Nacional de Justiça

Marcelo Guerra Martins
Mestre e Doutor em Direito pela Faculdade de Direito da Universidade de São Paulo. Professor do programa de mestrado em direito (*strictu sensu*) das Faculdades Metropolitanas Unidas – FMU (São Paulo). Juiz federal titular da 17ª Vara de São Paulo. Convocado como juiz auxiliar e instrutor do Supremo Tribunal Federal, no gabinete do Ministro Ricardo Lewandowski, entre 2009 e 2012.

1. Introdução

O tema da fiscalização e controle das finanças públicas não é propriamente novo. Com efeito, diversos artigos, teses e livros vêm abordando o assunto com grande proficiência há certo tempo. Porém, até poucos anos, de um modo geral, as finanças públicas eram uma preocupação mais ligada à gestão e gastos perpetrados na órbita do Poder Executivo, por meio de seus órgãos diversos.

A novidade é o surgimento de forte interesse, não apenas nos meios acadêmicos, mas também na sociedade como um todo, pelos controles exercidos sobre as finanças administradas pelo Poder Judiciário, o que, em suma, é muito positivo no sentido de complementar uma lacuna que ainda resistia nesse campo.

Não se pode ignorar a proeminência alcançada pelo Poder Judiciário nas últimas décadas, principalmente a partir da Constituição de 1988, quando se tornou relevante protagonista na efetivação de direitos e garantias constitucionais, cabendo destacar o papel desenvolvido pelo Supremo Tribunal Federal. Aqui, segundo bem observa Vieira (2008, p. 57):

> "Embora o Supremo tenha desempenhado posição relevante nos regimes constitucionais anteriores, com momentos de enorme fertilidade jurisprudencial e proeminência política, como na Primeira República, ou ainda de grande coragem moral, como no início do período militar, não há como comparar a atual proeminência do Tribunal, com a sua atuação passada".

Não obstante o Poder Judiciário administrar recursos financeiros nada desprezíveis, até pouco tempo atrás pouquíssima atenção era dada à administração de suas receitas, fosse pela doutrina especializada, fosse pelos cidadãos comuns. A falta de conhecimento, gerada também pela escassez de fontes de informação confiáveis e, sobretudo, didáticas, levou ao ponto de alguns aventarem a existência de uma "caixa preta" do Poder Judiciário que guardaria segredos financeiros inconfessáveis e, por isso, guardados com muito zelo e pouco explicitados.

Em verdade, de um modo geral, sempre houve divulgação de dados financeiros pelos diversos Tribunais do país, o que, se não neutraliza completamente, ao menos descredencia a versão de uma "caixa preta" judiciária. O problema é que como as publicações não eram centralizadas nem tampouco padronizadas, a busca por informações inteligíveis se fazia bastante árdua e muitas vezes pouco frutífera, o que certamente contribuiu para a crença do obscurantismo das finanças judiciais.

Esse cenário não mais subsiste, notadamente no que concerne às possibilidades de um verdadeiro e efetivo controle social (realizado por cidadãos e entidades da sociedade civil), graças ao desenvolvimento e popularização de redes como a *internet* em que grande volume de informações pode ser buscado com maior facilidade e menores custos.

Com efeito, atualmente, o andamento das finanças judiciais do país pode ser observado com profundidade a partir de qualquer computador ou mesmo *smartphone* com acesso à *internet*.

No presente texto, iniciamos por uma abordagem geral acerca da importância de existir uma adequada fiscalização sobre as finanças públicas, em seus diversos aspectos (arrecadação, administração dos recursos e gastos), como meio primário de garantir eficácia do princípio republicano.

Passamos pelas características mais importantes dos tipos de controle: o interno, realizado pelo próprio Poder, por meio de órgãos ou departamentos especificamente criados para tal desiderato; o externo, ultimado pelo Poder Legislativo, com auxílio dos Tribunais de Contas e, por fim, o controle social, materializado pelos cidadãos em geral, bem como por entidades organizadas da sociedade civil.

Finalmente, adentramos no tema do controle das finanças do Poder Judiciário, com especial destaque para a atuação do Conselho Nacional de Justiça, cuja normatização editada nos últimos tempos, com destaque para a Resolução nº 102, de 15 de dezembro de 2009, procurou criar ferramentas mais eficazes para o exercício do controle social e, por conseguinte, como já dito acima, enaltecer o princípio republicano.

Em todos os momentos, ora de modo explícito, ora implícito, consideramos o contexto maior do princípio da transparência que ganha renovado enfoque na era da chamada Sociedade da Informação, período vivido atualmente pela humanidade em que a informação e o conhecimento passaram a ser protagonistas nos diversos arranjos sócio econômicos promovidos pelos diversos povos.

É o que passamos a elaborar, advertindo não ser nossa intenção colocar palavras finais, muito menos verdades absolutas. Ao contrário, pretendemos antes de tudo fomentar discussão a respeito dos temas em foco, cuja importância acreditamos ser crucial para o constante aperfeiçoamento do Estado Democrático de Direito desejado pela Constituição Federal de 1988.

2. Fiscalização das finanças públicas e os tipos de controle

Recursos públicos devem ser rigorosamente fiscalizados, não apenas porque são escassos, ou seja, nenhuma sociedade os possui em volume capaz de satisfazer todas as necessidades públicas, mas, principalmente quando tiverem origem em tributos, resultam da apropriação compulsória pelo Estado de parcela do patrimônio dos cidadãos, sua propriedade *latu sensu* considerada.

Ademais, em se tratando de recursos públicos, independentemente do órgão governamental envolvido, a existência de uma efetiva fiscalização é primordial para garantir a concretização do princípio republicano. Afinal, como é bem sabido, o termo república provém de *res publica*, isso é, coisa pública ou patrimônio comum.

Em adição, é bem sabido que a ausência de um controle severo sobre as finanças públicas invariavelmente gera desperdícios, para que não se diga desvios ou aplicações ilegítimas por parte dos executores do orçamento. A transparência, elemento que deve permear todas as contas públicas, é uma ferramenta muito útil para forçar governantes mal-intencionados a adotarem posições mais impessoais, democráticas e republicanas.

Desta feita, ciente dessas circunstâncias, o constituinte de 1988 fez inserir no art. 70 do Texto Maior o seguinte:

> "A fiscalização contábil, financeira, orçamentária, operacional e patrimonial da União e das entidades da Administração Direta e Indireta, quanto à legalidade, legitimidade, economicidade, aplicação das subvenções e renúncia de receitas, será exercida pelo Congresso Nacional, mediante controle externo, e pelo sistema de controle interno de cada Poder".

Segundo o parágrafo único do art. 70 em foco, qualquer pessoa física ou entidade que arrecade, administre, gerencie ou gaste valores públicos, deverá prestar contas, na forma da lei. O preceito inclui, obviamente, os órgãos do Poder Judiciário e seus administradores que atuem como ordenadores de despesas.

2.1. Parâmetros da fiscalização das finanças públicas

A partir do teor do art. 70 acima mencionado, conclui-se que a fiscalização de todos os atos e procedimentos que envolvem a dinâmica das finanças públicas, no que diz respeito aos controles interno e externo (que serão abordados adiante), somente será completa se examinar parâmetros contábeis, financeiros, orçamentários, operacionais e patrimoniais.

Nos termos do previsto no art. 83 da Lei nº 4.320/64, a fiscalização contábil "evidenciará perante a Fazenda Pública a situação de todos quantos, de qualquer modo, arrecadem receitas, efetuem despesas, administre ou guarde bens a ela pertencentes ou confiados".

De fato, a contabilidade nesse tópico refere-se à técnica utilizada tanto pelo economista quanto pelo jurista para terem o controle sistematizado e uniforme das verbas arrecadadas e gastas pelos diversos órgãos públicos. É um meio que proporciona o controle numérico das finanças públicas, e, para tanto, deve seguir as normas técnicas atinentes à ciência da contabilidade.

Não se pode negar que é preciso existir um sistema de registro preciso e uniformemente aplicável por todas as pessoas jurídicas de direito público, sob pena de não ser possível conhecer, com a indispensável segurança e precisão, a respectiva situação financeira de cada uma delas, o que inclusive poderia prejudicar a transparência das contas públicas, um dos pilares da Lei Complementar nº 101/2000, a chamada Lei de Responsabilidade Fiscal.

Por sua vez, a fiscalização financeira visa constatar o montante de recursos que transitou pelos cofres de uma determinada pessoa jurídica de direito público, durante certo período de tempo. Objetiva-se, portanto, controlar o fluxo de caixa. O aspecto financeiro, segundo observa Furtado (2009, p. 320), compreende um leque amplo de ações, saber:

(i) análise do preparo e concretização da programação financeira e do cronograma mensal de desembolso (art. 8º da LC 101/2000);

(ii) constatação de observância das metas fiscais, bem como a obediência às regras da LDO (Lei de Diretrizes Orçamentárias) quanto à restrição de movimentação financeira (limitação de empenho) se caso for percebida dificuldade de cumprir a previsão do Anexo de Metas Fiscais (art. 9º da LC 101/2000);

(iii) controle sobre restos a pagar, precatórios, obrigações vencidas e vincendas durante a execução do orçamento, valores arrecadados e a arrecadar;

(iv) exame acerca dos riscos fiscais (art. 4º, §3º da LC 101/2000);

(v) verificação em torno da aplicação dos percentuais mínimos na educação (CF/88, art. 212; ADCT, art. 60; Lei nº 11.494/2007 – Lei do Fundeb) e na saúde (CF/88, art. 198; ADCT, art. 77);

(vi) análise do respeito aos limites com gastos com pessoal (arts. 18 a 20 da LC 101) e controle da despesa total com pessoal (arts. 21 a 23 da LC 101).

Já a fiscalização orçamentária está ligada à verificação da estrita aplicação das verbas de acordo com as autorizações constantes da LOA (Lei de Orçamento Anual) e eventuais autorizações constantes em créditos adicionais. Assim ocorre em respeito ao preceituado no art. 167, II, da Constituição de 1988. Trata-se, em suma, mais de um exame de conformidade (ou legalidade) do que um juízo acerca da utilidade dos gastos realizados, objeto da fiscalização operacional.

De fato, na fiscalização operacional examina-se a eficácia, a eficiência e a efetividade da atuação estatal, ou seja, cuida-se de uma análise em torno de como o Orçamento se materializou no mundo dos fatos. Aqui, segundo assevera Furtado (2009, p. 322):

"a auditoria operacional é um instrumento de apreciação dos programas, projetos, atividades, sistemas governamentais, órgãos e entidades públicas, com a finalidade de avaliar o desempenho das ações governamentais e informar à sociedade o real emprego dos recursos públicos".

Por fim, a fiscalização patrimonial procura constatar quaisquer alterações patrimoniais do ente público, por meio do devido registro das diversas operações, de modo a viabilizar a futura análise pelas autoridades competentes. Neste tópico, os registros contábeis são de grande relevância, sob pena de prejudicar a veracidade desta análise. Todos os tipos de patrimônio devem ser controlados (mobiliário, imobiliário e empresarial), ressaltando-se que a LC 101 engendra regras rigorosas sobre a gestão patrimonial.

2.2. Legalidade, legitimidade e economicidade das despesas públicas

É importante destacar que cada despesa pública, individualmente considerada, deve ser analisada pelos seguintes critérios de legalidade, legitimidade e economicidade, para fins de eventual responsabilização do ordenador de despesas.

A legalidade implica em verificar a prévia existência de autorização legislativa para a ocorrência da despesa em foco, bem como a constatação de terem sido obedecidos os requisitos necessários para sua ocorrência. Trata-se, em verdade, de constatar se há (ou não) perfeita compatibilidade vertical entre o ato deflagrador da despesa e a norma legal que a autorizou.

Por outro lado, a legitimidade envolve um conceito que não é facilmente reduzido a termo, na medida em que vai além da obediência formal do preceito normativo superior como é o caso da legalidade.

Nessa banda, a legitimidade está diretamente relacionada com a verificação do real atendimento do interesse público. Realiza-se, desse modo, um exame de mérito da despesa, examinando-se, dentre outras circunstâncias, por exemplo, eventual presença de vícios como desvio de poder ou de finalidade. Conforme pondera Rosa Jr. (2002, p. 109): "Legitimidade significa o controle do resultado da execução orçamentária, para apurar se o dinheiro público foi ou não bem aplicado em face da coletividade".

É que uma determinada despesa pode ser legal, mas não ser legítima por estar em desacordo com os valores fundamentais da sociedade (*v.g.*: excesso de festividades pagas pelos cofres públicos, propaganda governamental além do razoável, compra de viaturas de elevado luxo para o governo, passagens aéreas de primeira classe, etc.).

Em conclusão, a aferição da legitimidade sempre deve ser feita caso a caso, considerando as peculiaridades de cada situação, do que se conclui não ser possível ou mesmo recomendável estipular critérios precisos ou inelásticos a respeito.

Por fim, pelo critério da economicidade busca-se verificar, a partir de um exame do respectivo procedimento licitatório, se foi escolhida a melhor proposta para satisfazer determinada necessidade pública. Trata-se, desse modo, da realização de um juízo em torno do custo e benefício, sempre tendo como norte a imprescindibilidade de evitar desperdícios de recursos públicos.

2.3. Tipos de controle (interno, externo e social)

Conforme já aventado acima, a fiscalização das finanças públicas pode ser objeto de controles diversificados, quais sejam: interno, externo e social.

O controle interno é exercido por meio de órgãos, secretarias, departamentos, etc., específicos de cada um dos Três Poderes e tem por objetivo, a teor do art. 74 da CF/88: (i) avaliar o cumprimento das metas previstas no PPA (Plano Plurianual), a execução dos programas de governo e dos orçamentos; (ii) comprovar a legalidade e avaliar os resultados, quanto à eficácia e eficiência, da gestão orçamentária, financeira e patrimonial nos órgãos e entidades da administração, bem como da aplicação de recursos públicos por entidades de direito privado; (iii) exercer o controle das operações de crédito, avais e garantias, bem como dos direitos e haveres do ente público; (iv) apoiar o controle externo no exercício de sua missão institucional.

Conforme estabelece o art. 77 da Lei nº 4.320/64, o controle interno pode ser: (i) prévio (ultimado antes da execução da despesa – *v.g.* no momento da liquidação ao analisar-se a regularidade do direito credor), (ii) concomitante (durante a execução da despesa – *v.g.* nos casos de contratos de duração continuada em que os pagamentos são feitos periodicamente); (iii) posterior (após a respectiva finalização – *v.g.* verificada ilegalidade em certo pagamento, é possível à Administração anular o respectivo ato para fins de ressarcimento).

Mesmo que determinada autarquia ou fundação pública não possua órgão especificamente dirigido ao controle interno, é possível o seu exercício pelo Ministério ao qual estejam vinculas, com fulcro nos arts. 19 e 25 do Decreto-lei nº 200/67 (*v.g.*: Ministério da Educação sobre as Universidades Federais, conforme decidiu o Supremo Tribunal Federal, no Agravo Regimental no Recurso em Mandado de Segurança nº 22.047, j. 22/02/2006, DJ 31/03/2006, Rel. Min. Eros Grau).

PODER JUDICIÁRIO

Nos termos do §1º do art. 74 da CF/88, aqueles agentes que tomarem conhecimento de qualquer irregularidade ou ilegalidade, dela darão ciência ao Tribunal de Contas, sob pena de responsabilidade solidária. Trata-se de uma obrigação e não mera faculdade.

A Constituição de 1988 também previu a existência de um controle externo a ser exercido pelo Poder Legislativo de cada unidade federativa, com o auxílio do respectivo Tribunal de Contas, órgão que, segundo assevera Conti (2015), "exerce funções da maior relevância para o Estado Democrático de Direito, especialmente no que toca as questões de Direito Financeiro, sendo dotado de autonomia para exercer sua missão".

Nos termos do art. 71 da Constituição Federal de 1988, compete ao Tribunal de Contas da União:

(i) apreciar as contas prestadas anualmente pelo Presidente da República, mediante parecer favorável ou contrário à respectiva aprovação, cabendo ao Poder Legislativo dar a palavra final (art. 49, IX da CF/88)[1];

(ii) julgar as contas dos administradores e demais responsáveis por dinheiros, bens e valores públicos da administração direta e indireta, incluídas as fundações e sociedades instituídas e mantidas pelo Poder Público, e as contas daqueles que derem causa a perda, extravio ou outra irregularidade de que resulte prejuízo ao erário público[2];

(iii) apreciar a legalidade dos atos de admissão de pessoal, a qualquer título, na administração direta e indireta, incluídas as fundações instituídas e mantidas pelo Poder Público, excetuadas as nomeações para cargo de provimento em comissão, bem como a das concessões de aposentadorias, reformas e pensões, ressalvadas as melhorias posteriores que não alterem o fundamento legal do ato concessório;

---

[1] A atuação do Legislativo, nesse aspecto, é de cunho mais político do que propriamente técnico, nada impedindo que venha a contrariar o parecer da Corte de Contas. Como justificativa dessa escolha constitucional, tem-se a circunstância de não ser o Chefe do Executivo, ao menos no âmbito federal e estadual, ordenador de despesas, tarefa adstrita às diversas autoridades de escalões inferiores que exaram as ordens de pagamento nos casos concretos. Todavia, no caso de contas prestadas por Prefeito Municipal, a rejeição do parecer do Tribunal de Contas somente será válida por decisão de 2/3 dos membros da Câmara Municipal (art. 31, §2º da CF/88). Aqui, nota-se que a liberdade do Legislativo é mais restrita.

[2] Aqui não há participação *a posteriori* do Poder Legislativo. O Tribunal de Contas dá a palavra final (sempre ressalvada a possibilidade de a questão ser discutida perante o Poder Judiciário, com base no art. 5º, XXXVI da CF/88). Logo, não entram em cena critérios políticos próprios do Legislativo conforme acontece em relação à análise das contas do Chefe do Executivo.

(iv) realizar inspeções e auditorias de natureza contábil, financeira, orçamentária, operacional e patrimonial, nas unidades administrativas dos Poderes Legislativo, Executivo e Judiciário, e demais entidades referidas no inciso II do art. 70 da CF/88;

(v) fiscalizar as contas nacionais das empresas supranacionais de cujo capital social a União participe, de forma direta ou indireta, nos termos do tratado constitutivo;

(vi) fiscalizar a aplicação de recursos repassados pela União mediante convênio, acordo, ajuste ou outros instrumentos congêneres, a Estado, ao Distrito Federal ou a Município;

(vii) prestar as informações solicitadas pelo Congresso Nacional, por qualquer de suas Casas, ou por qualquer das respectivas Comissões, sobre a fiscalização contábil, financeira, orçamentária, operacional e patrimonial e sobre resultados de auditorias e inspeções realizadas;

(viii) aplicar as sanções previstas em lei, em caso de ilegalidade de despesa ou irregularidade de contas, que estabelecerá, entre outras cominações, multa proporcional ao dano causado ao erário (CF, art. 71, VIII). As decisões do Tribunal de que resulte imputação de débito ou multa terão eficácia de título executivo (CF, art. 71 §3º);

(ix) assinar prazo para que o órgão ou entidade adote as providências necessárias ao exato cumprimento da lei, se verificada ilegalidade;

(x) sustar a execução do ato impugnado, comunicando a decisão à Câmara dos Deputados e ao Senado Federal, caso as providências determinadas ao exato cumprimento da lei não sejam adotadas.

Aqui, caso o ato impugnado seja um contrato, a sustação será adotada diretamente pelo Congresso Nacional, que solicitará de imediato ao Poder Executivo as medidas cabíveis (CF, art. 71, §1º). Porém, se o Congresso Nacional ou o Poder Executivo, no prazo de 90 dias, não efetivar as medidas retro previstas, o Tribunal decidirá a respeito (CF, art. 71 §2º);

(xi) representar ao Poder competente sobre irregularidades ou abusos apurados (CF, art. 71, XI);

(xii) encaminhar relatório de suas atividades ao Congresso Nacional, trimestral e anualmente.

Também é competência dos Tribunais de Contas, segundo previsto no §2º do art. 59 da LC 101/2000, a verificação dos cálculos dos limites da despesa total com pessoal de cada Poder e órgão referido no art. 20 da LRF.

Com fulcro no disposto do art. 75 da Constituição de 1988, nota-se que as mesmas competências são desempenhadas pelos Tribunais de Contas dos Estados, Distrito Federal e dos Municípios de São Paulo e Rio de Janeiro[3].

O §2º do art. 74 da CF/88 trouxe notável inovação no que se refere ao controle externo. Trata-se do denominado controle social. Nos termos do citado dispositivo constitucional: "qualquer cidadão, partido político, associação ou sindicato é parte legítima para, na forma da lei, denunciar irregularidade ou ilegalidades perante o Tribunal de Contas da União".

O art. 73-A da LC 101 complementa esse mandamento ao conferir aos mesmos legitimados a possibilidade de denunciarem ao respectivo Tribunal de Contas e ao órgão competente do Ministério Público o descumprimento das prescrições estabelecidas na Lei de Responsabilidade Fiscal (LC 101/2000).

Sem dúvida alguma o controle social se mostra como uma inovação louvável da atual Constituição Federal, sendo certo que mecanismo semelhante não existia nos ordenamentos anteriores. Deve, efetivamente, ser utilizado sempre que necessário, devendo o Tribunal de Contas (ou o Ministério Público para os casos de desrespeito às normas da LC 101) conferir a devida atenção às denúncias que lá chegarem, em defesa do interesse público e do princípio republicano.

A popularização de redes eletrônicas não hierarquizadas e, até certo ponto, imunes ao controle governamental, cujo maior exemplo é a *internet*, deu grande impulso no fortalecimento do controle social ao conferir novo enfoque à compreensão do princípio da transparência governamental.

Esse fenômeno, sem dúvida, insere-se no contexto maior da denominada Sociedade da Informação, momento histórico peculiar vivenciado no mundo atual. É o que se passamos a abordar.

3. Princípio constitucional da transparência no contexto da Sociedade da Informação

As sociedades humanas atravessam um momento histórico bastante singular em termos de criação, processamento, armazenamento, difusão de conhecimento e informações. De fato, em termos econômicos e sociais, nunca antes as criações intelectuais tiveram tanta proeminência como agora.

---

[3] Somente os Municípios de São Paulo e Rio de Janeiro possuem Tribunais de Contas Municipais, sendo que a Constituição Federal de 1988 vedou a criação de outros (§4º do art. 31 da CF). Todos os demais Municípios brasileiros, destarte, remetem suas contas aos Tribunais de Contas dos Estados onde estejam localizados.

Chegou-se ao ponto de os segredos industriais, as patentes e as diversificadas técnicas de produção possuírem valor superior os bens materiais produzidos a partir desses conhecimentos especiais. Tanto é assim que, segundo Forgioni (2015, p. 313), "a propriedade intelectual é o maior produto de exportação dos Estados Unidos". Nessa conjuntura, é inegável que o conhecimento e a informação passaram a protagonizar os mais variados arranjos socioeconômicos dos diversos povos. Vive-se, sem sombra de dúvida, a época da Sociedade da Informação.

É fato que nem sempre foi assim. Conforme anota Siqueira Júnior (2007, p. 255): "Na era agrícola, a terra se configurava como o fator primordial da geração de riquezas. Na era industrial a riqueza surge da máquina a vapor e da eletricidade. Na era do conhecimento, a informação e o conhecimento são os atores centrais da produção econômica".

Esse novo *modus operandi* social foi definitivamente consolidado com o advento *internet* que não somente democratizou a troca de conhecimento, ideias e informações, mas permitiu que essa circulação passasse a ocorrer em quantidades e velocidades jamais concebidas. É que, segundo explica Castells (2003, p. 8), a *internet* se mostra como "um meio de comunicação que permite, pela primeira vez, a comunicação de muitos com muitos, num momento escolhido, em escala global".

O aperfeiçoamento das tecnologias próprias de redes como a *internet* conferiu grande impulso, verdadeira ressignificação, ao princípio da transparência, cuja reverência é essencial para a boa fiscalização e controle das finanças públicas, principalmente o controle social.

Mesmo que não expressamente previsto, o princípio da transparência encontra-se inegavelmente implícito na Constituição de 1988. Conforme aduz Motta (2010, p. 106), é possível deduzir sua presença "pelos subprincípios da publicidade, da motivação e da participação popular na gestão administrativa". Na mesma linha, Limberger (2006, p. 70) entende que "a transparência demonstra ser uma interação do princípio da publicidade conjugado com o direito à informação (art. 5º, XXXIII) e o princípio democrático".

O princípio da transparência igualmente pode ser enfocado como uma versão do principio da moralidade administrativa, nos termos expostos por Oliveira e Dourado Júnior (2010, p. 130). Fato é que, segundo apregoa Sales (2014, p. 78), a transparência se mostra como uma tendência do direito administrativo contemporâneo.

Dentro do princípio geral da transparência insere-se a questão da transparência fiscal, conforme aponta Motta (2010, p. 107). Daí ser imprescindível

PODER JUDICIÁRIO

a mais absoluta clareza sobre todos os aspectos que envolvem as finanças públicas, tais como arrecadação, renúncias fiscais, procedimentos licitatórios e despesas públicas.

O primeiro passo para que isso ocorra, e aqui entra em cena um importante instrumento à implantação do controle social, é a ocorrência de periódicas e escorreitas prestações de contas à sociedade. É sabido que governantes mal-intencionados relutam em prestar contas. Todavia, tal resistência no Brasil não tem efeito, ao menos em termos jurídicos.

Antes mesmo da Constituição de 1988, a divulgação periódica de dados relativos às finanças públicas já estava prevista no art. 111 da Lei nº 4.320, de 17 de março de 1964, nos seguintes termos:

> "Art. 111. O Conselho Técnico de Economia e Finanças do Ministério da Fazenda, além de outras apurações, para fins estatísticos, de interêsse nacional, organizará e publicará o balanço consolidado das contas da União, Estados, Municípios e Distrito Federal, suas autarquias e outras entidades, bem como um quadro estruturalmente idêntico, baseado em dados orçamentários".

A Constituição de 1988 veio consagrar esse tipo de obrigação. Tanto é que, segundo prevê o art. 162:

> "A União, os Estados, o Distrito Federal e os Municípios divulgarão, até o último dia do mês subseqüente ao da arrecadação, os montantes de cada um dos tributos arrecadados, os recursos recebidos, os valores de origem tributária entregues e a entregar e a expressão numérica dos critérios de rateio".

Por sua vez, o § 3º do art. 165 da Constituição, determina que "O Poder Executivo publicará, até trinta dias após o encerramento de cada bimestre, relatório resumido da execução orçamentária".

A Lei de Responsabilidade Fiscal também tratou das contas públicas ao elencar, em seu art. 48, como instrumentos ou meios de transparência: (i) os Planos Plurianuais; (ii) as Leis de Diretrizes Orçamentárias; (iii) as Leis Orçamentárias Anuais; (iv) as prestações de contas e o respectivo parecer prévio dos Tribunais de Contas; (v) o Relatório Resumido da Execução Orçamentária; (vi) o Relatório de Gestão Fiscal e (vii) as versões simplificadas dos documentos dos itens (v) e (vi) retro.

Segundo estatui o parágrafo único do art. 48 em tela, a transparência também será assegurada mediante incentivo à participação popular e realização de audiências públicas, durante os processos de elaboração e de discussão dos Planos Plurianuais, Leis de Diretrizes Orçamentárias e Leis Orçamentárias Anuais.

As contas apresentadas pelo Chefe do Poder Executivo ficarão disponíveis, durante todo o exercício, no respectivo Poder Legislativo e no órgão técnico responsável pela sua elaboração, para consulta e apreciação pelos cidadãos e instituições da sociedade (art. 49 da LC 101).

O art. 9º da LRF ainda traz alguns mandamentos que visam ampliar a transparência no trato das finanças públicas. Assim, segundo o seu §4º, até o final dos meses de maio, setembro e fevereiro, o Poder Executivo demonstrará e avaliará o cumprimento das metas fiscais de cada quadrimestre, em audiência pública na Comissão referida no §1º do art. 166 da Constituição ou equivalente nas Casas Legislativas estaduais e municipais.

Em seguida, o §5º estipula que, no prazo de 90 dias após o encerramento de cada semestre, o Banco Central do Brasil apresentará, em reunião conjunta das Comissões temáticas pertinentes do Congresso Nacional, avaliação do cumprimento dos objetivos e metas das políticas monetária, creditícia e cambial, evidenciando o impacto e o custo fiscal de suas operações e os resultados demonstrados nos balanços.

Cabe ainda trazer a foco a chamada Lei de Acesso à Informação (Lei nº 12.527, de 18 de novembro de 2011). Mesmo que os propósitos dessa norma não se encontrem exclusivamente relacionados com fornecimento de informações fiscais, seus preceitos acabam por compor o arcabouço jurídico concernente à transparência fiscal.

Em termos gerais, a Lei nº 12.527, no que tange ao tema ora tratado, traz dispositivos muito interessantes. Por exemplo, nos termos do art. 7º, V, VI e VII da lei em apreço, é permitido acesso a informações sobre:

(i)   atividades exercidas pelos órgãos e entidades, inclusive as relativas à sua política, organização e serviços (inciso V);
(ii) administração do patrimônio público, utilização de recursos públicos, licitação e contratos administrativos (inciso VI);
(iii) implementação, acompanhamento e resultados dos programas, projetos e ações dos órgãos e entidades públicas, bem como metas e indicadores propostos (inciso VII, "a");
(iv) o resultado de inspeções, auditorias, prestações e tomadas de contas realizadas pelos órgãos de controle interno e externo, incluindo prestações de contas relativas a exercícios anteriores (inciso VII, "b").

O art. 8º da Lei nº 12.527 prevê ser "dever dos órgãos e entidades públicas promover, independentemente de requerimentos, a divulgação em local de fácil acesso, no âmbito de suas competências, de informações de interesse coletivo ou geral por eles produzidas ou custodiadas". Portanto, além de ser um direito dos cidadãos, o fornecimento de informações é antes de tudo um dever dos diversos governos, existam ou não interessados em conhecer os dados divulgados.

Antes de finalizar esse tópico, não se pode perder de vista que, em quaisquer das suas modalidades, sob pena de prejudicar a efetividade do controle social, é primordial, segundo enfatizam Viccari Júnior *et al.* (2002, p. 183), que a prestação de contas "seja efetuada de forma que a população em geral tenha condições de interpretá-las".

Com efeito, independentemente da espécie (*v.g.* prestação de contas pelo Chefe do Executivo, Relatório da Gestão Fiscal, Relatório Resumido da Execução Orçamentária, etc.), é evidente que não basta ao governante ultimar a mera divulgação de números ou dados estatísticos desacompanhados de um mínimo de didática explicativa.

4. As prestações de contas em formato eletrônico

Em plena era da Sociedade da Informação, quando a utilização de meios eletrônicos para obtenção de informações e conhecimento certamente já superou os métodos tradicionais, deve o acesso aos dados públicos ser amplamente facilitado, principalmente pela da utilização de ferramentas como a *internet*, sob pena de o governo envolvido não poder ser considerado plenamente transparente.

Dessa maneira, as novas tecnologias surgidas nas últimas décadas exigem que a transparência seja vista sob uma nova concepção. Portanto, um governo transparente, segundo Sales (2012, p. 33), "implica na disponibilização *on line*, de forma atualizada, de todos os gastos e despesas, bem como das despesas públicas".

Fato inegável é que a transparência governamental foi extremamente robustecida com a disseminação de redes como a *internet*, sendo certo que cada vez mais pessoas se interessam por acompanhar *on line* a situação financeira dos vários governos, por meio de consultas a *sites* especializados no assunto, cujas informações costumam ser bastante didáticas e acessíveis aos leigos.

A primeira norma federal que tratou da necessidade da divulgação de dados financeiros governamentais na *internet* foi a Lei nº 9.755, de 16 de dezembro de 1998 que previu a criação, pelo TCU (Tribunal de Contas da União), de uma *homepage* para divulgação de dados e informações fiscais referentes a todos os entes federativos (União, Estados, Distrito Federal e Municípios).

Em suma, a lei em tela conferiu ao TCU a tarefa de criar uma página eletrônica denominada "Contas Públicas", com fins de prestar informações a respeito da arrecadação tributária dos diversos entes federativos, bem como a execução dos diversos gastos.

Em 26 de abril de 2000, sob o argumento de ofensa ao princípio federativo, o então governador do Estado da Paraíba ajuizou, perante o Supremo Tribunal Federal, Ação Direta de Inconstitucionalidade (ADIN nº 2.198). Foi ponderado que as determinações da Lei nº 9.755, como mera lei federal, não poderiam estender efeitos a entes diversos da União, sendo necessário, portanto, a edição de lei complementar.

No julgamento final, ocorrido em 11 de abril de 2013, a maioria dos Ministros componentes do STF decidiu pela improcedência da ADIN nº 2.198, com a seguinte ementa:

"EMENTA Ação direta de inconstitucionalidade. Lei Federal nº 9.755/98. Autorização para que o Tribunal de Contas da União crie sítio eletrônico denominado Contas Públicas para a divulgação de dados tributários e financeiros dos entes federados. Violação do princípio federativo. Não ocorrência. Prestígio do princípio da publicidade. Improcedência da ação.

1. O sítio eletrônico gerenciado pelo Tribunal de Contas da União tem o escopo de reunir as informações tributárias e financeiras dos diversos entes da federação em um único portal, a fim de facilitar o acesso dessas informações pelo público. Os documentos elencados no art. 1º da legislação já são de publicação obrigatória nos veículos oficiais de imprensa dos diversos entes federados. A norma não cria nenhum ônus novo aos entes federativos na seara das finanças públicas, bem como não há em seu texto nenhum tipo de penalidade por descumprimento semelhante àquelas relativas às hipóteses de intervenção federal ou estadual previstas na Constituição Federal, ou, ainda, às sanções estabelecidas na Lei de Responsabilidade Fiscal.

2. Ausência de inconstitucionalidade formal por ofensa ao art. 163, inciso I, da Constituição Federal, o qual exige a edição de lei complementar para a regulação de matéria de finanças públicas. Trata-se de norma geral voltada à publicidade das contas públicas, inserindo-se na esfera de abrangência do direito financeiro, sobre o qual compete à União legislar concorrentemente, nos termos do art. 24, I, da Constituição Federal.

3. A norma não representa desrespeito ao princípio federativo, inspirando-se no princípio da publicidade, na sua vertente mais específica, a da transparência

dos atos do Poder Público. Enquadra-se, portanto, no contexto do aprimoramento da necessária transparência das atividades administrativas, reafirmando e cumprindo, assim, o princípio constitucional da publicidade da administração pública (art. 37, caput, CF/88).

4. Ação julgada improcedente".

Posteriormente, o art. 48 da LC 101/2000 determinou que os instrumentos de transparência da gestão fiscal (*v.g.* os planos, orçamentos, leis de diretrizes orçamentárias, prestações de contas, etc.) deveriam ter também divulgação por meios eletrônicos. Tratando-se a LRF de "lei nacional" (cujos preceitos obrigam a todos os entes federativos), não mais caberia a alegação de suposto desrespeito ao princípio federativo, a teor do que se deu em face da Lei 9.755. Nesse sentido, as lições de Oliveira (2001, p. 24) e Viccari Júnior *et al* (2002, p. 183).

Mais recentemente, a LC 131/2009 modificou a redação original do art. 48 da LC 101/2000 para determinar que a aludida divulgação pelos meios eletrônicos passasse a ocorrer em "tempo real", ou seja, deixou de ser suficiente a mera disponibilização estática de dados financeiros.

Desse modo, após a LC 131/2009, os vários governos devem promover constante atualização nas informações relativas à arrecadação e à execução orçamentária, de maneira que a realidade dinâmica das finanças públicas possa ser apreendida do modo mais fidedigno possível pelos cidadãos em geral. Nesse tópico, resta fora de dúvida o relevante papel de redes de comunicação como a *internet*.

Fica evidenciado, pois, que a LC 101, com a redação dada pela LC 131, busca "a materialização, em especial, dos princípios da transparência, da ampla publicidade, da gestão pública eficiente e eficaz e da mais vasta participação da sociedade". É o que afirmam Oliveira e Dourado Júnior (2010, p. 142).

Na mesma trilha, a Lei de Acesso à Informação (Lei nº 12.527/2011) conferiu atenção especial aos meios eletrônicos como ferramenta de divulgação de dados públicos, devendo os governos criarem, a teor do § 2º do art. 8º, dentro do âmbito de suas competências, os denominados Portais da Transparência, que devem atender aos requisitos previstos no § 3º do citado art. 8º.

A norma prevê que as informações prestadas devem ser objetivas, transparentes, claras e conterem linguagem de fácil compreensão (inciso I). Em adição, a estrutura desses Portais deve possibilitar a gravação de relatórios em diversos formatos eletrônicos, inclusive abertos e não proprietários, tais como planilhas e texto, de modo a facilitar a análise das informações (inciso

II) e, ainda, o acesso automatizado por sistemas externos em formatos abertos, estruturados e legíveis por máquina (inciso III).

Também são obrigações dos Portais da Transparência: garantir a autenticidade e a integridade das informações disponíveis para acesso (inciso V), manter atualizadas as informações disponíveis para acesso (inciso VI), indicar local e instruções que permitam ao interessado comunicar-se, por via eletrônica ou telefônica, com o órgão ou entidade detentora do sítio (inciso VII) e adotar as medidas necessárias para garantir a acessibilidade de conteúdo para pessoas com deficiência (inciso VIII).

5. Atuação do CNJ no controle financeiro do Poder Judiciário

O CNJ (Conselho Nacional de Justiça) é um órgão do Poder Judiciário, criado pela Emenda Constitucional 45, de 30 de dezembro de 2004, cujo objetivo é, em síntese, aperfeiçoar o trabalho do sistema judiciário brasileiro, principalmente no que tange ao controle financeiro e à transparência administrativa e processual.

No que se refere à gestão financeira dos vários órgãos que compõem o Poder Judiciário brasileiro, com exceção do STF (Supremo Tribunal Federal)[4], cabe ao CNJ, nos termos do art. 4º, II, do seu RI (Regimento Interno):

> "II – zelar pela observância do art. 37 da Constituição Federal e apreciar, de ofício ou mediante provocação, a legalidade dos atos administrativos praticados por membros ou órgãos do Poder Judiciário, podendo desconstituí-los, revê-los ou fixar prazo para que se adotem as providências necessárias ao exato cumprimento da lei, sem prejuízo da competência do Tribunal de Contas da União e dos Tribunais de Contas dos Estados".

E, em caso de ilegalidade constatada em processo administrativo disciplinar, pode o CNJ, a teor do art. 4º, VI, do RI, em relação aos magistrados, "determinar a remoção, a disponibilidade ou a aposentadoria com subsídios ou proventos proporcionais ao tempo de serviço e aplicar outras sanções administrativas previstas em lei complementar".

É igualmente competência do CNJ:

---

[4] O Supremo Tribunal Federal não se encontra sob a jurisdição do CNJ, seja administrativa ou financeira.

PODER JUDICIÁRIO

(i) "requisitar das autoridades fiscais, monetárias e de outras autoridades competentes informações, exames, perícias ou documentos, sigilosos ou não, imprescindíveis ao esclarecimento de processos ou procedimentos de sua competência submetidos à sua apreciação" (art. 4º, XV, do RI);

(ii) "estimular o desenvolvimento de programas de aperfeiçoamento da gestão administrativa e financeira dos órgãos do Poder Judiciário e de interligação dos respectivos sistemas, estabelecendo metas" (art. 4º, XXIX, do RI);

(iii) "celebrar termo de compromisso com as administrações dos Tribunais para estimular, assegurar e desenvolver o adequado controle da sua atuação financeira e promover a agilidade e a transparência no Poder Judiciário" (art. 4º, XXXV do RI).

A Resolução nº 102, de 15 de dezembro de 2009 (modificada parcialmente pela Resolução nº 151, de 05 de julho de 2012) regulamentou a publicação de informações alusivas à gestão orçamentária e financeira, aos quadros de pessoal e respectivas estruturas remuneratórias dos Tribunais que compõem a estrutura judiciária brasileira.

Segundo o art. 1º da Resolução em tela, com exceção do STF, todos os demais Tribunais brasileiros, bem como o próprio CNJ e, ainda, o CJF (Conselho da Justiça Federal) devem publicar nos seus *sites* da *internet* as seguintes informações:

(i) os dados de sua gestão orçamentária e financeira, na forma dos Anexos I e II da Resolução nº 102/2009;

(ii) informações sobre as respectivas estruturas remuneratórias, quantitativos de pessoal efetivo e comissionado, e origem funcional dos ocupantes dos cargos em comissão;

(iii) a relação de membros da magistratura e demais agentes públicos;

(iv) o rol dos empregados de empresas contratadas em exercício nos órgãos;

(v) a relação dos servidores e/ou empregados não integrantes do quadro próprio em exercício no órgão, excluídos os ocupantes de cargo em comissão ou função de confiança.

Nesse contexto, conforme estipulado na Resolução em pauta, também deve haver divulgação dos gastos relativos a "outras despesas de custeio", tais como: (i) benefícios a servidores e empregados – auxílio-transporte; (ii) benefícios a servidores e empregados – auxílio-alimentação; (iii) benefícios a servidores e empregados – auxílio-creche; (iv) benefícios a servidores e empregados – assistência médica e odontológica; (v) diárias pagas a membros da magistratura, agentes públicos, servidores, empregados e colaboradores; (vi) passagens e despesas com locomoção; (vii) indenizações de ajuda de custo, transporte e auxílio moradia; (viii) aluguel de imóveis; (ix) serviços de água e esgoto; (x) serviços de energia elétrica; (xi) serviços de telecomunicações; (xii) serviços de comunicação em geral; (xiii) serviços de limpeza e conservação; (xiv) serviços de vigilância armada e desarmada; (xv) serviços de publicidade; (xvi) locação de mão de obra; (xvii) serviços de seleção e treinamento; (xviii) aquisição de material de expediente; (xix) aquisição de material de processamento de dados e de software; (xx) aquisição de material bibliográfico; (xi) aquisição de combustíveis e lubrificantes; (xxii) aquisição de gêneros alimentícios; (xxiii) aquisição de material de consumo (xiv) serviços médico e hospitalares, odontológicos e laboratoriais.

As despesas referentes aos serviços de informática devem incluir "manutenção e locação de software, locação de equipamentos de processamento de dados, serviços de tecnologia da informação, serviços técnico-profissionais de tecnologia da informação, aquisição de software sob encomenda, manutenção e conservação de equipamentos de processamento de dados, e comunicação de dados".

Do mesmo modo, deve haver divulgação de dados de despesas que representem: (i) investimentos (*v.g.* construção e reforma de imóveis, aquisição de material permanente como veículos e equipamentos de informática) e (ii) inversões financeiras (*v.g.* aquisição de imóveis já em utilização).

Prosseguindo, ainda nos termos da Resolução nº 102/2009, a página inicial dos *sites* de cada órgão deve conter um ícone denominado de "Transparência", como caminho para acesso às informações referidas na Resolução nº 102 (§ 1º do art. 1º). Os dados referentes à Justiça Federal de 1º Grau devem ser divulgados pelos Tribunais Regionais Federais, desagregados por Seção Judiciária Federal (§ 2º do art. 1º).

De modo a garantir a confiabilidade dos dados periodicamente divulgados pelos diversos Tribunais, o art. 8º da Resolução nº 102 estabelece que o CNJ deve incluir em suas rotinas operacionais procedimentos aptos à compilação das informações, e também para a verificação periódica da integridade dos dados, inclusive mediante inspeções nos sistemas de administração financeira dos geradores dos dados primários.

Ao aprimorar e facilitar o acesso a vários tipos de informações financeiras, é possível concluir que a Resolução nº 102/2009 representou uma efetiva reverência ao princípio constitucional da transparência no âmbito do Poder Judiciário.

Tanto é que o Portal da Transparência do CNJ, acessível por meio da *internet*, permite diversas modalidades de consulta, não apenas referentes ao

Conselho, mas também acerca das finanças de praticamente todos os órgãos do Poder Judiciário brasileiro, inclusive com exceção atualização diária. Conforme anunciado no bojo daquela página eletrônica:

> "Este Portal é um instrumento de transparência da gestão fiscal e visa disponibilizar ao pleno conhecimento e acompanhamento da sociedade, mediante acesso a qualquer pessoa, física ou jurídica, informações referentes à execução orçamentária e financeira do **Poder Judiciário**. O acesso público aos dados detalhados e diariamente atualizados sobre os atos praticados durante o processo de execução do orçamento permite ao cidadão verificar como e em que estão sendo gastos os recursos disponibilizados. Os dados para consulta são atualizados diariamente com os documentos de execução orçamentária e financeira emitidos no Sistema Integrado de Administração Financeira do Governo Federal – SIAFI no dia anterior ao da consulta".

O aludido Portal apresenta os seguintes tópicos para pesquisa por parte de eventuais interessados: Detalhamento Diário das Despesas, Detalhamento das Receitas; Tribunais Estaduais e Tribunais Militares. Segundo é informado na página eletrônica em pauta:

> "Por meio da consulta "Detalhamento Diário das Despesas" o cidadão poderá ter acesso ao espelho dos documentos emitidos no decorrer da execução da despesa, inclusive evidenciando o bem fornecido ou serviço prestado e a pessoa física ou jurídica beneficiária do pagamento. Nesta consulta é possível, inclusive, conhecer a fase em que a despesa se encontra: empenho, liquidação e pagamento.
>
> (...)
>
> Por meio da consulta "Detalhamento das Receitas" o cidadão poderá acompanhar as receitas previstas e realizadas pelo Poder Judiciário no decorrer do exercício. A consulta permite a obtenção de informações detalhadas por Natureza da Receita (categoria, origem, espécie, rubrica, alínea e subalínea) e por órgão (até o nível de Unidade Gestora).
>
> (...)
>
> Este espaço reúne as informações orçamentárias e financeiras da Justiça Estadual. O objetivo é facilitar o acompanhamento dos gastos públicos dos tribunais de justiça pelo cidadão.
>
> (...)
>
> Este espaço reúne as informações orçamentárias e financeiras da Justiça Militar. O objetivo é facilitar o acompanhamento dos gastos públicos dos tribunais de justiça pelo cidadão".

Dentro do Portal da Transparência do CNJ há ainda um setor denominado Orçamento, com os seguintes esclarecimentos:

> "O Departamento de Acompanhamento Orçamentário disponibiliza nesta página dados relativos ao orçamento dos órgãos do Poder Judiciário da União e dos Estados, com o objetivo de apresentar aos cidadãos informações mais acessíveis contribuindo assim para uma sociedade mais participativa na gestão dos recursos públicos.
> As informações disponibilizadas estão separadas entre os órgãos que compõem o Judiciário da União e dos Estados. Ressalta-se que o Tribunal de Justiça do Distrito Federal e dos Territórios – TJDFT integra o Orçamento Geral da União".

Além de regular aspectos da transparência das finanças judiciais, é possível a qualquer cidadão acionar diretamente o CNJ, por meio de petição, para denunciar ilegalidades ou irregularidades financeiras relativas a qualquer Tribunal ou órgão judicial do país, salvo o STF[5], conforme acima visto. Nesse aspecto, o CNJ é competente para exercer o controle social, à semelhança do que ocorre com os diversos Tribunais de Contas (CF, art. 74, §2º).

Conforme acima já ventilado, em se constatando irregularidades ou ilegalidades cometidas por magistrados, dentro da função de gestores das finanças judiciais, o CNJ é competente para aplicar penalidades que podem culminar com a aposentadoria compulsória do infrator com vencimentos proporcionais. A título de exemplo, cita-se o seguinte caso:

> "PROCESSO ADMINISTRATIVO DISCIPLINAR. INDEPENDÊNCIA DAS INSTÂNCIAS PENAL E ADMINISTRATIVA. NULIDADE DERIVADA. INOCORRÊNCIA. INSTAURAÇÃO DO PAD. PERÍCIA GRAFOSCÓPICA. DILIGÊNCIA DETERMINADA PELO PLENÁRIO. QUESTÃO DE ORDEM. APROVEITAMENTO DOS ATOS POSTERIORES. DECISÃO DO PLENÁRIO DO CNJ. PEDIDO DA DEFESA. DILAÇÃO DE PRAZO. DEFERIMENTO. MINISTÉRIO PÚBLICO. RATIFICAÇÃO DAS ALEGAÇÕES ANTERIORES. ACUSAÇÃO. ART. 14, § 5º DA RESOLUÇÃO Nº 135, DE 2011. PORTARIA Nº 5 DE 2012. PRECATÓRIOS. ORDENS DE PAGAMENTO. BENEFICIÁRIOS ILEGÍTIMOS.

---

[5] Porém, ainda que fora da égide do CNJ, o STF permanece sujeito ao controle interno e externo, para fins de fiscalização financeira e orçamentária, devendo suas contas serem regularmente prestadas, nos termos do art. 70 da Constituição de 1988 e demais normas aplicáveis (LC 101, Lei 4.320, etc.). Aliás, o STF também não é imune ao controle social (art. 74, §2º, da CF/88), sendo permitido a qualquer cidadão, partido político, associação ou sindicato denunciar irregularidades ou ilegalidades perante o Tribunal de Contas da União.

ASSINATURA DO PRESIDENTE. RESPONSABILIDADE PESSOAL. NEG-LIGÊNCIA REITERADA NO CUMPRIMENTO DOS DEVERES DO CARGO. IMPROBIDADE ADMINISTRATIVA. APOSENTADORIA COMPUL-SÓRIA. 1. Conforme reiterados precedentes, a instância administrativa é independente da instância penal, sendo que, esta última só exerce influência sobre aquela nos casos em que comprovado, em sentença transitada em julgado, a inocorrência do fato ou que o agente público não é o responsável por sua ocorrência.

2. Eventuais nulidades constatadas nas investigações preliminares levadas a cabo pela Comissão de Inspeção instaurada no âmbito do próprio Tribunal de Justiça não tem o condão de contaminar os procedimentos investigatórios instaurados por este Conselho, que possui competência originária e autônoma para investigar ilegalidades praticadas por órgãos do Poder Judiciário.

3. Segundo reiterada jurisprudência deste Conselho, a decisão colegiada que determina a instauração do Processo Administrativo Disciplinar atua como uma cláusula de preclusão para as matérias nela enfrentadas, sob pena de se admitir, por vias transversas, o recurso das decisões colegiadas do CNJ, o que não é regimentalmente possível.

4. Tendo sido oferecido prazo suficiente para exercício do contraditório em relação à perícia grafoscópica realizada por determinação do Plenário do Conselho Nacional de Justiça, não há ilegalidade a ser reconhecida e menos ainda nulidade a ser pronunciada, porquanto demonstrado que nenhum prejuízo adveio às defesas, aplicando-se, no caso, o princípio do *pas de nullité sans grief.* Precedentes do CNJ.

5. O simples implemento dos 70 (setenta) anos de idade não impõe obstáculo à responsabilização do magistrado por faltas funcionais, porquanto a aposentadoria compulsória-sanção tem consequências fático-jurídicas diferentes da aposentadoria compulsória por idade.

6. Os Presidentes dos Tribunais de Justiça são pessoalmente responsáveis pela regularidade do pagamento de precatórios, de modo que a expedição de cheques, ordens bancárias e guias de resgate por eles assinadas deve ser precedida de análise, ainda que perfunctória, da compatibilidade dos valores e das partes com os processos dos quais se originaram.

7. A ausência de controle sobre a atividade dos seus subordinados configura descumprimento do dever insculpido no inciso VII do artigo 35 da LOMAN, além de, no caso, configurar reiterada negligência no cumprimento dos deveres inerentes ao cargo de gestor.

8. Aplicação da pena de aposentadoria compulsória com vencimentos proporcionais aos acusados, justificada pela duração e gravidade dos fatos, nos termos do artigo 56, I, da LOMAN".

(PAD nº 0002719-62.2012.2.00.0000, j. 27/06/2013, Rel. Conselheiro Jorge Hélio Chaves de Oliveira).

Considerando que, em tese, tanto o CNJ quanto o TCU (Tribunal de Contas da União) possuem competência para exercer a fiscalização financeira e orçamentária do Poder Judiciário, em caso de conflito de entendimentos entre esses órgãos qual deve prevalecer? O CNJ entendeu que a sua orientação neutraliza a do TCU, nos termos abaixo:

"RECURSO ADMINISTRATIVO. CONSULTA FORMULADA PELO CONSELHO DA JUSTIÇA FEDERAL. APLICABILIDADE DE ENUNCIADO DO CNJ QUE AUTORIZA O PAGAMENTO DE GRATIFICAÇÃO DENOMINADA VPNI-GEL A MAGISTRADOS. CONFLITO DE ATRIBUIÇÕES ENTRE CNJ E TCU. SOLUÇÃO.

1. Questionamento do Conselho da Justiça Federal sobre procedimento a ser adotado quanto ao pagamento a magistrados da gratificação denominada VPNI-GEL, autorizado pelo Enunciado n. 4 deste CNJ, em face de acórdão do Tribunal de Contas da União que julgou ser ilegal o pagamento da referida gratificação.

2. O CNJ exerce o controle, especificamente, da atuação administrativa e financeira do Poder Judiciário. À exceção do Supremo Tribunal Federal, todos os Tribunais devem acatar as determinações emanadas do CNJ. Logo, o CJF, ante o conflito de atribuições, deve seguir as orientações do CNJ, e não do TCU.

3. Inexiste previsão regimental para que o Plenário do CNJ suscite conflito de atribuições, com remessa dos autos ao STF ou ao STJ, a fim de solucionar eventual de conflito de atribuições. A busca da via judicial deve ser iniciativa das partes.

4. Recurso não-provido".

(RA 0006065-55.2011.2.00.0000, j. 05/06/2012, Rel. Conselheiro, Tourinho Neto).

Todavia, é preciso convir que a decisão acima possui cunho administrativo, como, aliás, todas as emanadas pelo CNJ. Até o momento desconhecemos qualquer decisão judicial que tenha enfrentado esse tema de forma definitiva.

6. Notas finais

Até pouco tempo atrás o tema das finanças públicas era essencialmente relacionado aos gastos promovidos por órgãos ligados ao Poder Executivo. No entanto, a proeminência alcançada pelo Poder Judiciário no cenário jurídico e econômico atual fez nascer o interesse, tanto acadêmico quanto da própria sociedade, pela condução das finanças na órbita dos diversos Tribunais.

Fato é que, independentemente do Poder envolvido, a ininterrupta e, sobretudo, rigorosa fiscalização da gestão pública é essencial para a concretização do princípio republicano. Para tanto, segundo previsões constitucionais, entram em cena os controles interno, externo e social que, em seu conjunto, por representarem um triplo exame sobre os mesmos dados e informações, conferem maior segurança aos cidadãos com relação ao zelo dispensado pelos administradores públicos aos recursos que controlam.

O triplo exame, dada a relevância dos interesses envolvidos, não é mera redundância, ao contrário, trata-se de medida de prudência sabiamente instituída pelo constituinte originário, a ser ultimado no âmbito dos Três Poderes, suas autarquias e fundações.

Grande avanço foi dado pela Constituição de 1988 com a instituição do controle social (art. 74, §2º), que pode ser perpetrado diretamente pelos cidadãos ou mesmo por entidades da sociedade civil que contam em seus quadros, na maioria das vezes, com pessoal altamente qualificado para esquadrinhar os quase sempre complexos meandros das finanças públicas.

Evidentemente, sob pena de enfraquecer a atuação do controle social, é necessário que as contas prestadas pelos diversos órgãos estatais sejam claras e, mais do que isso, inteligíveis, sempre tendo como norte e reverência ao princípio constitucional da transparência.

Ainda que muito possa ser realizado, não se pode negar que o sistema jurídico brasileiro é dotado de normas que, se bem aplicadas, são capazes de induzir os governantes a gerirem os recursos públicos de modo bastante impessoal e republicano, em observância aos interesses maiores da sociedade e do bem comum.

Nesse campo, além da Constituição Federal de 1988, merecem menção, em ordem cronológica, a Lei nº 9.755/1998, a Lei de Responsabilidade Fiscal (LC 101/2000) e a Lei de Acesso à Informação (Lei nº 12.527/2011), que, plenamente integradas no contexto da Sociedade da Informação, exigem que os variados dados financeiros sejam disponibilizados em formato eletrônico, com atualização constante e acessíveis pela *internet*.

Além disso, especificamente quanto ao Poder Judiciário, é de ser ressaltada a Resolução nº 102 do Conselho Nacional de Justiça, que veio em bom momento para complementar os preceitos constitucionais e legais acima referidos. Dada a extensão e o detalhamento das informações a serem divulgadas, não mais pode sobreviver qualquer versão acerca de uma suposta "caixa preta" financeira do Poder Judiciário.

Com efeito, a Resolução nº 102, ao regulamentar e, sobretudo, padronizar as informações referentes às finanças judiciais, representou um passo importante para fortalecer as possibilidades de efetivação do controle social, o

FISCALIZAÇÃO FINANCEIRA E ORÇAMENTÁRIA DO PODER JUDICIÁRIO...

que, em suma, é muito positivo em termos de aperfeiçoamento do exercício da cidadania.

O *site* do CNJ na *internet* ainda disponibiliza o conteúdo de várias decisões a respeito das matérias objeto desse texto, inclusive aquelas em que houve aplicação de penalidades, o que demonstra estar o órgão desempenhando regularmente suas funções relativas à fiscalização orçamentária e financeira do Poder Judiciário, sem prejuízo da atuação das demais formas de controle constitucionalmente previstas.

Referências

BRASIL. Constituição da República Federativa do Brasil de 1988. Disponível em <http://www.planalto.gov.br/ccivil_03/Constituicao/Constituicao.htm>. Acesso: 01/09/2015.

BRASIL. CONSELHO NACIONAL DE JUSTIÇA. Portal da Transparência. Disponível em: <http://www.portaltransparencia.jus.br/despesas/>. Acesso: 09/11/2015.

BRASIL. CONSELHO NACIONAL DE JUSTIÇA. PAD nº 0002719-62.2012.2.00.0000. Disponível em: <http://www.cnj.jus.br/InfojurisI2/Jurisprudencia.seam;jsessionid=63A294 628DBCB8D27E540A0AA1B3E117?jurisprudenciaIdJuris=46516&indiceListaJurisprudencia=8&tipoPesquisa=LUCENE&firstResult=0>. Acesso: 15/11/2015.

BRASIL. CONSELHO NACIONAL DE JUSTIÇA. RA nº 0006065-55.2011.2.00.0000. Disponível em: <http://www.cnj.jus.br/InfojurisI2/Jurisprudencia.seam;jsessionid=63A2946 28DBCB8D27E540A0AA1B3E117?jurisprudenciaIdJuris=43367&indiceListaJurisprudencia=4&tipoPesquisa=LUCENE&firstResult=2>. Acesso: 15/11/2015.

BRASIL. CONSELHO NACIONAL DE JUSTIÇA. Regimento Interno. Disponível em: <http://www.cnj.jus.br/publicacoes/regimento-interno-e-regulamentos>. Acesso: 14/11/2015.

BRASIL. Emenda Constitucional nº 45, de 30 de dezembro de 2004. Disponível em: <http://www.planalto.gov.br/ccivil_03/Constituicao/Emendas/Emc/emc45.htm>. Acesso: 14/11/2015.

BRASIL. CONSELHO NACIONAL DE JUSTIÇA. Resolução nº 102, de 15 de dezembro de 2009. Disponível em: <http://www.cnj.jus.br/images/atos_normativos/resolucao/resolucao_102_151 22009_24042014153738.pdf>. Acesso: 08/11/2015.

BRASIL. Decreto-lei nº 200, de 25 de fevereiro de 1967. Disponível em: <http://www.planalto.gov.br/ccivil_03/decreto-lei/Del0200.htm>. Acesso: 08/11/2015.

BRASIL. Lei Complementar nº 101, de 04 de maio de 2000. Disponível em: <http://www.planalto.gov.br/ccivil_03/leis/LCP/Lcp101.htm>. Acesso: 07/11/2015.

BRASIL. Lei Complementar nº 131, de 27 de maio de 2009. Disponível em: <http://www.planalto.gov.br/cCivil_03/LEIS/LCP/Lcp131.htm>. Acesso: 14/11/2015.

BRASIL. Lei nº 4.320, de 17 de março de 1964. Disponível em: <http://www. planalto.gov.br/ccivil_03/Leis/L4320compilado.htm>. Acesso: 08/11/2015.

BRASIL. Lei nº 9.755, de 16 de dezembro de 1998. Disponível em: <http://www. planalto. gov.br/ccivil_03/leis/L9755.htm>. Acesso: 14/11/2015.

BRASIL. Lei nº 11.494, de 20 de junho de 2007. Disponível em: <http://www. planalto. gov.br/ccivil_03/_ato2007-2010/2007/lei/l11494.htm>. Acesso: 15/11/2015.

BRASIL. Lei nº 12.527, de 18 de novembro de 2011. Disponível em: <http:// www.planalto. gov.br/ccivil_03/_ato2011-2014/2011/lei/l12527.htm>. Acesso: 14/11/2015.

BRASIL. SUPREMO TRIBUNAL FEDERAL. Ação Direta de Inconstitucionalidade nº 2.198. Disponível em: <http://redir.stf.jus.br/paginadorpub/paginador. jsp?docTP=TP&doc ID=4340310>. Acesso: 07/11/2015.

BRASIL. SUPREMO TRIBUNAL FEDERAL. Agravo Regimental no Recurso em Mandado de Segurança nº 22.047. Disponível em: <http://redir.stf.jus.br/paginadorpub/ paginador. jsp?docTP=AC&docID=24933>. Acesso: 07/11/2015.

CASTELLS, Manuel. *A galáxia da internet.* Tradução: Maria Luiza X. de A. Borges. Rio de Janeiro: Zahar, 2003.

CONTI, José Maurício. Julgamento do TCU que reprovou contas do governo entrou para a história do Direito. *Consultor Jurídico.* Disponível em: <http://www.conjur.com. br/2015-out-20/contas-vista-julgamento-tcu-entrou-historia-direito-financeiro>. Acesso: 15/11/2015.

FORGIONI. Paula A. *Fundamentos do antitruste.* 8. ed., São Paulo: Revista dos Tribunais, 2015.

FURTADO, J.R. Caldas. *Elementos de direito financeiro.* Belo Horizonte: Fórum, 2009.

LIMBERGER, Têmis. Transparência administrativa e as novas tecnologias: o dever de publicidade, o direito de ser informado e o princípio democrático. *Interesse Público,* n. 39, 2006, p. 55/71.

MOTTA, Fabrício. Publicidade e transparência nos 10 anos da lei de responsabilidade fiscal. In: *Lei de responsabilidade fiscal – ensaios em comemoração aos 10 anos da lei complementar nº 101/00* (CASTRO, Rodrigo Pironti Aguirre de). Belo Horizonte: Fórum, 2010, p. 101/119.

OLIVEIRA, Maria Cristina Cesar de; DOURADO JÚNIOR, Octávio Cascaes. O direito de acesso à informação e a lei de responsabilidade fiscal. In: *Lei de responsabilidade fiscal 10 anos de vigência: questões atuais* (SCAFF, Fernando Facury; CONTI, José Maurício – coords.). Campinas: Conceito Editora, 2010, p. 127/145.

OLIVEIRA, Regis Fernandes de. *Responsabilidade fiscal.* São Paulo: Revista dos Tribunais, 2001.

ROSA JÚNIOR, Luiz Emygdio F. da. *Manual de direito financeiro & direito tributário.* 16. ed., Rio de Janeiro: Renovar, 2002.

SALES, Ramiro Gonçalves. *O direito de acesso à informação pública administrativa.* Rio de Janeiro: Lumen Juris, 2014.

SALES, Tainah Simões. Acesso à informação, controle social das finanças públicas e democracia: análise dos portais da transparência dos estados brasileiros antes e após o advento da lei n. 12.527/2011. *Direito Público,* n. 48, nov. – dez. de 2012, p. 28/48.

SIQUEIRA JÚNIOR, Paulo Hamilton. Habeas data: remédio jurídico da sociedade da informação. In: *O direito na sociedade da informação* (PAESANI, Liliana Minardi – coord.). São Paulo: Atlas, 2007, p. 251/274.

VICCARI JÚNIOR, Adauto; GLOCK, José Osvaldo; HERZMANN, Nélio; TREMEL, Rosângela. *Lei de responsabilidade fiscal comentada* (CRUZ, Flávio – coord.). 3. ed., São Paulo: Atlas, 2002.

VIEIRA, Oscar Vilhena. Supremocracia. *Revista de Direito do Estado*, nº 12, p. 55/75, out./ dez. de 2008.